कांग्रेस-मुक्त भारत

माननीय प्रधानमंत्री श्री नरेंद्र मोदीजी को
इसी पुस्तक के अंग्रेजी संस्करण की प्रति भेंट करते हुए लेखक

कांग्रेस-मुक्त भारत

क्या मोदी युग कांग्रेस का अंत है ?

अमित बगड़िया

अनुवाद

आनंद कुमार राय

प्रकाशक

प्रभात पेपरबैक्स

प्रभात प्रकाशन प्रा. लि. का उपक्रम

4/19 आसफ अली रोड, नई दिल्ली–110002

फोन : 23289777 • हेल्पलाइन नं. : 7827007777

इ–मेल : prabhatbooks@gmail.com ❖ वेब ठिकाना : www.prabhatbooks.com

संस्करण

प्रथम, 2021

मूल्य

चार सौ रुपए

मुद्रक

आर–टेक ऑफसेट प्रिंटर्स, दिल्ली

★

CONGRESS-MUKT BHARAT

by Shri Amit Bagaria

(Hindi translation of 'CONGRESS-MUKT BHARAT')

Published by **PRABHAT PAPERBACKS**

An imprint of Prabhat Prakashan Pvt. Ltd.

4/19 Asaf Ali Road, New Delhi-110002

by arrangement with Garuda Prakashan Pvt. Ltd.

ISBN 978-93-90900-60-2

₹ 400.00

उन 61.31 करोड़ भारतीयों
को समर्पित
जिन्होंने गरमी और दूसरी बाधाओं के बावजूद
घर से बाहर निकलकर वर्ष 2019 के लोकसभा चुनावों में
भारत की सत्रहवीं लोकसभा को चुनने के लिए
अपने मताधिकारों का
प्रयोग किया।

वर्ष 2020 के स्वतंत्रता दिवस पर नरेंद्र मोदी दुनिया के सबसे बड़े लोकतंत्र के सबसे लंबे समय तक सरकार चलानेवाले गैर–कांग्रेसी प्रधानमंत्री बन गए और अटल बिहारी वाजपेयी के 2,272 दिनों के शासन को पीछे छोड़ दिया, जो बी.जे.पी. के पहले और अन्य प्रधानमंत्री थे।

2 जून, 2022 भारत के इतिहास में किसी गैर–कांग्रेसी शासन की सबसे लंबी अवधि को दर्ज करेगा!

खंडन

अमित बगड़िया (लेखक) ने इस पुस्तक को समुचित कौशल और सावधानी के साथ ही उन व्यावसायिक स्तरों के अनुसार लिखा है, जिसकी उनसे अपेक्षा की जाती है। लेखक ने जो भी टिप्पणियाँ की हैं, उनकी प्रकृति और सामग्री का आधार 'उनकी जानकारी' है और विभिन्न ऑनलाइन एवं प्रकाशित लेखों, पुस्तकों, पत्रिकाओं, समाचार-पत्रों, रिपोर्टों तथा उन अन्य प्रकाशित सामग्रियों से शोध कार्य किया गया है, जो पहले से ही सार्वजनिक रूप से उपलब्ध हैं। एक चुनिंदा ग्रंथ-सूची को शामिल किया गया है। सार्वजनिक जानकारी में उपलब्ध किसी भी सूचना को जाँचने का प्रयास लेखक की ओर से नहीं किया गया है और पाठक इस बात को स्वीकार करते हैं कि इस पुस्तक को लिखते समय लेखक को ऐसी जानकारी पर भरोसा करने का पूरा अधिकार है।

यदि इस पुस्तक में किसी भी त्रुटि का पता चलता है तो उस व्यक्ति या संस्था की जिम्मेदारी है, जिसका जिक्र इस पुस्तक में किया गया है कि वे पूर्ण, सटीक और प्रासंगिक सूचना उपलब्ध कराएँ और लेखक को उनसे अवगत कराएँ।

लेखक यहाँ स्पष्ट कर देना चाहता है कि उसकी यथासंभव जानकारी के अनुसार, इस पुस्तक की सामग्री भारत के किसी भी प्रचलित कानून का उल्लंघन नहीं करती या किसी पेटेंट, कॉपीराइट अथवा किसी व्यक्ति या संस्था की अन्य बौद्धिक संपदा का, न ही किसी मानहानि (परिवाद) और किसी की भी निजता का हनन करती है। यह पुस्तक किसी की निजता/सार्वजनिकता के अधिकार का अतिक्रमण नहीं करती है, न ही इसकी मंशा किसी व्यक्ति, समुदाय या संस्था की भावनाओं/विचारों को ठेस पहुँचाने की है।

यहाँ दिए गए सीमित आश्वासन विशिष्ट और उन सारे प्रकट, गर्भित, वैधानिक या अन्यथा दिए गए आश्वासनों और शर्तों के स्थान पर हैं, जिनका संबंध इस पुस्तक की सामग्री से है या उनके कारण प्राप्त परिणामों तथा व्यापारिकता के किसी विशेष उद्देश्य, अधिकार और अनतिक्रमण से जुड़े सभी गर्भित आश्वासनों से है।

पुस्तक के विषय में सम्मतियाँ

"अमित बगड़िया एक स्थापित लेखक हैं, जिन्होंने अब तक ग्यारह पुस्तकें लिखी हैं और उन्होंने एक और पुस्तक की रचना कर डाली है, जो उनके गहन शोध, दिलचस्प लेखन एवं पांडित्य का प्रमाण है। कांग्रेस पार्टी के पतन के विषय पर चर्चा के अलावा, इस पुस्तक में मोदी की अभिनव और महत्त्वाकांक्षी विदेश नीति का वर्णन है, जो मेरी विषय-वस्तु है। उस व्यक्ति की एक विश्वसनीय छवि सामने रखने और उनके योगदान का वर्णन करने के लिए उनके विभिन्न कार्यों, भाषणों और व्यक्तित्व पर किए जानेवाले कार्य को मैं समझ सकता हूँ। अमित ने इस काम को प्रशंसा के योग्य कौशल और दक्षता से पूरा किया है।"

—टी.पी. श्रीनिवासन, *आई.एफ.एस.*
ऑस्ट्रिया और स्लोवेनिया में भारत के पूर्व राजदूत
संयुक्त राष्ट्र, विएना में भारत के पूर्व स्थायी प्रतिनिधि

"भारत जहाँ आज भी खुद को 300 वर्षों के विदेशी शासन से अलग करने के लिए संघर्ष कर रहा है, वहीं यह जिस अलग राष्ट्रीय पहचान के लिए प्रयासरत है, प्रधानमंत्री मोदी उसके ही प्रतीक हैं। 'ढुलमुल देश' या 'यथास्थिति वाले देश' के धब्बे को हटाने के लिए प्रधानमंत्री मोदी के नेतृत्व में देश ने मजबूत कूटनीतिक रणनीति को अपनाया है। भ्रष्टाचार, काला धन और सब्सिडी के वितरण में धाँधली को रोकने जैसी बरसों से चली आ रही पुरानी समस्याओं से निपटते हुए जे.ए.एम. (जनधन, आधार, मोबाइल) के इस्तेमाल ने शासन की पारदर्शिता में क्रांतिकारी परिवर्तन किया है। स्वाभाविक रूप से, इसका विरोध उन लोगों ने किया है, जिन्हें पहले के तौर-तरीकों से लाभ मिल रहा था। कमजोर विपक्ष, मुखर मीडिया और अनियंत्रित सोशल मीडिया को मोदी सरकार के लगभग हर नीतिगत फैसले में खामी नजर आई है; जबकि वे अच्छी तरह जानते हैं कि इन सुधारों से भविष्य में भारत को लाभ मिलेगा। बेशक नोटबंदी, जी.एस.टी. या स्मार्ट सिटी जैसी कुछ योजनाओं को लागू करने में शुरुआती समस्या रही; लेकिन मुझे विश्वास है कि

सभी भारतीय हमारे सपनों के एक समृद्ध भारत की ओर देख रहे हैं। लेखक ने शासन की पद्धतियों में विभिन्न सरकारों की तुलना को बेबाक और स्पष्ट रूप से सामने रखा है।"

—एयर मार्शल बी.एन. 'बिंगो' गोखले
PVSM, AVSM, VM
भारतीय वायु सेना के पूर्व वाइस चीफ

"विस्तृत शोध और अध्ययन ने इस पुस्तक को एक उत्कृष्ट रचना का रूप दिया है, और यह उन लोगों के लिए परम आवश्यक है, जो उन महत्त्वपूर्ण कारकों और अंतर्भूत धाराओं को समझने में दिलचस्पी रखते हैं, जिनका भारत में समकालीन राजनीतिक, सामाजिक एवं आर्थिक विकास में योगदान रहा है। अपनी अनोखी शैली में अमितजी ने सर्जिकल और निष्पक्ष रूप से पिछली सरकारों की तुलना मोदी सरकार से की है। अमित अदम्य रूप से निर्भीक और निर्मम हैं तथा उन्होंने विभिन्न घोटालों के विषय में बेबाकी से बताया है, जिन्होंने इस देश की अंतरात्मा को झकझोर दिया। आखिरी अध्याय में भविष्य के लिए संभावित रोडमैप है, जिसमें न्यायिक, चुनावी, राजनीतिक और पुलिस सुधारों पर काफी जोर है। इस पुस्तक का लेखन उत्कृष्ट है और हर उस व्यक्ति के लिए अवश्य पठनीय है, जिसे यह जानने में दिलचस्पी है कि भारत में वर्तमान में क्या हो रहा है, ठीक पहले क्या हुआ और भविष्य में कैसी संभावनाएँ हैं। जटिल राजनीतिक आयामों पर अमित का विद्धत्तापूर्ण विश्लेषण एवं वर्णन तथा उनका निष्पक्ष रुख इस पुस्तक को अनोखा और अद्बितीय बनाता है।"

—(प्रो.) डॉ. विक्रम सिंह, *MSc, Ph.D., IPS*
चांसलर, नोएडा इंटरनेशनल यूनिवर्सिटी
पूर्व महानिदेशक, होम गार्ड्स; पूर्व डी.जी.पी., उत्तर प्रदेश

"आधुनिक भारत की आगे बढ़ती राजनीतिक कहानी, जिसे खूबसूरती से गढ़ा गया और बेहतरीन अंदाज में स्वयं उसके लेखक ने बयाँ किया। यह भारत के डूबते राजनीतिक टाइटैनिक, कांग्रेस पार्टी का वर्णन वर्तमान काल में करता है। अमित बगड़िया के पास समकालीन भारत की तेज रफ्तार से आगे बढ़ती कहानी को कहने की एक दिलचस्प शैली है, जहाँ नरेंद्र मोदी ने महान् पुरानी पार्टी को राजनीतिक रूप से ध्वस्त कर दिया है। क्या लेखक ने समय से पहले ही कांग्रेस की मौत का ऐलान कर दिया है? इसके लिए आपको इस पुस्तक को पढ़ना होगा।"

—डॉ. एम.आर. वेंकटेश, *FCA, AICMA, LL.B., Ph.D.*
वकील, चार्टर्ड अकाउंटेंट, लेखक और टी.वी. पैनलिस्ट

"अमित बगड़िया का विस्तृत शोध इस पुस्तक को एक मास्टर पीस बनाता है। आधुनिक भारतीय राजनीति और शासन की आगे बढ़ती कहानी को शानदार तरीके से लिखा गया है। यह कांग्रेस पार्टी के पतन को जहाँ खूबसूरती से बताता है, वहीं प्रधानमंत्री मोदी की उपलब्धियाँ दिलचस्प अंदाज में पेश करता है। अपनी अनोखी निर्भीक शैली में अमितजी ने सभी पूर्व प्रधानमंत्रियों की तुलना निष्पक्ष रूप से मोदीजी से की है। इस पुस्तक को बेहतरीन तरीके से लिखा गया है और इसे उन सभी को पढ़ना चाहिए, जो भारत के कल, आज और भविष्य के बारे में जानना चाहते हैं। इस विषय पर अमित की पकड़, भारत के जटिल राजनीतिक आयामों की उनकी समझ और उनका संतुलित लेख इस पुस्तक को अनोखा और अतुलनीय बनाता है।"

—शाजिया इल्मी

राष्ट्रीय प्रवक्ता, बी.जे.पी.

पूर्व एंकर, स्टार न्यूज

"वैसे तो, मैंने अमित बगड़िया की पिछली दो पुस्तकें पढ़ी हैं, फिर भी इस पुस्तक में इतना अथक शोध है कि मुझे सुखद आश्चर्य हो रहा है। इस विषय पर उनकी गहन जानकारी प्रभावी रूप से दिख रही है। एक ऐसे व्यक्ति के लिए, जो राजनीति की जानकारी अखबारों की हेडलाइन से रखता है, यह पुस्तक मेरे लिए शिक्षा का माध्यम सिद्ध हुई है। 300 से अधिक पन्नों में उन्होंने इस विषय को जीवंत बनाए रखा है। अमित की लेखन-शैली एक ऐसी पुस्तक को पढ़ना और समझना इतना सरल बना देती है, जो आजादी के बाद की भारतीय राजनीति और शासन के जटिल विषय की चर्चा करती है। शानदार तरीके से लिखी गई यह पुस्तक सही मायने में एक मास्टर पीस है, जिसे प्रत्येक पुस्तक-प्रेमी के संग्रह में होना चाहिए और यह युवा पीढ़ी को आसान तथा बेहतर तरीके से राजनीतिक आयामों को समझने में सहायक होगी। अमित की लिखी राजनीतिक पुस्तकों को पढ़ना सार्थक होता है।"

—रुद्र शंकर रॉय

जनरल मैनेजर, आई.बी.ए., बोर्ड के सलाहकार सदस्य, आई.आई.एच.एम. और सिस्टर निवेदिता यूनिवर्सिटी; आई.आई.एम., कोलकाता एवं लखनऊ; आई.आई.टी., कानपुर, XLRI, IMI, SIOM, XBS, SXUK आदि में अतिथि व्याख्याता

"स्पष्ट रूप से, अमित बगड़िया की पुस्तक गहन शोध पर आधारित है, जो इस विषय पर उनकी पकड़ को दरशाती है। उनकी लेखन-शैली दिलचस्प और रफ्तार भरी है, जो इसे पढ़ना और समझना आसान बनाती है। उन्होंने जब इतने सारे नेताओं की रेटिंग का साहसिक प्रयास किया तो उनकी पुस्तक में जान आ गई। पूरी दुनिया में नेताओं को

उनके कार्यों और प्रदर्शन के लिए जवाबदेह ठहराना सिविल सोसाइटी का महत्त्वपूर्ण कार्य है और लेखक ने जिस प्रकार इस पर 100 से अधिक पृष्ठ समर्पित किए हैं, वह मुझे पसंद आया।"

—जोनाथ याच

दक्षिण अफ्रीकी प्रॉपर्टी मैनेजमेंट एक्सपर्ट, जिन्होंने वर्ष 2009 के बाद भारत में शीर्ष डेवलपर्स के साथ वरिष्ठ पदों पर और एक कंसल्टेंट के रूप में 8 वर्षों तक काम किया

"अमित बगड़िया की यह पुस्तक भारतीय राजनीति पर उनकी बारहवीं पुस्तक है और यह स्पष्ट है कि इस क्षेत्र में उनके पास पर्याप्त जानकारी है। इसके अलावा, यह पुस्तक अच्छी रिसर्च के साथ लिखी गई है। भले ही इसकी भविष्यवाणी अभी कर देना जल्दबाजी होगी कि कांग्रेस पार्टी अपने नौवें विकेट पर है, लेकिन अमित ने जो दलील दी है, वह दिलचस्प है। यह पुस्तक हर उस व्यक्ति को पढ़नी चाहिए, जो भारत में राजनीति और समसामयिक विषयों में दिलचस्पी रखता है।"

—गौतम जटिया

सी.ई.ओ., स्टारमार्क बुक स्टोर (कोलकाता एवं चेन्नई)

"अमित बगड़िया की 'कांग्रेस-मुक्त भारत' समकालीन भारतीय राजनीति के मुरीदों के लिए अवश्य पढ़ने योग्य है। यह छोटे-बड़े राजनीतिक दलों के बनने और बिखरने का दिलचस्प वर्णन है। कैसे भारत की सामाजिक-आर्थिक संरचना को गढ़ने में उनकी नीतियों, उपलब्धियों और कमियों का दूरगामी प्रभाव पड़ता है। अपने बेबाक अंदाज में बगड़िया अपने विचारों के समर्थन में तंज के साथ, बिना भेदभाव के तथ्य रखते हैं। उन्होंने न केवल 'लुप्तप्राय' कांग्रेस को, बल्कि भारत के प्रत्येक विवेकशील नागरिक को नींद से जगाया है।"

—श्रीला मित्रा

सामाजिक कार्यकर्ता और संवाद कौशल कोच, निदेशक, युवाओं व प्रबुद्ध नेताओं के साथ काम करनेवाले संगठन, स्पीकस्मार्ट की निदेशक एवं ग्रामीण पश्चिम बंगाल में छात्रों को शिक्षा देनेवाले अलाभकारी संगठन 'ताली' की संस्थापिका

पुस्तक की पृष्ठभूमि

मैंने इस पुस्तक को अगस्त 2019 में 'Pok : भारत में वापस' को पूरा करने के तुरंत बाद और जम्मू व कश्मीर से अनुच्छेद 370 एवं 35ए को हटाए जाने के दो दिन बाद लिखना शुरू किया था। मुझे उम्मीद थी कि मैं इस पुस्तक को फरवरी 2020 तक समाप्त कर लूँगा, जो भारत के प्रधानमंत्री के रूप में नरेंद्र मोदी द्वारा अपने दूसरे कार्यकाल का पहला साल पूरा करने के काफी पहले होता।

फिर नागरिकता संशोधन अधिनियम आया और उसके बाद कोविड-19, जिस दौरान मैंने इस महामारी पर 200 दिनों में शोध पर आधारित 225 लेख लिखे। स्वाभाविक रूप से, उसने मेरा काफी समय लिया। अभी कोविड-19 अपने चरम पर पहुँचता, उससे पहले ही पूर्वी लद्दाख में चीन के साथ सीमा पर विवाद बढ़ गया। फिर जुलाई 2020 में केंद्रीय कैबिनेट ने परिवर्तनकारी नई शिक्षा नीति को स्वीकृति दे दी। इसके बाद कृषि और श्रम क्षेत्रों में इससे भी अधिक क्रांतिकारी सुधार किए गए।

इस अवधि के दौरान कांग्रेस पार्टी राजनीतिक खुदकुशी करने पर तुली हुई थी।

इन सारी घटनाओं को शामिल न करना उचित नहीं होता। लेकिन कहीं-न-कहीं जाकर रुकना था। मोदी और कांग्रेस के बीच सियासी जंग जारी रहेगी; लेकिन 31 जनवरी, 2021 के बाद की किसी भी नई घटना को मैं शामिल नहीं करूँगा।

यह पुस्तक कुछ हद तक 50½ वर्षीय एक 'लड़के' की भी कहानी है। उसकी पार्टी के कुछ सहयोगी कहते हैं कि वह अब भी पूरी तरह परिपक्व नहीं हुआ है।

"अब मैं आपको एक भावनात्मक बात बताता हूँ, कुछ ऐसी, जो मेरे दिल से जुड़ी है…आज सुबह, मैं रात को उठा," ऐसा फरवरी 2014 में उन्होंने कहा था।

अक्तूबर 2016 में यू.पी. के फिरोजाबाद में उन्होंने कहा था, "आप सब अपने-अपने इलाके में आलू की फैक्टरी लगाना चाहते हो, लेकिन आपको समझना होगा कि मैं विपक्ष का नेता हूँ। मैं किसान के लिए आलू की फैक्टरी नहीं खोल सकता हूँ।"

सितंबर 2017 में उन्होंने कहा कि लोकसभा में 546 सीटें हैं। *वास्तव में, 543 सीटें हैं और यह बात किसी भी सांसद को पता होनी चाहिए।*

जून 2018 में उन्होंने कहा, *"कोका कोला कंपनी को शुरू करनेवाला एक शिकंजी बेचनेवाला व्यक्ति था¨ अमेरिका में शिकंजी बेचता था, पानी में चीनी मिलाता था।"*

इसी भाषण में उन्होंने कहा था, *"फोर्ड कंपनी का नाम सुना है? मर्सिडीज कंपनी का नाम सुना है? होंडा कंपनी का नाम सुना है? इन तीन कंपनियों को किसने चालू किया? कौन था वो? मेकैनिक था, मेकैनिक।"*

वर्ष 2020 के अपने संस्मरण *'ए प्रॉमिस्ड लैंड'* में अमेरिका के पूर्व राष्ट्रपति बराक ओबामा ने लिखा कि इस आदमी में—

"एक घबराहट भरी, अजीब सी बात है, मानो वह एक ऐसा छात्र है, जिसने कोर्स का काम किया है और अपने शिक्षक पर प्रभाव जमाने की कोशिश करने को उत्सुक है। लेकिन अंदर से उसमें उस विषय पर महारत हासिल करने की या तो योग्यता की कमी है या लगन नहीं है।"

फिर भी, उसकी माँ उससे इतना प्यार करती है कि अपने परिवार का 'शाही ताज' उसके लिए छोड़ने को तैयार है। आश्चर्य तो यह भी है कि उनकी मुख्य विपक्षी पार्टी बी.जे.पी. भी उनसे प्यार करती है, क्योंकि एक के बाद एक चुनाव में वे उसकी सफलता पक्की कर देते हैं।

मुझे यकीन है कि आप समझ चुके होंगे कि मैं किसकी बात कर रहा हूँ।

हाँ, शहजादा से राजा और फिर राजा से 135 साल पुरानी कांग्रेस पार्टी का शहजादा बननेवाले राहुल गांधी की।

देश के आजाद होने से पहले के 62 वर्षों के दौरान कांग्रेस पार्टी के 53 अध्यक्ष हुए। जवाहरलाल नेहरू का लगातार दो बार और फिर 1 साल का एक और कार्यकाल रहा। इसके बाद सिर्फ दो अन्य लोग ही लगातार दो बार अध्यक्ष रहे। तीन लोगों ने दो बार अलग-अलग समय पर अध्यक्षता की। यहाँ तक कि महात्मा गांधी का भी 1 साल (1924-25) का सिर्फ एक ही कार्यकाल रहा।

वर्ष 1947 से 1977 तक इस पार्टी के 13 अध्यक्ष थे। सबसे अधिक लगातार

पाँच बार यू.एन. ढेबर का कार्यकाल रहा, जिसके बाद नेहरू, नीलम संजीव रेड्डी और के. कामराज (प्रत्येक 4 साल तक) तथा शंकर दयाल शर्मा (3 साल) का नंबर आता है; जबकि कुछ अन्य ने लगातार 2 साल के कार्यकाल में पार्टी की सेवा की। इस दौरान, इंदिरा गांधी (नेहरू की बेटी) वर्ष 1959-60 में 1 साल के लिए अध्यक्ष बनीं।

92 वर्षों में कांग्रेस पार्टी का नेतृत्व नेहरू-गांधी परिवार के सदस्य ने सिर्फ 11 वर्षों के लिए किया। यह और बात है कि नेहरू और इंदिरा गांधी ने मिलकर 28 साल तक प्रधानमंत्री का पद सँभाला।

फिर चीजें बदल गईं। इंदिरा लगातार 7 वर्षों तक पार्टी अध्यक्ष रहीं और उनके बाद 6 साल तक उनके बेटे राजीव गांधी ने पद सँभाला। मई 1991 में राजीव की हत्या के बाद पी.वी. नरसिम्हा राव 5 वर्षों तक पार्टी के अध्यक्ष भी रहे और भारत के प्रधानमंत्री भी। उनके बाद सीताराम केसरी आए, जो सितंबर 1996 से मार्च 1998 तक पार्टी अध्यक्ष रहे।

फिर हुई सोनिया (शादी से पहले माइनो) गांधी की एंट्री। दिसंबर 2017 से अगस्त 2019 के सिवाय, जब उनके बेटे राहुल गांधी पार्टी के अध्यक्ष थे, लगभग 23 वर्षों तक वही कांग्रेस की अध्यक्ष थीं। उनके 'शासनकाल' में पार्टी का वोट शेयर औसत रूप से 31.6 प्रतिशत कम हुआ और लोकसभा में सीटें 50.2 प्रतिशत कम हो गईं।

चूँकि कांग्रेस की दूसरी 'मैडम', पहली इंदिरा गांधी थीं, स्वतंत्र और निष्पक्ष चुनाव के जरिए परिवार के बाहर के किसी सदस्य को नियंत्रण हासिल करने देना नहीं चाहती हैं, जबकि पार्टी के पहले 92 वर्षों में यही मानदंड था। इसलिए भारतीय राष्ट्रीय कांग्रेस धराशायी हो रही है।

अनेक कांग्रेसी इस बात की शिकायत कर चुके हैं कि मई 2014 में, जब से मोदी के नेतृत्व वाली एन.डी.ए. ने पार्टी को धूल चटाई है, उसके बाद 80 महीने से 'प्रभावी नेतृत्व का अभाव' है। वरिष्ठ नेताओं समेत कई लोग पार्टी छोड़कर जा चुके हैं, जो अब ऐसा लगता है कि राज्यों के चुनाव भी नहीं जीत पा रही है।

कांग्रेस-समर्थक पत्रकार अब 'परिवार की संस्कृति' के खिलाफ बेधड़क लिख रहे हैं।

और नरेंद्र मोदी के नेतृत्व में बी.जे.पी./एन.डी.ए. की ताकत बढ़ती चली जा रही है।

अगस्त 2019 में *'इंडिया टुडे'* के एक सर्वे में कई लोगों ने 'नहीं जानते/कह नहीं सकते' के विकल्प को भी चुना, वहीं कम-से-कम 57.5% ने इस सवाल के जवाब में 'हाँ' कहा कि "क्या आपको लगता है कि कांग्रेस अंतिम रूप से पतन की ओर जा रही है?"

अगस्त 2020 में कराए गए ऐसे ही एक सर्वेक्षण में 55.3% लोगों ने इस सवाल के जवाब में 'हाँ' कहा कि "क्या कांग्रेस अपने अंत के करीब है?"

आज सोनिया/राहुल के नेतृत्ववाली कांग्रेस आजादी के लिए संघर्ष करनेवाली पार्टी होने का दावा करती है; लेकिन इससे बड़ा असत्य कुछ और नहीं हो सकता है। सन् 1947 से पहले वाली भारतीय राष्ट्रीय कांग्रेस (आई.एन.सी.) कम-से-कम 30 बार टूट चुकी है। पहला बड़ा बँटवारा सन् 1951 में हुआ था, जब आचार्य कृपलानी ने 1952 में किसान मजदूर प्रजा पार्टी का गठन किया, जिसका 1952 में प्रजा समाजवादी पार्टी में विलय हो गया। वहीं सन् 1959 में सी. राजगोपालाचारी ने स्वतंत्र पार्टी का गठन किया, जिसने 44 सीटों पर जीत दर्ज की और 1967 के लोकसभा चुनावों में दूसरी सबसे बड़ी पार्टी बन गई। सन् 1967 में जब चरण सिंह ने भारतीय क्रांति दल का गठन किया, जिसका 1974 में तीन अन्य दलों के साथ विलय हुआ और भारतीय लोक दल बना। 1969 में जब के. कामराज और मोरारजी देसाई ने कांग्रेस (ओ) का गठन किया, जो 1977 में 'सिंडिकेट' के नाम से भी जाना गया, जब बाबू जगजीवन राम और दो अन्य लोगों ने कांग्रेस फॉर डेमोक्रेसी का गठन किया। सन् 1978 में जब देवराज उर्स और छह अन्य लोगों ने मिलकर कांग्रेस (उर्स) का गठन किया, फिर जब सन् 1996 में जी.के. मूपनार ने तमिल मनीला कांग्रेस की स्थापना की और 1999 में ममता बनर्जी ने तृणमूल कांग्रेस का गठन किया। 1999 में जब शरद पवार और दो अन्य ने मिलकर एन.सी.पी. बनाई और 2011 में वाई.एस. जगनमोहन रेड्डी ने वाई.एस.आर.सी.पी. का गठन किया।

सन् 1977 में कांग्रेस (ओ) का भारतीय जन संघ (बी.जे.पी. से पहले की पार्टी) में विलय हो गया। वहीं स्वतंत्र पार्टी और कई अन्य दलों के विलय से जनता पार्टी (जे.पी.) बनी। वर्ष 1977 के लोकसभा चुनावों में जे.पी. ने सी.एफ. डी., सी.पी.एम., एस.ए.डी., डी.एम.के. और चार अन्य दलों के गठबंधन के साथ मिलकर चुनाव लड़ा। इस गठबंधन को 354 सीटें मिलीं और इसने पहली गैर-कांग्रेस सरकार का गठन किया, जिसमें मोरारजी देसाई प्रधानमंत्री बने।

ऐसे बँटवारे से न केवल भारतीय राष्ट्रीय कांग्रेस को लोकसभा में नुकसान

हुआ, बल्कि 'महान् पुरानी पार्टी' का कई राज्यों की विधानसभाओं में वर्चस्व भी टूट गया, जिनमें उ.प्र., पश्चिम बंगाल, तमिलनाडु, आंध्र प्रदेश और उड़ीसा (अब ओडिशा) प्रमुख उदाहरण हैं।

वैसे भी, मुख्य मुद्दा यहाँ यही है कि वर्ष 2021 की कांग्रेस पार्टी 1947 की कांग्रेस नहीं है।

ऐसे समय में, जब मोदी भारत को नया स्वरूप देने के लिए 'बुलेट ट्रेन' पर सवार हैं, तब मैं पूछना चाहता हूँ—क्या हम कांग्रेस-मुक्त भारत की ओर बढ़ रहे हैं?

मैंने इस पुस्तक में राजनीतिक दलों और गठबंधनों के लिए दर्जनों संक्षिप्त शब्दों का इस्तेमाल किया है। अनेक जगहों पर कांग्रेस पार्टी के कई नेताओं के नाम हैं। दोनों को ही आखिर में, परिशिष्ट के बाद दो खंडों में, सूचीबद्ध किया गया है, ताकि पाठकों के लिए उनमें से कुछ संक्षिप्त शब्दों को समझना आसान हो जाए, जो इन्हें नहीं जानते होंगे या कुछ नेताओं के नामों से यदि वे परिचित नहीं होंगे।

पैसे की मात्रा को बताने के लिए भारतीयों के बीच आम तौर पर समझे जानेवाले 'लाख' और 'करोड़' शब्दों का इस्तेमाल किया गया है और उनके रूपांतरण गुणकों को संक्षिप्त शब्दों और परिभाषाओं के खंड में हजार, मिलियन, बिलियन और ट्रिलियन के रूप में भी दिया गया है।

जय हिंद।

अनुक्रम

परिशिष्ट

क्या नेहरू-इंदिरा युग में भारत 'बिक्री के लिए' था?

वर्ष 1954 से लेकर 1991 में सोवियत संघ के विघटन तक के.जी.बी. वहाँ की मुख्य सुरक्षा/खुफिया एजेंसी थी। इन 37 वर्षों में से अधिकांश समय तक के.जी.बी. अपने अमेरिकी समकक्ष सी.आई.ए. के मुकाबले पूरी दुनिया में कहीं अधिक प्रभावशाली थी।

वासिली मित्रोखिन वर्ष 1948 से 1984 तक के.जी.बी. का एक वरिष्ठ अधिकारी था। साल 1972 से 1984 तक उसी की देखरेख में एफ.सी.डी. के सभी अभिलेखों को सेंट्रल मॉस्को स्थित के.जी.बी. के मुख्यालय से यासेनेवो ले जाया गया था। साल 1992 में अपना देश छोड़कर वह ब्रिटेन में बस गया। ब्रिटेन की खुफिया एजेंसी एम.आई.6 ने न केवल रूस से उसके परिवार को, बल्कि उसके घर के फर्श में दबी 25,000 पन्नों की फाइलों को भी निकालने में कामयाबी हासिल की।

ब्रिटेन के विख्यात प्रोफेसर और वहाँ की घरेलू खुफिया एवं सुरक्षा एजेंसी एम.आई.5 के इतिहासकार क्रिस्टोफर एंड्र्यू के साथ मिलकर मित्रोखिन ने पाँच किताबें लिखीं। इन किताबों को साथ मिला दें तो इन्हें *'मित्रोखिन आर्काइव'* कहा जाता है, जिसने 1930 के दशक से ही के.जी.बी. के सीने में दफन रहस्यों से परदा उठाया और पूरी दुनिया में सनसनी मचा दी।

मित्रोखिन आर्काइव II—*'के.जी.बी. इन द वर्ल्ड'* के अध्याय 17 और 18 में विशेष रूप से 'भारत के सात विशेष संबंध' की चर्चा है। सनसनी पैदा करनेवाले इन अध्यायों में बताया गया है कि नेहरू-इंदिरा युग में कांग्रेस और सी.पी.आई./सी.पी.एम. (उस समय प्रमुख विपक्ष) पर विदेशी ताकतों (खासकर

सोवियत संघ) का कितना प्रभाव था।

उस दौरान मॉस्को और सी.पी.आई. के बीच गुप्त पत्राचार हुआ था, जिसकी शुरुआत वर्ष 1947 (जब सी.पी.आई. से सी.पी.एम. अलग नहीं हुआ था) से हुई थी। 1950 के दशक की शुरुआत तक मॉस्को से आनेवाले हर निर्देश में सी.पी. आई. को बताया जाता था कि नेहरू सरकार को उखाड़ फेंकना उसके लिए कितना जरूरी है। न तो नेहरू, न ही आई.बी. को इस बात का एहसास था कि मॉस्को स्थित भारतीय दूतावास में के.जी.बी. ने हनी ट्रैप (*जिसमें एक जासूस, जो अकसर एक महिला होती है, दूसरे देश के जासूस को यौन आकर्षण में फँसाकर ब्लैकमेल करती है*) का इस्तेमाल कर कैसे पूरी तरह अपनी पैठ बना ली है। 1960 के दशक तक भारत के खुफिया समुदाय और नौकरशाही में के.जी.बी. की घुसपैठ इस कदर हो गई कि वह आई.बी. पर हावी हो गया। अब के.जी. बी. के जरिए मॉस्को से पैसा और खुफिया सूचनाओं का आना शुरू हो गया।

साल 1959 में सी.पी.आई. के महासचिव अजॉय घोष दिल्ली रेजिडेंसी (*'रेजिडेंसी' के.जी.बी. और उसके उत्तराधिकारियों का एक सीक्रेट दफ्तर होता है, जो रूसी दूतावासों या वाणिज्य दूतावासों से काम करता है*) से सोवियत संघ के साथ आयात-निर्यात का एक व्यापार करने पर सहमत हुए, जिससे होनेवाला मुनाफा चोरी-चुपके सी.पी.आई. के पार्टी फंड में चला जाएगा। वर्ष 1970 आते-आते इसका मुनाफा 30 लाख रुपए से अधिक (*मुद्रास्फीति के आधार पर वर्ष 2020 में 13 करोड़ रुपए से अधिक*) हो गया।

के.जी.बी. ने वामपंथी फायरब्रांड नेता और नेहरू के करीबी सलाहकार कृष्णा मेनन से नजदीकी बढ़ाई, जो सन् 1957 में रक्षा मंत्री बने। मई 1962 में सोवियत प्रेसीडियम ने दिल्ली रेजिडेंसी को इस बात के लिए अधिकृत किया कि वह मेनन की पोजीशन को मजबूत बनाने के लिए ऑपरेशन चलाए। उसे उम्मीद थी कि वह नेहरू के उत्तराधिकारी बनेंगे और इसी उम्मीद में उनकी लोकप्रियता बढ़ाने का प्रयास किया। मेनन के कार्यकाल के दौरान हथियार आयात किए जाने के मुख्य स्रोत के रूप में सोवियत संघ ने पश्चिमी देशों की जगह ले ली। साल 1962 में ब्रिटेन के लड़ाकू विमान 'लाइटनिंग्स' के बजाय मिग-21 खरीदने का निर्णय मेनन के कारण ही लिया गया था। (*वर्ष 1938 से 1991 तक सोवियत प्रेसीडियम सोवियत संघ के साझा राज्य प्रमुख की भूमिका निभाया करता था, जिसके स्थान आगे चलकर रूस के राष्ट्रपति ने लिया। मिग-21 वर्ष 1964*

से 2004 तक भारतीय वायु सेना का प्रमुख लड़ाकू विमान था। वर्ष 1966 से 1984 के बीच निर्मित 840 में से आधे विमान क्रैश की भेंट चढ़ गए) मेनन की कुरसी अक्तूबर 1962 में चीनी आक्रमण की वजह से चली गई, जिन्हें नेहरू ने बरखास्त कर दिया। प्रेसीडियम ने दिल्ली रेजिडेंसी को जिन कदमों के लिए अधिकृत किया, उनमें से एक मेनन का समर्थन करनेवाले अखबार को पैसे देना भी था, ताकि उनके कॅरियर में फिर से प्राण फूँके जा सकें। लेकिन के.जी.बी. की मदद मेनन की किस्मत को फिर से चमका न सकी, जबकि उन्हें कांग्रेस के भीतर से कुछ लोगों का समर्थन मिल रहा था। उनमें से कम-से-कम एक को के.जी.बी. से भरपूर धन मिला था।

मेनन की राजनीति पर ग्रहण के बाद नेहरू के उत्तराधिकारी के रूप में गुलजारीलाल नंदा मॉस्को के सबसे पसंदीदा उम्मीदवार थे। दिल्ली रेजिडेंसी को आदेश दिया गया था कि अगर नंदा की मुहिम नाकाम हो जाए तो अपना समर्थन लाल बहादुर शास्त्री को दे। लेकिन नेहरू के बाद मोरारजी देसाई को सत्ता में आने से हर हाल में रोके। जनवरी 1966 में शास्त्री के अचानक निधन से कांग्रेस 'सिंडिकेट' ने उनका उत्तराधिकारी इंदिरा गांधी को चुन लिया।

साल 1967 में होनेवाले भारतीय चुनावों में मॉस्को की रणनीति यह थी कि वह सी.पी.आई. और सी.पी.एम. का हौसला बढ़ाए, ताकि वे इंदिरा और उनकी कांग्रेस सरकार का विरोध करें। सी.पी.आई. और अन्य वामपंथी समूहों की पैसों से मदद करने के साथ ही के.जी.बी. ने अनेक कांग्रेस नेताओं को चुनाव-प्रचार के लिए पैसे दिए। चुनाव के बाद के.जी.बी. ने दावा किया कि उसने नई संसद् को 30 से 40% तक प्रभावित किया है।

मोरारजी देसाई के साथ मतभेदों के बाद इंदिरा को उन्हें उप-प्रधानमंत्री बनाना पड़ा। देसाई और कामराज, जो सिंडिकेट के मुखिया थे, 1968 में इंदिरा को हटाने पर सहमत हो गए। कांग्रेस बँटवारे की ओर बढ़ रही थी। सन् 1969 में इंदिरा गांधी ने सिंडिकेट के खिलाफ वामपंथियों का समर्थन हासिल करने का प्रयास किया। जुलाई में उन्होंने 14 बैंकों का राष्ट्रीयकरण कर दिया। देसाई को वित्त मंत्री के पद से हटा दिया गया और उन्होंने उप-प्रधानमंत्री के पद से इस्तीफा दे दिया। मॉस्को से मिले इशारे के बाद सी.पी.आई. ने इंदिरा को समर्थन दे दिया। वामपंथी कांग्रेस फोरम फॉर सोशलिस्ट एक्शन (सी.एफ.एस.ए.) में घुसपैठ से सी.पी.आई. ने वर्चस्व हासिल करना चाहा। नवंबर में सिंडिकेट ने उन्हें

पार्टी से बाहर कर दिया, जिसके बाद पार्टी दो धड़ों में बँट गई—कांग्रेस (ओ), जिसने सिंडिकेट के रास्ते को अपनाया और कांग्रेस (आर), जिसने इंदिरा गांधी को समर्थन दिया।

सिंडिकेट ने इशारा किया कि श्रीमती गांधी सोवियत संघ के हाथों भारत को 'बेच' देना चाहती हैं और वह अपने प्रधान सचिव पी.एन. हक्सर को सोवियतों से सीधे संपर्क के लिए इस्तेमाल करती हैं। वर्ष 1967 से 1973 तक हक्सर इंदिरा के सबसे विश्वासपात्र सलाहकार थे। उन्होंने राजनीतिक रूप से तटस्थ नौकरशाही को वैचारिक रूप से 'समर्पित नौकरशाही' में बदलने की शुरुआत की। वामपंथियों की ओर श्रीमती गांधी के रुझान और बैंकों के राष्ट्रीयकरण के पीछे हक्सर की सलाह ही थी। हक्सर की वजह से ही खुफिया महकमा प्रधानमंत्री सचिवालय के नियंत्रण में भेज दिया गया। दुनिया के सबसे बड़े लोकतंत्र में सत्ता का केंद्र दरबार में बदल रहा था।

के.जी.बी. इस बात को लेकर आश्वस्त था कि वह दिल्ली और अन्य बड़े शहरों में जन-आंदोलन खड़ा कर सकता है। सन् 1969 में के.जी.बी. चीफ यूरी आंद्रोपोव ने पोलित ब्यूरो को बताया, "भारत में के.जी.बी. की रेजिडेंसी के पास अमेरिकी दूतावास के सामने करीब 20,000 मुसलमानों के प्रदर्शन को आयोजित करने का अवसर है। मैं इस पर विचार करने का आग्रह करता हूँ।" लियोनिड ब्रेझनेव, जो सोवियत संघ सरकार के मुखिया थे, ने लिखा—'सहमत'।

सन् 1971 के चुनाव में कांग्रेस (आर) की दो-तिहाई बहुमत से जीत हुई। सी.एफ.एस.ए. को संसद् में 100 से अधिक सांसदों का समर्थन हासिल था। इंदिरा ने सी.एफ.एस.ए. के सबसे मुखर प्रवक्ता पूर्व कम्युनिस्ट नेता मोहन कुमारमंगलम को खनन मंत्री बना दिया और उन्होंने कोयला उद्योग का राष्ट्रीयकरण कर दिया। उनका मानना था कि चूँकि सी.पी.आई. अपने दम पर सत्ता में नहीं आ सकती थी, इस कारण उसके अधिक-से-अधिक सदस्यों को कांग्रेस में शामिल होना चाहिए और कांग्रेस को समाजवादी नीतियाँ लागू करने के लिए मजबूर किया जाना चाहिए।

वर्ष 1971 में सी.एफ.एस.ए. के एक बड़े चेहरे को के.जी.बी. ने भरती किया और महत्त्वपूर्ण राजनीतिक खुफिया जानकारी देने तथा एक एजेंट रिक्रूटर (*भारतीय राजनीतिज्ञों एवं सरकारी अधिकारियों को के.जी.बी. एजेंट के रूप में भरती करने के लिए*) के रूप में काम करने के लिए प्रति वर्ष 1 लाख रुपए

(*2020 में 40 लाख रुपए के बराबर*) दिए। सन् 1970 के दशक की शुरुआत में भारत में के.जी.बी. की मौजूदगी दुनिया भर में सबसे अधिक हो गई। सन् 1978 में के.जी.बी. के डायरेक्टरेट K (खुफिया विभाग) के पास 30 से ज्यादा एजेंट थे, जिनमें से 10 भारतीय खुफिया अधिकारी थे। ऐसा लग रहा था जैसे पूरा देश बिक्री के लिए तैयार था। के.जी.बी. और सी.आई.ए. ने भारत सरकार में गहरी पैठ बना ली थी।

सी.आई.ए. की तुलना में के.जी.बी. अधिक सफल हुआ था, जिसका एक बड़ा कारण यह था कि उसने भ्रष्टाचार का फायदा उठाया, जो इंदिरा सरकार में महामारी बन चुका था। बैंक नोटों से भरे सूटकेस नियमित रूप से प्रधानमंत्री आवास में ले जाए जाते थे। कम-से-कम एक बार तो पोलित ब्यूरो (*सोवियत संघ का सर्वोच्च नीति-निर्माता निकाय*) से 20 लाख रुपए (आज 7.4 करोड़ रुपए के बराबर) का गुप्त उपहार कांग्रेस (आर) तक व्यक्तिगत रूप से आधी रात के बाद पहुँचाया गया। अतिरिक्त 10 लाख रुपए एक अखबार को दिए गए, जो श्रीमती गांधी का समर्थन करता था। अप्रैल 1971 के चुनावों में इंदिरा की जबरदस्त जीत के बाद पोलित ब्यूरो ने सक्रिय उपायों के लिए 25 लाख परिवर्तनीय रूबल के गुप्त धन (आज 76 करोड़ रुपए के बराबर) को मंजूरी दी। लियोनिद शेबरशिन (*दिल्ली रेजिडेंसी में के.जी.बी. के राजनीतिक खुफिया विभाग के मुखिया*) ने 'दुष्प्रचार—फर्जी दस्तावेजों को तैयार करने, प्रेस के लिए सनसनी पैदा करने' के बारे में बात की। के.जी.बी. के सबसे सफल सक्रिय कदमों में वे कदम शामिल थे, जिनमें सी.आई.ए. की साजिश का भंडाफोड़ करने का दावा किया गया था। शायद के.जी.बी. के मुख्यालय का श्रेय लेना सही था कि उसने इंदिरा को इस बात का यकीन दिला दिया था कि सी.आई.ए. उन्हें सत्ता से बेदखल करने की साजिश रच रहा था।

साल 1972 तक सी.पी.आई. के आयात-निर्यात कारोबार से पार्टी को 1 करोड़ रुपए (*आज 37 करोड़ रुपए के बराबर*) से अधिक का धन मिल चुका था। अन्य गुप्त धन के रूप में कम-से-कम 15 लाख रुपए राज्य की कम्युनिस्ट पार्टियों को मिल चुका था, जिनमें सी.पी.आई. से जुड़े लोग और मीडिया शामिल था। मॉस्को से के.जी.बी. के जरिए सी.पी.आई. को भेजा गया पैसा काफी बड़ी मात्रा में था। वर्ष 1975 के पहले छह महीनों में यह रकम 25 लाख रुपए (*आज 6.4 करोड़ रुपए के बराबर*) तक चली गई। इसके बाद मिला काफी

धन कम्युनिस्टों के नेतृत्ववाले अखिल भारतीय कांग्रेस मजदूर संघों के पास गया।

इंदिरा के नेतृत्ववाले भारत में दुनिया के किसी भी देश के मुकाबले के.जी.बी. की गतिविधियाँ ज्यादा थीं। वर्ष 1973 आते-आते के.जी.बी. दस भारतीय अखबारों और एक प्रेस एजेंसी को नियमित रूप से पैसे देकर उनसे काम ले रहा था। के.जी.बी. ने दावा किया कि उसने वर्ष 1972 में 2,760 और 1974 में 4,486 एवं 1975 में 5,510 लेख छपवाए।

इंदिरा गांधी के भाषणों में सी.आई.ए. की साजिश का जिक्र सुनकर चिढ़ चुके अमेरिकी राजदूत मोयनिहन ने एक जाँच का आदेश दिया, जिसमें यह बात निकल कर सामने आई कि नेहरू के शासनकाल में सी.आई.ए. ने केरल और पश्चिम बंगाल में कम्युनिस्टों के विरोधियों की मदद के लिए गुप्त रूप से धन मुहैया कराया था। मोयनिहन के अनुसार, "दोनों बार पैसा कांग्रेस को दिया गया, क्योंकि उसने पैसे माँगे थे। एक बार स्वयं श्रीमती गांधी को पैसा दिया गया था।"

इंदिरा बार-बार अपने विरोधियों पर सी.आई.ए. की मदद और उकसावे से अपने खिलाफ बहुत बड़ी साजिश का अंदेशा जता रही थीं। वर्ष 1975 की गरमियों तक यह मानसिक उन्माद के स्तर तक जा पहुँचा था। उनका मन तब और खट्टा हो गया, जब इलाहाबाद हाई कोर्ट ने सन् 1971 के चुनावों में गड़बड़ियों के कारण सांसद के रूप में उनके चुनाव को अमान्य करार दे दिया। उन्होंने राष्ट्रीय 'इमरजेंसी' (*इस विषय पर 'भारत के 14 प्रधानमंत्री¨ ' के खंड में विस्तार से पढ़ें*) की घोषणा कर दी। शेबरशिन ने दावा किया कि उनके एजेंटों ने ही इंदिरा को इमरजेंसी लगाने के लिए राजी किया था। वर्ष 1975 के दौरान श्रीमती गांधी के लिए समर्थन जुटाने और उनके विरोधियों को कमजोर करने के सक्रिय उपायों पर कुल 10.6 मिलियन रूबल (*आज 280 करोड़ रुपए के बराबर*) खर्च किए गए थे।

18 जनवरी, 1977 को श्रीमती गांधी ने ऐलान किया कि चुनाव मार्च में कराए जाएँगे। दिल्ली रेजिडेंसी ने एक बड़ा ऑपरेशन शुरू किया। 9 कांग्रेस (आर) उम्मीदवार के.जी.बी. के एजेंट थे। 21 गैर-कम्युनिस्ट नेताओं (4 मंत्रियों समेत) के चुनाव-प्रचार के लिए के.जी.बी. ने पैसे दिए। के.जी.बी. ने सी.पी.आई. के नेताओं पर दबाव बनाया कि वे श्रीमती गांधी को अपना समर्थन दें। सी.पी.आई. के राजेश्वर राव और एन.के. कृष्णा को सोवियत दूतावास बुलाया गया, जहाँ उन्हें मॉस्को की सेंट्रल कमेटी से एक संदेश मिला। के.जी.बी. फाइल्स बताती हैं कि

उन्होंने कहा कि सोवियत सहयोगियों की सलाह का उन्होंने सम्मान किया और वे श्रीमती गांधी के समर्थन में खड़े रहेंगे। उन्हें सोवियत संघ से असामान्य रूप से अधिक पैसा मिला : वर्ष 1977 के पहले दो महीने में 30 लाख रुपए (*आज 6.7 करोड़ रुपए के बराबर*) मिले। 1977 के चुनावों के नतीजों से के.जी.बी. मुख्यालय एवं दिल्ली रेजिडेंसी को गहरा झटका लगा और उनमें खलबली मच गई। वे कोई विश्वसनीय सफाई नहीं दे पा रहे थे कि क्यों के.जी.बी. हिंदीभाषी क्षेत्र में श्रीमती गांधी की इतनी बड़ी हार का अंदाजा पहले नहीं लगा सकी, जहाँ उन्हें सिर्फ 2 सीटें मिलीं, जबकि दक्षिण में उसकी हैसियत एक क्षेत्रीय दल की हो गई। (*जनता पार्टी के नेतृत्व वाली गठबंधन सरकार सत्ता में आई, जिसमें सोवियत-विरोधी मोरारजी देसाई प्रधानमंत्री थे। इसके बाद से भारत में के.जी.बी. की गतिविधियाँ समाप्त हो गईं।*)

मॉस्को से दिल्ली रेजिडेंसी को निर्देश दिया गया कि वह 'श्रीमती गांधी को इस बात के लिए राजी करे कि वह कांग्रेस को एक लोकतांत्रिक (वामपंथी) आधार पर नया स्वरूप दें।' जनता पार्टी सरकार नाराज न हो, इस कारण सोवियत दूतावास इंदिरा से आधिकारिक संपर्क बनाने को लेकर काफी सतर्क था। रेजिडेंसी ने एक अधिकारी के जरिए गुप्त संपर्क साधा, जो रूसी अखबार का संवाददाता बनकर काम कर रहा था। मई 1977 में इंदिरा और उनके समर्थकों ने जिस कमेटी फॉर डेमोक्रेटिक एक्शन का गठन किया था, उसके सदस्यों को प्रभावित करने के लिए एक सक्रिय कदम कोष बनाया। पुस्तक के अनुसार, इस बात के भले ही कोई प्रमाण नहीं कि श्रीमती गांधी को इसकी जानकारी थी, लेकिन उस कोष में 2,75,000 परिवर्तनीय रूबल (आज के 7 करोड़ रुपए के बराबर) थे। सन् 1978 में नए साल के दिन इंदिरा गांधी ने कांग्रेस पार्टी में दूसरा विभाजन कराया। अपने समर्थकों के साथ उन्होंने खुद को कांग्रेस (आई) के रूप में पुनर्गठित किया, जिसमें 'आई' अक्षर का मतलब था—इंदिरा। जनता पार्टी इंदिरा-विरोध की बुनियाद पर एक हुई थी, लेकिन यह एकता क्षणभंगुर साबित हुई और वह सरकार चलाने में नाकाम रही। सन् 1980 के आम चुनावों में कांग्रेस (आई) ने 542 में से 351 सीटों पर जीत दर्ज की। 1980 के दशक की शुरुआत में मॉस्को के साथ श्रीमती गांधी के रिश्तों में वैसी गर्मजोशी नहीं आ सकी, जैसी उनके पिछले कार्यकाल के दौरान थी।

इस अध्याय में जिन बातों की चर्चा है, उन सभी को सीधे 'द *मित्रोखिन*

आर्काइव II—द के.जी.बी. इन द वर्ल्ड' पुस्तक से लिया गया है।

शायद कई वर्षों बाद हमें यह पता चलेगा कि जिस सोवियत सरकार ने हमारे ऊपर उस समय के.जी.बी. के जरिए अपना प्रभाव जमाया था, शायद उसी तरह पाकिस्तान ने आई.एस.आई. के जरिए और चीन ने एम.एस.एस. के जरिए 1984 से ही (देखें *अगला अध्याय* और *'हिंदू आतंकवाद या यू.पी.ए. आतंकवाद' का अगला अध्याय*) कई राजनीतिक दलों एवं 'इकोसिस्टम' को प्रभावित किया है।

□

इकोसिस्टम

कई चुनावी रैलियों में नरेंद्र मोदी ने कहा था कि वह अगर चुनकर आए तो सारे भ्रष्ट कांग्रेसियों को जेल भेज देंगे। तो फिर, 80 महीनों में वह ऐसा क्यों नहीं कर सके हैं? इसका कारण है 'इकोसिस्टम'।

जून 2018 में वित्त सचिव हसमुख अधिया ने ई.डी. के संयुक्त निदेशक राजेश्वर सिंह के विरुद्ध एक सीलबंद लिफाफे में सुप्रीम कोर्ट को रॉ (RAW) की एक फर्जी सूचना सौंप दी। वर्ष 2016 की रॉ की उस सूचना में यह बात थी कि दुबई में रहनेवाला भारतीय नागरिक दानिश शाह राजेश्वर सिंह के संपर्क में था और दानिश की पाकिस्तानी पत्नी के संबंध पाकिस्तान की आई.एस.आई. से हैं। ई.डी. ने पहले ही कहा था कि यह सूचना निराधार है और सिंह ने जाँच के उद्देश्यों से शाह से संपर्क किया था। तो फिर अधिया ने सुप्रीम कोर्ट को फर्जी सूचना क्यों सौंप दी? इसका जवाब एकदम आसान है। सी.बी.आई. और ई.डी. ने पी. चिदंबरम के खिलाफ एयरसेल-मैक्सिस केस (अगला अध्याय देखें) में चार्जशीट दाखिल किया था और सिंह ई.डी. के जाँच अधिकारी थे। अगर चिदंबरम राष्ट्रीय सुरक्षा के आधार पर सिंह को उस केस से हटवा देते तो हो सकता था कि दूसरे अधिकारी उनकी जाँच से डर जाते। चिदंबरम ने पहले भी ई.डी. में सिंह को शामिल किए जाने और संयुक्त निदेशक के पद पर उनके प्रमोशन को रोकने का प्रयास किया था। लेकिन सुप्रीम कोर्ट ने सन् 2014 में अपना आदेश देकर सिंह के खिलाफ कार्रवाई के यू.पी.ए. सरकार के प्रयासों पर पूर्ण विराम लगा दिया।

यहाँ तक कि जब मोदी 1.0 सरकार सत्ता में आई, तब भी चिदंबरम अपने खिलाफ चल रहे कई मामले अपने 'दोस्त माने जानेवाले' अरुण जेटली की मदद से, जो वित्त मंत्री थे, कथित तौर पर मैनेज कर रहे थे।

ऐसे आरोप हैं कि (1) अधिया और उनके पूर्व नंबर दो यू.एस. कुमावत

ने 'काला धन कानून' के अंतर्गत मामलों को दर्ज करने में देरी की। (2) अनिल सिन्हा, जो दिसंबर 2014 से दिसंबर 2016 तक सी.बी.आई. के निदेशक थे, चिदंबरम के मौन समर्थक थे। (3) जब राकेश अस्थाना दिल्ली क्षेत्र में सी.बी. आई. की भ्रष्टाचार-निरोधी शाखा का नेतृत्व कर रहे थे, तब उन्होंने भ्रष्टाचार के कई हाईप्रोफाइल मामलों को दबा दिया था।

केंद्र सरकार में ऐसे कई लोग आज भी मौजूद हैं। वित्त मंत्रालय के एक बड़े वरिष्ठ अधिकारी ने (नाम न छापने की शर्त पर) मुझे गुप्त रूप से बताया कि भ्रष्टाचार को पूरी तरह जड़ से उखाड़ने में मोदी के रास्ते की सबसे बड़ी चुनौती यही 'इकोसिस्टम' है, जिसकी जड़ें काफी गहरी हैं। वैसे भी, मोदी रातोरात सारे सरकारी अधिकारियों को नहीं बदल सकते हैं।

इस इकोसिस्टम को कांग्रेस पार्टी ने कई दशकों में बड़े ध्यान से बनाया और बढ़ाया है। यह सिर्फ आई.ए.एस., आई.एफ.एस., आई.पी.एस. या आई.आर.एस. अधिकारियों तक सीमित नहीं है; बल्कि न्यायपालिका, अकादमिक जगत्, लेखकों, पत्रकारों, स्तंभकारों, एन.जी.ओ., कार्यकर्ताओं, 'बुद्धिजीवियों' और सिविल सोसाइटी के अन्य सदस्यों पर भी अपना दुष्प्रभाव छोड़ता है। अगर मैं गलत नहीं हूँ तो मोदी अकसर इन लोगों को ही 'खान मार्केट गैंग' कहते हैं।

आखिर क्यों तमाम 'लिबरल' पत्रकार कांग्रेस से प्यार और मोदी से नफरत करते हैं? यू.पी.ए. शासन के दौरान डॉ. मनमोहन सिंह विदेश दौरे पर अपने साथ 38 से 40 पत्रकारों को ले जाते थे। वे सरकारी खर्च पर सफर करते थे और इन 'आधिकारिक' दौरों को मुफ्त 'दावत' के तौर पर लिया करते थे। मोदी अपने साथ सिर्फ दूरदर्शन के कुछ कर्मचारियों को ही विदेश दौरे पर ले जाते हैं

'एक्टिविस्ट' क्यों नाराज हैं? दशकों तक उन्होंने भारत में विकास से जुड़ी परियोजनाओं को रोकने के लिए एड़ी-चोटी का जोर लगाया है, जिसका एक उदाहरण परमाणु ऊर्जा संयंत्र हैं, जिनसे स्वच्छ ऊर्जा प्राप्त होती है। पिछले कुछ दिनों से वे मुंबई-अहमदाबाद बुलेट ट्रेन प्रोजेक्ट को रोकने के लिए महाराष्ट्र में भूमि अधिग्रहण के खिलाफ प्रदर्शन कर रहे हैं।

हैरान होने की जरूरत नहीं, अगर ऐसे लोग, यानी न सिर्फ पत्रकार या एक्टिविस्ट, बल्कि आई.ए.एस./आई.एफ.एस./आई.पी.एस./आई.आर.एस. अधिकारी, एन.जी.ओ., सुप्रीम कोर्ट एवं हाई कोर्ट के जज, लेखक, स्तंभकार, शिक्षाविद्, 'बुद्धिजीवी' और सिविल सोसाइटी के अन्य सदस्य कांग्रेस पार्टी से

नियमित पैसे ले रहे हों और कुछ पाकिस्तान, चीन या रूस से, वैसे ही जैसे कि कई नेहरू-इंदिरा युग में के.जी.बी. से ले रहे थे और शायद अमेरिका से भी, जैसा कि मैंने अपनी पुस्तक *USAma* (उसामा) : *Is USA The World's Largest Terrorist?* (उसामा : क्या अमेरिका दुनिया का सबसे बड़ा आतंकवादी है?) में विस्तार से बताया है।

वैसे भी, न तो अमेरिका और न ही चीन या रूस भविष्य की नई महाशक्ति से प्रतिस्पर्धा करना चाहेगा। मोदी के नेतृत्व में विकास की रफ्तार से उन्हें 'चिंता' होने लगी है। जहाँ तक पाकिस्तान की बात है, तो पिछले 73 से अधिक वर्षों से उसका एजेंडा नं. 1 यही है।

अच्छी खबर यह है कि ऐसे कई तत्त्वों को उखाड़ फेंका गया है। मोदी जब तक सत्ता में हैं, तब तक यह सफाई बेशक चलती रहेगी या शायद सितंबर 2025 तक जारी रहेगी, जब वह 75 वर्ष के हो जाएँगे।

□

सोनिया-मनमोहन युग के घोटाले

नवंबर 2020 में एक टी.वी. चैनल पर लेखक, वैज्ञानिक और प्रोफेसर डॉ. आनंद रंगनाथन ने कहा था, "माइक्रोसॉफ्ट के अगले वर्जन में जब आप 'Scam' (घोटाला) शब्द पर राइट क्लिक करेंगे और उसके समानार्थी शब्दों को ढूँढ़ेंगे तो पहले जवाब के रूप में आपको Congress शब्द मिलेगा।"

करोड़ों भारतीय जानते हैं कि यू.पी.ए.-1 (2004-2009) और यू.पी.ए.-2 (2009-14) के शासन के दौरान डॉ. मनमोहन सिंह एक कठपुतली प्रधानमंत्री थे, जिनका रिमोट सोनिया गांधी के पास था।

अमेरिकी राष्ट्रपति बराक ओबामा ने *'ए प्रॉमिस्ड लैंड'* में लिखा है—

"कई राजनीतिक विश्लेषक मानते हैं कि उन्होंने (सोनिया ने) डॉ. सिंह को इस वजह से चुना था, क्योंकि वह एक ऐसे सिख बुजुर्ग थे, जिनका कोई राष्ट्रीय राजनीतिक आधार नहीं था। वह उनके 40 वर्षीय पुत्र राहुल के लिए खतरा नहीं थे, जिन्हें वह कांग्रेस पार्टी की कमान सँभालने के लिए तैयार कर रही थीं।"

10 साल का यह युग भ्रष्टाचार के अनेक मामलों या 'घोटालों' के लिए कुख्यात हुआ और अन्य किसी भी कारण की अपेक्षा वर्ष 2014 में मोदी के पी.एम. बनने की बड़ी वजह बन गया।

बैंक एन.पी.ए. घोटाला

सार्वजनिक क्षेत्रों के बैंकों को बेहिसाब एन.पी.ए. से जूझना पड़ा, क्योंकि यू.पी.ए. ने उन पर बिना जाँच लोन मंजूर करने और उसका भुगतान करने के लिए मजबूर किया। बैंकों ने वर्ष 1947 से 2008 तक प्रति वर्ष 29,607 करोड़ रुपए की दर से 18.06 लाख करोड़ रुपए कर्ज दिया, जो वर्ष 2008 से 2014 में प्रति वर्ष 5.68 लाख करोड़ की दर से 34.09 लाख करोड़ हो गया। मार्च 2018 में बैंकों

का एन.पी.ए. 10.36 लाख करोड़ रुपए था। सितंबर 2018 में रिजर्व बैंक के पूर्व गवर्नर रघुराम राजन, जो अकसर मोदी की नीतियों की आलोचना करते थे, ने कहा, "…ज्यादातर ऐसे कर्ज डूबे, जो वर्ष 2006 से 2008 के बीच दिए गए थे।" उन्होंने कहा कि 'रसूखदार' लोगों को कुछ ज्यादा ही कर्ज दिया गया, जिनका समय पर पैसा न चुकाने का इतिहास था। राजन ने सार्वजनिक बैंकों की कर्मठता में कमी को भी जिम्मेदार ठहराया।

कोयला घोटाला

मार्च 2012 में सी.ए.जी. ने कहा कि यू.पी.ए.-1 सरकार को प्रतिस्पर्धात्मक बोली लगवाकर कोल ब्लॉक के आवंटन करने चाहिए थे; लेकिन उसने ऐसा नहीं किया। इसका नतीजा सरकार को 1.856 लाख करोड़ रुपए के नुकसान के रूप में सामने आया। सुप्रीम कोर्ट ने वर्ष 1993 के बाद से आवंटित 218 में से 214 कोयला ब्लॉक्स के आवंटन को रद्द कर दिया और काम कर रही खदानों पर जुर्माना लगाया। सी.बी.आई. और ई.डी. की ओर से दायर अनेक मामले अब भी अदालतों में चल रहे हैं।

2जी और टेलीफोन एक्सचेंज घोटाला

जनवरी 2008 में डी.एम.के. (यू.पी.ए.-1 का एक सहयोगी) कोटे से टेलीकॉम मंत्री बने ए. राजा ने 'पहले आओ, पहले पाओ' के आधार पर 2जी लाइसेंसों का आवंटन किया। जन-संपर्क के क्षेत्र से जुड़ी नीरा राडिया से उनकी बातचीत के ऑडियो टेप से इसकी पुष्टि हुई कि रिश्वत दी गई थी। सी.ए.जी. की एक रिपोर्ट ने अनुमान लगाया कि भारत सरकार को 1.76 लाख करोड़ रुपए का नुकसान हुआ। ए. राजा को गिरफ्तार कर लिया गया और 20 महीने बाद जमानत पर छोड़ दिया गया। डी.एम.के. की कनिमोझी और टेलीकॉम सचिव को भी जेल भेजा गया था। डी.एम.के. के दयानिधि मारन, जो पहले टेलीकॉम मंत्री थे, का भी नाम जब 2जी घोटाले में आया तो उन्हें कपड़ा मंत्री के पद से इस्तीफा देना पड़ा। एक स्पेशल सी.बी.आई. जज ने सभी 19 आरोपियों को बरी कर दिया, क्योंकि सी.बी.आई. अपना केस साबित नहीं कर सकी। क्या तब यही इकोसिस्टम काम कर रहा था? सी.बी.आई. और ई.डी. ने उस फैसले के खिलाफ अपील की है, जिसकी सुनवाई दिल्ली हाई कोर्ट में चल रही है।

दयानिधि पर अपने भाई कलानिधि मारन के मीडिया कारोबार को फायदा

पहुँचाने के आरोप भी लगे थे। उन पर आरोप थे कि उन्होंने अपने घर पर 764 अवैध आई.एस.डी.एन. फोन लाइन लगवाई थीं, जिनका इस्तेमाल गुपचुप तरीके से सन टी.वी. कर रहा था, जिसके मालिक कलानिधि थे। यह केस अब भी अदालत में है।

एयरसेल-मैक्सिस केस

जून 2011 में टेलीकॉम कंपनी एयरसेल के पूर्व मालिक सी. शिवशंकरन (शिवा) ने सी.बी.आई. से शिकायत की और उसे बताया कि उन्हें टेलीकॉम का लाइसेंस नहीं मिला और अब मारन बंधु उन पर (जान से मारने की धमकी के साथ) दबाव बना रहे हैं कि वह एयरसेल में अपनी 74% हिस्सेदारी मलेशिया के मैक्सिस ग्रुप को बेच दें। लाइसेंस तब जारी किया गया, जब मैक्सिस ने 74% हिस्सा खरीद लिया। शिवा ने यह आरोप भी लगाया कि मारन बंधुओं को सन टी.वी. नेटवर्क में मैक्सिस की ओर से अप्रत्यक्ष निवेश के रूप में रिश्वत भी मिली। सी.बी. आई. को पर्याप्त सबूत मिले और उसने 14 आरोपियों के खिलाफ आरोप-पत्र दाखिल किया। ई.डी. ने मारन बंधुओं के खिलाफ मनी लॉण्ड्रिंग का केस दर्ज किया और 742 करोड़ रुपए की उनकी संपत्ति जब्त कर ली।

दूसरी तरफ, बी.जे.पी. सांसद डॉ. सुब्रह्मण्यम स्वामी ने आरोप लगाया कि साल 2006 में वित्त मंत्री पी. चिदंबरम (पी.सी.) ने इस सौदे में एफ.आई.पी.बी. की मंजूरी को तब तक रोके रखा, जब तक कि उनके बेटे कार्ति के नियंत्रणवाली एक कंपनी को एयरसेल के 5% शेयर नहीं मिल गए।

जुलाई 2018 में दायर सी.बी.आई. की चार्जशीट में कार्ति और पी.सी. को नामजद किया गया था। सी.बी.आई. इसकी जाँच कर रही थी कि कैसे पी.सी. ने 4,880 करोड़ रुपए के एक विदेशी निवेश के सौदे को एफ.आई.पी.बी. की मंजूरी दे दी, जबकि 600 करोड़ रुपए से अधिक के विदेशी निवेश को मंजूरी केवल सी.सी.ई.ए. ही दे सकता था। सी.बी.आई. का आरोप था कि मैक्सिस ने कार्ति से जुड़ी एक कंपनी को 26 लाख रुपए (2020 में 75 लाख रुपए के बराबर) दिए, साथ ही कार्ति और उसके चचेरे भाई की ओर से चलाई जानेवाली एक कंपनी को 2,00,000 डॉलर (2020 में 2.6 करोड़ रुपए के बराबर) अदा किए और यह सारा पैसा घूस की शक्ल में दिया गया।

ई.डी. मनी-लॉण्ड्रिंग के एक केस की जाँच कर रही है, जिसमें चिदंबरम और

उनके परिवार से पूछताछ की गई है। इसने कार्ति के घर और दफ्तर पर छापेमारी की, जिसमें कथित तौर पर 14 देशों में 3 अरब डॉलर (उस समय 19,860 करोड़ रुपए) की संपत्ति और 21 अघोषित विदेशी बैंक खातों का पता चला।

सी.डब्ल्यू.जी. घोटाला

वर्ष 2010 में दिल्ली कॉमनवेल्थ गेम्स (सी.डब्ल्यू.जी.) ने पूरी दुनिया में भारत की छवि को दागदार कर दिया। श्रम कानूनों का भयंकर उल्लंघन किया गया था। सी.एन.एन. ने दिखाया कि सात साल के बच्चों से भी अधिकांश स्थलों पर निर्माण का काम कराया गया। यौन गुलामी और बेहिसाब वेश्यावृत्ति के आरोप भी लगे, जिसमें हजारों महिलाओं को शिकार बनाया गया। एक एन.जी.ओ. ने दावा किया कि अकेले पूर्वोत्तर से 40,000 महिलाओं को लाया गया था। मुंबई की 3,000 से भी अधिक बार बालाएँ दिल्ली पहुँचीं। उद्घाटन में दो हफ्ते ही बाकी थे कि सी.डब्ल्यू. चीफ ने भारत सरकार को चिट्ठी लिखकर कहा कि खेल गाँव की 'स्थिति गंभीर' है। कई देशों ने वहाँ के हालात को लेकर चिंता जताई, जिनकी उन्हें उम्मीद नहीं थी। ऑस्ट्रेलिया की शिकायत थी कि एयर-कंडीशन का इंतजाम न होने से तापमान 40^0 सेल्सियस से अधिक था। स्कॉटलैंड ने एक बिस्तर पर कुत्ते के मल त्यागने की तसवीर शेयर की। बी.बी.सी. ने बाथरूम की तसवीरें जारी कीं, जिनकी दीवारों और फर्श पर 'पान थूकने' के दाग दिख रहे थे। मुक्केबाज अखिल कुमार जब अपने बिस्तर पर बैठे तो वह धड़ाम से गिर पड़े।

खेलों के उद्घाटन से 12 दिन पहले मुख्य स्टेडियम के पास बन रहा फुटब्रिज धराशायी हो गया, जिसमें 23 लोग घायल हुए। अगल दिन, वेट लिफ्टिंग स्थल की छत गिर गई। खेलों की शुरुआत में एक हफ्ते से भी कम समय बचा था, जब 22,000 में से 10,000 वॉलंटियर काम छोड़कर चले गए। उनमें से कई ने अपनी वरदियाँ भी नहीं लौटाईं। तैराकी की स्पर्धाओं के पहले दिन पूल में मलबा गिर गया, जब छत का एक हिस्सा उसमें टूटकर समा गया। तैराकी के फाइनल से पहले फिल्ट्रेशन सिस्टम ने दम तोड़ दिया, जिससे पूल में कीचड़ भर गया। एथलेटिक्स की प्रतियोगिता से दो घंटे पहले घास और ट्रैक बिछाने का काम चल रहा था। खेलों की शुरुआत होने के चार दिन पहले रग्बी स्थल पर एक विशाल स्कोरबोर्ड धड़ाम से जमीन पर आ गिरा।

टॉयलेट पेपर का रोल, जो 130 रुपए में मिलता है, उसे प्रति रोल 5,200

रुपए की दर पर खरीदा गया। 130 रुपए का सोप डिस्पेंसर 3,900 रुपए प्रति डिस्पेंसर की कीमत पर खरीदा गया। ऊँचाई पर ट्रेनिंग का सिमुलेटर, जिसकी कीमत 7.7 लाख रुपए थी, उसे 1.62 करोड़ रुपए प्रति सिमुलेटर की दर पर खरीदा गया। टाइमिंग-स्कोरिंग-रिजल्ट सिस्टम के स्विस सप्लायर को 96 करोड़ रुपए ज्यादा चुकाए गए।

सोना आयात घोटाला

वर्ष 2014 के लोकसभा चुनावों के नतीजों की जिस दिन घोषणा की गई, उस दिन पद छोड़ रहे वित्त मंत्री (पी. चिदंबरम) ने एक ऐसी योजना को मंजूरी दी, जिसका लाभ 13 निजी कंपनियों को हुआ। उनमें मेहुल चोकसी (गहने के कारोबारी चोकसी और उसके भतीजे नीरव मोदी ने पंजाब नेशनल बैंक (पी. एन.बी.) के साथ 12,636 करोड़ रुपए की धोखाधड़ी की और देश छोड़कर भाग गए) की कंपनी भी शामिल थी।

अगले चार महीनों में भारत में जितना भी सोना आयात किया गया, उनमें इन तीन कंपनियों का हिस्सा 40% से अधिक था। इससे पहले सिर्फ सरकारी कंपनियों को सोना आयात करने की इजाजत थी। अगस्त 2013 में शुरू की गई '80:20 सोना आयात करने की योजना' के अंतर्गत 80% तक सोना भारत में बेचा जा सकता था और कम-से-कम 20% को नई खेप के आयात से पहले निर्यात किया जाना था। भारतीय रिजर्व बैंक ने एक सर्कुलर जारी किया, जिसमें उन निजी पक्षों को सोना आयात करने की इजाजत दी गई, जिन्होंने निर्यात का वादा पूरा नहीं किया था। इसने 80:20 की योजना को निष्प्रभावी बना दिया। उसी सर्कुलर ने निजी निर्यात कंपनियों को एक बार में दो टन सोना आयात करने की भी इजाजत दे दी। यह इजाजत उन्हें भी दी गई, जो सोना-चाँदी या सोने के गहने के कारोबार से जुड़े नहीं थे।

भारतीय बुलियन एंड ज्वैलर्स एसोसिएशन ने आर.बी.आई. के गवर्नर को चिट्ठी लिखकर बताया कि किस प्रकार यू.पी.ए. सरकार ने जाते-जाते इस योजना को कमजोर किया और कैसे आयातकों ने सोने का इस्तेमाल फिर से निर्यात के लिए किया। गहने बनाने और फिर से निर्यात करने में 15 से 90 दिन लगते हैं, लेकिन गलत नीयतवाले लोगों ने मशीनों का इस्तेमाल कर सोने को जैसे-तैसे रातोरात पेंडेंट/चेन/चूड़ियों में (न कि हस्तशिल्प से सुंदर गहने बनाना, जिनके लिए भारत पूरी दुनिया में मशहूर है) बदलना और उन अनगढ़ गहनों को दुबई निर्यात

करना शुरू कर दिया, जहाँ उन्हें सोने की पट्टियों में बदलने के लिए रिफाइनरी में भेजा जाता था और फिर रातोरात बेच दिया जाता था। इसमें लगनेवाली लागत की भरपाई घरेलू बाजार में आसानी से हो जाती थी, जहाँ आयातित सोने का बाकी 80% हिस्सा ऊँचे दाम पर बेचा जाता था। भारत में सोने की कीमत दुनिया की कीमतों से 10% अधिक थी। *इस योजना को मोदी सरकार ने अगस्त 2014 में बंद कर दिया।*

पी.ए.सी. की एक उप-समिति (पी.ए.सी.एस.सी.) ने पाया कि डी.आर.आई. इस 80:20 योजना के पक्ष में नहीं है; क्योंकि इसका नतीजा राउंड-ट्रिपिंग (जिसमें काला धन देश के बाहर जाता है और सफेद बनकर लौट आता है) और मनी लॉण्ड्रिंग के रूप में सामने आएगा। पी.ए.सी.एस.सी. ने मनी लॉण्ड्रिंग के लिए ज्वैलर्स द्वारा इस 80:20 की योजना के कथित दुरुपयोग में पी. चिदंबरम की भूमिका पर सवाल उठाए और सी.बी.आई. जाँच की सिफारिश कर दी। इस रिपोर्ट ने बताया कि ज्वैलर्स की ओर से कमाए गए हर अमेरिकी डॉलर (अगस्त 2013 में जब योजना शुरू हुई, तब 1 डॉलर की कीमत 68.83 रुपए थी) के बदले भारत सरकार को 221.75 रुपए का आयात शुल्क छोड़ना पड़ता था, जिससे खजाने को 1.3 लाख करोड़ रुपए का घाटा हुआ।

एन.एस.ई. को-लोकेशन घोटाला

नेशनल स्टॉक एक्सचेंज के चुनिंदा दलालों को बाजार की कीमतों की जानकारी पहले ही मिल जाती थी, जिससे वे बाकी के बाजार की कीमतों का अंदाजा लगा लेते थे। एन.एस.ई. के कारोबार की अंदरूनी जानकारी से उसमें धाँधली कर और को-लोकेशन सर्वर का इस्तेमाल कर उन्होंने जबरदस्त मुनाफा कमाया। अनुमान लगाया गया कि करीब 50,000 करोड़ रुपए की धाँधली हुई, जिसकी शुरुआत वर्ष 2010 में हुई थी। ऐसे आरोप लगे कि इस घोटाले में पी. चिदंबरम ने मुख्य भूमिका निभाई थी। मई 2018 में सी.बी.आई. ने एक एफ.आई.आर. दर्ज की। मद्रास हाई कोर्ट ने सेबी, सी.बी.आई., ई.डी. और कॉरपोरेट मामलों के मंत्रालय को नोटिस जारी कर कथित धाँधली के लिए एन.एस.ई. के कर्मचारियों के खिलाफ उचित काररवाई का आदेश दिया और सेबी (SEBI) को अपना जवाब दाखिल करने का निर्देश दिया। अप्रैल 2019 में सेबी ने एन.एस.ई. को 625 करोड़ रुपए के साथ ही 1,000 करोड़ रुपए से अधिक के ब्याज के साथ भुगतान का निर्देश दिया। साथ ही, एन.एस.ई. पर छह महीने तक प्रतिभूति बाजार से पैसा जुटाने

पर रोक लगा दी। जनवरी 2020 में सेबी ने नौ अधिकारियों को दोष-मुक्त कर दिया। प्रतिभूति अपीलीय न्यायाधिकरण ने इस केस में अब तक अपना फैसला नहीं सुनाया है।

नरेगा घोटाला

नरेगा के अंतर्गत दिए गए काम में व्यापक भ्रष्टाचार सामने आया था और मेहनताने का एक छोटा सा हिस्सा ही लाभार्थियों तक पहुँच पाता था। वर्ष 2017 में लगभग 87 लाख फर्जी नरेगा जॉब कार्ड (कुल जॉब कार्ड का लगभग 7%) का खुलासा हुआ और उन्हें रद्द कर दिया गया। यू.पी.ए. के आठ वर्षों के दौरान जब यह योजना चल रही थी, तब सरकार ने लगभग 2.36 लाख करोड़ रुपए खर्च किए थे। यदि यह मान लें कि 'सिर्फ' 7% का ही गबन हुआ, तब भी हम 16,500 करोड़ रुपए के घोटाले की बात कर रहे हैं।

थोरियम घोटाला

यूरेनियम के मुकाबले थोरियम से पैदा होनेवाली परमाणु ऊर्जा अधिक बेहतर, सस्ती और सुरक्षित होती है। थोरियम पृथ्वी की पर्पटी में 3 से 4 गुना अधिक बहुतायत में मिलता है और प्रति इकाई 40 गुना अधिक ऊर्जा का उत्पादन कर सकता है। अलग-अलग अनुमानों के अनुसार, भारत के पास 21 से 50% तक विश्व के थोरियम अयस्क के भंडार हैं। हमारे भंडार जहाँ रेत (मोनाजाइट) के रूप में सबसे आसानी से उपलब्ध हैं, वहीं अधिकांश दूसरे देशों में थोरियम के भंडार चट्टानों के भीतर हैं, जिन्हें निकालने की प्रक्रिया बेहद लंबी होती है। मोनाजाइट से थोरियम, सीरियम, सीजियम, प्लैटिनम और लेंटेनियुम को निकालना संभव है और ये सभी विश्व बाजार में काफी मूल्यवान् हैं। तमिलनाडु के मनावलकुरिचि में विश्व के 12 से 30% तक के थोरियम का भंडार है और इल्मेनाइट, गार्नेट, जिरकोन और रूटाइल के विश्व के सबसे बड़े भंडार हैं। मनावलकुरिचि से थोरियम निकालने के लिए सन् 1950 में इंडियन रेयर अर्थ लिमिटेड (आई.आर.ई.एल.) की स्थापना की गई थी। भारत सरकार ने सन् 1963 में इस कंपनी का पूर्ण नियंत्रण अपने हाथों में ले लिया और इसे डी.ए.ई. के अंतर्गत डाल दिया।

एक माफिया, जिसका मुखिया वी.वी. मिनरल का मालिक एस. वैकुंडराजन था, उसने कथित तौर पर कानूनों को तोड़कर रेत खनन पर एकाधिकार जमा लिया और कथित तौर पर थोरियम-युक्त रेत का तूतीकोरिन बंदरगाह के जरिए निर्यात

कर हजारों करोड़ रुपए कमाए। वी.वी.एम. की सहायता कर रहे आई.आर.ई.एल. और डी.ए.ई. के इंजीनियरों ने इस तरह के आरोप लगाए। वर्ष 2002 से 2012 तक हमारी तटरेखा पर मोनाजाइट की मात्रा 21 लाख टन तक कम हो गई। कथित तौर पर इनका निर्यात वी.वी.एम. के माफिया ने किया। 1,750 डॉलर प्रति टन की दर से इसकी कुल कीमत लगभग 3.86 अरब डॉलर या 46.30 रुपए प्रति अमेरिकी डॉलर के औसत एक्सचेंज की दर से 17,038 करोड़ रुपए होगी। मोदी के सत्ता में आने के बाद अधिकारियों ने काररवाई शुरू कर दी। वर्ष 2014 में तूतीकोरिन बंदरगाह के चेयरमैन की आय से अधिक संपत्ति के मामले में सी.बी.आई. जाँच के बाद वैकुंडराजन ने गिरफ्तारी के डर से अग्रिम जमानत याचिका दायर की। उसे जमानत मिल गई और सी.बी.आई. ने उससे पूछताछ की है। अक्तूबर 2018 में आयकर विभाग की ओर से वी.वी.एम. के खिलाफ चले जाँच अभियान में खुलासा हुआ कि इस समूह के पास 1,825 करोड़ रुपए की अघोषित आय है।

भारत थोरियम-आधारित फास्ट ब्रीडर रिएक्टर (एफ.बी.आर.) तकनीक का दुनिया में प्रमुख निर्माता था; लेकिन यू.पी.ए. की देरी उसे 10 साल पीछे ले गई। भारत का परमाणु ऊर्जा कार्यक्रम वाजपेयी युग में काफी अच्छी तरक्की कर रहा था, लेकिन उसे ठंडे बस्ते में डाल दिया गया। इसका फायदा चीन को थमा दिया गया, जबकि भारत को विदेशों से आपूर्ति पर निर्भरता के लिए मजबूर होना पड़ा। अमेरिका ने '123 समझौते' पर दस्तखत किए, क्योंकि वह चाहता है कि भारत 100 अरब डॉलर के परमाणु ऊर्जा तकनीक के बाजार में एक प्रतिस्पर्धी होने के बजाय अमेरिकी और यूरोपीय कंपनियों के लिए एक बड़ा बाजार बन जाए। ऐसा अनुमान था कि भारत का पहला स्वदेशी डिजाइन वाला 500 मेगावाट का एफ.बी.आर. प्रतिमान वर्ष 2012 तक चालू हो जाएगा, लेकिन अब इसमें देरी हुई है और यह दिसंबर 2021 तक टल गया है। अगर यू.पी.ए. सरकार भारतीय रिसर्च एजेंसियों पर ऐसी लेट-लतीफी को नहीं थोपती तो भारत वर्ष 2013 तक 1 गीगावाट एफ.बी.आर. की तकनीक विकसित कर चुका होता। इससे निर्यात का ऐसा बाजार तैयार होता, जिसमें प्रतिवर्ष 4 अरब डॉलर की बिक्री शुरुआत में हो रही होती। मोदी ने भारतीय एजेंसियों को एफ.बी. आर. विकसित करने की शक्ति दी है।

भारत की वर्तमान परमाणु ऊर्जा क्षमता 6.78 गीगावाट है, जो कुल बिजली उत्पादन क्षमता का महज 1.8% है। वर्ष 2030 तक इसे बढ़ाकर 22 गीगावाट

करने की योजना है, जिसमें से 7.4 गीगावाट निर्माणाधीन है और 7.6 गीगावाट को स्वीकृत किया गया है।

और भी 25.4 गीगावाट की योजना है। मोदी की इच्छा है कि वर्ष 2050 तक भारत की बिजली की 25% जरूरत को परमाणु ऊर्जा से पूरा किया जाए। अमेरिका में यह फिलहाल 20% है।

एयर इंडिया घोटाला

एयर इंडिया से जुड़े तीन मामलों में सी.बी.आई., ई.डी. एवं यू.पी.ए. के नागरिक उड्डयन मंत्री प्रफुल्ल पटेल और पी.सी. से पूछताछ कर रही है। पहला मामला यू.पी.ए. की तरफ से 70,000 करोड़ रुपए में 111 विमान खरीदने से जुड़ा है, जबकि शुरुआत में जरूरत 67 की ही बताई गई थी। पटेल ने एजेंसियों को बताया कि ऑर्डर को मंजूरी एक पैनल ने दी थी, जिसकी अध्यक्षता पी.सी. कर रहे थे। दूसरा मामला रूट को सही ढंग से स्टडी किए बिना और मार्केटिंग या कीमतों से जुड़े नियम तय किए बिना विमान को लीज पर देने से जुड़ा है। तीसरा मामला देशी और विदेशी निजी एयरलाइंस कंपनियों के लिए मुनाफा कमाने वाले रूट को छोड़ने के आरोपों से जुड़ा है, जिसके कारण एयर इंडिया को भारी नुकसान हुआ। लॉबीस्ट दीपक तलवार को वर्ष 2008-09 में कथित रूप से 272 करोड़ रुपए (2020 में 636 करोड़ रुपए के बराबर) की दलाली खाने के आरोप में गिरफ्तार किया गया था। वह विदेशी एयरलाइंस कंपनियों को फायदे के एयर ट्रैफिक अधिकार दिलाने में बिचौलिए का काम कर रहा था।

नेशनल हेरॉल्ड केस

डॉ. सुब्रह्मण्यम स्वामी की ओर से दिल्ली मेट्रोपोलिटन मजिस्ट्रेट की अदालत में दायर शिकायत के अनुसार, *'नेशनल हेरॉल्ड'* अखबार के प्रकाशक एसोसिएटेड जर्नल्स लि. (ए.जे.एल.) ने कांग्रेस पार्टी से 90 करोड़ रुपए का ब्याज-मुक्त कर्ज लिया और इस कर्ज को चुकाया नहीं गया। यंग इंडियन लिमिटेड (वाई.आई.एल.) नाम की एक कंपनी को 50 लाख रुपए की पूँजी के साथ नवंबर 2010 में शुरू किया गया और उसने ए.जे.एल. के लगभग सारे शेयर और 2,000 से 5,000 करोड़ रुपए (2020 में 3,136 से 7,840 करोड़ रुपए) की संपत्ति का कथित रूप से अधिग्रहण कर लिया। स्वामी ने सोनिया एवं राहुल गांधी पर, जिनके पास वाई.आई.एल. का 76% स्वामित्व था और मोतीलाल वोरा तथा ऑस्कर फर्नांडिस

पर, जिनके पास 12-12% स्वामित्व था, कथित आपराधिक हेरा-फेरी का आरोप लगाया। जून 2014 में मजिस्ट्रेट ने सोनिया, राहुल और पाँच अन्य लोगों को 7 अगस्त को कोर्ट में पेशी का समन भेजा। कोर्ट ने कहा, "ऐसा प्रतीत होता है कि वाई.आई.एल. को दिखावे या आवरण के रूप में सार्वजनिक पैसे का व्यक्तिगत इस्तेमाल के लिए बनाया गया था।" जिससे कि ए.जे.एल. की 2,000 करोड़ रुपए से अधिक की संपत्ति पर नियंत्रण हासिल किया जा सके और सारे आरोपियों ने 'कथित बेईमानी भरे मकसद/साजिश में एक-दूसरे के साथ साठ-गाँठ' की थी। इस मामले का मनी-लॉण्ड्रिंग से संबंध है या नहीं, यह पता लगाने के लिए 1 अगस्त को ई.डी. ने एक जाँच शुरू की।

दिसंबर 2015 में दिल्ली हाई कोर्ट ने 'आपराधिक मंशा' की टिप्पणी की और सोनिया, राहुल तथा पाँच अन्य की अपील खारिज करते हुए उन्हें ट्रायल कोर्ट के सामने पेश होने का आदेश दिया। फरवरी 2016 में सुप्रीम कोर्ट ने सभी आरोपियों को व्यक्तिगत पेशी से छूट दी, लेकिन उनके खिलाफ चल रही काररवाई को रद्द करने से इनकार कर दिया। जुलाई 2016 में दिल्ली हाई कोर्ट ने ट्रायल कोर्ट के फैसले को रद्द करते हुए कांग्रेस पार्टी, ए.जे.एल. और वाई.आई.एल. की बैलेंस शीट तथा अन्य दस्तावेजों की जाँच के आदेश दिए। दिसंबर 2018 में सुप्रीम कोर्ट ने आयकर विभाग को सोनिया और राहुल के वर्ष 2011-12 के टैक्स फाइलिंग के फिर से आकलन करने की इजाजत दी। हालाँकि सर्वोच्च न्यायालय ने गांधियों के खिलाफ आयकर विभाग को 8 जनवरी, 2019 तक कोई भी काररवाई करने से रोक दिया। *इकोसिस्टम काम कर रहा था?* सुप्रीम कोर्ट ने इस मामले में मार्च 2020 में आखिरी सुनवाई की तारीख तय की थी, जिसे कोविड-19 की वजह से टालना पड़ा।

मई 2019 में ई.डी. ने हरियाणा के पंचकुला में ए.जे.पी. की 64 करोड़ रुपए की संपत्ति स्थायी रूप से जब्त कर ली। मई 2020 में ई.डी. ने मुंबई में ए.जे.एल. की 16.38 करोड़ रुपए की संपत्ति को जब्त कर लिया।

सी.बी.आई. और ई.डी. की ओर से हरियाणा के तत्कालीन मुख्यमंत्री भूपेंद्र सिंह हुड्डा के खिलाफ दर्ज किया गया मामला फिलहाल पंजाब एवं हरियाणा हाई कोर्ट में चल रहा है। यह मामला हुड्डा की ओर से कई हजार करोड़ रुपए की सरकारी जमीन ए.जे.एल. को वर्ष 2005 में महज 59 लाख रुपए में अवैध रूप से आवंटित किए जाने से जुड़ा है।

आई.एन.एक्स. मीडिया केस

सी.बी.आई. ने अगस्त 2019 में आई.एन.एक्स. मीडिया भ्रष्टाचार केस में पी.सी. को गिरफ्तार किया था। दिल्ली हाई कोर्ट ने उनकी अग्रिम जमानत याचिका को खारिज कर दिया था और जब सी.बी.आई. एवं ई.डी. उनकी तलाश कर रही थी, तब 27 घंटे तक वह फरार थे। यहाँ तक कि सुप्रीम कोर्ट ने भी उन्हें गिरफ्तारी से अंतरिम राहत देने से इनकार कर दिया था। मई 2017 में सी.बी.आई. ने एफ.आई.आर. दर्ज की थी, जिसमें आरोप लगाया गया था कि जब पी.सी. वित्त मंत्री थे, तब आई.एन.एक्स. मीडिया को वर्ष 2007 में 305 करोड़ रुपए (2020 में 782 करोड़ रुपए के बराबर) का विदेशी धन प्राप्त करने के लिए दी गई मंजूरी में धाँधली की गई थी। 105 दिनों तक जेल में रहने के बाद पी.सी. को जमानत दी गई थी। उनके बेटे कार्ति को सी.बी.आई. ने उसी केस में फरवरी 2018 में गिरफ्तार किया था और वह 23 दिनों तक जेल में था। 9 मार्च, 2018 को दिल्ली हाई कोर्ट से कार्ति को अंतरिम सुरक्षा मिली थी, जिसे सुप्रीम कोर्ट ने 14 मार्च तक बढ़ा दिया और समय-समय पर उसे बढ़ाया गया है। ई.डी. ने कंपनी के संस्थापकों पीटर और इंद्राणी मुखर्जी समेत अन्य के खिलाफ भी मनी लॉण्ड्रिंग का केस दर्ज किया है। इंद्राणी ने एजेंसियों को बताया है कि उस मंजूरी के लिए उसने कार्ति की कंपनियों को रिश्वत दी थी।

राजीव गांधी फॉउंडेशन

राजीव गांधी फॉउंडेशन (आर.जी.एफ.) की अध्यक्ष सोनिया गांधी हैं; वहीं राहुल, प्रियंका, मनमोहन सिंह, पी.सी. और परिवार के 'मित्र' उसके ट्रस्टी हैं। आर.जी.एफ. को प्रधानमंत्री राष्ट्रीय राहत कोष (जिसमें आम नागरिक पैसे दान करते हैं, जिन्हें आपदा राहत जैसे प्रयोजनों पर खर्च किया जाता है), अनेक केंद्र और राज्यों के मंत्रालयों, पी.एस.ई. और पी.एस.बी. तथा दर्जनों निजी व्यक्तियों, कंपनियों, बैंकों एवं ट्रस्टों से दान प्राप्त हुए थे। इसे घोटाले के अनेक आरोपियों से भी पैसे मिले, जिनमें मेहुल चोकसी, जिग्नेश शाह, यूनिटेक (इसके मालिक 2जी घोटाले में जेल में हैं), जी.वी.के. (मुंबई एयरपोर्ट के पूर्व प्रमोटर) तथा यस बैंक शामिल हैं।

आर.जी.एफ. को वर्ष 2005-06 में चीन की कम्युनिस्ट पार्टी (सी.पी.सी.) से 3,00,000 अमेरिकी डॉलर (2020 में 3.9 करोड़ रुपए) का चंदा प्राप्त हुआ। अगस्त 2008 में कांग्रेस ने सी.पी.सी. के साथ एम.ओ.यू. साइन किया था। इस

एम.ओ.यू. पर राहुल गांधी ने सी.पी.सी. के अंतरराष्ट्रीय विभाग के मंत्री वांग जिया रुई के साथ हस्ताक्षर किए थे। इस अवसर पर सोनिया गांधी, शी जिनपिंग (चीन के तत्कालीन उप-राष्ट्रपति) और आनंद शर्मा मौजूद थे। सबसे चौंकानेवाला खुलासा यह था कि राजीव गांधी समकालीन अध्ययन संस्थान, जो आर.जी.एफ. का एक अंग था, का चाइना एसोसिएशन फॉर इंटरनेशनल फ्रेंडली कॉण्टेक्ट (सी.ए.आई. एफ.सी.) के साथ एक सरकार की साझेदारी थी, जब यह चीन के केंद्रीय सैन्य आयोग का एक ऐसा संगठन है, जिस पर अमेरिका की एफ.बी.आई. तथा अन्य वैश्विक एजेंसियों की नजर है। उन्हें शक है कि यह चीनी सैन्य जासूसी एजेंसी हो सकती है। दस्तावेजों से यह पता चलता है कि आर.जी.एफ. को चीन से चंदा मिलने के बाद कांग्रेस पार्टी ने क्षेत्रीय व्यापक आर्थिक भागीदारी (RCEP) संधि को अंतिम रूप देने में बेवजह की जल्दबाजी दिखाई। आखिरी तारीख से पाँच साल पहले ही, वर्ष 2011 में, वरिष्ठ अधिकारियों की चिंताओं को नजरअंदाज करते हुए वाणिज्य और उद्योग मंत्री आनंद शर्मा ने करार पर दस्तखत कर दिए। RCEP (जिस पर काफी आगे चलकर नवंबर 2020 में दस्तखत हुए) दस आसियान देशों और मुक्त व्यापार समझौते के उनके पाँच सहयोगियों के बीच एक संधि है। वर्ष 2019 में मोदी सरकार ने RCEP से यह कहते हुए भारत को अलग कर लिया कि उसकी माँगों को समझौते में शामिल नहीं किया गया है।

वर्ष 2011 में आर.जी.एफ. को बेहद विवादित इसलामिक उपदेशक डॉ. जाकिर नाइक से 50 लाख रुपए (2020 में 87.5 लाख रुपए) का चंदा मिला। जाकिर नाइक पर भारत, ब्रिटेन, कनाडा तथा अन्य कई देशों ने पाबंदी लगा रखी है। मीडिया में जब बवाल मचा, तब जुलाई 2016 में आर.जी.एफ. ने दावा किया कि उसने पैसे लौटा दिए थे।

जुलाई 2018 में भारत सरकार ने गांधी परिवार से जुड़े तीन 'ट्रस्ट'—आर.जी. एफ., राजीव गांधी चैरिटेबल ट्रस्ट और इंदिरा गांधी मेमोरियल ट्रस्ट की ओर से पी.एम.एल.ए., आयकर अधिनियम, एफ.सी.आर.ए. तथा अन्य नियमों के कथित उल्लंघन की जाँच के लिए ई.डी. के विशेष निदेशक के नेतृत्व में एक अंतर-मंत्रालयी समिति के गठन की घोषणा की थी।

रॉबर्ट वाड्रा पर आरोप

ई.डी. ने लंदन में 1.9 मिलियन पाउंड (19 करोड़ रुपए) की संपत्ति की खरीद में मनी लॉण्ड्रिंग की जाँच के लिए केस दर्ज किया। यह संपत्ति कथित तौर

पर सोनिया गांधी के दामाद रॉबर्ट वाड्रा की है। एजेंसी का दावा है कि लंदन में वाड्रा की छह अन्य संपत्तियाँ भी हैं। ई.डी. के अनुसार, लंदन में मौजूद संपत्तियाँ भारत की ओर से वर्ष 2009 में एक पेट्रोलियम करार पर दस्तखत के बदले मिली 'दलाली' का हिस्सा हैं। इन सारी संपत्तियों की कुल कीमत अनुमानित रूप से 12 मिलियन पाउंड या 120 करोड़ रुपए है।

ई.डी. ने यह आरोप भी लगाया है कि वाड्रा ही यू.ए.ई. की अनेक संपत्तियों के 'अंतिम लाभार्थी' हैं, जिन सभी को 'दलाली लेने' और 'अवैध संपत्ति को वैध बनाने' के लिए हासिल किया गया।

सितंबर 2015 में ई.डी. ने यह आरोप लगाते हुए एक केस दर्ज किया कि वाड्रा की कंपनी स्काईलाइट हॉस्पिटैलिटी ने बीकानेर में 172 एकड़ जमीन बेहद सस्ती कीमतों पर खरीदकर अवैध लेन-देन के जरिए एलीजनी फिनलीज को 5.15 करोड़ रुपए (2020 में 6.6 करोड़ रुपए) में बेच दिया था। यह जमीन गरीब गाँववालों के पुनर्वास के लिए थी। ई.डी. के अनुसार, एलीजनी का कोई वास्तविक कारोबार नहीं था और उसके शेयरधारक भी फर्जी थे। सी.बी.आई. ने कंपनियों के खिलाफ धोखाधड़ी के 18 केस दर्ज किए हैं, जिनमें से चार मामले वाड्रा की एक कंपनी के खिलाफ हैं। सितंबर 2018 में वाड्रा और भूपेंद्र सिंह हुड्डा के खिलाफ पोका तथा आई.पी.सी. की अनेक धाराओं के अंतर्गत एक एफ.आई.आर. दर्ज की गई थी। स्काईलाइट हॉस्पिटैलिटी ने गुरुग्राम में कथित रूप से कई जगहों पर जमीन खरीदी और उन्हें बाजार से कई गुना ऊँचे दाम पर बेच दिया।

फर्जी कर्मचारी घोटाला

केंद्र और राज्य सरकारें शिक्षकों के वेतन और पेंशन पर कुल मिलाकर 1.75 लाख करोड़ रुपए प्रति वर्ष खर्च करती हैं। लगभग 35% शिक्षकों (पेंशनधारियों समेत) का अस्तित्व ही नहीं था। फर्जी दस्तावेज रखे जा रहे थे और गैर-अस्तित्व वाले 'भूतों' को वेतन अदा किए जा रहे थे। दूसरे शब्दों में, प्रति वर्ष 61,250 करोड़ रुपयों का गबन किया जा रहा था।

अगर यह मान लें कि इसी तरह 35% पूर्व सैनिक पेंशनधारियों का भी अस्तित्व नहीं रहा होगा तो रक्षा क्षेत्र के पेंशनधारियों के भुगतान के नाम पर लगभग 3.6 लाख करोड़ रुपए हजम किए जा चुके होंगे, जिनमें डिफेंस बजट से असैन्य पेंशन की रकम का भुगतान भी शामिल होगा। सिर्फ भगवान् ही जानता है कि कहीं

सेवारत रक्षाकर्मियों (जिनका अस्तित्व नहीं होगा) को वेतन देने के नाम पर ऐसा ही घोटाला न चल रहा हो।

आखिर, केंद्र एवं राज्य पुलिस बलों और करोड़ों अन्य सरकारी कर्मचारियों के मामले में पैसों की ऐसी चोरी का आकलन कोई कैसे करेगा? हैरानी इस बात की है कि यह एक ऐसा घोटाला है, जिसकी तरफ न तो जाँच एजेंसियों का, न ही मोदी सरकार या मीडिया का ध्यान गया है।

अन्य घोटाले

सी.बी.आई. और ई.डी. 8,100 करोड़ रुपए के स्टर्लिंग बायोटेक बैंक धोखाधड़ी केस में सोनिया गांधी के विश्वासपात्र अहमद पटेल (जिनका नवंबर 2020 में निधन हो गया) की जाँच कर रही है। ऐसा माना जाता है कि कंपनी के मालिक (संदेसरा परिवार) नाइजीरिया में छिपे हुए हैं। उन्होंने कथित रूप से वर्ष 2005 से 2009 के बीच 3,000 करोड़ रुपए (2020 में 7,400 करोड़ रुपए के बराबर) अवैध तरीके से नाइजीरिया भेजे थे। ई.डी. ने पहले ही उनकी 4,710 करोड़ रुपए की संपत्तियाँ जब्त कर ली हैं।

मार्च 2007 में कारोबारी हसन अली खान पर ई.डी. और आयकर विभाग ने कथित *हवाला* लेन-देन के मामले में छापा मारा था। सुप्रीम कोर्ट के दखल के बाद खान को ई.डी. ने मार्च 2011 में गिरफ्तार किया और उसके साथ ही उसके साथी काशीनाथ टपुरिया के खिलाफ पी.एम.एल.ए. के तहत चार्जशीट दायर किया। खान पर आरोप था कि वह हथियारों के अंतरराष्ट्रीय सौदागर अदनान खशोगी के मुखौटे की तरह काम कर रहा था और उस पर भारी कर चोरी के साथ ही विदेश के गुप्त बैंक खातों में 8 अरब रुपए (2020 में 89,500 करोड़ रुपए के बराबर) जमा करने का आरोप लगा। पूछताछ में उसने एन.सी.पी. नेता और यू.पी.ए. सरकार में मंत्री प्रफुल्ल पटेल का नाम लिया। टपुरिया ने कहा कि खान के रेणुका चौधरी से अंतरंग संबंध हैं और उसने उन्हें 1.2 करोड़ रुपए कीमत का एक हीरा तोहफे में दिया था। उसकी अन्य कांग्रेस नेताओं से भी दोस्ती थी। दिसंबर 2012 में वित्त मंत्रालय ने वित्त मामलों की संसद् की स्थायी समिति को बताया कि खान के 91,000 करोड़ रुपए के कर बकाए को वसूलना संभव नहीं है।

जुलाई 2008 में अहमद पटेल और सपा नेता अमर सिंह समेत कांग्रेस नेताओं पर आरोप लगे कि उन्होंने वाम दलों की ओर से '123 समझौते' पर समर्थन वापस

लिये जाने के बाद यू.पी.ए. सरकार को गिरने से बचाने के लिए सांसदों के वोट खरीदे, जो 60 करोड़ रुपए का एक घोटाला था।

वाजपेयी सरकार ने ब्रिटेन सरकार पर दबाव बनाकर सोनिया गांधी के दोस्तों मारिया और ओटावियो क्वोत्रोची (Q) के एक बैंक खाते को फ्रीज करवा दिया, जिन्हें स्वीडन के हथियार निर्माता बोफोर्स ने 7.3 मिलियन डॉलर अदा किए थे, जिनसे भारत ने राजीव गांधी के समय में होवित्जर तोपों की खरीदारी की थी और 64 करोड़ रुपए (2020 में 1,087 करोड़ रुपए के बराबर) की दलाली के आरोप लगे थे। अप्रैल 2009 में यू.पी.ए. सरकार के कहने पर ब्रिटेन की सरकार ने उस खाते को डी-फ्रीज कर दिया, जिसके कारण Q बच निकला।

दिल्ली एयरपोर्ट का निजीकरण करते हुए भारत सरकार ने डायल (दिल्ली इंटरनेशनल एयरपोर्ट लि.) को 4,700 एकड़ की बेशकीमती जमीन दी। डायल ने कहा कि एयरपोर्ट अथॉरिटी ऑफ इंडिया ने जिस समझौते पर दस्तखत किए हैं, उसमें डायल 5% जमीन का इस्तेमाल व्यावसायिक उद्देश्यों के लिए कर सकता है और मेरिल लिंच ने जमीन की कीमत प्रति एकड़ 100 करोड़ रुपए आँकी है, जो कुल मिलाकर 24,000 करोड़ रुपए बैठती है। सी.ए.जी. ने कहा कि स्वयं डायल ने ही नागरिक उड्डयन मंत्रालय को लिखी एक चिट्ठी में कहा था कि 58 साल की रियायत की अवधि के दौरान 239.95 एकड़ जमीन की संभावित आय अर्जित करने की क्षमता प्रति एकड़ 681.63 करोड़ रुपए या कुल 1.635 लाख करोड़ रुपए है।

सी.ए.जी. की ओर से मुंबई एयरपोर्ट के निजीकरण में भी 5,880 करोड़ रुपए के भ्रष्टाचार के आरोप लगाए गए थे।

अगस्त 2012 में सी.ए.जी. ने आरोप लगाया कि अनिल अंबानी की रिलायंस पावर को तीन विद्युत् परियोजनाएँ सौंपने के कारण भारत सरकार को 29,033 करोड़ रुपए का नुकसान हुआ था, क्योंकि भारत सरकार ने दूसरे बिजली संयंत्र से कोयला वहाँ भेजने की इजाजत दी थी।

फरवरी 2013 में सी.बी.आई. ने आरोप लगाया कि एक ब्रिटिश-इतालवी कंपनी ऑगस्ता वेस्टलैंड से 12 वी.वी.आई.पी. हेलिकॉप्टरों की खरीद के लिए बिचौलियों और भारतीय अधिकारियों को वर्ष 2006-07 में 250 करोड़ रुपए (2020 में 658 करोड़ रुपए के बराबर) दिए गए थे। मार्च 2013 में रक्षा मंत्री ए.के. एंटनी ने इस बात की पुष्टि कर दी, “हाँ, भ्रष्टाचार हुआ है और रिश्वत ली गई है।” मीडिया की जाँच से खुलासा हुआ कि फायदा हासिल करनेवालों में

(अहमद पटेल सहित) वरिष्ठ कांग्रेस नेताओं के साथ एक आला अधिकारी भी शामिल है। 3,600 करोड़ रुपए के इस सौदे को रद्द कर दिया गया और ऑगस्ता वेस्टलैंड को जो 1,818 करोड़ रुपए अदा किए गए थे, वे वापस ले लिये गए। आज भी इस केस की जाँच चल रही है और कई आरोपियों का दिसंबर 2018 के बाद दुबई से प्रत्यर्पण कराया गया है।

दिसंबर 2013 में पूर्व केंद्रीय मंत्री और सुप्रीम कोर्ट के वरिष्ठ वकील राम जेठमलानी ने पी.सी. को लिखा और उन पर एन.डी.टी.वी. के साथ साठ-गाँठ कर 5,000 करोड़ रुपए के काले धन को मॉरीशस से वापस भारत में लाकर सफेद करने का आरोप लगाया।

मार्च 2014 में भारत सरकार को इन आरोपों के बाद सी.बी.आई. जाँच का आदेश देने पर मजबूर किया गया कि ब्रिटिश विमान इंजन निर्माता रॉल्स-रॉयस ने वर्ष 2007-11 में एच.ए.एल. से 7,200 करोड़ रुपए (2020 में 14,860 करोड़ रुपए के बराबर) का करार हासिल करने के लिए अनियमितता की और अनुबंध की शर्तों का उल्लंघन किया।

चमक-दमक के बीच रहनेवाले कारोबारी और अंतरराष्ट्रीय भगोड़ा (जो इस समय लंदन में है) विजय माल्या ने वर्ष 2012 से 2015 के बीच अब बंद हो चुकी अपनी किंगफिशर एयरलाइंस को मिले कर्ज में से 9,000 करोड़ रुपए का कथित रूप से गबन किया और उसे विदेश भेज दिया। सुप्रीम कोर्ट ने माल्या को दोषी पाया है। मोदी सरकार ने ब्रिटेन की अदालतों में प्रत्यर्पण की अरजी दी है और केस में उसकी जीत हुई है। हालाँकि, 31 जनवरी, 2021 तक माल्या का ब्रिटेन से प्रत्यर्पण नहीं हुआ है। अगस्त 2019 में ई.डी. ने मध्य प्रदेश के पूर्व मुख्यमंत्री कमलनाथ के भतीजे रतुल पुरी को दो बैंकों से 787 करोड़ रुपए कर्ज के फर्जीवाड़े के मामले में गिरफ्तार किया था, जिसकी रकम शायद 2,000 करोड़ रुपए तक जा सकती है। पुरी ऑगस्ता वेस्टलैंड घोटाले से जुड़े मनी लॉण्ड्रिंग के मामले में भी आरोपी है।

क्या आपको यह बात हैरान करती है कि पी.सी. का नाम इनमें से आधे घोटालों में सामने आया है?

भले ही व्यक्तिगत रूप से मनमोहन सिंह भ्रष्ट नहीं होंगे और अपने करीबी रिश्तेदारों को भ्रष्टाचार नहीं करने दिया होगा, लेकिन उन्होंने अपने मंत्रियों की कारगुजारियों पर आँखें मूँदे रखीं।

यू.पी.ए. के दौरान केंद्र सरकार के स्तर पर या कांग्रेस-शासित राज्य सरकारों

के स्तर पर अलग-अलग पैमाने के कई अन्य घोटाले भी हुए और अगर मैं उन सभी का जिक्र करने लगूँ तो इस पुस्तक का नाम बदलकर *'सोनिया और मनमोहन के घोटाले'* करना पड़ेगा।

यू.पी.ए. के दौरान कुल सरकारी खर्च (केंद्र और राज्यों की ओर से) लगभग 204 लाख करोड़ रुपए था। 'महज' 10% की हेरा-फेरी का बेहद सीमित अनुमान लगाया जाए, तब भी उसकी रकम 20.4 लाख करोड़ रुपए बैठती है। यह मान लें कि इस दौरान भारत की कुल जी.डी.पी. 643.7 लाख करोड़ रुपए थी, तो यह घोटाला जी.डी.पी. का 3.17% पहुँच जाता है।

जैसा कि मैंने इस अध्याय की शुरुआत में कहा था, इन घोटालों की वजह से ही मोदी के नेतृत्व में बी.जे.पी./एन.डी.ए. को वर्ष 2014 के लोकसभा चुनावों में जीत मिली।

ये घोटाले चुनावों में हार के बाद केंद्र सरकार से कांग्रेस की विदाई के छह साल बाद भी जारी हैं। नवंबर 2020 में *'टाइम्स नाउ'* ने खुलासा किया कि आयकर विभाग ने दो हाल के घोटालों का पर्दाफाश किया है। मध्य प्रदेश सरकार के विभिन्न विभागों से कथित तौर पर 331 करोड़ रुपए कांग्रेस पार्टी के खजाने में भेजे गए, जब दिसंबर 2018 से मार्च 2020 तक कांग्रेस पार्टी राज्य की सत्ता में थी। खुलासे ने इस रहस्य से भी परदा उठाया कि एक कारोबारी ने कमलनाथ को 106 करोड़ रुपए दिए, जो तब मध्य प्रदेश के मुख्यमंत्री थे और नाथ ने इसकी जानकारी कांग्रेस पार्टी के मुख्यालय 24 अकबर रोड को दी।

□

हिंदू आतंक या यू.पी.ए. आतंक?

यू.पी.ए.-1 और यू.पी.ए.-2 के दौरान भारत की आंतरिक सुरक्षा में शामिल अधिकारियों ने कैसी-कैसी मुश्किलों का सामना किया, इस विषय पर कुछ एक किताबें ही लिखी गई हैं। यह ऐसी अवधि थी, जब कई सीरियल बम धमाके और आतंकी हमले हुए, जिनमें 26/11 का मुंबई आतंकवादी हमला भी शामिल है। अधिकारियों पर उन मामलों में अवैध, अनैतिक राजनीतिक फरमानों के आगे घुटने टेकने का दबाव बनाया जाता था, जिनका फायदा वे अपनी सियासत के लिए उठाते थे; मगर उनका नतीजा भारत को हुई अपूरणीय क्षति के रूप में सामने आया।

वर्ष 2006 से 2010 तक केंद्रीय गृह मंत्रालय के आंतरिक सुरक्षा (आई. एस.) संभाग में वरिष्ठ अधिकारी रह चुके आर.वी.एस. मणि की एक अहम पुस्तक है *'द मिथ ऑफ हिंदू टेरर : इनसाइडर अकाउंट ऑफ मिनिस्ट्री ऑफ होम अफेयर्स'* (हिंदू आतंक का मिथक : गृह मंत्रालय की अंदरूनी कहानी)। यह बताती है कि किस प्रकार गृह मंत्रालय के अधिकारियों को यू.पी.ए. (विशेष रूप से कांग्रेस) राजनीतिक नेतृत्व के अवैध और अनैतिक आदेशों का पालन करने पर मजबूर किया जाता था। मणि कहते हैं—

"वर्ष 2004-2013 के दौरान जैसी कथित 'सेकुलर' कहानी गढ़े जाने की कोशिश हुई, वह भारत का सामाजिक ताना-बाना तहस-नहस करने की ताकत रखती थी। सियासी रोटियाँ सेंकने के लिए एक धार्मिक वर्ग (हिंदुओं) को दबंगों के रूप में दिखाया गया और उन पर कुछ दुर्भाग्यपूर्ण घटनाओं का आरोप लगाया गया।"

मणि ने नेताओं, आई.ए.एस. और आई.पी.एस. अफसरों का नाम लिया। उन्होंने कुछ अफसरों पर गलत काम करने के आरोप लगाए, वहीं ऐसा न करने वालों की तारीफ की। 'सीडिंग हिंदू टेरर' (*हिंदू आतंक का बीज-वपन*) अध्याय में उन्होंने कई छोटी-छोटी घटनाओं का जिक्र कर यह साबित किया है कि किस प्रकार

कांग्रेस नेतृत्व वाली सरकार ने गृह मंत्रालय के अधिकारियों को 'हिंदू आतंक' की मौजूदगी दिखाने के लिए झूठी कहानियाँ गढ़ने के लिए मजबूर किया था।

मणि कहते हैं कि मई 2006 में गृह मंत्री शिवराज पाटिल ने उन्हें बुलाया और आतंकी हमलों पर जानकारी माँगी। वरिष्ठ कांग्रेस नेता दिग्विजय सिंह और महाराष्ट्र कैडर के आई.पी.एस. अधिकारी हेमंत करकरे उनके साथ मौजूद थे। दोनों ने मणि से जानकारी माँगी, जबकि पाटिल चुपचाप बैठे रहे; जैसे उन्हें इससे कोई लेना-देना नहीं था कि क्या हो रहा है। सिंह के बारे में मणि कहते हैं, "वह कुछ ऐसे समूहों के मुखर समर्थक हो चुके थे, जिन पर उन दिनों आतंकी हमलों का आरोप लग रहा था।" हम में से कई लोगों ने ऐसे वीडियो देखे हैं, जिनमें दिग्विजय सिंह ने इसलामी उपदेशक जाकिर नाइक को स्टेज पर गले लगाया था।

मणि लिखते हैं—"यह साफ हो चुका था कि वे (दिग्विजय और करकरे) इस खुफिया जानकारी से खुश नहीं थे कि मुसलमान आतंकियों की मदद कर रहे थे।" उनके अनुसार, उसी समय 'उस कोरी अफवाह का पहला बीज' बोया गया था कि भारत में 'हिंदू आतंक' है और हिंदू आतंक की इस थ्योरी को अमल में लाए जाने के बाद गृह मंत्रालय के अंतर्गत काम करनेवाली विभिन्न एजेंसियों के बीच एक अजीब सी स्थिति पैदा हो गई, क्योंकि एजेंसी के लोगों से कहा गया कि कहानी को महज 'आतंक' के बजाय 'हिंदू आतंक' का नया मोड़ ले आएँ।"

मणि के अनुसार—"ऐसे समय में, जब हमारे पास आंतरिक सुरक्षा संभाग में सबसे अच्छी टीम थी, सरकार का रुख और उसकी मंशा आतंक की हर घटना को 'भगवा' रंग देने की हो गई थी और आतंकी हमले करनेवाले वास्तविक आरोपियों के साथ दोहरा रवैया अपनाने के कारण भारत उन लोगों के लिए आसान शिकार बन गया था, जो हमारे खिलाफ साजिश रचते रहते हैं।"

29 सितंबर, 2006 को महाराष्ट्र के मालेगाँव में हुए बम धमाकों में आठ लोग मारे गए थे। मणि लिखते हैं—

"राज्य पुलिस ने पहले जानकारी दी थी कि इसके पीछे इसलामी संगठन अहल-ए-हदीश का हाथ है। उनका मकसद भारत और पूरी दुनिया में इसलामी शासन को कायम करना है। दो लोगों को गिरफ्तार किया गया, जिन्होंने कबूल किया कि वे स्टूडेंट्स इसलामिक मूवमेंट ऑफ इंडिया (सिमी) के सदस्य हैं, जो एक प्रतिबंधित संगठन है। उन्होंने पाकिस्तान जाकर हथियारों की ट्रेनिंग ली थी। वर्ष 2008 के मध्य तक महाराष्ट्र एंटी-टेरर स्क्वॉड (ए.टी.एस.) ने मालेगाँव और

राज्य के दूसरे मामलों की जाँच को अपने हाथ में लेना शुरू कर दिया। मालेगाँव केस को स्थानीय पुलिस के हाथों से लेकर ए.टी.एस. के हवाले करने में कुछ ज्यादा ही तेजी और तत्परता दिखाई गई। ए.टी.एस. का नेतृत्व हेमंत करकरे के हाथों में था। अचानक पूरी कहानी बदल गई। अहल-ए-हदीश के शामिल होने की बात को खारिज कर दिया गया। मुंबई से ऐसी जानकारी आई कि उस हमले में कुछ हिंदू संगठन शामिल थे। ऐसा कहा गया कि हमले के पीछे साध्वी प्रज्ञा, शिव नारायण कलसाँगरा जैसे लोगों की साजिश है। जुलाई 2006 के मुंबई मामले में (सात लोकल ट्रेनों में हुए सीरियल बम धमाकों में 187 लोगों की मौत हो गई थी और 872 लोग घायल हुए थे) जाँच की दिशा एकदम सीधी थी, तब ए.टी. एस. को संदिग्धों की गिरफ्तारी में 5 से 6 महीने लग गए थे। मालेगाँव केस में उसी ए.टी.एस. ने सेवारत सैन्य अधिकारी ले. कर्नल श्रीकांत पुरोहित को महज 35 दिनों में गिरफ्तार कर लिया। इन 35 दिनों में कुछ समय तो एक सेवारत अधिकारी पर आरोप लगाने के लिए रक्षा मुख्यालय से मंजूरी हासिल करने में ही निकल गया होगा। इसलिए यह बात गले से नीचे नहीं उतरती कि एक महीने से भी कम समय में ए.टी.एस. को यह ज्ञान प्राप्त हो गया कि मालेगाँव मामला हिंदू आतंकी समूहों की साजिश था; जबकि स्थानीय स्तर पर काम कर रहे पुलिसकर्मी लगातार कह रहे थे कि इसमें अहल-ए-हदीश शामिल था।"

फरवरी 2007 में जिस समझौता एक्सप्रेस ब्लास्ट में 68 यात्री मारे गए थे, उस पर मणि कहते हैं—

"कराची के एक आतंकी संगठन ने इसकी जिम्मेदारी ली। जून 2016 में *'न्यूजएक्स'* पर पहली प्रतिक्रिया से भी इसका खुलासा हुआ। जाँच अधिकारी ने भी इसकी पुष्टि कर दी। दिलचस्प रूप से, 'भारत के कानून से भागे और पाकिस्तान में रह रहे भगोड़ों का डोजियर' नाम के डोजियर में भी इसकी जानकारी है, जिसे पाकिस्तान के साथ साझा किया गया था। क्या यह पाकिस्तान के शामिल होने की आधिकारिक पुष्टि नहीं थी? वर्ष 2007 में आधिकारिक बयान यह था कि यह हमला एक भारतीय समूह ने किया था और कुछ भारतीयों (समीर कुलकर्णी, साध्वी प्रज्ञा, कर्नल पुरोहित, स्वामी असीमानंद और अन्य) पर इस मामले में मुकदमा चलाया जाएगा। *तो फिर इस घटना को पाकिस्तान के डोजियर में क्यों शामिल किया गया था?* सरकार से जब जवाब माँगा गया, तब वह विरोधाभासों के इस गड़बड़झाले में उलझ गई। निश्चित रूप से, पाकिस्तानियों के लिए यह भारत

को उलटा उपदेश देने का मौका था। या कहीं इसके जरिए पाकिस्तानियों को इस आरोप से बच निकलने का रास्ता तो नहीं दिया गया था कि वे भारत में आतंक फैलाते हैं?…"

26/11 (26 नवंबर, 2008) का हमला जिस दिन हुआ, उस दिन गृह मंत्रालय के लगभग सभी आला अधिकारी पाकिस्तान में थे। 1 जून, 2006 को जब नागपुर में आर.एस.एस. मुख्यालय पर हमला हुआ था, तब भी बिल्कुल ऐसा ही हुआ था। मणि ने सवाल उठाया है कि क्या दोनों ही घटनाएँ किसी साजिश का हिस्सा थीं?

25 नवंबर को भारत-पाकिस्तान सचिव स्तरीय वार्ता इसलामाबाद में होने वाली थी। भारतीय प्रतिनिधिमंडल में बॉर्डर मैनेजमेंट की देखरेख करनेवाले अतिरिक्त सचिव अनवर एहसान अहमद को शामिल किया जाना परंपरा से हटकर और अप्रत्याशित था। प्रतिनिधिमंडल का दौरा 27 नवंबर तक बढ़ा दिया गया। प्रतिनिधि इस बात के लिए राजी नहीं थे, लेकिन गृह सचिव के बाद जो दूसरे सबसे वरिष्ठ अधिकारी थे—अहमद, उन्होंने गृह सचिव को दौरा बढ़ाने की सलाह दी। 26/11 की दोपहर पाकिस्तान के आंतरिक सुरक्षा मंत्री (उनके गृह मंत्री) रहमान मलिक से मिलने के बाद प्रतिनिधिमंडल को मुरी ले जाया गया, जो पीर पंजाल की पहाड़ियों के बीच बसा रिजॉर्ट टाउन है, जहाँ फोन का नेटवर्क बेहद खराब रहता है। पाकिस्तान का एजेंडा एकदम साफ था। मणि कहते हैं—

"क्या भारतीय टीम में कोई जासूस था? प्रतिनिधिमंडल में एक सदस्य (अहमद) को शामिल किया जाना स्थिति को साफ कर सकता है। यह किसी राजनीतिक व्यक्ति के आदेश पर किया गया था। कथित अधिकारी गृह सचिव के सिवाय अन्य सारे प्रतिनिधियों से ऊँचे रैंक का था। सरकारी कामकाज में जब दो अधिकारी लीडर (गृह सचिव) के सामने अलग-अलग राय लेकर जाते हैं तो इसकी संभावना अधिक रहती है कि दोनों में से जो सीनियर होता है, वह अपनी बात मनवा लेता है। इसका खुलासा बाद में हुआ कि दो खुफिया एजेंसियों (रॉ और आई.बी.) का प्रतिनिधित्व करनेवाले दो संयुक्त सचिवों को विस्तृत जानकारी मिली थी कि भारत पर कोई बड़ा हमला होने वाला है। लेकिन अहमद की सलाह के आगे वे एक दिन और न रुकने की अपनी बात को नहीं मनवा सके। उनमें से एक संयुक्त सचिव, जिनके पास हमले की आशंका को लेकर ज्यादा जानकारी थी, वह किसी जरूरी काम का हवाला देकर 26 नवंबर की सुबह ही दिल्ली लौट आए। अगर गृह

सचिव और उनकी टीम (दिल्ली में) होती तो 26/11 का जवाब बेहतर तरीके से देती और शायद कम लोगों को अपनी जान गँवानी पड़ती और इतना नुकसान भी न होता। यहाँ कई सवाल खड़े होते हैं। *आखिर क्यों उस अतिरिक्त सचिव (बॉर्डर मैनेजमेंट) को शामिल किया गया, जो आम तौर पर भारतीय प्रतिनिधिमंडल का हिस्सा नहीं होता है? उसे शामिल करने का दबाव किसने बनाया? आखिर क्यों प्रतिनिधिमंडल अपने तय समय पर नहीं लौटा? क्यों (गृह सचिव ने) अपने दो महत्त्वपूर्ण अधिकारियों की बात पर ध्यान देने के बजाय उसकी (अहमद) सलाह को माना?* एन.एस.जी. (जिसने सैकड़ों बंधकों को छुड़ाया) के अलावा मुंबई में ही कई अनुभवी सुरक्षा बल मौजूद थे। सी.आई.एस.एफ., जो होटलों (ताज पैलेस और ओबेरॉय ट्राइडेंट पर हमला किया गया था) के साथ ही महत्त्वपूर्ण प्रतिष्ठानों की सुरक्षा के लिए विशेष बल है, (हरियाणा के मानेसर से) एन.एस.जी. के आने तक स्थिति को सँभाल सकती थी। यही नहीं, नवी मुंबई में सी.आर.पी.एफ. की एक बटालियन भी थी, जिसे तत्काल मदद के तौर पर तुरंत वहाँ भेजा जा सकता था। लेकिन गृह मंत्री (शिवराज पाटिल) की ओर से समय पर कदम नहीं उठाया गया और ये विशेष बल जस-के-तस अपनी-अपनी जगह पर बने रहे और जहाँ उनका इस्तेमाल नहीं किया गया, वहीं आतंकियों ने तबाही मचाना जारी रखा।"

अब कुछ जरूरी तथ्यों को सामने लाने के लिए मैं इस पुस्तक से हटकर अपनी बात रख रहा हूँ।

डेविड हेडली (दाऊद सैयद गिलानी) एक पाकिस्तानी-अमेरिकी है। जनवरी 2006 में वह पाकिस्तानी सेना के रिटायर्ड मेजर और लश्कर-ए-तैयबा के आतंकवादी अब्दुर रहमान हाशिम सैयद के संपर्क में आया, जिसने उसकी जान-पहचान मेजर इकबाल से कराई, जो आई.एस.आई. का एक अधिकारी था और ऐसा कहा जाता है कि वही 26/11 हमले का सूत्रधार था। हेडली इकबाल और उसके सीनियर कर्नल मीर से मिला। दोनों उसके आई.एस.आई. हैंडलर बन गए और मुंबई के बारे में खुफिया जानकारी जुटाने के मिशन में उन्होंने उसकी ट्रेनिंग का जिम्मा सँभाला। पश्चिमी देशों के नागरिकों जैसी शक्ल-सूरतवाले हेडली को इस काम के लिए बिल्कुल उपयुक्त माना गया। वर्ष 2007 और 2008 में हेडली पाँच बार मुंबई आया और उन प्रमुख स्थानों को तय किया, जहाँ लश्कर के आतंकी अनेक प्रकार के हमलों को अंजाम दे सकते थे। वह ताज पैलेस होटल में ठहरा, जिसकी पहचान इकबाल तथा मीर ने मुख्य लक्ष्य के रूप में की थी और कई घंटे

के वीडियो शूट किए। इससे इकबाल तथा मीर का हौसला बढ़ गया और उन्होंने बहुत बड़े पैमाने पर किए जानेवाले हमले की साजिश रची। जैसे-जैसे हमले के निशान बढ़ते गए, वैसे-वैसे हेडली ने ओबेरॉय ट्राइटेंड होटल, लियोपोल्ड कैफे एवं सी.एस.टी. स्टेशन की पूरी जानकारी जुटाई और उनके कई वीडियो बनाए। लश्कर ने जब यहूदी समुदाय के केंद्र नरीमन हाउस को निशाना बनाने का फैसला किया, तब हेडली वहाँ यहूदी बनकर पहुँचा। उसने बोट से समुद्र की यात्रा की, ताकि उन जगहों की पहचान कर सके, जहाँ समंदर के रास्ते आनेवाले आतंकवादी उतर सकें और उसने मछुआरों की एक कॉलोनी बधवार पार्क की पहचान की, जो मुंबई के कोलाबा इलाके में है। उसने पाकिस्तानी नौसेना के एक गोताखोर की मदद से वहाँ के जी.पी.एस. कॉर्डिनेट को जुटाया। मुंबई में रहने के दौरान हेडली ने रईसों की तरह अपना समय बिताया। वह अकसर नाइट क्लबों में जाता था, जहाँ उसने बॉलीवुड डायरेक्टर महेश भट्ट के बेटे राहुल भट्ट को अपना दोस्त बना लिया, जो उसे शहर की उन जगहों पर घुमाने ले गया, जहाँ लोग जश्न मनाते हैं।

अक्तूबर 2009 में हेडली को अमेरिका के शिकागो एयरपोर्ट पर गिरफ्तार किया गया था। कथित तौर साजिश में शामिल पाकिस्तानी सेना के पूर्व कैप्टन तहव्वुर हुसैन राणा पर चलाए गए मुकदमे में हेडली ने मुंबई हमले के पीछे पाकिस्तान की आई.एस.आई. का हाथ होने को लेकर विस्तार से जानकारी दी। जनवरी 2013 में अमेरिका की एक अदालत ने उसे, उसकी भूमिका के लिए, 35 साल जेल की सजा सुनाई। एन.आई.ए. की एक टीम ने हेडली से शिकागो में एक हफ्ते तक पूछताछ की। फरवरी 2016 में मुंबई की अदालत ने भी उसे सजा सुनाई, जिसकी सुनवाई वीडियो लिंक के जरिए हुई, जिसमें वह जेल के अपने कमरे से शामिल हुआ।

मुंबई में घुसे आतंकवादी जब एक पुलिस स्टेशन के सामने से गुजरे तो उन्हें किसी भी विरोध का सामना नहीं करना पड़ा; क्योंकि पुलिसवालों को यह बात समझ आई कि वे उनके हथियारों का मुकाबला नहीं कर सकेंगे। पुलिसवालों ने बत्तियाँ बुझा दीं और गेट बंद कर दिए। ग्रेनेड, ए.के.-47 जैसी ऑटोमैटिक राइफलों और आई.ई.डी. से लैस पूर्ण प्रशिक्षित आतंकवादियों का कोई मुकाबला नहीं था।

अनेक सार्वजनिक स्थलों को निशाना बनाया जा रहा था। लोग मारे जा रहे थे और मीडिया हमलों को टी.वी. पर दिखा रहा था। इसके बावजूद पुलिस एजेंसियों और प्रशासन को यह समझने में काफी देर लगी कि वास्तव में क्या हो रहा था।

शुरुआत में, उन्हें लगा कि यह अंडरवर्ल्ड का गैंगवॉर है। मणि ने अपनी पुस्तक में इस बात की पुष्टि की है। हमले की शुरुआत हुए जब तीन घंटे बीत गए, तब जाकर महाराष्ट्र के मुख्यमंत्री ने केंद्र से एन.एस.जी. भेजने की अपील की।

ताज महल होटल में हुए हमले का जवाब देने के लिए नेवी के मरीन कमांडो (मार्कोस) को बुलाया गया। लेकिन वे भी तीन घंटे बाद पहुँचे, जबकि उनकी लोकेशन पास में ही थी।

टी.वी. चैनल हमलों का लाइव प्रसारण कर रहे थे, जिसके कारण बचाव अभियान में बाधा पहुँच रही थी। पाकिस्तानी हैंडलर आतंकियों को होटल में मौजूद महत्त्वपूर्ण लोगों के साथ ही सुरक्षा बलों के ऑपरेशन के बारे में एक-एक जानकारी दे रहे थे। दो दिनों बाद मीडिया को निर्देश दिए गए कि वे सिर्फ 'देर से प्रसारित' वीडियो ही दिखाए।

मुंबई में पहले भी कई आतंकी घटनाएँ हो चुकी थीं। इसके बावजूद आसपास कोई भी एन.एस.जी. सेंटर नहीं था और उसके कमांडो को वहाँ पहुँचने के लिए हरियाणा के मानेसर से उड़ान भरनी पड़ी। एन.एस.जी. के चीफ ने जब विमान माँगा, तब उन्हें बताया गया कि विमान चंडीगढ़ में है। रॉ (RAW) ने मुंबई तक एन.एस.जी. की यूनिट को ले जाने के लिए इल्यूशिन-76 विमान मुहैया कराया; लेकिन उसमें सिर्फ 120 जवान ही बैठ सकते थे। पूरी टीम को ले जाने के लिए कम-से-कम तीन फेरे लगाने पड़ते। बार-बार विमान में तेल भरने और चालक दल का इंतजाम करने में बेशकीमती वक्त बरबाद हुआ। विमान को उड़ान भरने में एक घंटे से भी अधिक की देरी हुई, क्योंकि शिवराज पाटिल उनके साथ उड़ान भरने पर अड़े थे और वह बड़े इत्मीनान से एयरपोर्ट पहुँचे। एन.एस.जी. जब 27 नवंबर की सुबह मुंबई पहुँची तो उसके पास उन इमारतों का पूरा नक्शा नहीं था, जिन्हें निशाना बनाया गया था। दूसरी तरफ, हेडली की जासूसी के कारण आतंकियों के पास यह जानकारी मौजूद थी। भले ही मुंबई ए.टी.एस. ने आतंकवादियों और उनके हैंडलर के बीच हुई बातचीत को रिकॉर्ड किया, लेकिन उन्हें तुरंत एन.एस.जी. को नहीं सौंपा गया। यही नहीं, एन.एस.जी. कमांडो को यह जानकारी भी नहीं दी गई कि आतंकवादियों ने नरीमन हाउस में लोगों को बंधक बनाने की योजना बनाई है।

आतंकवादियों के बधवार पार्क के रास्ते दाखिल होने को लेकर मणि लिखते हैं—

"आपको यह समझना होगा कि मछुआरों का समुदाय अपनी संस्कृति को

लेकर कितना संवेदनशील होता है। उन्हें अपनी कॉलोनी से किसी भी अजनबी का गुजरना बरदाश्त नहीं होता। हमें बताया गया है कि दस अजनबी, जो पूरी तरह से हथियारों से लैस थे, उस कॉलोनी से पैदल निकल गए। कोई मूर्ख ही इस पर यकीन करेगा कि शाम के 7.30 बजे वे वहाँ से निकले और किसी ने उन्हें देखा तक नहीं। *क्या उस समुदाय के कुछ लोग थे, जिन्होंने उस जगह से उनके वहाँ गुजरने में मदद की? अगर थे तो वे कौन थे?* एक नेता पर मुझे संदेह है, जो इस समुदाय का नेतृत्व करने का दावा करता था।"

अगली ही लाइन में चूँकि मणि ने कांग्रेस नेता (दिवंगत) अब्दुल रहमान अंतुले का नाम लिया है, जो उस वक्त अल्पसंख्यक मामलों के केंद्रीय मंत्री थे और महाराष्ट्र के मुख्यमंत्री रह चुके थे, अत: यह आरोप स्पष्ट हो जाता है।

मणि ने एक और विचित्र घटना का जिक्र किया है—

"जो दूसरी बात दस साल बाद भी मुझे बेहद परेशान करती है कि महाराष्ट्र की अतिरिक्त सचिव (गृह) चितकला जुत्सी उस समय ताज होटल में थीं, जब हमले शुरू हुए। हमला जारी रहने के दौरान ही उन्हें ताज होटल से सुरक्षित बाहर निकाला गया और उन्हें एक खरोंच तक नहीं आई। होटल एक बार आतंकियों के कब्जे में आ गया तो ऐसी कोई जानकारी नहीं कि कोई एन.एस.जी. की ओर से बचाए जाने से पहले निकल सका हो। उनमें प्रभावशाली बैंकरों, अमीर कारोबारियों जैसे लोग शामिल थे। जुत्सी राज्य सरकार की एक वरिष्ठ नौकरशाह थीं, जिन पर उन जगहों की ही सुरक्षा की जिम्मेदारी थी, जिनमें आतंकियों ने सेंध लगाई थी। इसके बावजूद वह हमले की जगह पर 'दोस्तों' के साथ सुरक्षित थीं और बिना किसी नुकसान के बचकर निकल गईं। उनकी मौजूदगी को लेकर एक बात संदेह पैदा करती है कि इस तरह के हमलों की खुफिया जानकारी हमेशा महाराष्ट्र सरकार के मुख्य सचिव/डी.जी.पी. और गृह विभाग से साझा की जाती है। जुत्सी को केंद्र सरकार से जो जानकारी मिली थी, उसी रास्ते आतंकी मुंबई में दाखिल हुए थे। वह इन सारी बातों को जानती थीं। निर्धारित प्रक्रिया के अनुसार, मुख्य सचिव के पास आनेवाली जानकारी/जानकारियाँ उनके बाद उस विभाग से संबंधित अतिरिक्त मुख्य सचिव की डेस्क पर आती हैं। उस डेस्क की ऑफीसर जुत्सी ही थीं। इस कारण ऐसा नहीं हो सकता कि वह उन जानकारियों और जिस हमले की आशंका थी, उससे वाकिफ न हों। व्यक्तिगत रूप से मुझे ऐसा लगता है कि उनका वहाँ मौजूद होना और फिर बिना किसी नुकसान के बच निकलना महज संयोग नहीं था। इससे

भी अहम यह कि मुझे हैंडलरों और ताज होटल के हमलावरों के बीच हुई बातचीत की कुछ (अनुवादित) लाइनें याद हैं। हैंडलर कहता है, 'अच्छी खबर है! तुम्हारे होटल में तीन मंत्री और सरकार का एक सेक्रेटरी है।' हमलावर कहता है, 'अच्छा! यह तो अच्छी खबर है। सोने पे सुहागा है।' हैंडलर कहता है, 'उन 3-4 लोगों को ढूँढ़ो और फिर हिंदुस्तान से जो चाहो, माँग सकते हो।' इन परिस्थितियों में जुत्सी को इस हमले में कैसे कोई नुकसान नहीं पहुँचाया गया?"

मणि ने 26/11 को लेकर और भी टिप्पणियाँ की हैं और सवाल उठाए हैं—

"आतंकवादी समंदर के रास्ते आए और कोलाबा पहुँचे थे। वे मछुआरों की कॉलोनी के बीच से पैदल निकले। वे मुंबई में इस तरह घूम रहे थे, जैसे बरसों से वहाँ रह रहे हों। यह सब कुछ परियों की कहानी के जैसा लगता है। जहाँ तक मेरी बात है, तो मैं पहले दिन से यही मानता हूँ कि आतंकवादी मछुआरों की कॉलोनी से या बधवार पार्क से अपनी-अपनी चुनी जगह तक तब तक नहीं जा सकते थे, जब तक कि स्थानीय स्तर पर उनकी मदद न की गई हो। जहाँ इतनी सारी जानकारी (जैसे कि ताज होटल में कौन-कौन से लोग मौजूद थे) सर्वोच्च स्तर पर उपलब्ध थी, वहाँ इस तरह की मदद संस्थागत स्तर के तंत्र या किसी दमदार राजनीतिक या शक्तिशाली समूह के समर्थन के बिना संभव नहीं हो सकता था। हालात पर जब काबू पा लिया गया था, तब महाराष्ट्र के तत्कालीन मुख्यमंत्री (कांग्रेस के) विलासराव देशमुख हमले के स्थानों का रस्मी दौरा करने पहुँचे थे। वह फिल्म निर्माताओं को साथ लेकर घूम रहे थे। *तो क्या वह इसे फिल्म के प्लॉट के रूप में बेचना चाहते थे? अगर ऐसा था तो क्या राजनीतिक व्यवस्था ने आक्रमणकारियों के साथ साठ-गाँठ कर ली थी? ये ऐसे सवाल हैं, जिनके जवाब की दरकार है।* एक बात जो बार-बार उठाई गई और जिसे नजरअंदाज नहीं किया जा सकता है कि हमें तटीय रास्ते से हमले की आशंका को लेकर खुफिया जानकारियाँ मिली थीं। तटीय सुरक्षा से जुड़ी एजेंसियों ने इस खतरे को भाँप लिया था और वे चुनौतियों से निपटने की तैयारी कर रही थीं। लेकिन यह स्पष्ट हो गया कि सर्वोच्च राजनीतिक पद से कहीं-न-कहीं दखल किया जा रहा था और ऐसे निर्देश थे कि ऐसे हमलों को रोकने के जवाबी प्रयासों में 'संयम' बरता जाए। अजमल कसाब को जिंदा पकड़ लिया गया था। इसके बाद की जाँच से पाकिस्तान का हाथ होने की बात साफ हो रही थी। *इस दौरान (मंत्री अब्दुल रहमान) अंतुले ने 'इंडिया टुडे' को एक इंटरव्यू दिया, जिसमें उन्होंने अपने पसंदीदा पुलिस अधिकारी (करकरे) की*

हत्या की साजिश का जिक्र किया और जाँच की पूरी प्रक्रिया का महत्त्व कम करने और नुकसान पहुँचाने की कोशिश की। कहने की आवश्यकता नहीं कि जो भी इन कड़ियों को जोड़ेगा, वह इस आशंका को खारिज नहीं कर सकता और इस नतीजे पर ही पहुँचेगा कि उस समय की सरकारों (केंद्र और राज्य) के अनेक सदस्यों या सरकार का वरदहस्त प्राप्त व्यक्तियों ने आक्रमणकारियों के साथ साठ-गाँठ की, उन्हें शरण दी और जाँच में लीपापोती की। यह काफी सख्त बयान है, लेकिन मैंने दस्तावेज देखे हैं, औपचारिक एवं अनौपचारिक रूप से कई चर्चाओं में शामिल रहा हूँ और इस कारण ही इस निष्कर्ष तक पहुँचा हूँ।"

एक अध्याय इस पर आधारित है कि जब 30 नवंबर, 2008 को, यानी 26/11 के चार दिन बाद जब पी. चिदंबरम गृह मंत्री बने, तब गृह मंत्रालय में क्या हो रहा था? मणि लिखते हैं कि कैसे एन.आई.ए. के पहले दो महानिदेशकों को विधिवत् प्रक्रिया अपनाए बिना ही चुना गया था। कैसे एन.आई.ए. ने गृह मंत्री की निजी पसंद और अन्य एजेंसियों के 'बड़े भाई' के रूप में काम किया और कैसे उसने 'हिंदू आतंकवाद' की थ्योरी को आगे बढ़ाया।

"वर्ष 2009 से 2010 के बीच एन.आई.ए. जाँच की पूरी-की-पूरी दिशा 'हिंदू आतंकवाद' की एक नई अवधारणा को जन्म देने की थी, जिसका कहीं कोई अस्तित्व नहीं था। एन.आई.ए. को जो भी केस सौंपे जाते थे—समझौता एक्सप्रेस धमाकों से लेकर मालेगाँव और अजमेर शरीफ तक—वे प्रत्यक्ष प्रमाणों की अनदेखी कर दिया करते थे और उनकी जगह हिंदू आतंक की गढ़ी हुई कहानी से जुड़े प्रमाणों को ले आते थे। यह बिल्कुल साफ हो चुका था कि नए गृह मंत्री देश की आँखों में धूल झोंक रहे थे। असल में, एन.आई.ए. का इस्तेमाल उनकी ओर से हिंदू आतंक, भगवा आतंक आदि की कहानी को गढ़ने के लिए किया जा रहा था। एन.आई.ए. की टीम (जो शिकागो गई थी) ने चिदंबरम को डेविड हेडली से पूछताछ की रिपोर्ट सौंपी थी। ऐसा कहा जाता है कि गृह मंत्री के दफ्तर ने हेडली के कबूलनामे के कुछ हिस्सों को एन.आई.ए. से कहकर हटवा दिया था। कई वर्षों बाद एन.आई.ए. पर आरोप लगे कि उसने कोर्ट के सामने पेश हेडली के कबूलनामे के कई अहम हिस्सों को काटकर हटा दिया था। हालाँकि, सुरक्षा प्रतिष्ठान इस बात को जानता था कि एन.आई.ए. ने गृह मंत्री चिदंबरम को पूरी 'टूर रिपोर्ट' सौंपी थी, जिसमें हेडली की पूरी गवाही शामिल थी।"

मणि ने 26/11 हमले पर अपने अत्यधिक विस्तृत लेखन का समापन करते

हुए पूछा है, "क्या भारत के किसी सर्वोच्च नेता की पाकिस्तानी सरकार के साथ कोई साठ-गाँठ थी?"

मणि इसके संबंध में एक हिला देनेवाली घटना का जिक्र करते हैं, जिसमें 30 दिसंबर, 2008 को राष्ट्रपति भवन से अपने द्वारका स्थित घर के रास्ते में चार बाइक पर सवार आठ लोगों ने उनका पीछा किया था।

इस घटना को लेकर मणि लिखते हैं—

"पुलिसवालों पर फाइल बंद करने का दबाव था। मैंने दिल्ली पुलिस के एक ए.सी.पी. से पूछा कि क्या उन्हें गृह मंत्रालय के अधिकारियों से आदेश मिले हैं? उसने इशारा किया, *'उस से ऊपर'*। यानी कि गृह मंत्री। मेरे पैरों तले की जमीन खिसक गई। कई दिनों बाद गृह मंत्रालय के अधिकारियों के साथ बैठक में एक सहभागी ने एकदम सामान्य ढंग से कहा कि 30 दिसंबर, 2008 की घटना की साजिश राजनीतिक स्तर पर रची और निर्देशित की गई थी। एक एजेंडा गृह मंत्रालय के 'किसी अधिकारी' को अगवा किया जाना था, जो बंधक बनाए जाने के लिए आसान शिकार हो, ताकि उसके बदले अजमल कसाब को लौटाया जा सके।"

'द व्हिस्परिंग रूम्स' में मणि ऐसी अनेक घटनाओं का जिक्र करते हैं कि कैसे संयुक्त राष्ट्र संघ में भारत के स्थायी प्रतिनिधि ने जब दाऊद इब्राहिम के खिलाफ प्रमाण माँगा, तब सी.बी.आई. ने उनके आग्रहों को अनसुना कर दिया, क्योंकि "जब पी. चिदंबरम गृह मंत्री थे, तब राजनीतिक व्यवस्था इसके खिलाफ थी कि संयुक्त राष्ट्र संघ को दाऊद के खिलाफ कोई भी ठोस प्रमाण दिया जाए।"

यू.पी.ए. की ओर से कई 'सर्जिकल स्ट्राइक' करने के दावे पर मणि कहते हैं—

"इस तरह की हर स्ट्राइक की योजना बनाए जाने से पहले सुरक्षा प्रतिष्ठानों के आला अधिकारियों का एक समूह संभावित परिणामों का आकलन करता है। देश की सबसे महत्त्वपूर्ण संपत्तियों को सुरक्षित रखने की निर्धारित प्रक्रिया होती है। ये एक मैनुअल के रूप में होती हैं। इनमें कई सरकार के विकल्प होते हैं, जो प्रस्तावित हमले के स्वरूप और उसकी गंभीरता के अनुसार तय किए जाते हैं। आदेश सर्वोच्च सुरक्षा प्रतिष्ठान की ओर से दिया जाता है। गृह और रक्षा मंत्रालयों के बीच जिम्मेदारी का एक स्पष्ट बँटवारा होता है। किसी भी 'सर्जिकल स्ट्राइक' से पहले इस सरकार के सर्वोच्च सुरक्षा आदेश जारी किए जाते हैं। गृह मंत्रालय में वर्ष 2006 से 2010 के बीच मुझे कभी इस सरकार का कोई भी आदेश नहीं मिला,

जिसमें सुरक्षा के उपायों को लागू किया जाना हो।"

यह स्पष्ट है कि कांग्रेस पार्टी ने 'हिंदू आतंक' की फर्जी कहानी गढ़ी। पर क्या पाकिस्तान-प्रायोजित आतंकवाद के साथ उसकी साठ-गाँठ थी? और, क्या कांग्रेस ने सर्जिकल स्ट्राइक को लेकर देश को बेवकूफ बनाने की कोशिश की?

□

वर्ष 2019 के चुनाव : 50 बड़ी बातें

लगातार दूसरी बार वर्ष 2019 के चुनावों में कांग्रेस की लोकसभा में करारी हार हुई। इन चुनावों में मुख्य रूप से चार समूह थे—(1) बी.जे.पी. के नेतृत्ववाला एन.डी.ए., (2) कांग्रेस के नेतृत्ववाला यू.पी.ए., (3) उत्तर प्रदेश के दो प्रमुख क्षेत्रीय दलों (बी.एस.पी. एवं एस.पी.) का महागठबंधन और (4) अलग-अलग लड़नेवाले दल।

चुनाव जब चल ही रहे थे, तब *'इंडिया टुडे'* पत्रिका की कवर स्टोरी चीख-चीखकर पूछ रही थी—"क्या उसे दूसरे मौके का हक है?" उस लेख में लिखा था कि मोदी सरकार के पाँच साल बाद—(1) अर्थव्यवस्था की हालत अच्छी नहीं है, (2) मेक इन इंडिया को गंभीरता से नहीं ले रहा है, (3) बुनियादी ढाँचे की स्थिति आधे भरे गिलास जैसी है, (4) ग्रामीण विकास ठीक-ठाक है, (5) भूमिहीन एवं सीमांत किसानों की दुर्दशा वास्तविक और हद से ज्यादा है, (6) शहरी विकास मिला-जुला है, (7) रक्षा विभाग का जोश तो हाई है? लेकिन रक्षा मंत्रालय आधुनिकीकरण के पिछड़ेपन को दूर नहीं कर सका है, (8) जम्मू व कश्मीर में आतंकवाद गृह मंत्रालय की सबसे बड़ी चुनौती है, (9) मोदी ने खाड़ी के देशों और जापान से तो रिश्ते गाँठ लिये, लेकिन पड़ोसियों से दूरी बनी हुई है, (10) हद से बढ़कर किए जानेवाले दावों और इतिहास को फिर से लिखने के बावजूद प्राथमिक शिक्षा में कुछ सुधार है, (11) स्वास्थ्य-सुधार अब भी बीमारी की हालत में है और (12) पर्यटन 'अविश्वसनीय' से कम है। इनमें से कुछ बातें जहाँ सही थीं, वहीं कई ने चालाकी से सच्चाई से मुँह चुरा लिया। अगर कोई उस पत्रिका की सारी टिप्पणियों को सच मान लेता तो एन.डी.ए. या तो चुनाव हार जाता या कम-से-कम उसका प्रदर्शन वर्ष 2014 के मुकाबले बेहद खराब होता।

कांग्रेस पार्टी के स्वामित्व वाले *'नेशनल हेरॉल्ड'* अखबार में आकार पटेल ने

लिखा—"नोटबंदी, लिंचिंग, डॉलर के मुकाबले रुपए के लगातार गिरने और राफेल समेत कई अन्य मुद्दों के आधार पर मौजूदा मोदी सरकार के खिलाफ अक्षमता के आरोप भी लगाए जा सकते हैं।" *सब जानते हैं कि पटेल मोदी से नफरत करते हैं।*

पिछले 80 महीनों में चेन्नई से प्रकाशित होनेवाले अखबार *'द हिंदू'* ने शायद 1,000 से अधिक मोदी-विरोधी और बी.जे.पी.-विरोधी खबरें प्रकाशित की होंगी। इनकी तुलना में उन्होंने महज 40 अच्छी खबरें ही छापी होंगी।

चुनावों के दौरान ब्रिटेन के *'द इकोनॉमिस्ट'* ने लिखा—"मोदी के शासन में भारत का सत्ताधारी दल लोकतंत्र के लिए खतरा है।" चुनावों से दो महीने पहले ब्रिटेन के *'द गार्जियन'* ने इस हेडलाइन के साथ एक संपादकीय लिखा—

"भारत के मिस्टर मोदी पर गार्जियन की राय : परेशान करनेवाले तथ्यों को दबा रहे।" ब्रिटेन की *बी.बी.सी.* ने दिसंबर 2018 में लिखा—"नरेंद्र मोदी : क्या कट्टर हिंदू राजनीति भारत के प्रधानमंत्री की कमजोरी है?"

चुनाव जब खत्म होने वाले थे, तब अमेरिका की *'टाइम'* मैगजीन ने मोदी को 'भारत का डिवाइडर इन चीफ (मुख्य विभाजनकर्ता)' कहा। अमेरिकी बिजनेस मैगजीन *'फोर्ब्स'* ने जनवरी 2018 में लिखा—"मोदी के शासन में भारतीयों की हालत बदतर हुई।"

मई 2018 में हरतोश सिंह बल ने अमेरिकी अखबार *'द न्यूयॉर्क टाइम्स'* में लिखा—"खतरे में भारत का लोकतंत्र : मोदी के चार वर्षों में न्यायपालिका से लेकर मीडिया तक के संस्थानों को नुकसान पहुँचाया गया है।" अगस्त 2018 में स्वाति चतुर्वेदी ने *'गल्फ न्यूज'* में लिखा—"दुनिया के सबसे बड़े लोकतंत्र, मोदी के भारत में, पत्रकारों को बोलने से रोका जाता है।" मार्च 2019 में निखिल इनामदार ने *'क्वाट्र्ज इंडिया'* में लिखा—"नरेंद्र मोदी ने कैसे भारतीय मीडिया की लगभग हत्या कर दी है।" कई अन्य लेखों में लगभग यही बात कही गई और इसके बावजूद दर्जनों पत्रकार और विपक्षी दलों के अनेक समर्थक चीख-चीखकर कहते हैं कि बी.जे.पी. ने मीडिया को 'खरीद' लिया है।

'द न्यूयॉर्क टाइम्स' में मोदी पर छपे अधिकांश लेख मोदी से नफरत करनेवालों के होते हैं। *यह स्वीकार करते हुए मुझे शर्म आती है कि मैं कभी एन.वाई.टी. के लिए काम करता था।* आप एन.वाई.टी. को छान मारिए, शायद ही आपको उसमें मोदी के समर्थन में कोई लेख मिलेगा।

पत्रकारों को निष्पक्ष और गैर-पक्षपातपूर्ण होना चाहिए। कम-से-कम मेरी

यूनिवर्सिटी में पत्रकारिता के प्रोफेसरों ने यही सिखाया था।

आखिर, इतने सारे अंतरराष्ट्रीय प्रकाशन मोदी-विरोधी क्यों हैं? कुछ जहाँ 'वामपंथी' हैं तो दूसरे अपने देश की सरकार या खुफिया एजेंसियों के इशारे पर काम करते हैं। और सच्चाई यही है कि कोई भी विदेशी ताकत नहीं चाहती कि भारत आगे बढ़े, भले ही सामने से कुछ भी क्यों न कहें। आप *'मित्रोखिन आर्काइव्स'* पर अध्याय पढ़ चुके हैं। आपने मेरी सर्वाधिक बिकनेवाली पुस्तक *'USAma'* में पढ़ा है कि किस प्रकार सी.आई.ए. अमेरिकी शत्रुओं के खिलाफ 'फेक न्यूज' फैलाती है।

मोदी पर हमला करने के लिए राहुल गांधी ने कम-से-कम डेढ़ सौ बार *'चौकीदार चोर है'* के जुमले का इस्तेमाल किया। भारतीय सेना की ओर से सीमा के उस पार पी.ओ.के. में जाकर सर्जिकल स्ट्राइक करने के बाद राहुल ने मोदी पर भारतीय सैनिकों के *'खून की दलाली'* करने का आरोप लगाया था।

संभवत: मोदी की सबसे मुखर आलोचक थीं पश्चिम बंगाल की मुख्यमंत्री ममता बनर्जी। उन्होंने पी.एम. को अकसर 'हिटलर' कहा और देश के लिए सबसे बड़ा खतरा बताया। वर्ष 2019 में ममता की पार्टी टी.एम.सी. लोकसभा में घटकर 22 सीटों पर आ गई, जिसके पास 2014 में 34 सीटें थीं और इस तरह उसकी संख्या 35.3% घट गई।

आंध्र प्रदेश के पूर्व मुख्यमंत्री टी.डी.पी. के एन. चंद्रबाबू नायडू एक और कठोर आलोचक थे। मार्च 2018 तक वह एन.डी.ए. का हिस्सा थे। चुनावों से सिर्फ दो महीने पहले नायडू ने कहा कि मोदी एक "नकारात्मक व्यक्ति हैं, एक संपूर्ण तबाही हैं।" चुनावों के दौरान उन्होंने मोदी को 'आतंकवादी' कहा। टी.डी.पी. 16 सीटों से घटकर महज 3 सीटों पर आ गई। आंध्र प्रदेश विधानसभा में टी.डी.पी. के विधायकों की संख्या 126 से घटकर सिर्फ 23 रह गई। मैंने अपनी पहली पुस्तक *'1914 नमो या मोना'* (अप्रैल 2018) में लिखा था कि इस आदमी पर विश्वास नहीं किया जा सकता है और वह चुनाव हार जाएगा।

भारत के अधिकांश हिस्सों में भयंकर गरमी के बावजूद सात चरणों वाले चुनाव में 67.37% मतदाता वोट देने के लिए घरों से बाहर निकले, जो दुनिया के किसी भी चुनाव में मतदाताओं की सबसे अधिक मौजूदगी थी। अविश्वसनीय रूप से 61,31,36,854 लोगों ने अपना मत दिया। यह वर्ष 2016 के अमेरिका के राष्ट्रपति चुनावों या इंडोनेशिया के आम चुनावों के वोटरों की संख्या का 4½ गुना है।

चुनावों में रिकॉर्ड 669 दलों ने हिस्सा लिया। 543 सीटों के लिए 8,425

उम्मीदवार थे, यानी औसतन हर सीट पर 15.5 उम्मीदवार। तेलंगाना की निजामाबाद सीट पर 185 उम्मीदवार खड़े थे, जहाँ 90.3% वोट शीर्ष तीन उम्मीदवारों को मिले। बी.जे.पी. के अरविंद धर्मापुरी ने 45.22% मतों से जीत दर्ज की।

लगभग 81.5% उम्मीदवारों की जमानत जब्त हो गई, क्योंकि वे अपने-अपने लोकसभा क्षेत्र में पड़े कुल वोट का छठा हिस्सा हासिल नहीं कर सके।

23 मई, 2019 को नरेंद्र मोदी भारत के चौथे ऐसे प्रधानमंत्री बने, जो दूसरी बार पूरे पाँच साल के कार्यकाल के लिए चुने गए और तीसरे प्रधानमंत्री थे, जिन्हें लोकसभा में बहुमत के साथ चुना गया था। दरअसल, 354 सीटों के साथ, जिनमें कर्नाटक में बी.जे.पी.-समर्थित एक निर्दलीय भी शामिल था, एन.डी.ए. को 65.3% बहुमत से जीत मिली और सिर्फ 8 सीट से वह दो-तिहाई बहुमत हासिल करने से चूक गया।

ऐसा पहली बार हुआ, जब कांग्रेस पार्टी गैर-कांग्रेसी शासन के पूरे पाँच साल बाद सत्ता में वापसी नहीं कर सकी।

वर्ष 2014 के चुनावों में दो बातें आम तौर पर देखी गईं। यू.पी.ए. सरकार के खिलाफ एक जबरदस्त नकारात्मक लहर थी, जिसके साथ मोदी के समर्थन में एक अच्छी-खासी लहर चल रही थी, जो देश के परिदृश्य पर एक नया चेहरा थे और कुछ हद तक एक पहेली भी थे। इस कारण मोदी के नेतृत्ववाली बी.जे.पी. के लिए 2014 के चुनावों को स्पष्ट बहुमत के साथ जीतना काफी आसान हो गया। ऐसा 30 वर्षों में पहली बार हुआ था, जब किसी एक दल को स्पष्ट बहुमत मिला हो। वर्ष 2019 तक मोदी कोई पहेली नहीं रह गए थे और यू.पी.ए. युग के भयंकर भ्रष्टाचार को लोग लगभग भूल चुके थे। यह चुनाव मोदी 1.0 पर लड़ा गया था, जो उनके पाँच वर्षों पर एक जनमत-संग्रह था। लोकसभा में पी.एम. के ही शब्दों में, 'अग्नि परीक्षा' के बाद (बी.जे.पी. के नेतृत्ववाले एन.डी.ए. को) 2019 में एक बड़ी जीत मिली।

2019 के चुनावों की 50 सबसे बड़ी बातें क्या हैं?

1. सन् 1984 के बाद पहली बार किसी एक पार्टी ने 300 सीटों के आँकड़े को पार (बी.जे.पी. को 303 सीटें मिली थीं) किया था। सन् 1984 में राजीव गांधी को उनकी माँ इंदिरा गांधी की हत्या के बाद सहानुभूति लहर के कारण 414 सीटें मिली थीं।

2. सन् 1984 में राजीव गांधी को 48.1% वोट मिले थे और उसके बाद एन.डी.ए. को 45.15% वोट मिले, जो किसी भी सत्ताधारी दल या गठबंधन के लिए सबसे ज्यादा थे।

   विकिपीडिया के आँकड़े गलत हैं, क्योंकि विकिपीडिया के लेख 'रिजल्ट्स ऑफ द 2019 इंडियन जनरल इलेक्शन' ने एन.डी.ए. के साथियों—पी.एम.के., ए.जी.पी., बोडोलैंड पीपुल्स फ्रंट, बी.डी.जे.एस., नागा पीपुल्स फ्रंट (मणिपुर), महाराष्ट्र स्वाभिमान सेना, ऑल इंडिया एन.आर. कांग्रेस, तमिल मानिला कांग्रेस, केरल कांग्रेस (थॉमस), सिक्किम डेमोक्रेटिक फ्रंट और सुमालथा अंबरीश के वोट शामिल नहीं किए, जिन सभी को कुल मिलाकर 67,32,943 वोट मिले थे।

3. 48 वर्षों में पहली बार कोई सत्ताधारी दल पूर्ण बहुमत के साथ सत्ता में लौटा था। इससे पहले सन् 1971 में इंदिरा गांधी के नेतृत्ववाली कांग्रेस पार्टी ने ऐसा किया था। हालाँकि, 1971 में कांग्रेस का वोट शेयर 1967 की तुलना में सिर्फ 7% बढ़ा था, जबकि 2014 की तुलना में बी.जे.पी. के वोट शेयर में 20.5% की बढ़ोतरी हुई थी।
4. 62 वर्षों में पहली बार ऐसा हुआ था, जब कोई सत्ताधारी दल पिछले चुनावों के मुकाबले बड़े बहुमत के साथ जीता था।
5. मोदी के नेतृत्व में बी.जे.पी. का वोट शेयर वर्ष 2009 की तुलना में जबरदस्त तरीके से 98.7% बढ़ गया। वहीं एन.डी.ए. की हिस्सेदारी 83.3% बढ़ गई।
6. वर्ष 2014 में अच्छा प्रदर्शन (2009 की तुलना में 64.9% अधिक वोट) करने के बाद सत्ता-विरोधी लहर के कारण बी.जे.पी. का वोट शेयर कुछ कम हो जाना चाहिए था। इसके साथ ही, 2014 में बेहद खराब प्रदर्शन (2009 की तुलना में 32.4% कम वोट) के बाद कांग्रेस की वोट हिस्सेदारी काफी बढ़ जानी चाहिए थी। वास्तव में, बी.जे.पी. का वोट शेयर जहाँ प्रभावशाली ढंग से 20.5% बढ़ गया, वहीं कांग्रेस की हिस्सेदारी सिर्फ 0.9% ही बढ़ी। एन.डी.ए. ने अपना वोट शेयर जहाँ 17.1% बढ़ाया, वहीं यू.पी.ए. को सिर्फ 12.3% का ही लाभ हुआ।
7. वर्ष 2014 में सिर्फ 44 सीटें जीतने के बाद 2019 में कांग्रेस अगर 3 अंकों तक नहीं भी पहुँचती तो उसे अपना आँकड़ा कम-से-कम

दोगुना, यानी 88 कर लेना चाहिए था। कांग्रेस को छोड़िए, यू.पी.ए. भी 3 अंकों तक नहीं पहुँच सका और उसे महज 93 सीटें मिलीं। कांग्रेस अकेले केवल 52 सीटें ही जीत सकी, जो पिछली लोकसभा में 48 सीटों के मुकाबले 4 ही अधिक थी। (कांग्रेस का आँकड़ा अगस्त 2014 से दिसंबर 2018 के बीच हुए अनेक उपचुनावों के कारण 44 से बढ़कर 48 हो गया था)

8. 93 में से 52 सांसदों के साथ यू.पी.ए. की कुल सीटों में कांग्रेस का योगदान मात्र 55.9% था, जबकि एन.डी.ए. की 355 सीटों में से बी.जे.पी. का योगदान 303 सीटों के साथ 85.4% था।
9. एन.डी.ए. के मतों में बी.जे.पी. का योगदान 82.75% था, जबकि कांग्रेस ने यू.पी.ए. के मतों में 75.14% का योगदान किया।
10. वर्ष 2014 में एन.डी.ए. के सहयोगियों ने बी.जे.पी. की 282 सीटों में 54 सीटें जोड़ीं। वर्ष 2019 में उन्होंने बी.जे.पी. की 303 सीटों में 51 सीटों को जोड़ा। इस तरह बी.जे.पी. के सहयोगियों का महत्त्व अपेक्षाकृत रूप से कम हुआ।
11. एन.डी.ए. को 45.15% वोट मिले, जो यू.पी.ए. को मिले 25.94% से 74% और अन्य से 56.2% अधिक था, जिन्हें 28.9% वोट मिले थे। 'अन्य' की वोट हिस्सेदारी वर्ष 1984 के बाद सबसे कम थी। *क्या कई दूसरे देशों की तरह ही भारत दो-दलीय व्यवस्था की ओर बढ़ रहा है?*
12. अकेले बी.जे.पी. को 37.36% वोट मिले, जो कांग्रेस के 19.49% वोट शेयर का लगभग दोगुना है। वर्ष 2019 में बी.जे.पी. जिन सीटों पर लड़ी, वहाँ पार्टी का वोट शेयर 46% था, जबकि 2014 में उसे 39% वोट मिले थे। कांग्रेस जिन सीटों पर लड़ी, उन पर उसे महज 24% वोट मिले।
13. सोनिया या राहुल गांधी के नेतृत्व में लड़े गए पिछले पाँच लोकसभा चुनावों में बी.जे.पी. को औसतन 204.2 सीटें मिलीं, जो कांग्रेस के 112.2 सीटों से 82% अधिक है। और एन.डी.ए. ने औसतन 260 सीटें जीतीं, जो यू.पी.ए. के 153.6 सीटों से 69.3% अधिक है।
14. मोदी पहले गैर-कांग्रेसी प्रधानमंत्री बने, जिन्होंने पूर्ण बहुमत के साथ दो पूर्ण कार्यकाल के लिए जीत हासिल की।
15. 17 राज्यों और केंद्र-शासित प्रदेशों में एन.डी.ए. का वोट शेयर 50% से

अधिक था। इनमें हिमाचल प्रदेश में 69.1% और गुजरात के साथ ही उत्तराखंड में 61% से अधिक, अरुणाचल प्रदेश, राजस्थान, म.प्र. और हरियाणा में प्रत्येक में 58% से अधिक वोट शामिल हैं। कांग्रेस मात्र 'बेहद छोटे' पुदुचेरी में 50% के आँकड़े को पार कर सकी।

16. एन.डी.ए. ने 10 राज्यों और केंद्र-शासित प्रदेशों में सभी सीटों पर जीत दर्ज की। इसने बिहार की 40 में से 39, म.प्र. की 29 में से 28, कर्नाटक की 28 में से 26, झारखंड की 14 में से 12 और छत्तीसगढ़ की 11 में से 9 सीटों पर जीत हासिल की। बी.जे.पी. एकमात्र ऐसी पार्टी थी, जिसने 7 राज्यों की सभी सीटें जीत लीं। एन.डी.ए. ने मुसलिम-बहुल 52 सीटों में से 16 और ईसाई-बहुल पूर्वोत्तर क्षेत्र (असम के सिवाय) की 11 में से 10 सीटों पर जीत दर्ज की। अब '*द हिंदू*' चाहे जो लिखे, लेकिन बी.जे.पी. को 'हिंदू पार्टी' नहीं कहा जा सकता है।
17. वर्ष 2014 की तुलना में सभी दलों ने 10.3% के मुकाबले महज 8% मुसलिम उम्मीदवारों को टिकट दिया था और कई लोग बी.जे.पी. को मुसलिम-विरोधी कहते हैं।
18. बी.जे.पी. ने पश्चिम बंगाल में 18 सीटें जीतीं। इस राज्य में उसे कभी 2 सीटों से अधिक नहीं मिली थीं। 2014 के 16.84% की तुलना में बी.जे.पी. का वोट शेयर जबरदस्त रूप से बढ़कर 40.25% हो गया।
19. दक्षिण भारत में बी.जे.पी. ने 131 में से 30 सीटों (22.9%) पर जीत दर्ज की और उसका सूपड़ा साफ नहीं हुआ, जैसा कि कुछ लोगों ने कहा था।
20. राहुल गांधी अपने परिवार के गढ़ अमेठी से स्मृति ईरानी से 55,120 वोटों से हार गए। पिछले 12 चुनावों में अमेठी से गांधी परिवार के सदस्य नौ बार जीते थे और परिवार के एक विश्वस्त ने दो बार जीत हासिल की थी। राहुल गांधी की हार 2019 के चुनाव की शायद 'दूसरी सबसे बड़ी हेडलाइन' थी।
21. तमिलनाडु के सिवाय कांग्रेस पार्टी भारत के दस सबसे बड़े राज्यों में सिर्फ 7 सीटें जीत सकी। बीस राज्यों और केंद्र-शासित प्रदेशों में वह एक भी सीट नहीं जीत सकी। पार्टी सिर्फ केरल में दोहरे अंकों में पहुँची, जहाँ उसने 16 सीटें जीतीं।
22. यहाँ तक कि सत्रह राज्यों और केंद्र-शासित प्रदेशों में यू.पी.ए. भी अपना

खाता नहीं खोल सकी। यू.पी.ए. को उ.प्र., बिहार, म.प्र. और ओडिशा में महज एक-एक सीट मिली, जिससे इन चार बड़े राज्यों की 170 में से उसे कुल 4 सीटें मिलीं।

23. कांग्रेस को कुल 52 सीटें मिलीं, जिनमें से 31 सिर्फ तीन राज्यों (15 केरल और 8-8 तमिलनाडु एवं पंजाब में) में और 2-2 सीटें दो केंद्र-शासित प्रदेशों में मिलीं। बाकी बचे छब्बीस राज्यों और पाँच केंद्र-शासित प्रदेशों में कांग्रेस को 19 सीटों पर जीत मिली, जहाँ प्रति राज्य/केंद्र-शासित प्रदेश में सिर्फ 0.61 का औसत था। जिन आठ राज्यों में कांग्रेस को 40% से अधिक वोट मिले, वे सभी गैर-हिंदू वोटर बहुल हैं।

24. कांग्रेस ने 421 सीटों पर चुनाव लड़ा था। उनमें से 173, यानी 41.1% सीटों पर वह या तो तीसरे नंबर पर या उससे भी नीचे आई।

25. कांग्रेस के बड़े-बड़े दिग्गज हार गए—मल्लिकार्जुन खड़गे, सुशील कुमार शिंदे, अशोक चव्हाण, दिग्विजय सिंह, वीरप्पा मोइली, भूपिंदर सिंह हुड्डा, शीला दीक्षित, ज्योतिरादित्य सिंधिया, मिलिंद देवड़ा, जितिन प्रसाद और कुमारी शैलजा कुछ एक नाम हैं।

26. दिसंबर 2018 में छत्तीसगढ़, म.प्र. और राजस्थान के विधानसभा चुनावों में मिली जीत का कांग्रेस पार्टी को गुमान हो गया और उसे ऐसा लगने लगा कि वह केंद्र की सत्ता में लौटने वाली है। टी.वी. पर कांग्रेस प्रवक्ताओं की भाषा से यह जाहिर हो रहा था। कांग्रेस ने इन तीन राज्यों की 65 में से मात्र 3 सीटें जीतीं, जबकि बी.जे.पी. को 62 सीटें मिलीं। *इससे यह थ्योरी साबित हो गई कि लोग राज्य और देश के चुनावों में अलग-अलग तरीके से वोट करते हैं।*

27. राहुल गांधी के 'कागजी' राफेल विमान उड़ान नहीं भर सके। उनका *'चौकीदार चोर है'* के तंज से भी मोदी को नुकसान पहुँचने के बजाय फायदा ही मिला।

28. लोगों को कांग्रेस की ओर से किए गए झूठे वादों पर यकीन नहीं हुआ, जैसे उसकी 'न्याय योजना' पर, जिसे लागू करना लगभग असंभव था। उन्होंने कांग्रेस के घोषणा-पत्र को भी खारिज कर दिया, जो कई लोगों को देशद्रोह के करीब जाता दिखा।

29. मतदाताओं ने यह नहीं माना कि जी.एस.टी. (वस्तु एवं सेवा कर)

'गब्बर सिंह टैक्स' है, जैसा कि राहुल गांधी उसे बार-बार कह रहे थे।

30. मतदाताओं ने इस अनुमान को भी खारिज कर दिया कि बी.जे.पी.-विरोधी गठबंधन विशालकाय बी.जे.पी. को आसानी से हरा देगा और यह बात उ.प्र., बिहार, महाराष्ट्र, कर्नाटक तथा झारखंड में साबित हो गई।
31. उ.प्र. में जिस 'गठबंधन' के बारे में इतना बढ़ा-चढ़ाकर कहा गया, उसमें मायावती की बी.एस.पी. और यादवों की एस.पी. का राज्य में वोट प्रतिशत नीचे ही गिरा। दूसरी तरफ, एन.डी.ए. का वोट जहाँ वर्ष 2014 में 43.3% था, वह बढ़कर 50.7% हो गया।
32. वामपंथी दलों को सिर्फ 5 सीटें मिलीं, जो 2014 में 12 थीं। सी.पी.एम. घटकर मात्र 3 सीटों पर आ गई। क्या यह भारत में कम्युनिस्टों के अंत की शुरुआत है?
33. लालू प्रसाद यादव की आर.जे.डी. को बिहार में *शून्य* सीट मिली। उसका वोट प्रतिशत, जो वर्ष 2014 में 20.1% था, वह गिरकर 15.36% हो गया।
34. अरविंद केजरीवाल की आम आदमी पार्टी सिर्फ 1 सीट पर सिमट गई, जिसे 2014 में 4 सीटें मिली थीं। दिल्ली में उसका वोट घटकर 18.1% हो गया, जो 2014 में 32.9% था। *हैरानी की बात है कि 2014 में इस व्यक्ति को संभावित पी.एम. के रूप में देखा जा रहा था।*
35. 'हम भारत के लोगों' ने यह दिखा दिया कि हमें एक मजबूत नेता की जरूरत है और मोदी से ताकतवर और कोई नहीं था।
36. मतदाताओं ने यह नहीं माना कि बालाकोट एक फ्लॉप शो था या यू.पी.ए. शासन के दौरान छह सर्जिकल स्ट्राइक हुई थीं।
37. मतदाताओं ने स्पष्ट बहुमत वाली एक स्थिर सरकार चुनी।
38. परिवारवाद को खारिज कर दिया गया। दो-तिहाई नामदार चुनावों में बेदखल कर दिए गए।
39. जनादेश ने प्रधानमंत्री की लोकप्रिय योजनाओं (उन पर अलग से अध्याय है) पर मुहर लगा दी, जबकि विपक्ष ने—और विशेष रूप से कांग्रेस ने—इनमें से अधिकांश योजनाओं की आलोचना की थी और उनका मजाक उड़ाया था। चुनाव के नतीजों ने साबित कर दिया कि इनमें से अधिकांश योजनाओं का करोड़ों लाभार्थियों ने स्वागत किया था।

40. लोगों ने एक ऐसे प्रधानमंत्री के लिए वोट किया था, जो कीमतों पर काबू पाने में सक्षम था और भ्रष्ट नहीं था।
41. मतदाताओं ने छद्म धर्मनिरपेक्षता, जातिवाद और वोट बैंक की राजनीति को पराजित किया। *मैं आशा करता हूँ कि ऐसी बुराइयाँ दोबारा भारतीय राजनीति में न आएँ*। बी.जे.पी. को 39.6% का सबसे बड़ा लाभ अनुसूचित जातियों से मिला। बी.जे.पी. को उच्च ओ.बी.सी. वर्ग के 36.7%, अनुसूचित जनजातियों के 15.8%, किसानों के 15.2% और निम्न ओ.बी.सी. वर्ग के 14.3% वोट मिले। इससे यह दलील खारिज हो गई कि बी.जे.पी. एक उच्च जाति की पार्टी है।
42. टी.वी. पर बहस के दौरान जो प्रवक्ता कुछ ज्यादा ही अकड़ दिखाते हैं, उनसे पार्टी का भला नहीं होता है। कांग्रेस की बात करें तो तहसीन पूनावाला, रॉयडेन रोच, निशांत वर्मा, राजीव देसाई, रवि श्रीवास्तव और अलीमुद्दीन खान जैसे लोग अनधिकारिक प्रवक्ता थे, जिन्होंने पार्टी को मदद पहुँचाने के बजाय नुकसान पहुँचाया। कांग्रेस ने जब आधिकारिक रूप से कई टी.वी. चैनलों का बहिष्कार करने का फैसला किया, तब यही उसके स्वयंभू प्रवक्ता बन गए थे।
43. बी.जे.पी./एन.डी.ए. को छोड़कर जानेवालों में से अधिकांश चुनाव हार गए। उनमें टी.डी.पी., पी.डी.पी., शत्रुघ्न सिन्हा, उपेंद्र कुशवाहा, सावित्री बाई फुले और शरद यादव शामिल थे।
44. दो तेलुगू भाषी नेताओं के 'फेडरल फ्रंट' का सपना चकनाचूर हो गया। के.सी.आर. की टी.आर.एस. पार्टी तेलंगाना में जहाँ 17 में से 9 सीटें जीतने में कामयाब रही, वहीं चंद्रबाबू नायडू की टी.डी.पी. का प्रदर्शन बेहद खराब रहा, जिसके हिस्से आंध्र प्रदेश की 25 में से सिर्फ 3 सीटें आईं।
45. मेरे हिसाब से, सबसे बड़ा झटका ओडिशा में बी.जे.पी. के बैजयंत 'जय' पांडा की हार थी। कई वर्षों तक उन्हें ओडिशा के मुख्यमंत्री नवीन पटनायक का दाहिना हाथ माना जाता था और कुछ समय पहले ही वह बी.जे.पी. में आए थे। मैं मानता हूँ कि जय पांडा भारत के सबसे अच्छे सांसदों में से एक थे और उनकी हार भारतीय चुनावी राजनीति का एक दुर्भाग्य है।

46. 'टुकड़े-टुकड़े गैंग' एक ऐसा कलंकित शब्द है, जिसका टी.वी. चैनलों में अकसर इस्तेमाल होता है और जिसे जी टी.वी. के एडिटर इन चीफ सुधीर चौधरी तथा रिपब्लिक टी.वी. के चीफ अर्नब गोस्वामी ने लोकप्रिय बनाया है। दोनों को ही मोदी/बी.जे.पी. समर्थक माना जाता है। यह शब्द फरवरी 2016 के बाद प्रचलन में आया, जब जे.एन.यू. कैंपस में एक ऐसी घटना हुई, जिसमें आतंकवादी मोहम्मद अफजल गुरु का गुणगान हुआ और 'भारत तेरे टुकड़े होंगे, इंशा अल्लाह, इंशा अल्लाह' जैसे नारे लगाए गए। चौधरी के अनुसार, इसे 'डिजाइन पत्रकारों' और 'अंग्रेजीभाषी पेज-3 सेलिब्रिटीज' के लिए गढ़ा गया था, जो आतंकियों से सहानुभूति रखते हैं, न्यायपालिका को बदनाम करते हैं और भारत के टुकड़े-टुकड़े होते देखना चाहते हैं। टुकड़े-टुकड़े गैंग के ऐसे अनेक सदस्य चुनाव में उतरे और सभी को हार का सामना करना पड़ा।

47. दूसरे चैनलों के दावों के विपरीत टुडेज चाणक्या + *न्यूज 24* टी.वी. का एग्जिट पोल सबसे अधिक सटीक था, जैसा कि वर्ष 2014 में भी देखा गया था। उन्होंने एन.डी.ए. को 350 सीटें (वास्तव में 354 मिलीं), यू.पी.ए. को 95 (वास्तव में 93) और 'अन्य' को 97 सीटें (वास्तव में 96) मिलने का अनुमान लगाया था।

48. हमारे लोकतंत्र के साथ सबसे बुरी चीज यह हुई कि अब हमारे पास वास्तव में मजबूत विपक्ष ही नहीं है।

चुनावों के फौरन बाद विपक्ष के एक प्रमुख नेता ने एक टी.वी. चैनल पर कहा कि बी.जे.पी. ने एक बेहद खराब उत्पाद (मतलब था मोदी) की शानदार मार्केटिंग की, जबकि कांग्रेस एक शानदार उत्पाद (मतलब था राहुल गांधी) को बेच नहीं पाई। मेरा जवाब—*'ये जो पब्लिक है सब जानती है।'*

नतीजे घोषित किए जाने के 38 दिनों बाद वरिष्ठ पत्रकार और बी.जे.पी. सांसद स्वपन दासगुप्ता ने *'द टाइम्स ऑफ इंडिया'* में लिखा—

"23 मई के बाद भारत के मुख्य विपक्षी दल अंदर-ही-अंदर टूटते दिख रहे हैं। कांग्रेस चुनावों में करारी हार और तुनक मिजाज राहुल गांधी की दोहरी वेदना से गुजर रही है। उ.प्र. में एस.पी.-बी.एस.पी. गठबंधन धराशायी हो गया है। यही हाल बिहार और झारखंड में बी.जे.पी.-विरोधी गठबंधन का हुआ है। लेफ्ट का नामोनिशान जैसे मिट गया है। ममता अपना आपा खो बैठी हैं।"

कितनी सटीक टिप्पणी की थी उन्होंने! इतना ही सटीक आकलन जानी-मानी लेखिका और *'द इकोनॉमिक टाइम्स'* की संपादिका इरा पांडे का था—

"मोदी 'नामदारों' और 'खान मार्केट क्लब' को अगर नापसंद करते हैं तो इसकी वजह यह है कि जो लोग सामाजिक रूप से ऐसे लोगों के ढंग से नहीं सोचते-समझते, उन्हें जान-बूझकर और क्रूरता से किनारे कर दिया जाता है। मोदी ने अपने परिवार की गरीबी को जिस तरह होशियारी से पेश किया; उनके जो भाषण होते हैं, वे धारा-प्रवाह हिंदी में होते हैं (जो उन लोगों के लिए संभव नहीं, जो आज भी यही मानते हैं कि उनकी मातृभाषा एक देसी भाषा, जिसे वे बमुश्किल ही बोल सकते हैं) और इन सबने मिलकर उन लोगों की उम्मीदों को बढ़ा दिया, जिन्हें सत्ता में बैठे अमीरों ने लंबे समय तक हाशिए पर धकेल रखा था। याद कीजिए, जब राजकुमारों का नेतृत्व हुआ करता था, तब हमारी क्रिकेट टीमों की स्थिति कैसी थी? *गोरों* की टीम के आगे हम घुटने टेक दिया करते थे। जब हमारे 'गली ब्वॉयज'—कपिल, सहवाग, सचिन और धोनी आए तो भारतीय क्रिकेट टीम का अपना ही जलवा था। 'गली ब्वॉय' फिल्म में रणवीर सिंह का रैप है, *'अपना टाइम आएगा…'* भारत की राजनीति के नए धुरंधरों के साथ कार्यकर्ताओं की अपनी ही सेना है और वे दिल्ली में नहीं रहते, लुटियंस में तो बिल्कुल ही नहीं। दूसरे राजनीतिक दलों के साथ कौन है?"

चुनाव के तीन महीने बाद *'इंडिया टुडे'* पत्रिका के वर्ष में दो बार किए जानेवाले 'मूड ऑफ द नेशन' पोल ने एन.डी.ए. की जीत के निम्नलिखित कारणों को गिनाया—(1) 35% मोदी की सशक्त छवि के कारण, (2) 16% बालाकोट स्ट्राइक के कारण, (3) 11% मोदी की उपलब्धियों के कारण, (4) 8% बी.जे. पी. के प्रचार और मीडिया की पहुँच के कारण, (5) 8% बी.जे.पी. के राष्ट्रवादी प्रचार के कारण, (6) 7% हिंदुत्व की राजनीति के कारण, (7) 6% *'मैं भी चौकीदार'* अभियान के कारण, (8) 5% क्योंकि बी.जे.पी. सहयोगियों को कांग्रेस के मुकाबले अच्छी तरह साथ लेकर चली और (9) 5% अमित शाह के चुनाव प्रबंधन के कारण। अगर आप कांग्रेस नेताओं से उनका गणित पूछेंगे तो वे कहेंगे कि B+D+E+F+I = 100%, जबकि 'हम भारत के लोग' इस योग को सिर्फ 44% देंगे।

जब पूछा गया, "पी.एम. मोदी के काम करने के तरीके को लेकर आप क्या सोचते हैं?" तो 18% ने कहा कि वह एक मजबूत नेता हैं; 15% ने कहा कि वह

'सबका साथ, सबका विकास, सबका विश्वास' में यकीन करते हैं; 14% ने कहा कि वह गरीब समर्थक हैं; 12% ने कहा कि वह भ्रष्ट नहीं हैं और 9% ने कहा कि लोगों के साथ उनका जबरदस्त जुड़ाव है। हालाँकि, कांग्रेस पार्टी और विशेष रूप से राहुल गांधी इन 68% लोगों से इत्तेफाक नहीं रखते। जब पूछा गया, "चुनाव में विपक्ष की नाकामी का सबसे बड़ा कारण क्या था?" तो 47% ने कहा कि विपक्ष के पास पी.एम. का कोई चेहरा नहीं था और कांग्रेस के सहयोगी दलों ने राहुल को स्वीकार नहीं किया; 12% ने कहा कि *'चौकीदार चोर है'* की मुहिम उलटी पड़ गई; 11% ने कहा कि कांग्रेस ने अपने सहयोगियों के साथ सही व्यवहार नहीं किया और 10% ने कहा कि विपक्ष ने अगले पाँच साल के लिए कोई विश्वसनीय विजन पेश नहीं किया।

□

55% फेक न्यूज

कांग्रेस और दूसरे विपक्षी दल अकसर दलील देते हैं कि 55% मतदाताओं ने 2019 में मोदी/एन.डी.ए. के खिलाफ वोट दिया। क्या यह सच है ?

टी.वी. पर होनेवाली बहस में कुछ कांग्रेस-समर्थक आज भी कहते हैं कि बी.जे.पी. को सिर्फ 36% (बी.जे.पी. को वास्तव में 37.36% वोट मिले थे) वोट मिले थे और वे बड़ी आसानी से इस तथ्य को अनदेखा कर देते हैं कि वर्ष 1999 से ही सारे लोकसभा चुनावों में बी.जे.पी. और कांग्रेस अकेले नहीं, बल्कि गठबंधन के साथ चुनाव में उतरी है।

चलिए, भारत के बाईस सबसे बड़े राज्यों पर लोकसभा सीट के अनुसार नजर डालते हैं। इन बाईस में से पंद्रह राज्यों में बी.जे.पी./एन.डी.ए. को जीत मिली। असम और जम्मू व कश्मीर के सिवाय बी.जे.पी./एन.डी.ए. ने कुल मतों के 50.7% मत से जीत हासिल की।

बी.जे.पी./एन.डी.ए. को जिन सात राज्यों में जीत नहीं मिली, उनमें क्या हुआ ?

डी.एम.के. नेतृत्ववाले गठबंधन को तमिलनाडु में 51.46% वोट मिले। वाई. एस.आर.सी.पी. को आंध्र प्रदेश में 49.15% और कांग्रेस के नेतृत्ववाले यू.डी. एफ. को केरल में 47.24% वोट मिले। इन तीन राज्यों में बी.जे.पी. की कभी कोई खास मौजूदगी नहीं थी। तमिलनाडु में एन.डी.ए. को 30.28% वोट मिले, जो किसी लिहाज से बुरा नहीं माना जा सकता है। केरल में एन.डी.ए. को 15.56% वोट मिले, जो 2014 के मुकाबले 5.1% अधिक थे। तेलंगाना में बी.जे.पी. ने मतों के अपने प्रतिशत को जबरदस्त तरीके से 12.88% तक बढ़ा लिया। यहाँ तक कि कर्नाटक में भी बी.जे.पी. के वोट शेयर में 19.5% का इजाफा हुआ।

तमिलनाडु के सिवाय किसी भी विपक्षी दल को अन्य किसी भी राज्य में पूर्ण

बहुमत नहीं मिला।

टी.एम.सी. को पश्चिम बंगाल में सिर्फ 43.28% वोट मिले और बी.जे.पी. 40.25% के साथ दूसरे नंबर पर उसके बेहद करीब आ गई। बी.जे.डी. को ओडिशा में 42.76% वोट मिले और वहाँ भी बी.जे.पी. ने 38.37% के साथ दूसरा स्थान हासिल किया। कांग्रेस को पंजाब में 40.12% वोट मिले, जबकि अकाली-बी.जे.पी. गठबंधन 37.08% के साथ दूसरे नंबर पर उससे ज्यादा पीछे नहीं था।

राज्य	सीट	सबसे बड़ा दल/गठबंधन	वोट शेयर
उत्तर प्रदेश	80	बी.जे.पी. + अपना दल	50.57%
महाराष्ट्र	48	बी.जे.पी. + शिवसेना + एम.एस.पी.	51.64%
पश्चिम बंगाल	42	तृणमूल कांग्रेस	43.28%
बिहार	40	बी.जे.पी. + जे.डी.यू. + एल.जे.पी.	53.25%
तमिलनाडु	38	डी.एम.के. + कांग्रेस + अन्य	51.46%
मध्य प्रदेश	29	बी.जे.पी.	58.00%
कर्नाटक	28	बी.जे.पी. + 1 निर्दलीय	53.76%
गुजरात	26	बी.जे.पी.	62.21%
आंध्र प्रदेश	25	वाई.एस.आर.सी.पी.	49.15%
राजस्थान	25	बी.जे.पी.	58.47%
ओडिशा	21	बी.जे.डी.	42.76%
केरल	20	कांग्रेस + (यू.डी.एफ.)	47.22%
तेलंगाना	17	टी.आर.एस.	41.29%
असम	14	बी.जे.पी. + ए.जी.पी. + बी.ओ.पी.एफ.	36.16%
झारखंड	14	बी.जे.पी. + आजसू	55.29%
पंजाब	13	कांग्रेस	40.12%

छत्तीसगढ़	11	बी.जे.पी.	50.70%
हरियाणा	10	बी.जे.पी.	58.02%
दिल्ली	7	बी.जे.पी.	56.56%
जम्मू व कश्मीर	6	बी.जे.पी.	46.39%
उत्तराखंड	5	बी.जे.पी.	61.01%
हिमाचल प्रदेश	4	बी.जे.पी.	69.11%

जैसा कि मैंने पहले कहा था, एन.डी.ए. ने सत्रह राज्यों और केंद्र-शासित प्रदेशों में 50% से अधिक वोट हासिल किए। यहाँ तक कि जम्मू और लद्दाख में बी.जे.पी. को 58.35% वोट मिले। पूरे जम्मू व कश्मीर राज्य (पूर्ववर्ती) में इसका वोट शेयर घाटी की 3 सीटों पर इसके खराब प्रदर्शन के कारण गिरकर 46.4% पर पहुँच गया। तो क्या बी.जे.पी. से कभी उम्मीद की जाती है कि वह मुसलिम बहुल घाटी में अच्छा प्रदर्शन करेगी?

मैं पूछना चाहता हूँ : क्या यह 55% वाली दलील कांग्रेस और अन्य विपक्षी दलों पर लागू होती है या बी.जे.पी./एन.डी.ए. पर?

जब 669 दल चुनाव लड़ रहे हों, तब 23 दलों के गठबंधन से उम्मीद की जा सकती है कि उसे पूरे देश के कुल वोट का 50% से अधिक मिल जाए? यहाँ तक कि यू.पी.ए. में भी 21 दल थे। तो भी उन्हें देश भर में डाले गए मतों में से 26% से भी कम वोट क्यों मिले?

अगर हम आंध्र प्रदेश, केरल और तमिलनाडु (दक्षिण के पाँच राज्यों में से तीन, जहाँ बी.जे.पी. की मौजूदगी न के बराबर है) को छोड़ दें तो एन.डी.ए. को पूरे देश में हुए मतदान में 50.17% वोट मिले। वैसे भी, इन तीन में से दो राज्यों ने क्षेत्रीय दलों के लिए मतदान किया, कांग्रेस के लिए नहीं।

अब इसे दूसरी ओर से देखते हैं। अगर हम इस पर गौर करें कि मोदी 2.0 सरकार की ओर से संसद् में पेश किए गए अधिकांश या शायद सभी विधेयकों को बी.जे.डी., वाई.एस.आर.सी.पी. और निर्दलीय सांसद नवनीत कौर राणा (जिन्हें 2019 के चुनावों में कांग्रेस ने समर्थन दिया था) ने अपना समर्थन दिया तो 'बृहत् एन.डी.ए.' में उनके वोट को शामिल करना भी शायद सही होगा। उस स्थिति में,

बृहत् एन.डी.ए. को 30,30,56,828 वोट मिले, जो 2019 के चुनावों में कुल मतों का 49.43% हो जाता है।

उपर्युक्त सारे आँकड़ों के बावजूद तथ्य यही बताते हैं कि वर्ष 2014 के लोकसभा चुनावों में मोदी को एन.डी.ए. का प्रधानमंत्री उम्मीदवार घोषित किए जाने के बाद बी.जे.पी. का वोट प्रतिशत 2009 के मुकाबले छलाँग लगाता हुआ 98.7% पर पहुँच गया, वहीं मतों में एन.डी.ए. की हिस्सेदारी 83.3% बढ़ गई।

आँकड़े क्या इतने गलत हो सकते हैं ?

मैं यह भी पूछना चाहता हूँ कि क्या कोई क्षेत्रीय/तीसरा मोर्चा एन.डी.ए. को चुनौती दे सकता है ? अब जरा इस तालिका में 'अन्य' या जो किसी भी गठबंधन में नहीं थे (गैर-एन.डी.ए./यू.पी.ए.), उनकी सीटों पर नजर डालते हैं। उन्हें कुल मिलाकर सिर्फ 96 सीटें मिलीं। टी.डी.पी. उस गठबंधन में शामिल नहीं हो सकता, जिसमें वाई.एस.आर.सी.पी. हो। तो सीटों की संख्या घटकर 89 रह जाती है, जो लोकसभा की कुल सीटों का छठा हिस्सा है।

दल	गठबंधन	सीट	वोट	राष्ट्रीय %
बी.जे.पी.	एन.डी.ए.	303	22,90,76,879	37.36%
शिवसेना	एन.डी.ए.	18	1,28,58,904	2.10%
जे.डी. (यू)	एन.डी.ए.	16	89,26,679	1.46%
एल.जे.पी.	एन.डी.ए.	6	32,06,979	0.52%
शिरोमणि अकाली दल	एन.डी.ए.	2	37,78,574	0.62%
अपना दल (सोनेलाल)	एन.डी.ए.	2	10,39,478	0.17%
ए.आई.ए.डी.एम.के.	एन.डी.ए.	1	78,30,146	1.28%
अन्य (एन.डी.ए.)	एन.डी.ए.	6	1,01,21,643	1.65%
कांग्रेस	यू.पी.ए.	52	11,94,95,214	19.49%
डी.एम.के.	यू.पी.ए.	23	1,38,77,992	2.26%
एन.सी.पी.	यू.पी.ए.	5	85,00,331	1.39%
आई.यू.एम.एल.	यू.पी.ए.	3	15,92,467	0.26%
जे.डी. (एस)	यू.पी.ए.	1	34,57,107	0.56%

जे.एम.एम.	यू.पी.ए.	1	19,01,976	0.31%
सी.पी.आई.	यू.पी.ए. (कुछ राज्यों में साथ)	2	10,91,595	0.18%
सी.पी.आई. (एम)	यू.पी.ए. (कुछ राज्यों में साथ)	2	10,41,251	0.17%
अन्य (यू.पी.ए.)	यू.पी.ए.	4	80,77,825	1.32%
तृणमूल कांग्रेस	किसी गठबंधन में नहीं	22	2,49,29,325	4.07%
वाई.एस.आर.सी.पी.	किसी गठबंधन में नहीं	22	1,55,34,558	2.53%
बीजू जनता दल	किसी गठबंधन में नहीं	12	1,01,72,041	1.66%
बहुजन समाज पार्टी	किसी गठबंधन में नहीं	10	2,22,46,455	3.63%
तेलंगाना राष्ट्र समिति	किसी गठबंधन में नहीं	9	76,96,848	1.26%
समाजवादी पार्टी	किसी गठबंधन में नहीं	5	1,56,47,182	2.55%
तेलुगू देशम पार्टी	किसी गठबंधन में नहीं	3	1,25,13,061	2.04%
जम्मू व कश्मीर नेशनल कॉन्फ्रेंस	किसी गठबंधन में नहीं	3	2,80,356	0.05%
ए.आई.एम.आई.एम.	किसी गठबंधन में नहीं	2	12,01,542	0.20%
सी.पी.आई.एम.	किसी गठबंधन में नहीं	1	97,03,538	1.58%
आम आदमी पार्टी	किसी गठबंधन में नहीं	1	27,16,629	0.44%
ए.आई.यू.डी.एफ.	किसी गठबंधन में नहीं	1	14,02,088	0.23%

सी.पी.आई.	किसी गठबंधन में नहीं	0	24,84,589	0.41%
अन्य (किसी गठबंधन में नहीं)	किसी गठबंधन में नहीं	5	5,07,43,516	8.28%
		543	**61,31,46,768**	**100.0%**

चुनाव लड़नेवाली 669 पार्टियों में से सिर्फ 36 को ही कोई सीट मिली। अन्य 633 पार्टियों में से 63 ने दूसरे दल की जीत में मदद की होगी। तो फिर ये 570 अन्य पार्टियाँ अस्तित्व में हैं ही क्यों ?

33 + 19 = 52

वर्ष 1989 के चुनावों में (जिसमें कांग्रेस की हार हुई थी), जिसे कांग्रेस ने राजीव गांधी के नेतृत्व में लड़ा था, तब से ही भारत की 135 वर्ष पुरानी 'वयोवृद्ध पार्टी' में 50.7% की गिरावट आई है, जबकि बी.जे.पी. ने 228.9% की तरक्की की है।

उनके बेटे राहुल गांधी, जो अक्तूबर 2018 से मई 2019 तक कांग्रेस के अध्यक्ष थे, ने मोदी को नहीं भी तो 150 से ज्यादा बार 'चोर' कहा था और *'चौकीदार चोर है'* का नारा लगाया था। अगर आज राजीव गांधी जिंदा होते तो क्या वह अपने बेटे की या कांग्रेस के किसी भी अध्यक्ष की ओर से इस तरह की भाषा के इस्तेमाल को सही मानते?

वर्ष 2019 में कांग्रेस की जिन 52 सीटों पर जीत हुई, उनमें से 31 सीटें तीन राज्यों—केरल, तमिलनाडु और पंजाब में तथा 2 सीटें केंद्र-शासित प्रदेशों में थीं। बाकी बचे छब्बीस राज्यों और पाँच केंद्र-शासित प्रदेशों में कांग्रेस को महज 19 सीटें मिलीं, जिसका औसत प्रति राज्य/यू.टी. सिर्फ 0.61% है।

तमिलनाडु और पुदुचेरी में कांग्रेस को जिन 9 सीटों पर जीत मिली, उनका कारण डी.एम.के. के पक्ष में चलनेवाली लहर थी। 8 सीटें पंजाब में मुख्यमंत्री कैप्टन अमरिंदर सिंह की लोकप्रियता के कारण मिलीं और असम में 3 सीटें पूर्व मुख्यमंत्री तरुण गोगोई के कारण मिलीं। इस प्रकार, पार्टी ने बाकी बचे राज्यों और केंद्र-शासित प्रदेशों में जिन 384 सीटों पर चुनाव लड़ा, उनमें से सिर्फ 32 सीटें मिलीं, जिनका श्रेय गांधी-वाड्रा को जाता है।

सिर्फ एक राज्य में पार्टी दोहरे अंकों में पहुँची—केरल में, जहाँ अपनी कुल 52 में से उसे 15 सीटें मिलीं।

कांग्रेस को 28 सीटें दक्षिण भारत से मिलीं। इस प्रकार, भारतीय राजनीति की

'वयोवृद्ध पार्टी' की स्थिति उसी प्रकार एक क्षेत्रीय राजनीतिक दल की हो गई, जैसी सन् 1977 में इमरजेंसी के बाद हुई थी।

बी.जे.पी. के 37.36% प्रतिशत वोट शेयर की तुलना में कांग्रेस को केवल 19.49% वोट मिले। बी.जे.पी. ने जिन सीटों पर चुनाव लड़ा, उनमें उसका वोट शेयर लगभग 46% था, जबकि इसकी तुलना में कांग्रेस का 24% वोट शेयर काफी कम था।

सन् 1999 के बाद सोनिया और राहुल गांधी के नेतृत्व में लड़े गए पिछले पाँच लोकसभा चुनावों में कांग्रेस ने बी.जे.पी. के 204.2 सीटों के मुकाबले औसतन 112.2 सीटें जीतीं। इस प्रकार, बी.जे.पी. का सीट शेयर कांग्रेस से 82% बेहतर है। एन.डी.ए. बनाम यू.पी.ए. के मामले में भी स्थिति लगभग यही है। एन.डी.ए. ने जहाँ औसत 260 सीटें जीतीं, वहीं यू.पी.ए. को सिर्फ 153.6 सीटें मिलीं।

बी.जे.पी./एन.डी.ए. ने मोदी के नेतृत्व में जो पिछले चुनाव लड़े, उनमें बी.जे.पी. का वोट शेयर कांग्रेस से 76.2% अधिक था और एन.डी.ए. का यू.पी.ए. के 25.94% से 70.8% अधिक।

कांग्रेस ने जितनी सीटों पर चुनाव लड़ा था, उनमें से 41.1% सीटों पर वह यानी कुल 421 लड़ी गई सीटों में से 173 पर तीसरे नंबर पर या उससे भी नीचे आई। मतदाताओं ने बिहार में कांग्रेस के नेतृत्ववाले बी.जे.पी.-विरोधी गठबंधन को खारिज कर दिया।

नतीजों से स्पष्ट हो गया कि वोटरों ने राहुल को मोदी का विकल्प नहीं माना। प्रियंका गांधी वाड्रा ने जिन 95% संसदीय क्षेत्रों में प्रचार किया, उनमें से लगभग 95% में कांग्रेस हार गई।

क्या *चायवाले* को कांग्रेस और उसके प्रवक्ताओं को नींद से जगाने या बताने की जरूरत है कि *सच्चाई* को समझ लें?

वर्ष 2019 के चुनाव परिणामों की घोषणा के दस दिन बाद लेखक चेतन भगत ने '*द टाइम्स ऑफ इंडिया*' में लिखा—

"राहुल की विदाई किए बिना कांग्रेस वैसा शक्तिशाली विपक्ष नहीं बन सकती, जिसकी भारत को जरूरत है : राहुल का बचाव करनेवाले कहते हैं कि राहुल बिल्कुल भी बुरे नहीं हैं… उनके लिए वो हर बार कमाल के वायरल ट्वीट करते हैं। उनका यह भी कहना है कि बी.जे.पी. जीत गई, क्योंकि वह चीजें मैनेज करती है और बुरी है, जबकि भारतीय वोटर भोला-भाला व धर्मांध है। शायद ये बचाव करनेवाले लोग राहुल और उनकी माँ के आसपास मँडराते रहते हैं और इस

बकवास का यकीन दिलाते हैं। कांग्रेस पार्टी को सच में किसी आईना दिखानेवाले की जरूरत है। दरअसल, लोगों ने बरसों से इसकी कोशिश की है, लेकिन कोई फायदा नहीं हुआ और आज भी अगर कोई राहुल गांधी को हटाने की बात करता है तो उसे कहा जाता है कि वह जलता है, पक्षपाती है, उसकी कोई मंशा है या बस, दुष्ट है···राहुल की बातों, भाषणों, आत्मविश्वास और संपूर्ण छवि में काफी कमी है। फिर भी, आश्चर्य है कि किसी को इसका एहसास क्यों नहीं हुआ या उनके करीबियों ने इस ओर उनका ध्यान क्यों नहीं दिलाया··· (कांग्रेस को) एक नए व्यक्ति की जरूरत है···कोई ऐसा, जो भारत को प्रेरित कर सके; जिसके पास ऐसा संदेश हो, जिसे सब सुनना चाहते हों और जिस पर भरोसा किया जा सके··· अगर यह संगठन मेरिट को मानता तो यह आदमी बेनकाब हो गया होता। कांग्रेस का संगठन ऐसा नहीं है और इस कारण इसके लिए नेतृत्व को बदलना और गांधी परिवार को उससे अलग करना बेहद कष्टदायी होगा। हालाँकि, ऐसा करना असंभव नहीं है। और यहीं पर कांग्रेस के ऐसे रणनीतिकार जो कहते हैं कि गांधी परिवार के बिना कांग्रेस है ही नहीं, वे पूरी तरह से गलत साबित होते हैं··· भारत में बहुत बड़ा राजनीतिक खालीपन है, जिसे एक ठोस व मजबूत विपक्ष का इंतजार है··· पार्टी पर गांधी परिवार की पकड़ का एक ही मतलब है। राहुल के जाने के तौर-तरीके, उनकी ओर से सत्ता सौंपना, उनके जाने के बाद ताजपोशी और उनकी भागीदारी— सबकुछ सावधानी से करना होगा··· लोगों ने कांग्रेस पार्टी को स्पष्ट संदेश दिया है। यह बदलाव का समय है, और बदलाव शीर्ष स्तर पर होना चाहिए।"

सत्रहवीं लोकसभा की पहली बैठक के दौरान कई कांग्रेस नेताओं को शिकायत थी कि बी.जे.पी. दोनों सदनों में बहुत ज्यादा जल्दबाजी में बिलों को पेश कर रही है और अपनी जीत का दुरुपयोग कर रही है।

इसका एक उदाहरण जम्मू व कश्मीर को दो केंद्र-शासित प्रदेशों में विभाजित करने और अनुच्छेद 370 तथा 35ए (आगे के अध्याय में चर्चा है) को हटाने का बिल था। बी.जे.पी. के चुनावी घोषणा-पत्र में इसका वादा किया था। अगर बी.जे.पी. ने अपना वादा पूरा किया तो गलत क्या है?

अगर कांग्रेस पार्टी महज 52 सीटों के बजाय 132 सीटें जीत लेती और संयुक्त विपक्ष 189 के बजाय 269 सीटें जीत लेता, तब भी 274 सीटों के साथ एन.डी.ए. सरकार बना सकता था। पर क्या तब सरकार इस तरह डंके की चोट पर विधेयकों को ला सकती थी? बिल्कुल भी नहीं।

क्या हम बी.जे.पी. को 303 सीटें जीतने या एन.डी.ए. को 354 सीटें जीत लेने का दोषी ठहरा सकते हैं? या फिर, क्या हम वाई.एस.आर.सी.पी. या बी.जे.डी. को किसी विधेयक को पास किए जाने में इतनी मजबूत सरकार के समर्थन के लिए दोषी ठहरा सकते हैं?

दोष दिया भी जाए तो केवल प्रमुख विपक्षी दल कांग्रेस और उसके सहयोगियों को दिया जा सकता है, जिनके पास संसद् में पर्याप्त सांसद नहीं हैं। यह भी काफी शर्मनाक है कि जब उन्हें समझ आ गया कि चुनावों में वे मोदी को परास्त नहीं कर सकते तो कांग्रेस नेताओं ने उन्हें अपशब्द कहना शुरू कर दिया है।

बात बस, इतनी नहीं कि राहुल गांधी ने *'चौकीदार चोर है'* के अपने तंज के साथ मोदी को 'चोर' कहा, बल्कि आनंद शर्मा ने कहा है कि मोदी मानसिक रूप से बीमार हैं, बी.के. हरिप्रसाद ने उन्हें *गंदी नाली का कीड़ा* कहा है, गुलाम नबी आजाद ने उन्हें *गंगू तेली* कहा है, मल्लिकार्जुन खड़गे ने मोदी को *हिटलर* बताया तो प्रियंका गांधी ने उन्हें *नीच* कहा। राहुल गांधी ने यह भी कहा कि मोदी *खून की दलाली* करते हैं, रणदीप सिंह सुरजेवाला ने उन्हें *तुगलक* बता दिया, रेणुका चौधरी ने उन्हें *वायरस* कहा है, सलमान खुर्शीद ने उन्हें *नपुंसक* बताया, संजय निरुपम ने उन्हें *औरंगजेब* कहा, शशि थरूर ने उन्हें शिवलिंग पर बैठनेवाला *बिच्छू* बताया तो विजया शांति ने मोदी को *आतंकवादी* ठहराया, और सोनिया गांधी ने वर्ष 2007 में उन्हें *मौत का सौदागर* कहा था।

गालियों से कांग्रेस को फायदा हुआ या मोदी को? फैसला आप कीजिए!!

□

स्वाभाविक रूप से पसंद की जानेवाली पार्टी?

कई कांग्रेस नेताओं और पार्टी समर्थकों ने कहा कि कांग्रेस भारतीय वोटरों के लिए 'स्वाभाविक रूप से पसंद की जानेवाली पार्टी' है।

अगर हम बीते 25 वर्षों में हुए पिछले सात लोकसभा चुनावों पर गौर करें तो देखेंगे कि बी.जे.पी. ने औसत रूप से 194.9 सीटें जीतीं, जबकि कांग्रेस ने 120.3 सीटें। हाँ, 41 साल पुरानी बी.जे.पी. ने 135 साल पुरानी कांग्रेस पार्टी से पिछले 25

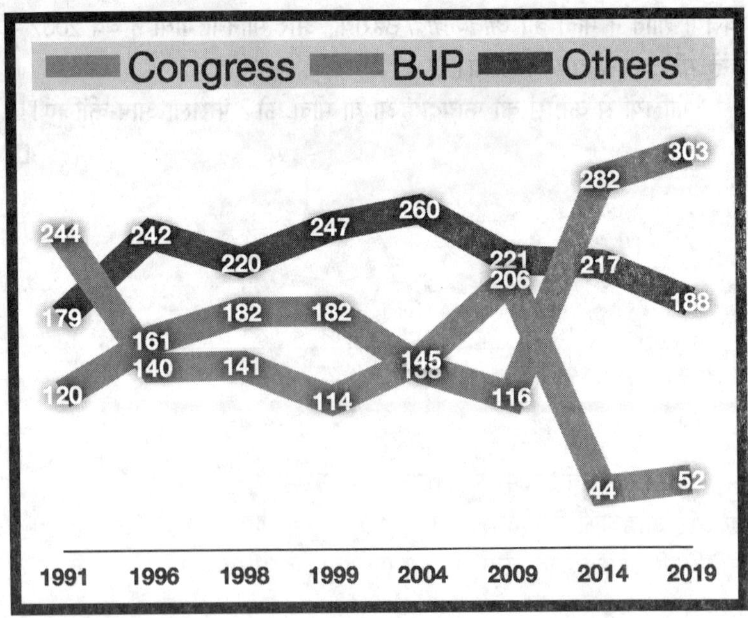

वर्षों में 62% अधिक सीटों पर जीत दर्ज की है।

तो फिर, भारतीय वोटरों के लिए 'स्वाभाविक रूप से पसंद की जानेवाली पार्टी' कौन है ? 25 वर्षों का डेटा कहता है—बी.जे.पी., कांग्रेस नहीं।

सोनिया और राहुल गांधी के युग में कांग्रेस ने लोकसभा में औसत रूप से महज 112.2 सीटें या सिर्फ 20.66% सीटें जीती हैं।

अगर हम एन.डी.ए. और यू.पी.ए. के सीट शेयर को देखते हैं, जहाँ दोनों सन् 1998 में ही अस्तित्व में आए—भले ही यू.पी.ए. का नाम 2004 में ही रखा गया, लेकिन घटनाक्रम एन.डी.ए. के पक्ष में ही रहा है। बी.जे.पी. के नेतृत्ववाले एन.डी.ए. ने औसत रूप से 259 सीटों पर जीत दर्ज की, वहीं कांग्रेस के नेतृत्ववाले यू.पी.ए. को बस, 152 सीटें मिलीं। इस प्रकार, इन गठबंधनों के बनने के बाद से एन.डी.ए. ने यू.पी.ए. के मुकाबले 70.4% अधिक सीटों पर जीत हासिल की।

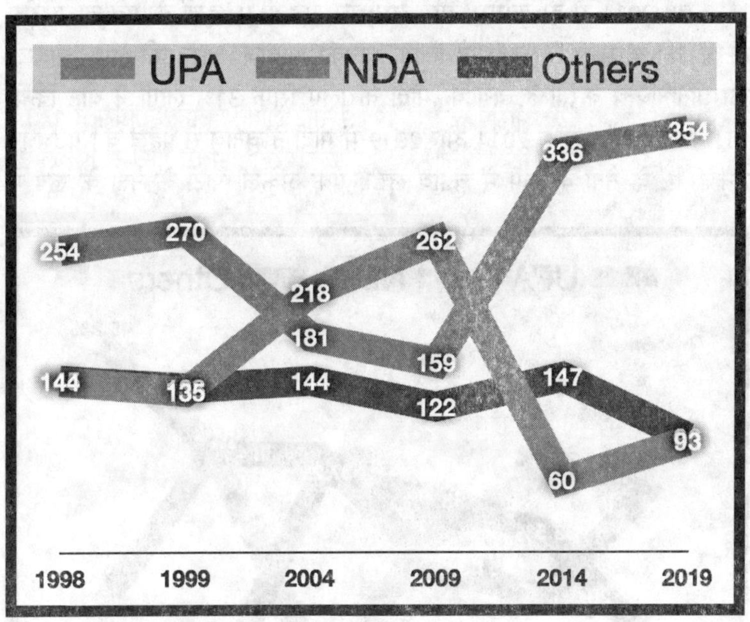

अगर हम वर्ष 2009 को छोड़ दें, जब एन.डी.ए. ने 82 साल के 'थके' हुए एल.के. आडवाणी के नेतृत्व में उस समय के लोकप्रिय प्रधानमंत्री डॉ. मनमोहन सिंह के खिलाफ चुनाव लड़ा था, तब एन.डी.ए. ने औसत रूप से 279 सीटें और

एक पूर्ण बहुमत के साथ कांग्रेस के नेतृत्ववाले यू.पी.ए. की 130 सीटों की तुलना में 114.6% अधिक सीटों को जीता था। अगर पाँच साल पहले ही, यानी वर्ष 2009 में मोदी को पी.एम. उम्मीदवार बना दिया जाता तो क्या होता? हमें पता नहीं!!

सोनिया गांधी के रिमोट कंट्रोल से चलनेवाले 10 साल के यू.पी.ए. शासन के बाद एन.डी.ए. ने 345 सीटें जीतीं, जबकि यू.पी.ए. ने महज 76.5, जिससे फासला और भी बढ़ गया। 10 साल तक सरकार में रहने के बाद यू.पी.ए. की सीटों में जहाँ 77.1% की कमी आई और वे 262 से घटकर 60 पर आ गईं, वहीं एन.डी.ए. की सीटें मोदी के पाँच साल के शासन के बाद, 5.4% की दर से 336 से बढ़कर 354 पर पहुँच गईं।

क्या यह इस बात का संकेत नहीं है कि भारतीय वोटर सुशासन और कुशासन का अंतर समझते हैं? क्या राहुल को यह बात समझ आती है?

वर्ष 2014 से ही कांग्रेस और अन्य गैर-एन.डी.ए. दलों के प्रवक्ता राष्ट्रीय टी.वी. की बहस में चिल्लाते रहे हैं कि 'उनकी आवाज' भारत की 69% आबादी का प्रतिनिधित्व करती है, क्योंकि मोदी के लिए सिर्फ 31% लोगों ने वोट किया था। *वे गलत हैं*, क्योंकि 2014 और 2019 में मोदी ने चुनाव से पहले बने गठबंधन एन.डी.ए. के नेता के रूप में चुनाव लड़ा, एक अकेली पार्टी के नेता के रूप में

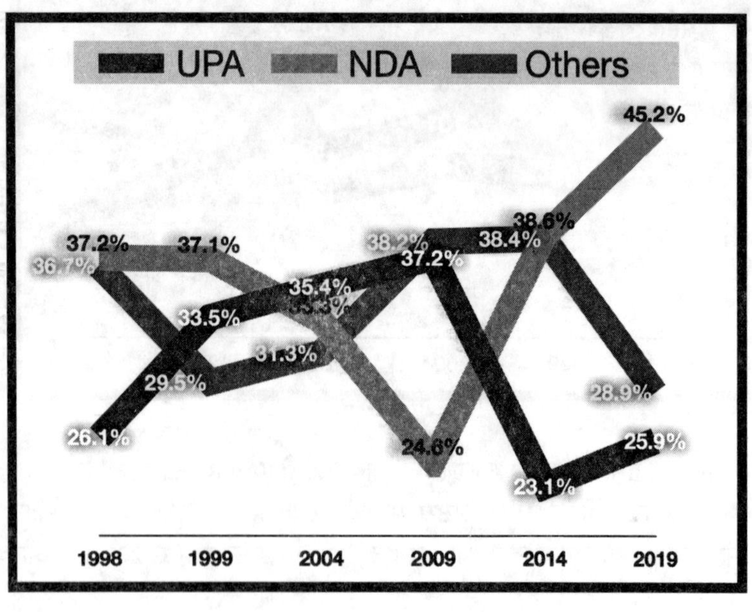

नहीं। 2018 में मोदी की आलोचना में लिखी अपनी पुस्तक *'द पैराडॉक्सिकल प्राइम मिनिस्टर'* (विरोधाभासी प्रधानमंत्री) में डॉ. शशि थरूर बार-बार यही दोहराते हैं कि बी.जे.पी. को 2014 में 31% वोट मिले। सच यह है कि एन.डी.ए. को 2014 में यू.पी.ए. से 66.9% अधिक वोट मिले और 2019 में 74.06% से अधिक।

और फिर, पूरा विपक्ष एकजुट होने का दावा नहीं कर सकता है। आंध्र प्रदेश में टी.डी.पी. वाई.एस.आर.सी.पी. और कांग्रेस के खिलाफ चुनाव लड़ती है। तेलंगाना में टी.आर.एस. और ए.आई.एम.आई.एम., टी.डी.पी. और कांग्रेस के खिलाफ चुनाव लड़ते हैं। महाराष्ट्र में बी.एस.पी. कांग्रेस और एन.सी.पी. से टकराती है। पश्चिम बंगाल में लेफ्ट पार्टियाँ, टी.एम.सी. और कांग्रेस एक-दूसरे के खिलाफ लड़ते हैं। ओडिशा में बी.जे.डी. और कांग्रेस में मुकाबला होता है। उ.प्र. में बी.एस.पी.-एस.पी. महागठबंधन ने कांग्रेस से समझौता नहीं किया। हरियाणा में आई.एन.एल.डी. और जे.जे.पी.+आप गठबंधन और बी.एस.पी.+एल.एस.पी. गठबंधन ने सभी 10 सीटों पर अपने उम्मीदवार उतारे। पंजाब और दिल्ली में आप का कांग्रेस से गठबंधन नहीं है। विपक्ष का यही हाल है।'''

वर्ष 2019 में एन.डी.ए. का वोट शेयर 45.15% था, जो भारत के इतिहास में 35 वर्षों में किसी पार्टी/गठबंधन के लिए चौथा सबसे अधिक था।

ममता बनर्जी ने कई बार कहा है, *"जो हमसे टकराएगा, वो* चूर-चूर *हो जाएगा।"* लेकिन यह बात ममता दीदी के लिए नहीं, बल्कि मोदी के लिए ज्यादा उपयुक्त लगती है।

□

मोदी 1.0 की सबसे बड़ी कामयाबियाँ

अपने पाँच वर्षों के शासन में मोदी ने जो उपलब्धियाँ हासिल कीं, वही 2014 की तुलना में 2019 में बी.जे.पी. और एन.डी.ए. के बेहतर प्रदर्शन का मुख्य कारण बनीं। मैं जिन्हें मोदी 1.0 की सर्वोच्च सफलताओं में गिनता हूँ, उन्हें सूचीबद्ध कर रहा हूँ—

1. राष्ट्रीय सुरक्षा। *'भारत की रक्षा कैसे कर रहे मोदी'* अध्याय के बिंदुओं में इस बात को जोड़ें तो यह देखा जा सकता है कि हमारे सुरक्षा बलों का मनोबल पहले से कहीं अधिक ऊँचा है, क्योंकि मोदी ने वर्ष 2014 से 2020 तक हर दिवाली के मौके पर सीमावर्ती क्षेत्रों में सैनिकों के साथ अपना समय बिताया है (जैसा किसी दूसरे प्रधानमंत्री ने एक बार भी नहीं किया) और सेनाओं को सामरिक काररवाई के फैसलों में खुली छूट दी गई थी।
2. शून्य भ्रष्टाचार।
3. बुनियादी ढाँचे का इतने बड़े पैमाने पर विकास (देखें अध्याय *'इन्फ्रा ऑन वायग्रा'*), जिसकी तुलना में पिछली कोई भी सरकार कहीं नहीं ठहरती है।
4. जन-कल्याण की अनेकानेक योजनाएँ (देखें अध्याय *'नमो योजनाएँ'*)।
5. दुनिया भर में भारत की छवि में काफी सुधार हुआ है। भारतीय पासपोर्ट का सम्मान कई गुना बढ़ गया है। मुझे याद है, जब कोई भारतीय विदेश जाता, तब अकसर उसके साथ दुर्व्यवहार होता था। लेकिन अब ऐसा नहीं होता। औसत रूप से दुनिया की 2.5% से भी कम आबादी डॉ. मनमोहन सिंह का नाम जानती थी। वहीं जहाँ तक मोदी की बात है तो 12% से अधिक लोग उन्हें पहचानते हैं।

6. अर्थव्यवस्था से जुड़ी उपलब्धियाँ—

(क) सब्सिडी जी.डी.पी. के औसत 2.38% से घटकर 1.68% हो गई।

(ख) जी.डी.पी. का चक्रवृद्धि विकास यू.पी.ए.-2 के 38.25% (औसत 7.65%) की तुलना में 43.82% (औसत 8.76%) था। *इन आँकड़ों की तुलना नहीं की जा सकती है, क्योंकि भारत सरकार के केंद्रीय सांख्यिकीय कार्यालय ने जी.डी.पी. का अनुमान लगाने के लिए आधार वर्ष को 2004-05 से बदलकर 2011-12 कर दिया था।*

(ग) भारत को आखिरकार 'वन नेशन वन टैक्स' मिल गया। वस्तु और सेवा कर (जी.एस.टी.) में 17 केंद्रीय और राज्य करों एवं शुल्कों को समाहित कर दिया गया। इतने महत्त्वपूर्ण सुधार को लागू करने में जटिलताओं का आना स्वाभाविक था। ऐसा कई देशों में देखा गया है। *फिर भी, भारत सरकार को कुछ समस्याओं का अनुमान पहले से लगाकर अधिक सावधानी बरतनी चाहिए थी। लोगों ने सरकार की जी.एस.टी. दरों की आलोचना की है; पर क्या लग्जरी कार और सिगरेट खरीदने वालों को चीनी, मसाले या चाय खरीदनेवालों की दर पर ही पैसे चुकाने चाहिए?*

(घ) वर्ल्ड बैंक के अनुसार, मोदी 1.0 में मिश्रित औसत उपभोक्ता मूल्य मुद्रास्फीति यू.पी.ए.-2 के 11.44% की तुलना में 5.71% था, जो 50.1% की कमी है। आई.एम.एफ. के अनुसार, मोदी 1.0 में मिश्रित औसत मुद्रास्फीति यू.पी.ए.-2 के 10.82% की तुलना में 4.56% था, जो 57.9% की कमी है।

(ङ) कर और जी.डी.पी. के अनुपात में ~2% की बढ़ोतरी हुई।

(च) 'इज ऑफ डुइंग बिजनेस' में सुधार के लिए मोदी के प्रयासों के कारण प्रत्यक्ष विदेशी निवेश, जो यू.पी.ए.-2 में 150.63 अरब डॉलर था, वो मोदी 1.0 के दौरान बढ़कर 221.17 अरब डॉलर पर पहुँच गया, जो 46.83% की बढ़ोतरी (*स्रोत : वर्ल्ड बैंक*) है। विदेशी मुद्रा भंडार 22 जनवरी, 2021 को अपने सर्वोच्च स्तर

590.2 अरब डॉलर पर पहुँच गया। *श्रम के विशालकाय क्षेत्र में मोदी 2.0 की ओर से किए जानेवाले सुधार भारत को विदेशी निवेश के लिए और भी आकर्षक बना देंगे और कोविड-19 के दो वर्षों के बाद हमें इसके लाभ दिखाई देने लगेंगे।*

(छ) जी.डी.पी. के प्रतिशत के रूप में राजस्व घाटा यू.पी.ए.-2 में जहाँ 4.844% था, वहीं मोदी 1.0 में 3.75% पर आ गया। जी.एफ.डी. यू.पी.ए.-2 में जहाँ औसत रूप से 5.316% था, वहीं मोदी 1.0 के दौरान उसे घटाकर जी.डी.पी. के 3.68% औसत पर लाया गया। (*स्रोत : भारतीय रिजर्व बैंक*)

(ज) यू.पी.ए. युग में अंधाधुंध कर्ज दिए जाने के कारण बैंकिंग प्रणाली में एन.पी.ए. की समस्या विशालकाय रूप ले चुकी थी। चूँकि बैंक अपने ऋण की वसूली नहीं कर पा रहे थे, इस कारण ऋण लेनेवाले नए लोगों के लिए उनके पास पर्याप्त पैसे नहीं थे। मोदी की *दिवाला और दिवालियापन संहिता* के कारण बैंक अब कर्ज न चुकानेवालों को नेशनल कंपनी लॉ ट्रिब्यूनल (N.C.L.T.) में ले जा सकते हैं। एन.सी.एल.टी. संपत्तियों की नीलामी या कंपनियों के स्वामित्व और प्रबंधन में परिवर्तन के आदेश देती है। कंपनियों को जब समझ आ गया कि उनसे अपनी कंपनियों का प्रबंधन छिन सकता है तो अनेक कर्ज लेनेवालों का व्यवहार बदल गया है। हजारों लोग अब बकाया चुका रहे हैं। 30 जून, 2020 तक की बात करें तो दायर किए गए 3,911 मामलों में से 46.1% का निपटारा हो चुका है। 4.71 लाख करोड़ रुपए का जो दावा बनता था, उसमें से 1.96 लाख करोड़ रुपए वसूले जा चुके हैं। *भले ही पी.एस.बी. धीरे-धीरे बेहतर स्थिति में आ रहे हैं, फिर भी ऐसा कोई सुधार नहीं किया गया है कि उन्हें भविष्य में धाँधलियों से बचाया जा सके।*

7. सरकारी विभागों में कई स्वीकृतियों को ऑनलाइन कर दिया गया है, जिससे भ्रष्टाचार कम हुआ है या पूरी तरह समाप्त हो गया है।
8. रक्षा उत्पादन (*'भारत की रक्षा कैसे कर रहे मोदी'* अध्याय में उदाहरण देखें), मोबाइल फोन निर्माण और कुछ अन्य क्षेत्रों में 'मेक इन इंडिया'

प्रोग्राम सफल रहा है। वर्ष 2014-15 के बाद से 265 इकाइयों की स्थापना के बाद भारत दुनिया का दूसरा सबसे बड़ा मोबाइल निर्माता बन गया है और 2019-20 में 3.6 करोड़ स्मार्ट फोन का निर्यात किया है। पैसों के लिहाज से देखें तो वर्ष 2014-15 में मोबाइल फोन का उत्पादन जहाँ 18,900 था, वहीं 2018-19 में यह 1.7 लाख करोड़ रुपए का हो गया। सौर ऊर्जा के उपकरणों के उत्पादन में दिन दूनी रात चौगुनी प्रगति हो रही है।

9. आपके और हमारे लिए 'जीवन को आसान' बनानेवाले छोटे-छोटे प्रयासों में शामिल हैं—(क) रेलवे के रिफंड मिलने में तेजी, (ख) ट्रेनों में सीट/बर्थ का आवंटन मशीन से कर दिया गया, जिससे एक भ्रष्टतम प्रक्रिया से मुक्ति मिली, (ग) वरिष्ठ नागरिकों के लिए रियायती टिकट हासिल करना पहले से आसान हो गया, (घ) एयरपोर्ट पर अब सामानों में टैग और स्टैंप की जरूरत नहीं रही, (ङ) एयरपोर्ट पर आनेवाले भारतीयों के लिए प्रवास और आगमन कार्ड जरूरी नहीं, (च) दस्तावेजों को नोटरी कराने की जरूरत नहीं, बल्कि नागरिकों के 'स्व-प्रमाणीकरण' पर विश्वास, (छ) पार्सपोर्ट जारी करने के काम में तेजी।

नागरिकों की सहायता के लिए ऐसे ही अनेक प्रयासों को लागू किया गया है और पुराने पड़ चुके लगभग 1,500 कानूनों को हटा दिया गया।

पिछले 17 महीने में *'इंडिया टुडे'* के चार सर्वे में इस सवाल के जवाबों पर नजर डालिए कि 'मोदी सरकार की सबसे बड़ी उपलब्धि क्या रही है?'

उपलब्धि	अग. 2019	जन. 2020	अग. 2020	जन. 2021
जम्मू व कश्मीर से अनुच्छेद 370 को हटाना	NA	20%	16%	20%
राम मंदिर पर सर्वोच्च न्यायालय का फैसला	NA	9%	13%	27%
भ्रष्टाचार-मुक्त सरकार	20%	17%	9%	5%
जन-कल्याण की योजनाएँ	21%	8%	10%	NA

कोविड-19 महामारी से निपटना	NA	NA	7%	15%
बेहतर संरचना	9%	12%	11%	NA
काला धन पर प्रहार	11%	9%	9%	NA
आत्मनिर्भर भारत	NA	NA	NA	8%
नोटबंदी	10%	6%	6%	8%
जी.एस.टी. को लागू करना	7%	4%	5%	NA
मेक इन इंडिया	3%	NA	2%	9%
आतंक पर कड़ा रुख	8%	3%	2%	NA
भारत की वैश्विक छवि में सुधार	8%	2%	2%	NA
नए कृषि कानून	NA	NA	NA	3%
सी.ए.ए. और एन.आर. सी.	NA	4%	1%	NA
अन्य	3%	6%	7%	5%

□

मोदी 1.0 की सबसे बड़ी विफलताएँ

1. मोदी बेरोजगारी की समस्या का हल नहीं निकाल सके। यहाँ तक कि अर्थशास्त्री डॉ. मनमोहन सिंह या अधिकांश बड़े देशों के नेता भी इस समस्या को दूर नहीं कर सके हैं।
2. वह किसानों की बदहाली दूर नहीं कर सके। *हालाँकि, एन.डी.ए. को ग्रामीण भारत में 45.9% वोट मिले, जो यू.पी.ए. के 22.5% का दोगुना था और अगर भयंकर बदहाली होती तो यह संभव नहीं था। आप निर्माण को बढ़ावा देने के लिए ज्यादा से ज्यादा फैक्ट्रियाँ बना सकते हैं या सर्विस सेक्टर को बढ़ाने के लिए अधिक आई.टी. की नौकरियाँ पैदा कर सकते हैं; लेकिन आप खेती के लिए जमीन नहीं बढ़ा सकते, विशेष रूप से बढ़ते शहरीकरण के कारण। यू.पी.ए.-2 की तुलना में किसानों को धान के बदले एम.एस.पी. का भुगतान 1.5 गुना बढ़ गया, गेहूँ का 1.3 गुना, दालों का 7.5 गुना और तिलहनों का 10 गुना। वर्ल्ड पॉवर्टी क्लॉक कहती है कि वर्ष 2011-12 में जहाँ भारत की आबादी का 17.4% वर्ल्ड बैंक की गरीबी रेखा (प्रतिदिन 1.90 डॉलर की आय) के नीचे था, वहीं 2019 के आखिर में यह घटकर 6.3% रह गया है। अगर भारत में कृषि संकट होता तो यह असंभव था।*
3. मोदी गंभीर और दशकों पुरानी कश्मीर समस्या को हल नहीं कर सके हैं। उन्होंने अलगाववादियों एवं स्थानीय आतंकवादियों के खिलाफ कठोर कदम उठाकर और बरसों से लंबित बुनियादी ढाँचे में बेहद जरूरी सुधार कर हालात को बेहतर बनाने के कुछ प्रयास जरूर किए (दोनों पर अलग-अलग अध्यायों में चर्चा है)। *मोदी 2.0 ने संविधान के अनुच्छेदों 370 और 35ए को हटा दिया, जिन्होंने जम्मू व कश्मीर को विशेष*

शक्तियाँ दे रखी थीं और जो राज्य के लिए एक तबाही का काम कर रहे थे, जैसा कि मैंने 'जम्मू व कश्मीर अब भारत का अंग' *में बताया है।*

4. 500 और 1,000 रुपए के नोटों का विमुद्रीकरण (*नोटबंदी*) मोदी 1.0 की एक बड़ी विफलता थी, भले ही अगस्त 2019 और अगस्त 2020 के बीच प्रकाशित *'इंडिया टुडे'* के चार सर्वे का औसत निकालने के बाद इसे मोदी की सातवीं सबसे बड़ी उपलब्धि बताया है, वहीं जनवरी 2021 में पाँचवीं सबसे बड़ी उपलब्धि। 8 नवंबर, 2016 को अचानक इसकी घोषणा कर देने से उन लोगों को बेहिसाब मुश्किलों का सामना करना पड़ा, जो नकद पर निर्भर थे। उनमें करोड़ों दिहाड़ी/साप्ताहिक वेतन कमानेवाले मजदूर, छोटे कारोबारों के मालिक (और उनके कर्मचारी) तथा सीमांत किसान शामिल थे। निर्यात को बड़ा झटका लगा, क्योंकि निर्यातकों को सामानों और सेवाओं की आपूर्ति करनेवाली छोटे पैमाने की इकाइयाँ लगभग पूरी तरह से नकदी पर ही चलती हैं। अगर काला धन पर वार ही मुख्य उद्देश्य था तो मोदी सरकार ने 2,000 रुपए के नोट क्यों छापे? अमेरिका और कई अन्य देशों ने टैक्स की चोरी कम करने और अवैध गतिविधि पर नियंत्रण के लिए धीरे-धीरे अधिक मूल्य के नोटों को समाप्त कर दिया है। नोटबंदी के कारण सन् 2017 में भारत को जी.डी.पी. का लगभग 1% नुकसान उठाना पड़ा। यह ऐसा स्थायी नुकसान था, जिसकी भरपाई नहीं की जा सकती है। 'नोटबंदी' का एक अच्छा पहलू यह था कि 3.38 लाख फर्जी कंपनियाँ बंद हो गईं, वहीं 1.4 लाख करोड़ रुपए की अघोषित आय कर के दायरे में आ गई। 60,000 करोड़ रुपए की बेनामी संपत्ति जब्त हो गई और कर का दायरा 80% से भी अधिक बढ़ गया। फिर भी, इसमें कोई शक नहीं कि नोटबंदी ने छोटे एवं मध्यम कारोबारों को क्षति पहुँचाई और मोदी सरकार ने इस समस्या को दूर करने के लिए पर्याप्त कदम (अगर कदम उठाए तो) नहीं उठाए।
5. निर्णय लेने की प्रक्रिया का हद से ज्यादा केंद्रीकरण, जहाँ पी.एम.ओ. 'सुपर मंत्रालय' की तरह काम करता है।
6. मंत्री पद पर ऐसे लोगों की कमी, जो अपने क्षेत्र के विशेषज्ञ हैं और जिन्हें क्षेत्र से जुड़ा अनुभव है।

7. निर्यात नहीं बढ़ा।
8. कुछ विवादित विषयों पर मोदी के मौन धारण कर लेने से भारत में बहुसंख्यक-अल्पसंख्यक की खाई चौड़ी हो गई और उसके कारण अल्पसंख्यकों, विशेष रूप से मुसलमानों, के बीच कुछ हद तक भय का माहौल बन गया।
9. पाकिस्तान के साथ पहले से ही तनावपूर्ण संबंध को बेहतर बनाने में मोदी पूरी तरह विफल साबित हुए।
10. चीन के 'आजीवन राष्ट्रपति' शी जिनपिंग के साथ बराबरी का निजी संबंध बनाने की कोशिश के बावजूद चीन के साथ भारत के संबंध में सुधार के बजाय गिरावट आई।
11. नेपाल के साथ भी भारत के रिश्ते खराब हुए।
12. मोदी सरकार अपनी उपलब्धियों को जनता तक, विशेष रूप से शहरी भारतीयों तक, प्रभावी ढंग से नहीं पहुँचा सकी। मोदी ने मीडिया के साथ बेहद कम प्रेस कॉन्फ्रेंस या बातचीत की। उन्होंने मीडिया सलाहकार को नियुक्त नहीं किया। अंग्रेजी टी.वी. चैनलों पर बैठनेवाले बी.जे.पी. के अधिकांश प्रवक्ता विपक्षी दलों, विशेष रूप से कांग्रेस के प्रवक्ताओं, की तरह तेज-तर्रार नहीं हैं। इसका नुकसान बी.जे.पी. को, विशेष रूप से गैर-हिंदी भाषी दक्षिणी राज्यों में, होता है, जिसके कारण कर्नाटक के सिवाय बी.जे.पी. का प्रदर्शन सभी दक्षिणी राज्यों में बहुत बुरा रहता है।
13. मुसलमानों और ईसाइयों को शैक्षणिक संस्थानों और सरकारी नौकरियों में आरक्षण मिला हुआ है, जबकि वे भारत में 800 से भी अधिक वर्षों से शासन चला चुके हैं। मोदी इतना राजनीतिक साहस नहीं जुटा सके हैं कि इन आरक्षणों को समाप्त कर दें।
14. मोदी की 'स्मार्ट सिटी' परियोजना के नतीजे जमीन पर दिखाई नहीं पड़ते।

□

मोदी कैसे कर रहे भारत की रक्षा

राष्ट्रीय सुरक्षा के मामले में मोदी सबसे सशक्त और इंदिरा गांधी के बाद तथा कई कारणों से उनसे भी अधिक ताकतवर प्रधानमंत्री साबित हुए हैं।

सितंबर 2016 की सर्जिकल स्ट्राइक

18 सितंबर, 2016 को उरी (जम्मू व कश्मीर) के ब्रिगेड हेडक्वार्टर पर आतंकी हमले के ग्यारह दिनों बाद भारतीय सेना की स्पेशल फोर्स ने पी.ओ.के. के भीतर घुसकर आतंकियों के ट्रेनिंग कैंपों पर 'सर्जिकल स्ट्राइक' की थी। मैंने सेना के बेहद वरिष्ठ रिटायर्ड अधिकारियों से बात की थी, जिन्होंने नाम न उजागर करने की शर्त पर मुझे बताया कि भारतीय सेना ने 75 से 120 पाकिस्तानियों को मौत के घाट उतारा था।

फरवरी 2019 का बालाकोट हवाई हमला

14 फरवरी, 2019 को जम्मू व कश्मीर के पुलवामा जिले में हुए आतंकी हमले में सी.आर.पी.एफ. के 40 जवान शहीद हो गए थे। बारह दिनों बाद, मोदी के आदेश पर भारतीय वायु सेना ने बालाकोट के करीब (पाकिस्तान के भीतर) जैश-ए-मोहम्मद के ट्रेनिंग कैंप पर बम बरसाए, जिसमें 200 से 350 आतंकी मारे गए। सन् 1971 के बाद पहली बार भारत ने पाकिस्तान के भीतर (पी.ओ.के. से अलग, क्योंकि पी.ओ.के. की जमीन को भारत अपना मानता है) किसी लक्ष्य को निशाना बनाया था। नवंबर 2008 में पाकिस्तानी आतंकियों के खौफनाक हमले के बाद भी भारत ने किसी तरह की जवाबी काररवाई नहीं की थी, जबकि उस हमले में कहीं ज्यादा लोगों की जानें (165 से अधिक) चली गई थीं। उसके बाद से ही भारत में कोई बड़ा आतंकी हमला नहीं हुआ है, जबकि मोदी सरकार ने अनुच्छेद

370 को समाप्त कर दिया और अयोध्या में उस स्थल पर राम मंदिर का निर्माण हो रहा है, जहाँ बाबरी मसजिद ध्वस्त की गई थी। मोदी से पहले के भारत में ऐसी दोनों ही घटनाओं के बाद पाकिस्तान में पल रहे आतंकी संगठनों की ओर से बड़ा जवाबी हमला हो चुका होता।

आतंकवाद पर प्रहार

यू.पी.ए. के दस वर्षों के शासन में आतंकी घटनाओं के कारण औसत रूप से प्रति वर्ष लगभग 418 लोगों की जानें चली जाती थीं। इसकी तुलना में मोदी के पहले अस्सी महीनों में प्रति वर्ष सिर्फ 91 मौतें हुई हैं। मोदी के पहले छह वर्षों में जम्मू व कश्मीर और लद्दाख में 991 आतंकी मारे गए हैं; जबकि यू.पी.ए. के आखिरी छह वर्षों में 634 आतंकी मारे गए थे।

कश्मीरी अलगाववादियों के खिलाफ कारवाई

एन.आई.ए. ने कश्मीरी अलगाववादियों के खिलाफ कठोर कारवाई की है। जुलाई 2017 में एन.आई.ए. ने सात अलगाववादी नेताओं को गिरफ्तार किया था। मार्च 2019 में एन.आई.ए. ने फारूक अहमद डार (उर्फ बिट्टा कराटे) को गिरफ्तार किया था, जिस पर 22 से भी अधिक कश्मीरी हिंदुओं की हत्या का आरोप है और जिसे जून 1990 में जेल भेज दिया गया था, लेकिन अक्तूबर 2006 में जमानत पर रिहा होने के बाद से ही श्रीनगर में खुलेआम घूम रहा था। जून 2019 में दूसरे वरिष्ठ अलगाववादियों को हिरासत में ले लिया गया। कुल मिलाकर, एन.आई.ए. ने 45 से अधिक कश्मीरी अलगाववादियों को हिरासत में ले रखा है, जिनमें से अधिकांश जेल में हैं। उनमें से अधिकांश की संपत्तियाँ जब्त की जा चुकी हैं। ऐसी कारवाई भारत की किसी भी सरकार ने पिछले लगभग तीस वर्षों में नहीं की थी। कई अलगाववादियों को पाकिस्तान और दूसरे देशों से पैसे मिलते हैं। कई वर्षों से इनमें से लगभग 150 अलगाववादी नेताओं को सरकार की ओर से 'आधिकारिक' सुरक्षा उपलब्ध कराई गई थी। हाँ, कर दाता उन लोगों की सुरक्षा का खर्च उठा रहे थे, जो भारत-विरोधी थे। अब इसे आप चाहे विडंबना कहें या इसके असली नाम 'वोट बैंक की राजनीति' के नाम से पुकारें। मोदी सरकार ने फरवरी 2019 में इनसे सारी सुरक्षा वापस ले ली।

भारत-विरोधी गैर-सरकारी संगठनों (एन.जी.ओ.) के खिलाफ कारवाई—

मोदी सरकार ने 17,000 से भी अधिक एन.जी.ओ. के लाइसेंस रद्द कर

दिए, क्योंकि वे विदेशी अंशदान (विनियमन) अधिनियम (एफ.सी.आर.ए.) के प्रावधानों का उल्लंघन कर रहे थे और अवैध रूप से कई हिंदुओं का धर्मांतरण ईसाई या इसलाम धर्म में कराने में शामिल थे।

अमेरिका के साथ रक्षा समझौते

वर्ष 2016, 2018 और 2020 में भारत ने अमेरिका के साथ चार महत्त्वपूर्ण रक्षा समझौतों पर दस्तखत किए। यू.पी.ए. सरकार ने इस आधार पर उन्हें दस वर्षों से रोक रखा था कि उनसे भारत की 'सामरिक संप्रभुता' खतरे में पड़ जाएगी। मोदी सरकार ने इस बात पर जोर दिया है कि इन समझौतों में भारत के संप्रभु हितों की रक्षा के लिए 'भारत संबंधी सुरक्षा' के पर्याप्त प्रावधान हैं।

भारतीय सशस्त्र बल के संबंध अब यू.एस. सेंट्रल कमांड (सेंटकॉम) के साथ होंगे, जिसमें पाकिस्तान, अफगानिस्तान, मिस्र, पूरा मध्य-पूर्व और मध्य एशिया के सभी पाँच 'स्तान'—कजाकिस्तान, किर्गिस्तान, ताजिकिस्तान, तुर्कमेनिस्तान और उज्बेकिस्तान के साथ ही यू.एस. अफ्रीका कमांड (अफ्रीकॉम) भी शामिल है। भारत के लिए सेंटकॉम के साथ समझौता सामरिक दृष्टि से काफी अहम है। अब तक भारत के संबंध सिर्फ यू.एस. इंडो-पैसिफिक कमांड (यू.एस. इंडोपैकॉम) के ही साथ थे, जिसमें चीन, भारत, जापान, ऑस्ट्रेलिया, न्यूजीलैंड और सेंटकॉम में शामिल सभी पाँच 'स्तानों' के सिवाय सभी एशियाई देश आते हैं।

भारत को अब अमेरिका से बेहद गोपनीय भू-स्थानिक खुफिया जानकारी मिलेगी, जिसमें सैटेलाइट की उन्नत तसवीरें होंगी, साथ ही वास्तविक समय के आधार पर स्थलाकृतिक और वैमानिक डिजिटल डेटा मिलेगा, जो हमारे मिसाइलों और हथियारों से लैस ड्रोन के सटीक निशाने को बेहतर बनाएँगी। इससे लंबी दूरी तक विमानों की उड़ानों में भी मदद मिलेगी।

भारत जमीन पर ही नहीं, बल्कि समुद्र में स्थित लक्ष्यों पर लंबी दूरी तय कर सटीक निशाना साधनेवाले हथियारों से लैस ड्रोन खरीद सकता है। भारत अमेरिका से 30 'हंटर-किलर' एम.क्यू.-9 रीपर्स खरीदना चाहता है। रीपर 14 घंटे तक (पूरी तरह से लैस होकर) उड़ान भर सकता है, 25,000 फीट की ऊँचाई तक जा सकता है और इसकी रफ्तार 313 कि.मी. प्रति घंटा होती है। यह अपने साथ हवा से जमीन पर मार करनेवाले 4 हेलफायर मिसाइल और 2 पेववे II लेजर गाइडेड बम या 2 जी.बी.यू.-38 जे.डी.ए.एम. बम लेकर उड़ान भर सकता है। भारत अमेरिका के

साथ मिलकर छोटे आकार के 'ड्रोन स्वार्म' विकसित करने वाला है, जो दुश्मन की वायु रक्षा प्रणाली पर हावी हो सकते हैं और उसे तहस-नहस कर सकते हैं।

अब भारतीय और अमेरिकी सेना की 'स्पेशल फोर्स' के बीच नियमित बातचीत होती रहेगी।

सैन्य बलों का आधुनिकीकरण

मोदी सरकार ने सैन्य बलों के आधुनिकीकरण में तीव्र प्रगति की है। पिछले लगभग तीस वर्षों से भारत की मारक क्षमता को धारदार बनाने के लिए जरूरी खरीदारी का कार्यक्रम ठप था, जिसे सरकार ने 18.5 लाख करोड़ रुपए की ताकत दी है। सरकार ने हथियारों की खरीद में लालफीताशाही और लंबी-चौड़ी प्रक्रिया को समाप्त कर हथियारों की खरीद के कई सौदों को आगे बढ़ाया है।

प्रमुख खरीदों (मूल्य के लिहाज से) में 58,600 करोड़ रुपए के 36 राफेल जेट (फ्रांस), 40,000 करोड़ रुपए के 5 ट्रायंफ एस.-400 एयर डिफेंस सिस्टम (रूस), 27,000 करोड़ रुपए के 43 बराक-8 फायरिंग सिस्टम और 1,250 से अधिक मिसाइल (इजराइल+भारत), 26,370 करोड़ रुपए के 28 अपाचे अटैक हेलिकॉप्टर और 15 चिनूक हैवी-लिफ्ट हेलिकॉप्टर (अमेरिका), 20,460 करोड़ रुपए के 62 एयरबस सी.-295 ट्रांसपोर्ट विमान (स्पेन+भारत), 20,000 करोड़ रुपए की लीज पर एक अकुला-क्लास परमाणु हमला पनडुब्बी (रूस), 18,750 करोड़ रुपए में स्टिंगर एवं हेलफायर मिसाइलों से लैस 24 एम.एच.-60 आर. सिकोर्सकी रोमियो सीहॉक हेलिकॉप्टर (अमेरिका), 17,800 करोड़ रुपए में 300 निर्भय 1,000 कि.मी. की रेंज वाले जमीन से जमीन पर मार करनेवाली क्रूज मिसाइल, 250 अस्त्र मार्क-I बी.वी. राम मिसाइल और 144 धनुष हॉवित्जर तोप (भारत), 8,957 करोड़ रुपए के 118 अर्जुन मुख्य युद्धक टैंक (भारत), 7,418 करोड़ रुपए में 21 मिग-29 लड़ाकू विमान एवं 59 मौजूदा मिग-29 का अपग्रेड (रूस), 7,380 करोड़ रुपए के 4 बोइंग पसाइडन पी.-8i नौसेना गश्ती/हमलावर विमान (अमेरिका), 6,900 करोड़ रुपए के 4 क्रिवक III-क्लास नौसेना स्टील्थ फ्रिगेट (रूस+भारत), 6,640 करोड़ रुपए में 200 कामोव के.ए.-226 हलके उपयोगी हेलिकॉप्टर (रूस+भारत), 4,980 करोड़ रुपए के 145 एम. 777 अल्ट्रा-लाइट हॉवित्जर तोप (अमेरिका+भारत), 4,941 करोड़ रुपए के 6 नेक्स्ट जेनरेशन अपतटीय गश्ती वाहन (भारत), 3,730 करोड़ रुपए के 100 के.-9 वज्र-टी. 155

मि.मी. हॉवित्जर तोप (दक्षिण कोरिया+भारत), 3,570 करोड़ रुपए के 50 हेरॉन लंबी दूरी के टोही ड्रोन (इजराइल), 2,580 करोड़ रुपए के पिनाका रॉकेट लॉञ्च सिस्टम की 6 रेजिमेंट (भारत) और 1,500 करोड़ रुपए में सुखोई-30 एम.के.आई. विमानों के लिए हवा से हवा में मार करनेवाली 300 आर.-27 मिसाइलें शामिल हैं।

नवंबर 2008 में हुए मुंबई आतंकी हमलों में जहाँ 165 से अधिक लोग मारे गए थे, वहीं उसने यह दिखाया कि एलीट एन.एस.जी. कमांडो समेत तमाम भारतीय सुरक्षा बलों के पास ऑटोमैटिक हथियार, बुलेटप्रूफ जैकेट, हेलमेट और बूट जैसी मामूली चीजों की भी कमी थी।

1.44 लाख से भी अधिक अमेरिकी आधुनिक असॉल्ट राइफलों, 16,479 इजराइली लाइट मशीन गनों (एल.एम.जी.), 5,700 से भी अधिक स्नाइपर राइफलों और 715 मशीन गनों की खरीद की गई है। 24,500 और एल.एम.जी. का ऑर्डर भी दिया गया है। रूस के साथ भारत एक साझा उपक्रम को लेकर बातचीत कर रहा है, जिसमें भारत में ही 7 लाख से अधिक ए.के.-203 असॉल्ट राइफलों का निर्माण किया जाएगा। साथ ही, बेहद करीब से लड़ी जानेवाली लड़ाई के लिए 4.6 लाख कार्बाइन बंदूकों का भी निर्माण भारत में होना है। भारत में ही बनी 2.36 लाख से भी अधिक बुलेटप्रूफ जैकेटों की खरीद की गई है। अमेरिकी सेना के पास मौजूद स्टॉक में से ठंडे मौसम में पहनी जानेवाली ड्रेस के लगभग 15,000 सेट सितंबर 2020 में मुहैया कराई गई हैं, जब भारत ने अमेरिका से आग्रह किया कि वह अपने स्टॉक से अधिक-से-अधिक पोशाक उपलब्ध कराए। इनमें 'डाउन' जैकेट, स्नो गॉगल्स, लेयर्ड ग्लोव्स एवं जुराबें, ठंडे मौसम के पैंट और स्लीपिंग बैग शामिल थे। पूर्वी लद्दाख में एल.ए.सी. के पास भारतीय सेना ने गरम आश्रय, बंकर और आर्कटिक टेंट लगाए हैं, जिनमें बिजली, पानी और शौचालयों की सुविधा है।

खरीदारी की कई योजनाओं की शुरुआत यू.पी.ए. ने की थी, लेकिन वे फैसले नहीं ले सके, जिसका प्रतिकूल प्रभाव भारत की राष्ट्रीय सुरक्षा के हितों पर पड़ा। अकसर 'धन की कमी' का बहाना बनाया गया। यदि यू.पी.ए. के पास धन नहीं था तो मोदी को धन कहाँ से मिल गया?

वर्ष 1950 से 2014 तक भारत ने 110.59 अरब टी.आई.वी. (*चूँकि हथियारों के सौदे अकसर गोपनीय होते हैं, इसलिए स्टॉकहोम इंटरनेशनल पीस रिसर्च इंस्टीट्यूट की ओर से तय किया गया 'ट्रेंड-इंडिकेटर-वैल्यू' (टी.आई.वी.) वैश्विक हथियार व्यापार की सबसे सटीक मुद्रा मानी जाती है*) का आयात किया।

इसमें से 68% का आयात सोवियत संघ से और बाद में उसके उत्तराधिकारी रूस से किया गया, 14.4% यू.के. से, 3.6% फ्रांस से, 3% अमेरिका से, 1.9% इजराइल से और 9.1% अन्य से किया गया। वर्ष 2015 से 2019 तक इजराइल की हिस्सेदारी बढ़कर 14.44% हो गई, फ्रांस की 12% और अमेरिका की 9.1%; जबकि रूस की हिस्सेदारी घटकर 56.2% हो गई। यह दिखाता है कि मोदी के नेतृत्व में भारत को यह बात समझ आ गई कि रूस की तुलना में इजराइल, फ्रांस और अमेरिका बेहतर हथियार बनाते हैं। रूस से अब भी काफी आयात होता है, क्योंकि भारत को पहले खरीदे गए हथियारों के लिए पुरजों और गोला-बारूद की जरूरत पड़ती है।

मोदी सरकार का 'मेक इन इंडिया' कार्यक्रम

मोदी सरकार ने ऑटोमैटिक रूट के जरिए रक्षा निर्माण में 74% और सरकार की इजाजत से 100% एफ.डी.आई. की इजाजत दी।

भारतीय कंपनियों (पी.एस.ई. सहित) ने पहले ही 'मेक इन इंडिया' कार्यक्रम के तहत 2 लाख करोड़ रुपए के ऑर्डर हासिल कर लिये हैं। टाटा, एल. एंड टी., महिंद्रा, कल्याणी ग्रुप, अडानी और भारत डायनेमिक्स जैसे भारतीय कॉरपोरेट ने पहली बार उच्च मूल्य के रक्षा निर्माण के क्षेत्र में कदम रखा है। कांग्रेस सरकारें कई दशकों में भी ऐसा नहीं कर सकीं। स्पष्ट रूप से, भारतीय कंपनियाँ आनेवाले समय में कई गुना अधिक मूल्य के उपकरणों का उत्पादन करेंगी और उन्हें बेचेंगी (घरेलू और निर्यात बाजारों में)।

भारत 114 मल्टी-रोल लड़ाकू विमानों की खरीद की प्रक्रिया में है, जो वर्तमान में जारी दुनिया का सबसे बड़ा रक्षा सौदा है, जिसकी कीमत 1.25 लाख करोड़ (17 अरब डॉलर) से अधिक है। इनमें से कम-से-कम 85% उत्पादन भारत में होना है। अमेरिकी कंपनी बोइंग अपने एफ./ए.-18 के लिए एच.ए.एल. और महिंद्रा डिफेंस सिस्टम के साथ साझेदारी कर रही है। वहीं अमेरिका की लॉकहीड मार्टिन अपने एफ-35 के साथ टाटा समूह के साथ मिलकर बोली लगाएगी और स्वीडन की साब ने अपने ग्राइपेन जेट के लिए अडानी ग्रुप को अपना साथी बनाया है।

मोदी-विरोधी मीडिया में मैंने इस पर दर्जनों लेख पढ़े हैं कि किस प्रकार रक्षा क्षेत्र में पी.एम. मोदी का 'मेक इन इंडिया' कार्यक्रम विफल रहा है। राहुल गांधी ने कई बार 'मेक इन इंडिया' का मजाक उड़ाया है। *मिस्टर गांधी, ये मेक इन 'इंडिया' है या मेक बाई मोदी? आप भारत का मजाक क्यों उड़ा रहे हैं?*

कांग्रेस और मीडिया में उनके समर्थक इस कार्यक्रम का मजाक क्यों उड़ाते हैं? क्या इसका कारण यह है कि वे चाहते हैं कि भारत हमेशा के लिए हथियारों के आयात पर निर्भर रहे? क्या इसका कारण यह है कि विदेशी कंपनियों से दलाली हासिल करना काफी आसान होता है?

ओ.आर.ओ.पी.

वर्ष 2014 में सत्ता में आने के नौ महीने के भीतर मोदी ने 'वन रैंक वन पेंशन' (ओ.आर.ओ.पी.) को या 'समान रैंक और समान सेवा अवधि के लिए समान पेंशन की योजना लागू की, भले ही रिटायरमेंट की तारीख कुछ भी क्यों न हो' को लागू किया, जो सशस्त्र बलों के पुराने सैनिकों की लंबित माँग थी।

वेतन-पेंशन की समानता की माँग सन् 1973 में इंदिरा गांधी के फैसले के कारण सामने आई, जिन्होंने सैन्य बलों की पेंशन को 20 से 40% तक कम करने और असैन्य सेवाओं की पेंशन को 20% तक बढ़ाने का फैसला किया था। सन् 1986 में राजीव गांधी ने 'रैंक पे' सिस्टम लागू किया, जिसने सेना के कप्तानों, मेजर, लेफ्टिनेंट कर्नल और ब्रिगेडियर तथा वायु सेना एवं नौसेना में उनके समकक्षों के मूल वेतन को असैन्य और पुलिस अधिकारियों के मूल वेतन की तुलना में कम कर दिया। इससे भारी असमानता पैदा हो गई और ऐसा अविश्वास बना, जिसे दूर करने के लिए कई दशकों तक सरकारों ने कुछ नहीं किया।

वर्ष 2008 में यू.पी.ए. सरकार ने 'ग्रेड पे' और 'पे बैंड' की शुरुआत की, जिसने रैंक पे के कारण पैदा हुई रैंक, वेतन और पेंशन की असमानता को दूर करने के बजाय मौजूदा असमानताओं को और अधिक बढ़ा दिया।

ओ.आर.ओ.पी. यह सुनिश्चित करता है कि समान सेवा अवधि के साथ समान रैंक में रिटायर करनेवाले सैनिकों को समान पेंशन मिले, फिर चाहे उनके रिटायरमेंट की तारीख कुछ भी क्यों न हो। इसका लाभ 32 लाख से भी अधिक लोगों को मिला, जिनमें 86% से अधिक विधवाएँ, जे.सी.ओ., एन.सी.ओ. और अन्य रैंक तथा 14% से अधिक अधिकारी हैं।

चीफ ऑफ डिफेंस स्टाफ

मोदी ने चीफ ऑफ डिफेंस स्टाफ (सी.डी.एस.) का पद बनाया। सी.डी. एस. सैन्य बलों का मुखिया एवं प्रधानमंत्री का मुख्य सैन्य सलाहकार होता है और रक्षा मंत्रालय में नव-सृजित सैन्य मामलों के विभाग की जिम्मेदारी सँभालता है। यह

पद आज के हाईब्रिड युद्ध और 'थिएटर' (या भौगोलिक) कमांड के युग में बेहद अहम है। इससे तीनों सेनाओं के बीच न्यूक्लियर कमांड, साइबर कमांड एवं स्पेस कमांड के बीच संयोजन बढ़ाने में मदद मिलती है और यह सेनाओं की कुल युद्धक क्षमता को एकजुट करता है।

भारत एकमात्र ऐसा बड़ा लोकतंत्र था, जहाँ सरकार के मुखिया का कोई मुख्य सैन्य सलाहकार नहीं था। अमेरिका में इस पद को 'चेयरमैन ऑफ ज्वाएंट चीफ्स ऑफ स्टाफ' कहा जाता है। चीन में यह सेंट्रल मिलिट्री कमीशन के ज्वाएंट स्टाफ डिपार्टमेंट का चीफ होता है। रूस में इसे 'चीफ ऑफ द जनरल स्टाफ' कहते हैं। इन सभी देशों में रक्षा मंत्री आम तौर पर एक पूर्व सेना अधिकारी होता है।

संवर्धित राष्ट्रीय सुरक्षा परिषद् (एन.एस.सी.)

मोदी से पहले भारत के एन.एस.सी. की अध्यक्षता एक एन.एस.ए. (पद को प्रधानमंत्री वाजपेयी (बी.जे.पी.) ने बनाया था) करता था, जिसकी सहायता दो डिप्टी एन.एस.ए. किया करते थे।

मोदी ने इसे बढ़ाकर चार डिप्टी एन.एस.ए. कर दिया, जिनके बीच खुफिया विभाग, सैन्य बल, पुलिस और कूटनीतिक कैडर की जिम्मेदारी का बँटवारा किया गया।

□

इन्फ्रा ऑन वायग्रा

मोदी की एक बहुत बड़ी सफलता सभी प्रकार के बुनियादी ढाँचे, विशेष रूप से कम विकसित पूर्वोत्तर, जम्मू व कश्मीर और लद्दाख के क्षेत्रों में विकास की जबरदस्त तेजी रही है।

इस अध्याय में जिन परियोजनाओं की चर्चा है, उनमें से कुछ की या तो यू.पी.ए. सरकार ने या पिछली वाजपेयी सरकार ने 'घोषणा' या शुरुआत की थी; लेकिन मोदी के प्रधानमंत्री बनने तक ज्यादा प्रगति नहीं हुई थी।

विद्युत् उत्पादन और विद्युतीकरण

79 महीनों में कुल विद्युत् उत्पादन की क्षमता 54% तक बढ़ाई गई। कई दशकों की किल्लत के बाद भारत अब सरप्लस बिजलीवाला देश है। वायु ऊर्जा की क्षमता 16.7 गुना और सौर ऊर्जा की 14.2 गुना बढ़ गई है। नवीकरणीय ऊर्जा के क्षेत्र में भारत अब दुनिया का चौथा सबसे अधिक क्षमतावाला देश है, जो 136.1 जी.डब्ल्यू. (कुल विद्युत् क्षमता का 36.37%) ऊर्जा पैदा करता है और जो 79 महीनों में 2.5 गुना से अधिक वृद्धि को दिखाता है। प्रधानमंत्री ने वर्ष 2022 तक 40 जी.डब्ल्यू. तथा 2030 तक और 275 जी.डब्ल्यू. नवीकरणीय ऊर्जा पैदा करने का लक्ष्य तय किया है।

बिजली वितरण कंपनियाँ, जो पहले भारी कर्ज में थीं, वे पहले के नुकसान से धीरे-धीरे उबर रही हैं।

18,000 से अधिक गाँवों में बिजली के कनेक्शन नहीं थे। चार साल के भीतर इसे घटाकर शून्य कर दिया गया है। 'सौभाग्य योजना' के अंतर्गत अक्तूबर 2017 के बाद से लगभग 2.63 करोड़ घरों तक बिजली पहुँचाई गई है।

सड़कें और पुल

यू.पी.ए. ने दस वर्षों में 2,572 कि.मी. प्रति वर्ष की रफ्तार से राष्ट्रीय राजमार्ग का निर्माण किया था। मोदी सरकार ने पाँच वर्षों में प्रति वर्ष 6,296 कि.मी. राष्ट्रीय राजमार्ग का निर्माण कर इसे 144.8% की जबरदस्त रफ्तार दी।

22,000 कि.मी. की 'भारत माला' परियोजना में 800 कि.मी. से अधिक के एक्सप्रेसवे, 9,000 कि.मी. से अधिक के इकोनॉमिक कॉरिडोर, 8,000 कि.मी. के इंटर-कॉरिडोर एवं फीडर रोड, 2,000 कि.मी. से अधिक बॉर्डर/अंतरराष्ट्रीय संपर्क की सड़कें, 2,000 कि.मी. से अधिक तटीय/बंदरगाहों से संपर्क की सड़कें हैं। ये 10,000 कि.मी. की राष्ट्रीय राजमार्ग के अलावा हैं और 5,000 कि.मी. लंबे स्वर्णिम चतुर्भुज तथा उत्तर-दक्षिण एवं पूर्व-पश्चिम कॉरिडोर की उपयोगिता को बढ़ाता है। यह 550 जिला मुख्यालयों (जो वर्ष 2017 में 300 थे) को कम-से-कम 4 लेन के हाईवे से जोड़ेगा और 80% माल ढुलाई करनेवाली गाड़ियाँ एन.एच. चली जाएँगी।

वर्ष 2014 में जब मोदी प्रधानमंत्री बने, तब भारत के पास 13 चालू या अर्ध-निर्मित एक्सप्रेसवे थे, जिनकी कुल लंबाई 1,293 कि.मी. थी।

अब 6,305 कि.मी. के 13 और एक्सप्रेसवे निर्माणाधीन हैं। इन 6 एक्सप्रेसवे के साथ नई रेल लाइनों को बनाने का प्रस्ताव है, जिनसे जमीन अधिग्रहण का खर्च बचेगा।

14 लेन वाला 96 कि.मी. लंबा दिल्ली-मेरठ एक्सप्रेसवे भारत का सबसे चौड़ा एक्सप्रेसवे है। यू.पी.ए. ने शायद ही 6 लेन से अधिक चौड़ा एक्सप्रेसवे बनाया है।

मुंबई तटीय रोड 8 लेन वाला 29.2 कि.मी. लंबा फ्रीवे है, जो मुंबई के पश्चिमी तट के साथ-साथ चलेगा, जिसमें बस रैपिड ट्रांजिट सिस्टम के 2 लेन होंगे। उम्मीद की जा रही है कि इससे दक्षिण मुंबई और पश्चिमी उपनगरों के बीच सफर का समय 2 घंटे से कम होकर सिर्फ 40 मिनट का रह जाएगा।

6 लेन वाला 21.8 कि.मी. लंबा मुंबई ट्रांस-हार्बर लिंक, जो मुंबई को नवी मुंबई से जोड़ेगा, उसमें भारत का सबसे लंबा समुद्री पुल भी शामिल होगा। इसे मुंबई-पुणे एक्सप्रेसवे और मुंबई तटीय रोड से जोड़ा जाएगा।

रेलवे, ट्रेन और स्टेशन

वित्त वर्ष 2019-20 भारतीय रेल के इतिहास में सबसे सुरक्षित वर्ष रहा, जब दुर्घटनाओं के कारण किसी भी यात्री की मौत नहीं हुई। वर्ष 2018-19 में 29 मौतें

हुई थीं, जो 2013-14 के मुकाबले 81% कम था।

भारतीय रेल ने सभी मानव-रहित रेलवे क्रॉसिंग को किसी मिशन के तहत काम करते हुए समाप्त किया और उनमें या तो लोगों की तैनाती की गई या उनके पास ओवरब्रिज, अंडरपास या डायवर्जन का निर्माण किया। अप्रैल 2017 में मानव-रहित क्रॉसिंग की संख्या 4,943 थी, जो नवंबर 2018 तक 77 रह गई और 1 फरवरी, 2019 को भारत पूरी तरह मानव-रहित रेलवे क्रॉसिंग से मुक्त हो गया, जिससे ट्रेन हादसों का एक बड़ा कारण भी समाप्त हो गया।

मोदी के पहले चार वर्षों में रेलवे में पूँजीगत खर्च औसत रूप से 1,05,800 करोड़ रुपए प्रति वर्ष था, जो यू.पी.ए. के दस वर्षों में प्रति वर्ष औसतन 35,400 करोड़ रुपए खर्च का लगभग तीन गुना था।

यू.पी.ए.-2 के दौरान ब्रॉडगेज की रेलवे लाइनों को बिछाने की रफ्तार प्रतिवर्ष 1,520 कि.मी. थी। मोदी सरकार ने अपने पहले चार वर्षों में 2,382 कि.मी. की रफ्तार से लाइनें बिछाईं।

नई लाइनों को चालू करने, लाइनों का दोहरीकरण और व्यस्त रूटों पर तीसरी व चौथी लाइन बिछाने की औसत रफ्तार 4.1 कि.मी. प्रति दिन से बढ़कर 6.53 कि.मी. प्रति दिन हो गई। मोदी के पहले चार वर्षों में यू.पी.ए.-2 में 3,038 कि.मी. की तुलना में 8,411 कि.मी. लाइनों का विद्युतीकरण किया गया।

वर्ष 2010 में सोनिया गांधी के लोकसभा क्षेत्र रायबरेली में काफी प्रचार के बाद आधुनिक कोच फैक्टरी लगाई गई थी, जहाँ 1,000 कोच प्रति वर्ष का उत्पादन होना था। बरसों तक यहाँ पंजाब की कपूरथला कोच फैक्टरी से लाए गए कोच को बस, अंतिम रूप दिया जाता रहा। इसकी क्षमता को तीन गुना बढ़ाकर लगभग 3,000 कोच प्रति वर्ष किया गया और अब यहाँ कोच बन रहे हैं।

यू.पी.ए. के दस वर्षों के दौरान भारतीय रेल ने प्रति वर्ष महज 233 जर्मन लिंक हॉफमैन बुश कोच का निर्माण किया। इसका उत्पादन अब बढ़कर प्रति वर्ष 1,387 हो गया है। हलके वजनवाले आधुनिक कोच अधिक रफ्तार को हासिल कर सकते हैं और उन्हें एंटी-क्लाइंबिंग तकनीक से लैस किया गया है, जिसके कारण दुर्घटना की स्थिति में वे एक-दूसरे के ऊपर नहीं चढ़ते, जिससे हताहतों की संख्या कम हो जाती है।

बिहार के मधेपुरा में 27,000 करोड़ रुपए की लागत से इलेक्ट्रिक लोकोमोटिव फैक्टरी की स्थापना ग्यारह वर्षों में 800 इंजन बनाने के लिए की गई थी। यहाँ

पहला 12,000 एच.पी. डब्ल्यू.ए.जी.–1 इंजन मई 2020 में बनकर तैयार हुआ। इस परियोजना को यू.पी.ए. ने फरवरी 2007 में मंजूरी दी थी, लेकिन यह सात वर्षों से भी अधिक समय तक इस सवाल को लेकर झूलता रहा कि क्या सरकार इस परियोजना को खुद चलाएगी या किसी निजी कंपनी के साथ साझेदारी करेगी? नवंबर 2015 में मोदी सरकार ने फ्रांस की अलस्टोम एस.ए. कंपनी के साथ 'मेक इन इंडिया' कार्यक्रम के तहत साझेदारी का फैसला किया।

छह हाई–स्पीड/एक्सप्रेस ट्रेनों को लॉन्च किया गया। सभी में बायो–वैक्यूम शौचालय और सोप डिस्पेंसर, स्पर्श–रहित नियंत्रित पानी देनेवाले नल, हैंड ड्रायर, दुर्गंध नियंत्रण, यात्रियों की संख्या के सूचक के साथ ही एक डस्टबिन की व्यवस्था है। उनमें मुफ्त वाईफाई, दृष्टि–बाधित यात्रियों के लिए ब्रेल साइनेज, सी.सी.टी.वी. कैमरे, जी.पी.एस. आधारित यात्री सूचना प्रणाली, पढ़ने की रोशनी, एल.ई.डी. लाइट और डिसप्ले, चार्जिंग सॉकेट, चाय/कॉफी वेंडिंग मशीन और एक आग/धुआँ का पता लगाने एवं उसे बुझाने की प्रणाली है।

'हमसफर एक्सप्रेस' एक ए.सी.–3 टीयर ट्रेन है, जो 38 रूटों पर चलती है।

'तेजस एक्सप्रेस' भारत की पहली सेमी–हाईस्पीड ट्रेन है, जो चार रूटों पर चलती है। प्रत्येक इको–लेदर सीट में एक एल.ई.डी. टी.वी. और मोड़कर नीचे किया जानेवाला नाश्ते का टेबल है। केंद्रीकृत नियंत्रणवाले दरवाजे, डिजिटल डिसप्ले बोर्ड, सेलिब्रिटी शेफ और स्थानीय व्यंजनों तथा पत्रिकाओं की व्यवस्था ऐसी है कि यह विमान में उड़ान भरने से कम का अनुभव नहीं देता।

'उदय एक्सप्रेस' डबल–डेकर चेयरकार ट्रेन है, जो दो रूटों पर चलती है।

'महामना एक्सप्रेस' एक सुपरफास्ट ट्रेन है, जो छह रूटों पर चलती है। इसमें यात्री सूचना प्रणाली, ऊपर के बर्थ के लिए सुविधाजनक सीढ़ियाँ, प्रत्येक यात्री के लिए पढ़ने की लाइट और स्नैक टेबल, वेनेसियन ब्लाइंड्स लगी खिड़कियाँ, आरक्षित बर्थ के लिए एल.ई.डी. संकेतक, सीट के अंदर/ऊपर सामान के रैक, इलेक्ट्रिक चिमनी–युक्त मॉडुलर पैंट्री से कैटरिंग और बेडरोल की सुविधा है।

'वंदे भारत' एक सेमी–हाईस्पीड इलेक्ट्रिकल मल्टीपल यूनिट या भारत की पहली इंजन–रहित ट्रेन है, जो भारत में ही डिजाइन की हुई और निर्मित है। यह दो रूटों पर चल रही है। 160 कि.मी. प्रति घंटा (इसने 180 कि.मी. प्रति घंटा का टेस्ट पास कर लिया है) की रफ्तार से यह शताब्दी को 30 कि.मी. प्रति घंटा की रफ्तार से पीछे छोड़ देगी। इसके दोनों छोर पर एक ड्राइवर कोच होता है, जिससे

इसे वापस मोड़ने में बिल्कुल भी समय नहीं लगता है। हर दूसरी कार में मोटर लगा है। क्लाइमेट कंट्रोल सिस्टम यात्रियों की संख्या और मौसम के अनुसार तापमान को एडजस्ट करता है। जनवरी 2021 में 44 जोड़ी ट्रेनों के लिए टेंडर को अंतिम रूप दिया गया, जिसमें 90% हिस्सा स्वदेशी होगा।

सेमी-हाईस्पीड ट्रेन 'गतिमान' ने अप्रैल 2018 से काम करना शुरू कर दिया है।

छह नई ट्रेनों के साथ ही विस्टाडोम ए.सी. कोच 13 रूटों पर शुरू किए गए हैं। ये कोच इस मायने में खास हैं कि इनमें काँच की बड़ी-बड़ी खिड़कियाँ हैं, काँच की छत है, ऑब्जर्वेशन लाउंज हैं और 180° तक झुक जानेवाली सीटें हैं, जिनके कारण यात्री स्थानों को अच्छी तरह देख सकते हैं। वहीं सुखद सफर के लिए एयर-स्प्रिंग सस्पेंशन है। उनमें संगीत-प्रेमियों के लिए मनोरंजन की भी एक प्रणाली है, जो टँगी हुई एल.सी.डी. डिजिटल स्क्रीन के साथ जोड़ी गई है। साथ ही स्पीकर भी लगे हैं और मिनी पैंट्री के साथ विमानों जैसी खाना परोसनेवाली ट्रॉलियाँ भी हैं।

पश्चिमी देशों और जापान में ऐसी ट्रेनें पिछले लगभग 40 वर्षों से और चीन में लगभग 25 वर्षों से हैं, तो फिर मोदी से पहले किसी भी सरकार ने भारतीय ट्रेनों को आधुनिक बनाने के बारे में क्यों नहीं सोचा?

एक रिश्तेदार ने यह कहते हुए व्हाट्सएप का मैसेज भेजा कि मोदी ने कोई विकास नहीं किया है। तब मैंने उन्हें इन ट्रेनों की तसवीरें भेजीं। उन्होंने मुझसे पूछा कि नई ट्रेनें कहाँ चल रही हैं, तो मैंने बताया कि 53 रूटों पर चल रही हैं। फिर उन्होंने पूछा, "क्या भारत के लिए 53 काफी हैं?" इस तरह यह स्पष्ट है कि मोदी सरकार अपनी उपलब्धियों के बारे में लोगों को बता नहीं पाई है, जैसा कि मैंने इसी पुस्तक में पहले कहा था और अपनी पहली पुस्तक *'1914 नमो ऑर मोना'* में भी बताया था।

राजधानी और शताब्दी के कोच को एंटरटेनमेंट सिस्टम, अटेंडेंट कॉल बटन, बर्थ नंबर के लिए नाइट साइनेज, ऊपर की बर्थ के लिए सीढ़ियों, पत्रिका और मोबाइल पॉकेट के साथ अपग्रेड किया जा रहा है। शौचालयों में एपॉक्सी के लेप वाले कमोड, स्टेनलेस स्टील बेसिन, एक 'ऑटो जैनिटर' सिस्टम, बेहतर सोप डिस्पेंसर, तेजी से सूखनेवाले मैट और बेहतर किस्म के डस्टबिन हैं।

जनरल बोगी में सफर करनेवालों के लिए 'दीन दयालु कोच' आ गए हैं।

इनमें सभी सीटें गद्देदार हैं। हर कोच में एक्वागार्ड वाटर फिल्टर, एल.ई.डी. लाइट और मोबाइल चार्जिंग सॉकेट हैं।

वर्ष 2004 से 2014 तक भारतीय रेल ने ट्रेनों में प्रति वर्ष 959 जैव-शौचालय बनाए, जिन्हें मोदी 1.0 के दौरान बढ़ाकर प्रति वर्ष 29,290 जैव-शौचालय किया गया।

5,000 से भी अधिक कोच में इको-फ्रेंडली एल.ई.डी. लाइट लगाई गई हैं। उन्हें और भी इको-फ्रेंडली बनाने के लिए छतों पर सोलर पैनल लगाए जा रहे हैं।

508 कि.मी. की मुंबई-अहमदाबाद बुलेट ट्रेन के लिए मोदी ने जापान से महज 1.0% के ब्याज पर पचास वर्षों के लिए कर्ज के रूप में 80% धन सुनिश्चित कर लिया, जिसे चुकाए जाने की शुरुआत पंद्रह वर्षों के बाद से होगी। जमीन अधिग्रहण से जुड़ी समस्याओं के कारण इस परियोजना में दो वर्षों से भी अधिक की देरी हो चुकी है। 20 दिसंबर, 2020 तक 69% जमीन का अधिग्रहण किया जा चुका था। नेशनल हाई स्पीड रेल कॉरपोरेशन लिमिटेड ने छह अन्य कॉरिडोर के लिए यह अध्ययन शुरू कर दिया है कि वे व्यावहारिक होंगी या नहीं, जिनसे भारत का बुलेट ट्रेन नेटवर्क 5,377 कि.मी. तक बढ़ जाएगा। इस बात पर जहाँ लोगों की राय अलग-अलग है कि भारत को बुलेट ट्रेन की जरूरत है या नहीं, वहीं मेरा यह मानना है कि अगर जापान में सन् 1964, फ्रांस में 1981, जर्मनी में 1991, यू.के. में 1994, चीन में 2008 और कई देशों में पहले से ही ऐसी ट्रेनें चल रही हैं तो फिर भारत में उन्हें क्यों नहीं होना चाहिए? ऐसे अधिकांश देश, जहाँ हाई-स्पीड ट्रेनें चल रही हैं, अपने नेटवर्क का विस्तार कर रहे हैं। इससे साबित होता है कि बुलेट ट्रेन सफल है।

सभी स्टेशनों को नया रूप देने और उनके सौंदर्यीकरण के अलावा कई स्टेशनों की पहचान उन्हें विश्व-स्तरीय यात्रा केंद्रों के रूप में परिवर्तित करने के लिए की गई है। कम-से-कम 123 स्टेशनों को विश्व-स्तरीय सुविधाओं के साथ आधुनिक बनाया जा रहा है और समय के साथ उनकी संख्या बेशक बढ़ती चली जाएगी। यू.पी.ए. के दौरान आदर्श स्टेशनों की घोषणा तो हुई, लेकिन वास्तव में कोई काम नहीं हुआ।

भोपाल के हबीबगंज स्टेशन को जर्मनी के हीडलबर्ग *हाउप्टनहोफ* की तर्ज पर फिर से विकसित किया जा रहा है। उम्मीद है कि यह अप्रैल 2021 तक तैयार हो जाएगा और यह ऊर्जा-दक्षता से भरपूर इमारत होगी, जहाँ अंदर विश्व-स्तरीय साज-सज्जा, एक संग्रहालय, गेमिंग जोन, आधुनिक शौचालयों के साथ शानदार

वेटिंग लाउंज, ट्रैवेलेटर और एस्केलेटर होंगे। रेलवे स्टेशन पर एयरपोर्ट की तरह सामानों और खाने की दुकानें होंगी। बाहर जाने के लिए बने अंडरपास प्लेटफॉर्म को भीड़ से मुक्त रखेंगे। गुजरात की राजधानी में गांधीनगर रेलवे स्टेशन भी अप्रैल 2021 में नए रूप-रंग के साथ तैयार हो जाएगा, जहाँ पटरियों के ऊपर एक पाँच-सितारा होटल भी होगा, जिसे लीला ग्रुप चलाएगा। वहाँ भी हबीबगंज जैसी सुविधाएँ होंगी और उसके आवागमन कक्ष में 600 यात्रियों के बैठने की सुविधा होगी। ऐसे अन्य स्टेशन, जिन्हें फिर से विकसित किया जा रहा है, उनमें नई दिल्ली, आनंद विहार और बिजवासन (राष्ट्रीय राजधानी क्षेत्र); छत्रपति शिवाजी महाराज टर्मिनल (मुंबई); शिवाजी नगर (पुणे), चंडीगढ़, मोहाली, देहरादून, तिरुपति, नेल्लोर, ग्वालियर, सूरत और पुदुचेरी शामिल हैं।

अनेक स्टेशनों को नया रूप-रंग देकर एयरपोर्ट जैसा बनाया गया है। रोशनी से जगमगाते ए.सी. लाउंज एवं पारंपरिक लोक कला से सुसज्जित दीवारों वाले इन स्टेशनों को आकर्षक, सुविधाजनक और यात्रियों के अनुकूल बनाया गया है। अब सभी प्रमुख स्टेशनों पर एस्केलेटर और लिफ्ट हैं। नई दिल्ली स्टेशन पर आकर्षक पेंटिंग और एल.सी.डी. डिसप्ले बोर्ड हैं। मथुरा में नए गेट और आधुनिक रूप दिया गया फर्स्ट-क्लास वेटिंग रूम, बुकिंग हॉल, वी.आई.पी. लाउंज और घूमने-फिरने का हिस्सा है। साईं नगर शिर्डी स्टेशन पर कई नई सुविधाएँ हैं, जैसे कि लिफ्ट के साथ फुटओवर ब्रिज, एक फूड प्लाजा, नए शौचालय, सी.सी.टी.वी., कोच सूचना प्रणाली और नई लैंडस्केपिंग। तिरुपति स्टेशन पर भी अब एयरपोर्ट के जैसा वेटिंग लाउंज है। पूरी तरह से नए रूप में आ चुके वाराणसी के मँडुआडीह स्टेशन को देखकर किसी एयरपोर्ट या कॉरपोरेट ऑफिस होने का भ्रम हो सकता है, जहाँ एक ए.सी. वेटिंग लाउंज, स्टेनलेस स्टील बेंच और पानी के फव्वारे हैं।

स्वच्छता में कमाल का सुधार हुआ है। स्टेशनों के साथ ही चली ट्रेनों में भी हाउसकीपिंग नियमित रूप से की जाती है। आप सिर्फ एक कॉल/एस.एम.एस./ ट्वीट पर भी सफाई की सेवा का आग्रह कर सकते हैं।

ट्रेन में सफर के दौरान सिर्फ एक ट्वीट से कोई भी मदद मिल सकती है। कई यात्रियों को मेडिकल इमरजेंसी या अन्य परिस्थितियों में सिर्फ एक ट्वीट से सहायता दी गई है। किसी यात्री की जरूरत के लिए ट्रेनों को अनिर्धारित स्थानों पर भी रोका गया है। यात्रियों को अब बस, एक एस.एम.एस. से अपने आरक्षण (कन्फर्म या आर.ए.सी.) की स्थिति की जानकारी मिल जाती है।

5,640 से भी अधिक स्टेशनों में मुफ्त वाईफाई (मार्च 2020 तक) की सुविधा है, जबकि मोदी के प्रधानमंत्री बनने के समय यह एक भी जगह पर नहीं थी। अब सभी स्टेशनों पर एल.ई.डी. लाइटें लगी हैं, जिनसे बिजली के बिलों में 500 करोड़ रुपए की कमी के साथ ही कार्बन उत्सर्जन भी प्रति वर्ष 60,000 टन तक कम हुआ है।

मोदी सरकार ने आई.आर.सी.टी.सी. की वेबसाइट को बेहतर बनाया है और इसकी क्षमता 2,000 टिकट प्रति मिनट से बढ़कर 20,000 टिकट प्रति मिनट हो गई है।

पर्याप्त पानी, लेकिन पीने योग्य नहीं

भारत में दुनिया की 17.7% से अधिक इनसानों और पशुओं की आबादी बसती है, लेकिन ताजा पानी के स्रोत मात्र 4% हैं। पिछली पीढ़ियों और सरकारों की मेहरबानी से हमें सबसे दूषित जल संसाधन मिले हैं, चाहे वे धरातल पर मिलने वाला पानी हो या भूजल।

देश में प्रति वर्ष औसत वर्षा 4,000 अरब घन मीटर (बी.सी.एम.) है; लेकिन 75% से अधिक वर्षा जून और सितंबर के बीच होती है। वर्षा सभी जगहों पर समान नहीं होती, उत्तर और पूर्व में अधिक तो पश्चिम और दक्षिण में कम बारिश होती है। भारत में वर्षों से बाढ़ और सूखे की समस्या रही है। इलाके और समय के अनुसार पूरे साल पानी की उपलब्धता एवं उसकी माँग में एक बड़ा अंतर रहता है, जो आबादी बढ़ने के साथ गंभीर रूप लेता जा रहा है। इस कारण ही सिर्फ 25% वर्षा जल का उपयोग हो पाता है। प्रति व्यक्ति ताजा जल की उपलब्धता में पिछले 55 वर्षों में 3,000 घन मीटर से 1,070 घन मीटर की कमी आई है। दुनिया में यह औसत 6,000 घन मीटर है।

भारत माँग के अनुसार सिर्फ 30 दिनों के लिए पानी का भंडारण करता है, जबकि विकसित देश 900 दिनों तक। भारत भूजल पर भी हद से अधिक निर्भर है, जिससे 2.5 करोड़ ट्यूबवेल से 50% से अधिक सिंचित क्षेत्र की जरूरत पूरी होती है। भारत में सिंचाई और पेयजल के लिए 65% पानी भूजल के स्रोतों से प्राप्त होता है, जो चिंता का कारण है। हालात पहले से ही गंभीर हैं और भारत को सतह एवं भूजल को निरंतर विकसित करने और उनके प्रबंधन की जरूरत है।

अगस्त 2017 में मोदी ने 60 से अधिक नदियों को जोड़ने के लिए 5.56

लाख करोड़ रुपए की योजना की घोषणा की थी। इस योजना में 219 बी.सी.एम. या 70 दिनों के भंडारण का लक्ष्य है। इससे 35 मिलियन हेक्टेयर अतिरिक्त भूमि पर सिंचाई के साथ ही 40,000 मेगावाट हाइड्रोपावर का उत्पादन संभव होगा। इस परियोजना में कई वर्ष लगेंगे, लेकिन इसका लाभ करोड़ों भारतीय दशकों तक उठाएँगे। वाजपेयी सरकार ने वर्ष 2002 में इसे प्रस्तावित किया था, लेकिन यू.पी.ए. के सत्ता में आने के बाद इस योजना को अनदेखा कर दिया गया। राहुल गांधी ने वर्ष 2009 में कहा कि नदियों को जोड़ने की सोच खतरनाक है, क्योंकि इससे पर्यावरण को गंभीर नुकसान होगा।

नदियों को जोड़ने की वकालत करनेवालों का दावा है कि भारत में पानी की समस्या को दूर करने का उपाय यही है कि मॉनसून में मिलनेवाले भरपूर पानी का भंडारण किया जाए और आपस में जोड़ी गई नदियों के जरिए उन्हें उन इलाकों में समय-समय पर पहुँचाया जाए, जहाँ पानी की किल्लत हो जाती है। जल सुरक्षा के अलावा इस परियोजना से परिवहन के बुनियादी ढाँचे को लाभ मिलेगा और ग्रामीण इलाकों में मछली-पालन के जरिए आय के स्रोत बढ़ेंगे। माल ढुलाई के लिए नदियों का इस्तेमाल ऊर्जा की दृष्टि से स्वच्छ होता है और इसमें कार्बन फुटप्रिंट भी कम होता है। प्रति वर्ष आबादी के 1.4 करोड़ बढ़ जाने से भोजन की माँग बढ़ रही है, जिसके लिए पर्याप्त सिंचाई की जरूरत है। वर्तमान में, जमीन का बेहद छोटा हिस्सा सिंचाई के अंतर्गत आता है और अधिकांश के लिए मॉनसून पर निर्भर रहना पड़ता है। नदियों को जोड़कर किसानों के लिए भरोसेमंद और बेहतर सिंचाई की व्यवस्था की जा सकती है, जिससे खाद्य सुरक्षा भी बढ़ेगी।

15 अगस्त, 2019 को मोदी ने 3.6 लाख करोड़ रुपए के जल जीवन मिशन की घोषणा की थी। *'हर घर नल से जल'* के नारे के साथ शुरू हुई इस योजना का लक्ष्य है कि वर्ष 2024 तक 19 करोड़ ग्रामीण घरों तक प्रति व्यक्ति प्रति दिन 55 लीटर पेयजल पाइप लाइनों से पहुँचाया जाए। सिर्फ 16.87% घरों में घर तक नल का कनेक्शन था। सिर्फ 17½ महीनों में इसे बढ़ाकर 102.4% कर दिया गया।

जून 2014 में 2,510 कि.मी. लंबी राष्ट्रीय नदी गंगा और उसकी उपनदियों में प्रदूषण को कम करने, उन्हें संरक्षित करने और उनमें फिर से नए प्राण फूँकने के लिए 28,854 करोड़ रुपए के 'नमामि गंगे' मिशन को मंजूरी दी गई। इस मिशन के अंतर्गत आनेवाली परियोजनाओं में नदियों के सतह की सफाई, सीवेज ट्रीटमेंट संरचना, औद्योगिक कचरे की निगरानी, वनीकरण, रिवरफ्रंट का विकास तथा

15.27 लाख शौचालयों का निर्माण शामिल है। दिसंबर 2020 तक 40% परियोजना को पूरा कर लिया गया है।

बंदरगाह, जलमार्ग और सी प्लेन

मोदी 1.0 के दौरान भारत के प्रमुख बंदरगाहों में माल की आवाजाही 31.8% बढ़ गई। चार वर्षों में जहाजों के आने और फिर लौटने के समय में 33.3% का सुधार हुआ।

'सागरमाला' जलमार्गों और तटरेखा की क्षमता को कई गुना बढ़ा देगा। 6.01 लाख करोड़ रुपए की इस परियोजना में छह नए मेगा पोर्ट की स्थापना, 245 मौजूदा बंदरगाहों का आधुनिकीकरण, 14 तटीय आर्थिक क्षेत्रों (सी.ई.जेड.) का विकास, सड़कों, बहु-आयामी लॉजिस्टिक्स पार्क और जलमार्गों से बंदरगाहों को जोड़ने के साथ ही तटीय सामुदायिक विकास शामिल है। सागरमाला का लक्ष्य मौजूदा बंदरगाहों को आधुनिक बंदरगाहों में बदलने और उन्हें औद्योगिक समूहों तथा मुख्य भूभाग से जोड़ने का भी है। 30 सितंबर, 2020 तक 574 परियोजनाओं में से 30,338 करोड़ रुपए की 121 परियोजनाओं को पूरा कर लिया गया था और 3.09 करोड़ रुपए की परियोजनाओं का कार्यान्वयन जारी था।

31 अक्तूबर, 2020 को स्पाइसजेट ने अहमदाबाद (साबरमती रिवरफ्रंट) और स्टैच्यू ऑफ यूनिटी के बीच सेवाओं की शुरुआत की। सी प्लेन भारत के पाँच लाख से भी अधिक जल निकायों और 7,517 कि.मी. लंबी तटरेखा पर दूसरे स्थानों पर उतर सकता है।

एयरपोर्ट और एयर ट्रैफिक

उड़ान (उड़े देश का आम नागरिक) के अंतर्गत 53 नए बेकार पड़े, कम इस्तेमाल में आनेवाले और अर्ध-विकसित क्षेत्रीय एयरपोर्ट (54% वृद्धि) चालू कर दिए गए हैं और 307 नए रूट पर उड़ानें शुरू हो गई हैं।

नागरिक विमानों की कुल संख्या, जो मई 2014 में 395 थी, वह मार्च 2020 में 71% की वृद्धि के साथ बढ़कर 676 हो गई।

22,500 करोड़ रुपए की लागत से बन रहे नोएडा इंटरनेशनल एयरपोर्ट को स्विट्जरलैंड की फुगफेन ज्यूरिख ए.जी. विकसित कर रही है। फेज-1 में दो रनवे होंगे और हर साल 1.2 करोड़ यात्रियों की क्षमता होगी। बीस वर्षों में जब सभी चरण पूरे हो जाएँगे, तब इस एयरपोर्ट पर छह रनवे होंगे और इसकी क्षमता

प्रति वर्ष 7 करोड़ यात्रियों (एम.पी.पी.ए.) की हो जाएगी। दिल्ली के इंदिरा गांधी इंटरनेशनल एयरपोर्ट पर वर्ष 2019 में 6.85 करोड़ यात्रियों की आवा-जाही हुई। जब दोनों एयरपोर्ट तैयार हो जाएँगे, तब राष्ट्रीय राजधानी क्षेत्र की यात्रियों की क्षमता शंघाई, बीजिंग, दुबई (सभी में 2-2 एयरपोर्ट), लंदन (6 एयरपोर्ट) और न्यूयॉर्क सिटी (7 एयरपोर्ट) के बराबर हो जाएगी।

16,256 करोड़ रुपए की लागत से नवी मुंबई इंटरनेशनल एयरपोर्ट का विकास अडानी ग्रुप के द्वारा किया जा रहा है। फेज-1 में एक रनवे और 10 एम.पी.पी.ए. की क्षमता होगी। एक बार जब सारे चरण पूरे हो जाएँगे, तब यह एयरपोर्ट भारत का सबसे बड़ा एयरपोर्ट बन जाएगा, जहाँ दो रनवे और 90 एम.पी. पी.ए. की क्षमता होगी। मुंबई के छत्रपति शिवाजी महाराज इंटरनेशनल एयरपोर्ट पर वर्ष 2019 में 48.8 मिलियन यात्रियों की आवा-जाही हुई।

बेंगलुरु के केंपेगौड़ा इंटरनेशनल एयरपोर्ट का विस्तार लगभग 60 एम.पी. पी.ए. की क्षमता के लिए किया जा रहा है। दुनिया के सबसे तेजी से विकसित होते एयरपोर्ट के रूप में वर्ष 2019 में के.आई.ए. में 33.65 मिलियन यात्रियों का आना-जाना हुआ। दूसरा रनवे भी अब तैयार हो चुका है। एक एरोसिटी का निर्माण भी जारी है।

हैदराबाद में राजीव गांधी इंटरनेशनल एयरपोर्ट का विस्तार 34 एम.पी.पी.ए. के लिए किया जा रहा है। देश के पाँचवें व्यस्ततम एयरपोर्ट पर वर्ष 2019-20 में 21.58 मिलियन यात्रियों का आना-जाना हुआ।

कन्नूर (केरल) एवं सिंधुदुर्ग (महाराष्ट्र) में नए हवाई अड्डों ने काम करना शुरू कर दिया है और राउरकेला (ओडिशा) में वर्ष 2021 के मध्य से एक एयरपोर्ट चालू हो जाएगा। चेन्नई (शहर में दूसरा), गोवा (राज्य में दूसरा), ईटानगर (अरुणाचल प्रदेश), लुधियाना, पुणे (शहर में दूसरा), राजकोट, सबरीमाला (केरल) और विशाखापत्तनम (आंध्र प्रदेश) में नए एयरपोर्ट का निर्माण किया जाना है।

आदमपुर (पंजाब), अगरतला (त्रिपुरा), दरभंगा (बिहार), देहरादून (उत्तराखंड), देवघर (झारखंड), जबलपुर (म.प्र.), कानपुर, कोल्हापुर (महाराष्ट्र), लेह (लद्दाख), पटना, पोर्ट ब्लेयर (अंडमान निकोबार द्वीप समूह), सूरत, तेजू (अरुणाचल प्रदेश) एवं तिरुचिरापल्ली (तमिलनाडु) समेत कई अन्य हवाई अड्डों का आधुनिकीकरण और कुछ का विस्तार किया जा रहा है।

यू.पी.ए. सरकार ने दस वर्षों में चार हवाई अड्डों का निजीकरण किया। निजी ऑपरेटरों ने जहाँ नई दिल्ली और मुंबई के मौजूदा हवाई अड्डों की जिम्मेदारी सँभाली और उन्हें आधुनिक बनाया, वहीं बेंगलुरु और हैदराबाद में नए एयरपोर्ट बनाए गए। पुराने सरकारी हवाई अड्डों और निजी हवाई अड्डों से जिन लोगों ने सफर किया होगा, वे इस बात को मानेंगे कि पहले की तुलना में यात्रियों की सुविधाओं में बहुत बड़ा सुधार हुआ है। इसके अलावा, भारत सरकार अब निजी कंपनियों की ओर से चलाए जा रहे हवाई अड्डों से ज्यादा पैसे भी अर्जित कर रही है। इसके बावजूद, यू.पी.ए. सरकार ने अन्य किसी भी एयरपोर्ट का निजीकरण नहीं किया। मोदी सरकार अब तक छह हवाई अड्डों—अहमदाबाद, गुवाहाटी, जयपुर, लखनऊ, बेंगलुरु और तिरुवनंतपुरम का निजीकरण कर चुकी है। अमृतसर, भुवनेश्वर, इंदौर, रायपुर, त्रिची और वाराणसी एयरपोर्ट के निजीकरण की प्रक्रिया वर्ष 2021 में शुरू हो जाएगी और उसे 2023 से पहले पूरा कर लिया जाना चाहिए। मोदी सरकार लगभग 60 हवाई अड्डों का निजीकरण करना चाहती है।

पूर्वोत्तर क्षेत्र

मोदी 1.0 सरकार ने यू.पी.ए.-2 की तुलना में पूर्वोत्तर क्षेत्र में विकास परियोजनाओं पर जबरदस्त ढंग से 258% अधिक धन खर्च किया।

क्या आपको इस पर आश्चर्य नहीं होता कि इस क्षेत्र में एन.डी.ए. ने वर्ष 2019 में 25 में से 19 सीटों पर जीत हासिल की और यहाँ की 8 में से 7 राज्य सरकारें उसकी हैं?

बँगलादेश के रास्ते कोलकाता से पूर्वोत्तर क्षेत्र तक बस, ट्रेन एवं जलमार्गों से यात्रियों और सामानों के परिवहन में काफी वृद्धि हुई है। उत्पादों, विशेष रूप से अनाज, को इस क्षेत्र में तेजी से पहुँचाने के उद्देश्य से बँगलादेश के साथ त्रिपुरा और चटगाँव (बँगलादेश का दूसरा सबसे बड़ा शहर) के बीच रेल संपर्क विकसित करने के लिए एक समझौते पर हस्ताक्षर किए गए थे।

पहली बार मेघालय, मिजोररम और त्रिपुरा को रेलवे के नक्शे पर लाया गया। मणिपुर की राजधानी इंफाल, मेघालय की राजधानी शिलॉन्ग और मिजोरम की राजधानी आइजोल को रेल नेटवर्क से जोड़ा जा रहा है। पहले मौजूद सभी रेल लाइनों को ब्रॉड गेज में बदल दिया गया। 25 से अधिक ट्रेनों की शुरुआत की गई। अगरतला (त्रिपुरा की राजधानी) और दिल्ली के बीच राजधानी एक्सप्रेस एवं त्रिपुरा

सुंदरी एक्सप्रेस की शुरुआत हुई। धनश्री-जुब्जा रेल लाइन से नागालैंड के दो बड़े शहरों दीमापुर और कोहिमा (राजधानी) को जोड़ा जाएगा।

198 कि.मी. लंबे भलुकपोंग-तवांग रेल लाइन को लेकर जमीनी स्तर पर काम शुरू हो गया है। इससे तवांग (अरुणाचल प्रदेश) पहली बार रेल से जुड़ जाएगा। सेला सुरंग गुवाहाटी और तवांग को जोड़ेगी। इससे चीन के पश्चिमी थिएटर कमांड के खतरों से निपटने की भारतीय सेना की क्षमता बढ़ जाएगी; क्योंकि इसके कारण एन.एच.-13 पूरे साल तवांग को जोड़ने का काम करेगी, जिससे अकसर सर्दियों के दौरान संपर्क टूट जाता है।

यू.पी.ए.-2 की तुलना में 2,731 कि.मी. राष्ट्रीय राजमार्ग का निर्माण हुआ। 10,500 कि.मी. से भी लंबी सड़कों का निर्माण किया जा रहा है। ब्रह्मपुत्र नदी के साथ-साथ 1,300 कि.मी. लंबा एक्सप्रेसवे बनाया जा रहा है, जिससे असम को जोड़े रखने की चुनौती का हल निकल जाएगा। सितंबर 2018 में सिक्किम के पहले एयरपोर्ट का उद्घाटन किया गया था। इस क्षेत्र के 14 मौजूदा एयरपोर्ट में 8 नए एयरपोर्ट जोड़े जाएँगे, जिनका निर्माण चल रहा है।

जम्मू व कश्मीर और लद्दाख

मोदी सरकार ने एल.ए.सी./चीन सीमा पर बुनियादी ढाँचा बेहतर बनाने पर विशेष जोर दिया है। सीमा की 29 सड़कों को पूरा कर लिया गया है और 32 दूसरी सड़कों का निर्माण जारी है। मोदी के पहले छह वर्षों की तुलना यू.पी.ए. के छह वर्षों से करें, तो सड़क की सतह बनाने में 124%, सड़कों को पूरा करने में 32%, पुलों में 99% और सुरंगों में 500% की तेजी आई है।

255 कि.मी. लंबी डी.एस.डी.बी.ओ. सड़क को पूरा कर लिया गया। यह एल.ए.सी. के करीब स्थित दौलत बेग ओल्डी (डी.बी.ओ.) सैनिक पोस्ट को लेह से जोड़ती है और इससे चीन की चिंता बहुत अधिक बढ़ गई है। इसके कारण सफर का समय 2 दिन से कम होकर महज 6 घंटे का रह गया है। निर्माण का काम वर्ष 2000 में शुरू हुआ था, यह जिसे 2012 में पूरा कर लिया जाना था। वर्ष 2011 में यह पता चला कि तीन-चौथाई सड़क नदी के ताल पर बिछा दी गई है। यह हर गरमियों में टूट जाती थी, क्योंकि बर्फ के पिघलने से श्योक नदी में बाढ़ आ जाती थी, जिसके कारण यह सड़क 94 दिनों तक बंद रहती थी। इस पर खर्च किए गए 320 करोड़ रुपए में से लगभग आधा हजम कर लिये गए। वर्ष 2000 से 2012

के बीच मनमोहन सिंह के पी.एम.ओ. की निगरानी में बनी 77% से अधिक सड़क मोदी के प्रधानमंत्री बनने के बाद फिर से नई जगह पर बनाई गई। अक्तूबर 2019 में 1,400 फीट लंबे श्योक नदी पुल का उद्घाटन किया गया।

सितंबर 2020 में मोदी ने मनाली-लेह हाईवे पर स्थित पूरे साल चालू रहने वाली 9 कि.मी. लंबी अटल सुरंग का उद्घाटन किया, जो 10,000 फीट से अधिक ऊँचाई पर बनी दुनिया की सबसे लंबी सुरंग है। इससे दूरी 46 कि.मी. कम हुई है और सफर का समय 4 से 5 घंटे कम हो गया है। जून 2010 में सोनिया गांधी ने इसका शिलान्यास किया था। अगले चार वर्षों में खुदाई का काम 45% से भी कम हुआ था।

एशिया की सबसे लंबी 14.2 कि.मी. की जोजिला सुरंग का निर्माण जोजिला दर्रे के नीचे जम्मू व कश्मीर के सोनमर्ग और कारगिल (लद्दाख) के द्रास में किया जा रहा है, जिसके जून 2026 तक खुलने की संभावना है। 6.5 कि.मी. लंबे जेड-मोड़ सुरंग (सितंबर 2021 में खुलेगी) के साथ ही इसकी सहायता से श्रीनगर-कारगिल-लेह हाईवे पर पूरे साल आना-जाना जारी रहेगा, जो अभी भारी बर्फबारी के कारण 7 महीने तक बंद रहता है। अभी दर्रे को पार करने में 3½ घंटे से अधिक का समय लगता है; लेकिन इसके बन जाने से समय घटकर मात्र 15 मिनट का रह जाएगा। भारतीय सेना को सामरिक दृष्टि से इस सुरंग की आवश्यकता थी, क्योंकि दर्रा एल.ओ.सी. के करीब है और वहाँ आतंकियों की काररवाई का खतरा बना रहता है।

उधमपुर और रामबन के बीच भारत की 9.28 कि.मी. सबसे लंबी सड़क सुरंग पूरी हो चुकी है, जिससे जम्मू एवं श्रीनगर के बीच की दूरी 31 कि.मी. और यात्रा का समय 2 घंटे तक कम हो गया है। 286 कि.मी. लंबे जम्मू-श्रीनगर राष्ट्रीय राजमार्ग के 4 लेनवाला बन जाने से जम्मू एवं श्रीनगर की दूरी 50 कि.मी. तक कम हो जाएगी और 9 से 10 घंटे का सफर कम होकर 5 घंटे का रह जाएगा।

चेनाब ब्रिज का निर्माण फरवरी 2022 तक पूरा हो जाएगा। इसका निर्माण 1,178 फीट (दुनिया का सबसे ऊँचा रेल ब्रिज) की ऊँचाई पर हो रहा है।

जम्मू (58 कि.मी., 60% पूरा) और श्रीनगर (62 कि.मी., भूमि अधिग्रहण की समस्याओं के कारण देरी) जैसे शहरों में रिंग रोड बनाए जा रहे हैं।

जम्मू व कश्मीर में पाँच बाँध और 3,814 मेगावाट क्षमता वाले पनबिजली ऊर्जा संयंत्रों का निर्माण किया जा रहा है। इन बाँधों से उस अतिरिक्त पानी को भी कम किया जा सकेगा, जिसे सिंधु जल समझौते के तहत पाकिस्तान को दिया जाता है।

नई दिल्ली सेंट्रल विस्टा पुनर्विकास

वर्ष 2026 तक भारत सरकार के पास किसी भी अन्य देश के मुकाबले कहीं अधिक आधुनिक बुनियादी संरचना होगी। 2.7 कि.मी. में फैले राजपथ ('सेंट्रल विस्टा', *भारत की सत्ता का गलियारा*) के उत्तर और दक्षिण में 919 एकड़ क्षेत्र को पुनर्विकसित किया जा रहा है। 42.6 लाख वर्ग फीट पर स्थित मौजूदा इमारतों को गिराया जा रहा है, जिनमें से कुछ का निर्माण 1960 और 1970 के दशक में किया गया था। अब सात मंजिला नई इमारतों (दो तल बेसमेंट के साथ) का निर्माण होगा, जो कुल 1.888 करोड़ वर्ग फीट में फैली होंगी।

सेंट्रल विस्टा के पुनर्विकास में शामिल है—

- चार मंजिला 6.94 लाख वर्ग फीट में फैला एक संसद् भवन (पुरानी मौजूदा इमारत से 35.8% बड़ा), जहाँ बैठने की अधिक क्षमता (लोकसभा में अभी के 552 के मुकाबले 888 और राज्यसभा में अभी के 245 की तुलना में 384) होगी। वर्ष 2026 के बाद आबादी के बढ़ने के साथ ही दोनों सदनों में सांसदों की संख्या भी बढ़ेगी। यहाँ की सुविधाओं में प्रत्येक सदस्य की सीट के साथ एक डेस्क (अभी सिर्फ सामने की कतार में), सीट के पीछे आने-जाने के लिए पर्याप्त जगह, टचस्क्रीन आधारित डिजिटल वोटिंग प्रणाली और बायोमेट्रिक डुअल पहचान की व्यवस्था होगी। नई इमारत में एक संविधान कक्ष, एक लाउंज एवं सांसदों के लिए एक डाइनिंग रूम, लाइब्रेरी, समितियों के अनेक कमरे और 1,100 कारों की पार्किंग होगी। आगंतुक संसदीय लोकतंत्र तक के भारत के सफर को समझने के लिए संविधान कक्ष में जा सकते हैं। प्रत्येक सांसद के पास 430 वर्ग फीट का एक ऑफिस होगा, जहाँ उनके स्टाफ के लिए जगह होगी। कुछ गतिविधियाँ नई इमारत में चली आएँगी, जबकि कुछ मौजूदा इमारत में ही रहेंगी, जिसे नए साधनों से लैस कर नया रूप दिया जाएगा।
- उप-राष्ट्रपति का आवास।
- प्रधानमंत्री आवास, साथ में पी.एम.ओ. की इमारत।
- 12 से 15 लाख वर्ग फीट में फैला कॉन्फ्रेंस सेंटर।
- तीन इमारतों वाला डिफेंस एन्क्लेव, जिसमें रक्षा मंत्री के दफ्तर, चीफ ऑफ डिफेंस स्टाफ और तीनों सेनाओं के प्रमुखों के दफ्तर के साथ

सुरक्षा की विशेष व्यवस्था होगी।

- अन्य सभी मंत्रालयों और भारत सरकार के विभागों एवं उनके अधीनस्थ संगठनों के लिए सात अन्य इमारतें।
- 52,300 लोगों के लिए ऑफिस स्पेस।
- 9,600 से भी अधिक वाहनों के लिए बेसमेंट में पार्किंग की जगह। धरती की सतह पर कोई पार्किंग नहीं होगी।
- एक अंडरग्राउंड मेट्रो लाइन से पूरे सेंट्रल विस्टा को जोड़ा जाएगा।
- अधिकांश इमारतें अंडरग्राउंड पैदल रास्तों से जुड़ी होंगी।
- साउथ ब्लॉक (जहाँ पी.एम.ओ., रक्षा मंत्रालय, विदेश मंत्रालय, केंद्रीय सचिवालय और एन.एस.ए. का दफ्तर है) को नेशनल म्यूजियम में बदल दिया जाएगा, जिसकी थीम होगी '1857 तक का भारत'।
- नॉर्थ ब्लॉक (जहाँ गृह और वित्त मंत्रालय हैं) को एक नेशनल म्यूजिम में बदल दिया जाएगा, जिसकी थीम होगी '1857 के बाद का भारत'।

ऐसी उम्मीद है कि भारत सरकार के काम-काज में जबरदस्त सुधार होगा, क्योंकि 52,300 लोग एक-दूसरे से कुछ ही कदमों की दूरी पर बैठकर काम करेंगे और उन सभी के लिए उच्च स्तरीय आधुनिक बुनियादी सुविधाएँ उपलब्ध होंगी।

भारत सरकार हर साल किराए के रूप में 1,000 करोड़ रुपए खर्च करती है और विभिन्न इमारतों के पास-पास न होने के कारण सुरक्षा एवं परिवहन पर अनुमान है कि 300 करोड़ रुपए का अतिरिक्त खर्च करना पड़ता है। इस कारण, ऐसा अनुमान है कि ऐसे खर्च की बचत से 20,000 करोड़ रुपए का निवेश हासिल किया जा सकेगा।

कुछ अन्य परियोजनाएँ

ऐसा अनुमान है कि तेल रिफाइन करने की क्षमता, जो फिलहाल 250 मिलियन टन प्रति वर्ष है, वह वर्ष 2025 तक 77.2% वृद्धि के साथ 443 मिलियन टन हो जाएगी।

पूरे भारत में 1,000 एल.एन.जी. ईंधन स्टेशनों का निर्माण कर ग्रीन और सस्ती ऊर्जा प्राप्त करने का प्रयास होगा। पहले 50 स्टेशनों का निर्माण शुरू हो गया है।

25,700 करोड़ रुपए की लागत से दिल्ली में इंदिरा गांधी इंटरनेशनल एयरपोर्ट

के करीब द्वारका में 220 एकड़ पर भारत अंतरराष्ट्रीय सम्मेलन और एक्सपो सेंटर (IICC) का निर्माण किया जा रहा है। यहाँ 32.6 लाख वर्ग फीट पर पाँच प्रदर्शनी कक्ष होंगे, वहीं 10,000 प्रतिनिधियों की क्षमतावाला सम्मेलन क्षेत्र होगा। 20,000 लोगों की क्षमतावाला बहूद्देश्यीय क्षेत्र होगा, जिसकी छत को मोड़ा जा सकेगा, ताकि वहाँ खेल, म्यूजिक कंसर्ट, व्यापार और फैशन शो का आयोजन किया जा सके। यही नहीं, 15 होटल, रिटेल, खान-पान, ऑफिस और मनोरंजन के स्थान भी होंगे। IICC में 27,000 पार्किंग की जगह होगी और मेट्रो स्टेशन होगा। दक्षिण कोरियाई प्रदर्शनी आयोजक ई-सांग नेटवर्क उसी देश के सबसे पहले कन्वेंशन सेंटर ऑपरेटर किनटेक्स के साथ मिलकर 20 वर्षों तक IICC का प्रबंधन सँभालेगा।

दिल्ली के प्रगति मैदान स्थित भारत का सबसे बड़ा व्यापार मेला परिसर एकीकृत प्रदर्शनी-सह-कन्वेंशन सेंटर (IECC) के रूप में पुनर्विकसित किया जा रहा है, जहाँ 7,000 लोगों का कन्वेंशन सेंटर जोड़ा जाएगा, जिसकी छत पर हेलिपैड होगा, सात नए प्रदर्शनी हॉल (तीन मौजूदा हॉल के अतिरिक्त) होंगे, 3,000 की क्षमतावाला एंफीथिएटर, 500 कमरों वाला होटल, खान-पान की जगह और प्राकृतिक इतिहास का एक म्यूजियम होगा। मौजूदा 7 लाख वर्ग फीट के इलाके को मिलाकर इस पुनर्विकास से पूरा क्षेत्र 40 लाख वर्ग फीट का हो जाएगा, जिसमें कवर्ड पार्किंग भी शामिल होगी। वर्ष 2022 में होनेवाले जी 20 सम्मेलन के लिए IECC ही मुख्य आयोजन स्थल होगा।

1,51,400 से भी अधिक ग्राम पंचायतों को ऑप्टिकल फाइबर केबल से जोड़ा जा चुका है।

लगभग 3.72 लाख कॉमन सर्विस सेंटर (ग्रामीण और दूरस्थ इलाकों में ई-सेवा पहुँचाने की भौतिक सुविधाएँ, जहाँ इंटरनेट न के बराबर था या बिल्कुल भी नहीं था) बनाए जा चुके हैं।

□

मोदी योजनाएँ

इस अध्याय में 25 जनवरी, 2021 तक की उपलब्धियों से संबंधित आँकड़े हैं।

अनेक योजनाओं को लागू करना मोदी की एक उल्लेखनीय उपलब्धि है, जिनमें से अधिकांश गरीबों और ग्रामीण आबादी के लिए थीं, जबकि कुछ ने भारत की पूरी आबादी की सहूलियत को काफी हद तक बढ़ाया।

जून 2014 के बाद से लगभग 13.81 लाख करोड़ रुपए के डी.बी.टी. (डायरेक्ट बेनेफिट ट्रांसफर) के भुगतान किए गए हैं।

प्रधानमंत्री जन आरोग्य योजना (पी.एम.जे.ए.वाई.) के अंतर्गत आबादी के सबसे निचले 40% हिस्से के 50 करोड़ से अधिक लोगों को अस्पताल में भरती होने पर इलाज के लिए प्रति परिवार 5 लाख रुपए की सहायता मिलती है। इस योजना के लिए 13.53 करोड़ से अधिक लोगों ने नाम दर्ज कराया है। पैनल में 24,225 अस्पताल हैं और लगभग 1.57 करोड़ लोगों का इलाज अस्पतालों में किया जा चुका है।

प्रधानमंत्री भारतीय जन औषधि परियोजना 7,100 से अधिक *जन औषधि केंद्रों* के माध्यम से उचित मूल्यों पर अच्छी गुणवत्तावाली दवाइयाँ मुहैया कराती है।

ई-संजीवनी ओ.पी.डी. नेशनल टेलीकंसल्टेशन सर्विस वीडियो के माध्यम से किसी डॉक्टर द्वारा लोगों को उनके घर तक परामर्श की सुविधा उपलब्ध कराती है। प्रतीक्षा का औसत समय 10.3 मिनट और परामर्श का औसत समय 3 मिनट है। 13 अप्रैल, 2020 के बाद से 13.7 लाख से अधिक परामर्श दिए गए हैं।

प्रधानमंत्री जीवन ज्योति बीमा योजना (पी.एम.जे.जे.बी.वाई.) में 9.7 करोड़ से अधिक नागरिकों ने अपने नाम दर्ज कराए हैं, जो मात्र 330 रुपए प्रति वर्ष के प्रीमियम पर 2 लाख का जीवन बीमा देती है। 21.87 करोड़ नागरिकों ने प्रधानमंत्री सुरक्षा बीमा योजना (पी.एम.एस.बी.वाई.) में नाम दर्ज कराया है, जो मात्र 12 रुपए के प्रीमियम पर 2 लाख का दुर्घटना बीमा देती है।

प्रधानमंत्री जन धन योजना के अंतर्गत 41.65 करोड़ बैंक खाते खोले गए।

पी.एम. उज्ज्वला योजना के अंतर्गत 8.03 करोड़ से अधिक मुफ्त एल.पी.जी. कुकिंग गैस कनेक्शन उपलब्ध कराए गए हैं। इस योजना के अनेक लाभ हैं, जिनमें प्रदूषण और पेड़ों की कटाई में कमी के साथ ही उपयोगकर्ताओं की सेहत में सुधार शामिल है, जो अधिकांशतया ग्रामीण महिलाएँ हैं।

प्रधानमंत्री आवास योजना (पी.एम.ए.वाई.) के अंतर्गत 1.66 करोड़ से अधिक किफायती आवास पूरा कर उपलब्ध कराए गए हैं।

स्वच्छ भारत मिशन (एस.बी.एम.) के अंतर्गत 11.35 करोड़ शौचालय बनाए गए हैं। 6.03 लाख गाँव अब खुले में शौच से मुक्त (ओ.डी.एफ.) हैं। ठोस अपशिष्ट प्रबंधन क्षमता वर्ष 2015 में जहाँ 17% थी, वहीं 2020 में बढ़कर 67% हो चुकी है। शहरों में कचरा प्रबंधन की जबरदस्त संरचना तैयार की जा रही है। सीवर लाइनों और सेप्टिक टैंकों की इनसानों द्वारा सफाई को समाप्त करने के लिए भारत सरकार ने मशीन से सफाई अनिवार्य करने और मशीन खरीदने के लिए धन उपलब्ध कराने की घोषणा की है।

प्रधानमंत्री फसल बीमा योजना (पी.एम.एफ.बी.वाई.) के अंतर्गत 8.84 करोड़ किसानों ने नाम दर्ज कराया है।

22.41 करोड़ मृदा स्वास्थ्य कार्ड जारी किए जा चुके हैं, जिनसे मिली जानकारी के आधार पर किसान अपनी मिट्टी में सबसे अच्छी तरह उगनेवाली फसल लगाते हैं।

प्रधानमंत्री किसान सम्मान निधि के अंतर्गत किसान परिवारों को प्रति वर्ष 6,000 रुपए उपलब्ध कराए जाते हैं, जिसकी शुरुआत दिसंबर 2018 में हुई और 11.03 करोड़ लाभार्थियों को प्रत्येक चार महीने पर 2,000 रुपए ट्रांसफर किए जाते हैं।

उजाला योजना के अंतर्गत 36.7 करोड़ एल.ई.डी. बल्ब वितरित किए गए हैं। इससे 47,660 किलोवाट ऊर्जा प्रति घंटा और प्रति वर्ष 19,065 करोड़ रुपए की बचत होती है, साथ ही प्रति वर्ष 3.9 करोड़ टन कार्बन उत्सर्जन भी कम हुआ है।

प्रधानमंत्री श्रम योगी मान धन (पी.एम.एस.वाई.एम.) के अंतर्गत लगभग 44.77 लाख श्रमिकों ने नाम दर्ज कराया है, जो 18 से 40 साल के श्रमिकों के लिए एक पेंशन योजना है।

अटल पेंशन योजना (ए.पी.वाई.) के 2.755 करोड़ से अधिक सब्सक्राइबर हैं।

प्रधानमंत्री मुद्रा योजना (पी.एम.एम.वाई.) गैर-कॉरपोरेट, गैर-कृषि, लघु एवं माइक्रो उद्यमों के लिए 10 लाख रुपए तक का ऋण उपलब्ध कराती है। अप्रैल 2015 के बाद से 13.74 लाख करोड़ रुपए के 27.4 करोड़ ऋण दिए जा चुके हैं।

राष्ट्रीय छात्रवृत्ति पोर्टल के माध्यम से विभिन्न प्रकार की छात्रवृत्तियों के लिए आवेदन, निस्तारण, स्वीकृति और भुगतान को संभव बनाया गया है। छात्रों के 9.13 करोड़ से अधिक आवेदनों की जाँच की जा चुकी है।

यूनिफाइड पेमेंट्स इंटरफेस (यू.पी.आई.) मोबाइल प्लेटफॉर्म के माध्यम से दो बैंकों के बीच तुरंत होनेवाले लेन-देन की रीयल टाइम भुगतान प्रणाली है। अगस्त 2016 से यू.पी.आई. के जरिए 3,383 करोड़ से अधिक लेन-देन किए जा चुके हैं। हर महीने यू.पी.ए. लेन-देनों का औसत मूल्य अब लगभग 3.3 लाख करोड़ रुपए हो चुका है।

कांग्रेस जिस नरेगा पर अपनी पीठ इतना थपथपाती है, उसकी हालत वर्ष 2014 में बेहद खराब थी। काम दिए जाने में जबरदस्त भ्रष्टाचार होता था और सिर्फ कुछ ही सही लाभार्थियों तक मेहनताने का पैसा पहुँचता था। वर्ष 2017 में लगभग 1 करोड़ फर्जी नरेगा जॉब कार्ड का पता चला और उन्हें रद्द कर दिया गया। मोदी सरकार ने नरेगा को तकनीक से जोड़कर सुधार के साथ उसे नया रूप दिया। अब लगभग नरेगा के मजदूरों को 99% पैसा इलेक्ट्रॉनिक माध्यम से दिया जाता है, जबकि वर्ष 2013 में यह मात्र 37% था। अब 8.5 करोड़ से अधिक बैंक खाते आधार से जुड़े हैं, जबकि जनवरी 2014 में उनकी संख्या मात्र 76 लाख थी। वर्ष 2016 में भारत सरकार ने नरेगा के अंतर्गत हुए काम की जियो-टैगिंग शुरू की। पारदर्शिता लाने और चोरी को रोकने के लिए काम की पहचान, उस काम से जुड़े लोगों की संख्या और काम के अंतिम रूप को देखने के लिए टैगिंग की गई। वर्ष 2015-16 के छह महीनों में ही व्यक्तियों को मिला काम (92 करोड़) पिछले पाँच वर्षों से अधिक था।

डी.बी.जी., पी.एम.जे.डी.वाई., पी.एम.ए.वाई., एस.बी.ए., पी.एम.एफ.बी.वाई. और नरेगा मोदी के प्रधानमंत्री बनने से पहले ही मौजूद थे, जिनमें से कुछ के नाम अलग थे; लेकिन वे या तो कागजों पर थे या उन्हें खराब ढंग से लागू किया जा रहा था। बाकी सभी योजनाओं की शुरुआत मोदी सरकार ने की।

मैंने मोदी के नेतृत्व में शुरू हुई या काफी हद तक सुधारी गई सभी योजनाओं का जिक्र नहीं किया है।

भारत ने जब 100% ग्रामीण स्वच्छता को प्राप्त किया, तब कांग्रेस पार्टी के लोगों ने कहा कि शौचालय बनवानेवाले मोदी पहले व्यक्ति नहीं हैं। अगर कांग्रेस सरकारों ने अपना काम किया होता तो उन्होंने देश को मात्र 39% ग्रामीण स्वच्छता की स्थिति में नहीं छोड़ा होता। मोदी सरकार इसे महज पाँच वर्षों में 100% पर ले गई।

राहुल गांधी और कांग्रेस/विपक्ष के अन्य नेता अकसर मोदी के 'स्वच्छ भारत मिशन' का मजाक उड़ाते हैं। लेकिन वे यह नहीं समझते कि शौचालयों के बिना अधिकांश ग्रामीण महिलाएँ शौच के लिए या तो सूर्योदय से पहले या सूर्यास्त के बाद ही जा सकती थीं और तब भी उन्हें डर रहता था कि उन्हें अगवा न कर लिया जाए और उनका बलात्कार न हो जाए।

दर्जनों दूसरी परियोजनाओं या योजनाओं में भी ऐसी ही उपेक्षा देखने को मिलती है, जिन्हें यू.पी.ए. ने बेजान कर दिया था।

इस अध्याय को पढ़ने के बाद आप इस बात पर सहमत होंगे कि वर्ष 2019 में मोदी सरकार ने अधिक वोट और ज्यादा सीटों से दूसरी बार जीत हासिल की तो इसका एक कारण जन-कल्याण और लोगों की सुविधा के लिए बनी अनेक योजनाओं का सफल कार्यान्वयन था।

□

मोदी 2.0 के बड़े कदम

मोदी के दूसरे कार्यकाल के सबसे बड़े विधायी कदम, जिनमें से अधिकांश का विरोध कांग्रेस ने किया, काल-क्रम के अनुसार दिए जा रहे हैं।

राष्ट्रीय जाँच एजेंसी (संशोधन) अधिनियम

यह अधिनियम एन.आई.ए. को जाँच की अधिक शक्तियाँ देता है। यह एन.आई.ए. को भारतीयों और विदेश में भारतीयों के हितों को निशाना बनानेवाले आतंकवादी हमलों की जाँच की शक्तियाँ देता है। यह एजेंसी को मानव व्यापार, नकली नोटों का धंधा, प्रतिबंधित हथियारों का निर्माण एवं उनकी बिक्री और साइबर आतंकवाद जैसे अपराधों की जाँच की शक्ति भी देता है।

तीन तलाक अधिनियम

मुसलिम महिला (विवाह अधिकार संरक्षण) अधिनियम, 2019 31 जुलाई, 2019 को कानून बन गया। इसने *तलाक-अल-बिद्दा* को अपराध घोषित कर दिया, जिसका इस्तेमाल भारतीय मुसलिम, विशेष रूप से हनाफी सुन्नी इसलाम को माननेवाले, तलाक देने के लिए कर रहे थे। यह अमानवीय प्रथा किसी भी मुसलिम पुरुष को तीन बार लगातार 'तलाक' शब्द का इस्तेमाल बोलकर, लिखकर या इलेक्ट्रॉनिक माध्यम से करते हुए अपनी पत्नी को कानूनी रूप से तलाक देने की इजाजत देती है। 22 अगस्त, 2017 को सुप्रीम कोर्ट ने *तलाक-अल-बिद्दा* को असंवैधानिक घोषित कर दिया था। तीन तलाक का जिक्र 'कुरान' में नहीं है। मुसलिम कानून के जानकार भी इस प्रथा को काफी हद तक सही नहीं मान रहे थे।

23 देशों में से 19 इसलामिक देशों ने इस प्रथा पर रोक लगा दी थी, जिनमें इंडोनेशिया (24 करोड़ से अधिक मुसलिम, जो आबादी का 87% हैं), पाकिस्तान

(21.5 करोड़, 96.5%), बँगलादेश (15 करोड़, 90.8%), मिस्र (9.8 करोड़, 95.3%), ईरान (8.4 करोड़, 99.5%), तुर्की (8.3 करोड़, 98%), अल्जीरिया, इराक, अफगानिस्तान, मोरक्को, सऊदी अरब, मलेशिया, सीरिया, ट्यूनीशिया, जॉर्डन, यू.ए.ई., कुवैत, कतर और ब्रुनेई शामिल हैं। अगर तीन तलाक इन 19 मुसलिम-बहुल देशों के 114 करोड़ से अधिक मुसलमानों के लिए बुरा है तो यह भारत के 22 करोड़ (अनुमानित) मुसलमानों के लिए कैसे अच्छा था?

गैर-कानूनी गतिविधियाँ (रोकथाम) संशोधन अधिनियम

सबसे पहले यू.ए.पी.ए. को प्रधानमंत्री बनने के दो साल के भीतर सन् 1967 में इंदिरा गांधी ने कानूनी रूप दिया था। उसके अंतर्गत भारत सरकार किसी भी संगठन को आतंकी संगठन घोषित कर सकती थी, यदि उसने आतंकी गतिविधि को किया या उसमें शामिल हुआ, आतंकवाद को बढ़ावा दिया या अन्य किसी भी सरकार से आतंकवाद में शामिल पाया गया। इस संशोधन से पहले यू.ए.पी.ए. ने व्यक्तियों को आतंकी घोषित करने की इजाजत नहीं दी थी। इस कारण, यदि भारत सरकार लश्कर-ए-तैयबा को आतंकी संगठन घोषित करती तो उसका संस्थापक हाफिज सईद किसी दूसरे नाम से नया आतंकी संगठन शुरू कर सकता था और हर बार संगठन को नया नाम दे सकता था। अब हाफिज सईद को आतंकी घोषित कर दिए जाने से उससे जुड़ा कोई भी संगठन अपने आप ही आतंकी संगठन घोषित हो जाएगा। अधिकांश बड़े देशों और संयुक्त राष्ट्र ने व्यक्तियों को आतंकी घोषित करने के प्रावधान कर रखे थे और जरूरत थी कि भारत भी ऐसा करे।

पहले के यू.ए.पी.ए. के अंतर्गत किसी जाँच अधिकारी को ऐसी किसी भी संपत्ति को जब्त करने से पहले उस राज्य के डी.जी.पी. से अनुमति लेनी पड़ती थी, जिसका संबंध आतंकवाद से हो सकता था। 2019 के कानून में यह बात जोड़ी गई कि अगर जाँच एन.आई.ए. का कोई अधिकारी कर रहा है तो एन.आई.ए. के महानिदेशक की स्वीकृति पर्याप्त होगी।

अमेरिका में एफ.बी.आई. को किसी भी राज्य/शहर के पुलिस विभाग से उस राज्य या शहर में आतंकवाद-विरोधी कारवाई के लिए इजाजत नहीं लेनी पड़ती है। चीन में उसके सार्वजनिक सुरक्षा मंत्रालय को, रूस में एफ.एस.बी. को, यू.के. में नेशनल क्राइम एजेंसी को, फ्रांस में *सुहते* (सुरक्षा) को और जापान में *कीसात्सु-चो* को अपने-अपने देश में इसी प्रकार की शक्तियाँ मिली हुई हैं।

नागरिकता संशोधन अधिनियम

भारत में भारी संख्या में अवैध आप्रवासी रहते हैं, जिनमें से अधिकांश बँगलादेशी हैं। वर्ष 2004 में यू.पी.ए. ने कहा था कि देश में 1.2 करोड़ अवैध बँगलादेशी घुसपैठिए हैं। वर्ष 2016 में गृह राज्यमंत्री ने संसद् में बताया था कि देश में 2 करोड़ अवैध बँगलादेशी हैं। इसका कारण घुसपैठ के अनुकूल बॉर्डर के साथ ही भारत की तेजी से विकसित होती अर्थव्यवस्था और सांस्कृतिक व भाषाई संबंधों को बताया गया था। उनमें से कई को वोट का अधिकार मिल जाता है, क्योंकि कुछ दलों ने उनका इस्तेमाल 'वोट बैंक' के रूप में किया है। देश में पाकिस्तानी हिंदू शरणार्थी भी अज्ञात संख्या में रहते हैं। भारत सभी शरणार्थियों को 'अवैध आप्रवासी' का दर्जा देता है। भारत जहाँ शरणार्थियों को शरण देने का इच्छुक है, वहीं इसका पारंपरिक 'नेहरूवादी' पक्ष यह है कि हालात सामान्य होने पर उन्हें अपने मूल देश में लौट जाना चाहिए।

संसद् ने सन् 1955 में *नागरिकता अधिनियम* पास किया था। इसने विदेशियों के लिए भारतीय नागरिकता प्राप्त करने के दो विकल्प बताए। जो लोग सन् 1947 से पहले अविभाजित भारत का हिस्सा थे, उन्हें 7 साल तक भारत में रहने के बाद 'रजिस्ट्रेशन' का विकल्प दिया गया। जो दूसरे देशों से आए थे, उन्हें 12 साल तक यहाँ रहने के बाद 'नागरिक बनाने' का विकल्प दिया गया।

1980 के दशक में हुई राजनीतिक घटनाओं, विशेष रूप से असम, में हजारों बँगलादेशी घुसपैठियों के नर-संहार के बाद सन् 1986 में राजीव गांधी सरकार ने इसमें संशोधन किया, जिसने विदेशी नागरिकों की पहचान करने, उन्हें मतदाता सूची से हटाने और देश से निकालने पर सहमति जताई। उस संशोधन के अनुसार, माता या पिता में से किसी एक का भारतीय नागरिक होना जरूरी था, तभी उसकी संतान को नागरिकता मिल सकती थी। यह संशोधन संविधान के मौलिक नागरिकता अधिनियम में जन्मसिद्ध अधिकार के आड़े आ रहा था।

सन् 1992 में कांग्रेस की पी.वी. नरसिम्हा राव सरकार ने इसमें फिर से संशोधन किया। 26 जनवरी, 1950 के बाद जन्म लेनेवाला कोई भी व्यक्ति तभी भारतीय नागरिक बन सकता था, जब उसके जन्म के समय उसका पिता भारतीय था। इस संशोधन के अनुसार, माता-पिता में से कोई एक भारतीय है तो बच्चे को नागरिकता मिल सकती थी।

वर्ष 2003 में वाजपेयी सरकार ने कई बड़े संशोधन कर इसमें 'अवैध

आप्रवासियों' की अवधारणा को जोड़ा, जिससे वे नागरिकता के लिए आवेदन (रजिस्ट्रेशन या समय व्यतीत कर) के अयोग्य हो गए और उनके बच्चों को भी अवैध नागरिक घोषित कर दिया गया। ऐसे विदेशी नागरिकों को अवैध आप्रवासी बताया गया, जो भारत में बिना मान्य यात्रा दस्तावेजों के प्रवेश कर गए या यात्रा दस्तावेजों में निर्धारित अवधि से अधिक समय तक भारत में रह गए। अब उनको निष्कासित करना या जेल भेजा जाना संभव था। इस संशोधन ने भारत सरकार को नागरिकों का राष्ट्रीय रजिस्टर (एन.आर.सी.) बनाने और उसे नियमित करने का भी अधिकार दिया। इस बिल का समर्थन कांग्रेस और लेफ्ट दोनों ने किया था।

वर्ष 2016 में मोदी 1.0 सरकार नागरिकता अधिनियम में संशोधन के लिए एक बिल लेकर आई, जो पाकिस्तान, बँगलादेश और अफगानिस्तान के गैर-मुसलिम आप्रवासियों को नागरिकता के योग्य बनाएगा। 8 जनवरी, 2019 को यह लोकसभा में पास हो गया, लेकिन राज्यसभा में विपक्ष के विरोध और पूर्वोत्तर भारत में प्रदर्शनों के कारण यह रुक गया। मोदी 2.0 सरकार ने एक ऐसा विधेयक बनाया, जिसने पूर्वोत्तर के राज्यों की चिंताओं को दूर किया और कहा कि यह विधेयक उन लोगों को नागरिकता देगा, जो पड़ोसी देशों में धार्मिक उत्पीड़न से बचने के लिए भागे और जिन्होंने भारत में शरण ली है।

नागरिकता (संशोधन) विधेयक, 2019 को 10 दिसंबर, 2019 को 79.5% बहुमत के साथ पास किया गया और राज्यसभा में 11 दिसंबर को 54.3% के साथ। ए.आई.ए.डी.एम.के., बी.जे.डी., जे.डी.यू., टी.डी.पी. और वाई.एस.आर.सी.पी. ने इस विधेयक के पक्ष में मतदान किया। निश्‍चित रूप से, इनमें से किसी भी दल पर 'हिंदुत्व एजेंडा' रखने का आरोप नहीं लगाया जा सकता है।

पूरे भारत में जबरदस्त विरोध-प्रदर्शन हुए, विशेष रूप से विश्‍वविद्यालयों में। इसका कारण था कुछ विपक्षी दलों और कट्टरपंथी इसलामी संगठनों की ओर से चलाया गया भ्रामक अभियान। कुछ बातों पर गौर करें—

(1) राजीव गांधी ने कठोर मुसलिम-विरोधी कानून लाने का वादा किया था, भले ही मुसलिम वोट गँवाने के डर से उसे लागू नहीं किया गया।

(2) कांग्रेस ने वर्ष 2003 में वाजपेयी सरकार के संशोधनों का समर्थन किया।

(3) पाँच बड़े 'धर्मनिरपेक्ष' राजनीतिक दलों ने 2019 के संशोधन का समर्थन किया। इस नए कानून अधिनियम के खिलाफ जिन लोगों ने

आवाज उठाई, जिनमें मीडिया में मौजूद मोदी–विरोधी भी शामिल हैं, उन्होंने निम्नलिखित कारण बताए, जिन पर मैं टिप्पणी करूँगा।

विरोधी : अफगानिस्तान, बँगलादेश और पाकिस्तान के मुसलमानों को नागरिकता की पात्रता का प्रस्ताव नहीं दिया गया है। यह संशोधन उन देशों में सताए गए मुसलमानों का संज्ञान नहीं लेता है। अगर सरकार धार्मिक यातनाओं को लेकर चिंतित होती तो उसे शियाओं (पाकिस्तान में अल्पसंख्यक मुसलमान), अहमदिया (एक मुसलिम संप्रदाय, जिसे पाकिस्तान में 'काफिर' कहकर सताया जाता है) और हाजरा (पाकिस्तान के मुसलिम अल्पसंख्यक, जिनके समुदाय के लोगों की तालिबान ने अफगानिस्तान में हत्या की है) को शामिल करना चाहिए था, उन्हें अल्पसंख्यक मानना चाहिए।

मैं : (1) मुसलमानों को मुसलिम देश में अल्पसंख्यक कैसे माना जा सकता है? (2) सन् 1970 में केरल हाई कोर्ट ने अपने ऐतिहासिक फैसले में अहमदिया समुदाय के लोगों को मुसलमान माना था। (3) भारत सरकार इसकी पहचान कैसे करेगी कि कौन शिया, अहमदिया या हाजरा है? आप किसी व्यक्ति को उसके धर्म से पहचान सकते हैं, जो पासपोर्ट या दूसरे राष्ट्रीय पहचान के दस्तावेजों में दर्ज होता है, लेकिन संप्रदाय/जाति आमतौर पर नहीं लिखी होती है।

विरोधी : रोहिंग्या को भी शामिल किया जाना चाहिए था।

मैं : रोहिंग्या म्याँमार में मुसलिम अल्पसंख्यक हैं, जो अवैध आप्रवासी के रूप में बँगलादेश से वहाँ आए हैं। उनके खिलाफ हिंसा होने के कारण वर्ष 2017 के बाद से 11 लाख से अधिक बँगलादेश भाग गए। बँगलादेश ने म्याँमार से उन्हें वापस लेने को कहा है। ये बँगलादेश और म्याँमार के बीच का विवाद है। भारत इसमें कैसे शामिल है?

विरोधी : इस बिल में श्रीलंका से आए तमिल शरणार्थियों का जिक्र नहीं है, जो 1980 और 1990 के दशक में श्रीलंका के सिंहली बहुसंख्यकों की सुनियोजित हिंसा के शिकार थे और उन्हें यहाँ बसने दिया गया था।

मैं : अफगानिस्तान को शामिल कर मोदी सरकार ने महज अविभाजित ब्रिटिश भारत के नागरिकों को स्वीकार करने तक खुद को सीमित नहीं रखा, इस कारण एक नए संशोधन के साथ श्रीलंका से आए तमिलों को भी शामिल किया जाना चाहिए।

विरोधी : इस संशोधन में तिब्बती बौद्ध शरणार्थियों को राहत नहीं दी गई है,

जो 1950 और 1960 के दशक में भारत आए थे।

मैं : तिब्बती बौद्धों को भी शामिल किया जाना चाहिए।

ऐसा अनुमान है कि पाकिस्तान में 2.2 करोड़ से अधिक शिया, 47 लाख से अधिक अहमदिया और 8 लाख से अधिक हाजरा हैं। अफगानिस्तान में 27 लाख से अधिक हाजरा, बँगलादेश में 13 लाख से अधिक रोहिंग्या, म्याँमार में 4 लाख से अधिक रोहिंग्या और श्रीलंका में 24 लाख से अधिक तमिल हैं। क्या हम सभी 3.43 करोड़ लोगों को भारत में बसा लें? क्या इससे भारत की जनसंख्या संबंधी तसवीर पूरी तरह से बदल नहीं जाएगी? आखिर, इतने सारे लोगों को उस देश में रोजगार कैसे मिलेगा, जो पहले ही बेरोजगारी से जूझ रहा है?

राष्ट्रीय शिक्षा नीति (एन.ई.पी.)

29 जुलाई, 2020 को एक नई राष्ट्रीय शिक्षा नीति को स्वीकृति दी गई। 34 वर्षों में ऐसा पहली बार हुआ था। भारत के इतिहास में शिक्षा के क्षेत्र में सबसे व्यापक सुधार की कुछ प्रमुख विशेषताएँ इस प्रकार हैं—

1. 10+2 की जो संरचना (6 से 18 वर्ष के लिए) थी, उसे 5+3+3+4 की संरचना (3 से 18 वर्ष के लिए) से बदला गया—

   (क) सभी के लिए तीन वर्षों का 'बचपन की देखभाल और शिक्षा' का आधारभूत चरण और दो वर्षों का प्राथमिक स्कूल (वर्ग 1 और 2), जहाँ 3 से 8 वर्ष के बच्चों के लिए अनेक स्तरों की खेल/गतिविधि आधारित शिक्षा दी जाएगी।

   (ख) प्रारंभिक चरण (कक्षा 3 से 5), जिसमें 8 से 11 वर्ष के बच्चों के लिए खेल, खोज और गतिविधि-आधारित तथा परस्पर संवाद से कक्षा में पढ़ाई कराई जाएगी।

   (ग) माध्यमिक चरण (कक्षा 6 से 8) में 11 से 14 वर्ष के छात्रों के लिए विज्ञान, गणित, कला, सामाजिक विज्ञान और मानविकी में अनुभवजन्य शिक्षा।

   (घ) 14 से 18 वर्ष के छात्रों के लिए उच्च माध्यमिक चरण (कक्षा 9 से 12), जहाँ विभिन्न विषयों में से दसवीं कक्षा के आखिर में चुने गए विषय को छोड़ने और फिर ग्यारहवीं कक्षा में आगे चलकर उसे फिर से चुनने का विकल्प।

2. कक्षा 3, 5 और 8 में 360° प्रोग्रेस कार्ड के साथ स्कूल की परीक्षा, जिसमें छात्र के साथ ही शिक्षक का मूल्यांकन और अभिभावक की भागीदारी शामिल होगी, ताकि ज्ञान संबंधी, भावात्मक, सामाजिक-भावनात्मक और मन में होनेवाली क्रिया के क्षेत्रों में छात्र के अनोखेपन और प्रगति को दरशाया जा सके, जिसमें प्रोजेक्ट-आधारित और जिज्ञासा-आधार शिक्षा, क्विज, रोल प्ले, ग्रुप वर्क और पोर्टफोलियो आदि शामिल रहते हैं। बच्चे के विकास की जानकारी हासिल करने और उसे अपने सबसे उपयुक्त कॅरियर को चुनने में मदद के लिए ए.आई. आधारित सॉफ्टवेयर।
3. दसवीं और बारहवीं कक्षा के छात्रों के लिए आसान बोर्ड परीक्षा, जिसमें सिर्फ मौलिक योग्यता की जाँच हो और यह साल में दो बार की जाए।
4. रटी-रटाई शिक्षा और सिर्फ परीक्षा के लिए पढ़ाई के स्थान पर अवधारणा की समझ पर जोर। सभी विषयों के पाठ्यक्रम को उसकी मूल आवश्यकता तक सीमित करना। समग्र शिक्षा के लिए गहन सोच, जिज्ञासा, खोज, चर्चा एवं विश्लेषण-आधारित शिक्षण और सीखने के तरीके। छात्रों को सवाल पूछने के लिए प्रोत्साहित करना।
5. कला, विज्ञान, मानविकी, व्यावसायिक, पाठ्येतर और खेलकूद के विषयों को चुनने की आजादी।
6. सभी विषयों को धीरे-धीरे दो स्तरों (बेसिक और एडवांस्ड) पर उपलब्ध कराना।
7. कक्षा-6 से व्यावसायिक शिक्षा की शुरुआत। छात्रों को उनकी पसंद के व्यवसाय में साल में 10 दिनों तक अनौपचारिक इंटर्नशिप का अनुभव कराना।
8. सामान्य योग्यता परीक्षा (जैसे कि अमेरिका का सैट) और विश्व-विद्यालयों में प्रवेश के लिए साल में कम-से-कम दो बार विशेष परीक्षा के लिए राष्ट्रीय परीक्षण एजेंसी (एन.टी.ए.)।
9. तीन या चार वर्षों के बैचलर डिग्री के अंडरग्रेजुएट कॉलेज, जहाँ चार साल के अनेक विषयों के पाठ्यक्रम को प्राथमिकता दी जाए। किसी भी छात्र को व्यावसायिक और पेशेवर विषयों समेत किसी विषय/क्षेत्र में एक साल पूरा करने पर 'सर्टिफिकेट' या दो साल पूरा करने पर 'एडवांस्ड डिप्लोमा' दिया जाए।

10. मास्टर्स डिग्री के लिए एक या दो वर्षों के पोस्ट-ग्रेजुएट कॉलेज।
11. क्रेडिट का अकादमिक बैंक, जहाँ क्रेडिट ट्रांसफर की सुविधा हो, जिससे कि छात्र को किसी भी समय कॉलेज छोड़ने या उसी कॉलेज या दूसरे कॉलेज में फिर से दाखिला लेने की छूट हो।
12. शिक्षण, सीखने और मूल्यांकन में तकनीक का व्यापक उपयोग। परस्पर संवाद से शिक्षण, जहाँ पाठ्य पुस्तकों पर निर्भरता कम हो।
13. सभी पाठ्यक्रम, शिक्षण एवं नीति में विविधता और स्थानीय संदर्भ। भारतीय संस्कृति पर बल।
14. तार्किक निर्णय-प्रक्रिया और नएपन के लिए गहन सोच को प्रोत्साहन।
15. डिजिटल साक्षरता, कंप्यूटेशनल सोच और कोडिंग तथा आचार-विचार एवं नैतिक तर्क-शक्ति पर बल।
16. कॉलेजों को पंद्रह वर्षों के दौरान डिग्री देने की वर्गीकृत स्वायत्तता मिलेगी। उनके स्वतंत्र बोर्ड ऑफ गवर्नर होंगे। विश्वविद्यालयों के साथ संबद्धीकरण और डीम्ड विश्वविद्यालय का दर्जा समाप्त हो जाएगा।
17. शीर्ष 100 विदेशी विश्वविद्यालयों को भारत में कैंपस खोलने की अनुमति।
18. आई.आई.एम. और आई.आई.टी. जैसे शीर्ष भारतीय संस्थानों को विदेश में कैंपस खोलने के लिए प्रोत्साहित किया जाएगा।
19. मेडिकल और कानूनी शिक्षा के सिवाय भारतीय उच्चतर शिक्षा आयोग (HECI) एकल नियामक बनेगा और विश्वविद्यालय अनुदान आयोग का स्थान लेगा। *फिलहाल कुछ ज्यादा ही नियामक हैं और वे अकसर आपस में भिड़ते रहते हैं।*
20. फाउंडेशनल लिटरेसी एंड न्यूमेरसी पर एक राष्ट्रीय मिशन, ताकि कक्षा-3 तक के सभी छात्र वर्ष 2025 तक सार्वभौमिक मूलभूत साक्षरता और संख्यात्मक ज्ञान प्राप्त कर सकें।

अधिकांश प्रसिद्ध शिक्षाविद् एन.ई.पी. को परिवर्तनकारी और ऐसा मानते हैं, जिसका इंतजार लंबे समय से था। सबसे बड़ी सोच रटकर सीखने, यानी जो पढ़ाया जा रहा है, उसे समझने के बजाय परीक्षा पास करने के लिए पढ़ाई की घुट्टी पीना या याद कर उसे पास करने की परंपरा को छोड़ना था।

अपनी तमाम पुस्तकों पर अपने संबोधन के लिए मैं जब अलग-अलग कैंपस में जाता हूँ तो कॉलेज के हजारों छात्रों से मुझे संवाद करने का अवसर मिलता है।

यह देखकर मुझे काफी कष्ट होता है कि हमारे छात्र आज कितने 'अल्प-शिक्षित' हैं। 85% से अधिक को भारत के 8 या 10 से ज्यादा राज्यों के नाम नहीं मालूम। दो विश्व युद्धों के विषय में थोड़ी-बहुत ही जानकारी है। वे नहीं जानते कि ई.यू. क्या है, संसद् या संसद्/राज्य के चुनावों के बारे में बहुत थोड़ा (अगर जानते भी हैं तो) जानते हैं, भारत के दो या तीन प्रधानमंत्रियों के बारे में थोड़ी या बिल्कुल भी जानकारी नहीं है, हमारे संविधान के विषय में कुछ भी नहीं जानते।...इसी तरह मैं कई बातें गिना सकता हूँ।

टाइम्स हायर एजुकेशन वर्ल्ड यूनिवर्सिटी 2020 रैंकिंग में शीर्ष 500 में सिर्फ छह भारतीय विश्वविद्यालय थे और शीर्ष 300 में तो एक को भी जगह नहीं मिली।

हम आई.आई.टी. के 300 या आई.आई.एम. के उन 50 ग्रेजुएट्स का गुणगान करते रहते हैं, जिन्होंने विदेश में नाम कमाया है। कितने भारतीय वकील दुनिया की 50 सबसे बड़ी लॉ कंपनियों में पार्टनर हैं? कितने पत्रकार दुनिया के प्रमुख प्रकाशनों में संपादक हैं? दुनिया के शीर्ष 100 विश्वविद्यालयों में कितने भारतीय डीन बन चुके हैं? हम ओलंपिक के कितने मेडल जीतते हैं? बीते 73 वर्षों में लगभग 3.3 करोड़ भारतीय ग्रेजुएट ने इंजीनियरिंग की डिग्री ली है। अगर उनमें से 330 ने कुछ बड़ा किया तो इसमें इतना बड़ी क्या बात है? आखिर, 1,00,000 में से सिर्फ 1 ने कुछ किया है।

दस वर्षों से हेल्थकेयर बिजनेस में रहने के कारण मैंने मेडिकल की पढ़ाई में एक बहुत बड़ी समस्या को देखा है। 50% से अधिक डॉक्टरों को मेडिसिन के क्षेत्र में दुनिया में सबसे नई तरक्की की जानकारी नहीं होती, क्योंकि उनकी शिक्षा निरंतर जारी नहीं रहती, जो अधिकांश विकसित देशों में अनिवार्य है। हमारी नर्सों को विकसित देशों की नर्सों की तुलना में मेडिसिन की एक-तिहाई समझ भी नहीं है, व्यवहार-कुशलता की तो बात ही मत कीजिए।

निरंतर शिक्षा अधिकांश विकसित देशों में न केवल डॉक्टरों के लिए अनिवार्य है, बल्कि वकीलों, आर्किटेक्ट और अन्य पेशेवरों के लिए भी है, ताकि ऐसे पेशेवर लोग पुराने तौर-तरीकों का इस्तेमाल न करें। और तो और, लंदन के टैक्सी ड्राइवरों को भी लंदन की सड़कों, मुख्य स्थलों और पर्यटन स्थलों के विषय में हर दो साल पर एक परीक्षा पास करनी पड़ती है।

बी.कॉम. के लगभग 40% ग्रेजुएट को अकाउंट्स की जानकारी नहीं होती। लगभग 70% वैधानिक नियमों या प्रक्रियाओं के बारे में नहीं जानते। अधिकांश को

संवाद के कौशल या व्यवहार संबंधी कुशलता की जानकारी नहीं होती। मैं शिक्षा के दूसरे क्षेत्रों के विषय में भी बताता जा सकता हूँ; लेकिन मुझे लगता है, आप समझ गए हैं कि मैं क्या कहना चाहता हूँ।

पिछली सरकारों ने ऐसे सुधारों के बारे में क्यों नहीं सोचा ?

कृषि सुधार : (इस पर *'किसानों को आजादी'* अध्याय में चर्चा है)

श्रम सुधार

वर्ष 2019 का मजदूरी पर कोड, व्यावसायिक सुरक्षा, स्वास्थ्य और काम की परिस्थितियों (OSHWC) का *कोड 2020, सामाजिक सुरक्षा 2020 कोड* और *औद्योगिक संबंध संहिता 2020* साथ मिलकर 44 पुराने श्रम कानूनों (1,200 उप-धाराओं के साथ) का स्थान लेंगे और वे—

(1) रजिस्ट्रेशन की संख्या को 8 से घटाकर 1 करेंगे। लाइसेंस को 4 से 1 और फाइल किए जानेवाले रिटर्न को भी 4 से घटाकर 1 कर देंगे।

(2) नियोक्ताओं के लिए श्रमिकों को बहाल करना और निकालना आसान कर देंगे, जिससे भारत व्यापार के लिए अधिक आकर्षक हो जाएगा।

(3) फैक्टरी के कर्मचारियों को अधिकारियों के जैसे लाभ देंगे, जिनमें नियुक्त-पत्र को अनिवार्य रूप से जारी करना, मुफ्त वार्षिक मेडिकल जाँच और डी.बी.टी. के माध्यम से वेतन देना शामिल होगा।

(4) श्रमिकों के लिए व्यावसायिक सुरक्षा और काम की परिस्थितियों में सुधार करेंगे, जिनमें शिकायत-निवारण की एक औपचारिक व्यवस्था भी शामिल होगी।

(5) असंगठित क्षेत्र, ठेके के मजदूरों और ऑनलाइन प्लेटफॉर्म (जैसे उबर/ओला) के कामगारों को संगठित क्षेत्र के मजदूरों के समानांतर लाएँगे।

(6) मौजूदा इंस्पेक्टर राज को समाप्त करने का प्रयास करेंगे, जिससे सरकारी दखल और भ्रष्टाचार को कम किया जा सके।

(7) नियोक्ता-अपराधियों के लिए जेल की सजा को 7 साल से घटाकर 3 साल करेंगे।

ऐसे सुधार सुनिश्चित करेंगे कि न्यूनतम वेतन सभी कामगारों को समय पर दिया जाए, जिनके लिए काम का बेहतर माहौल होगा और गैर-स्थायी श्रमिकों को

सभी सरकारी लाभ के साथ सामाजिक सुरक्षा भी मिलेगी। पुराने श्रम कानूनों से और किसी को भले लाभ मिलता हो, मजदूरों को बिल्कुल भी नहीं मिलता था।

एफ.सी.आर.ए. अधिनियम में संशोधन

गैर-सरकारी संगठनों की ओर से जताई जा रही इस चिंता के बीच संसद् ने *विदेशी अंशदान (विनियमन) संशोधन (एफ.सी.आर.ए.) अधिनियम, 2020* को पास किया कि इससे विदेश से धन प्राप्त करना और भी मुश्किल हो जाएगा। लेकिन इस कानून का मकसद उसे मुश्किल बनाना ही तो है। नए कानून के जरिए वर्ष 2010 के एफ.सी.आर.ए. में कई नए प्रावधानों को जोड़ा गया है। आखिर, नए बदलाव इतने अहम क्यों हैं और इन्हें अमल में लाए जाने की पृष्ठभूमि क्या है ?

वर्ष 2010 से 2019 के बीच विदेशी धन की सालाना प्राप्ति लगभग दोगुनी हो गई है। इसे प्राप्त करनेवालों में से कई ने इसका इस्तेमाल उस उद्देश्य के लिए नहीं किया, जिनके लिए उनका पंजीकरण किया गया था। भारत सरकार ने वर्ष 2011 से 2019 के बीच 19,000 से अधिक एन.जी.ओ. के रजिस्ट्रेशन सर्टिफिकेट रद्द कर दिए।

लंबे समय से इस बात का भी संदेह जताया जा रहा था कि कई एन.जी.ओ. भोले-भाले हिंदुओं का, विशेष रूप से जो निम्न जातियों/पिछड़े वर्गों के हैं, उनका धर्मांतरण ईसाई या इसलाम धर्म में करने में जुटे थे। जो लोग इस चलन का अध्ययन कर रहे थे, उनका कहना है कि भारत में मुसलमानों की वास्तविक आबादी 20 से 23% तक हो सकती है, जिसे वर्ष 2011 की जनगणना में 14.2% बताया गया था। इसी प्रकार, जनगणना के आँकड़ों में ईसाई आबादी जहाँ 2.3% बताई गई है, वहीं वास्तव में यह 6 से 9% तक हो सकती है। धर्म बदल चुके कई हिंदू अपना नाम या अपना धर्म सरकारी दस्तावेजों में नहीं बदलते, क्योंकि वे एस.सी./एस.टी./ओ.बी.सी. या समाज के आर्थिक रूप से कमजोर वर्गों का सदस्य बने रहकर सरकारी लाभ प्राप्त करते रहना चाहते हैं। मेरे अपने ही दफ्तर और घर में नौ में से छह ड्राइवर, ऑफिस ब्वॉय और घरेलू काम करनेवाले बीते पंद्रह वर्षों में ईसाई धर्म स्वीकार कर चुके हैं।

ऐसे एन.जी.ओ., जिन्हें उन 'विदेशी ताकतों' से पैसा मिलता है, जो आर्थिक या राजनीतिक रूप से भारत के विरोधी हैं और खनन, बिजली उत्पादन तथा अन्य बुनियादी विकास की महत्त्वपूर्ण परियोजनाओं का विरोध करते हैं। पर्यावरण

को लेकर भ्रामक चिंता और एजेंडा-आधारित सक्रियता ने कई विकास संबंधी परियोजनाओं पर ब्रेक लगा दिया है। इस तरह की परियोजनाओं की अब ज्यादा छान-बीन की जाएगी। विदेशी धन से चलनेवाले एन.जी.ओ. को भारत के विकास में अड़ंगा डालने नहीं देना चाहिए।

एफ.सी.आर.ए. 2010 को इस उद्देश्य से लागू किया गया था कि 'राष्ट्र-हित' के खिलाफ किसी भी गतिविधि के लिए विदेशी धन को स्वीकार करने और उनके उपयोग या विदेशी लोगों की मेजबानी को नियंत्रित किया जा सके। किसी भी विधायी संस्था या राजनीतिक दल के सदस्य, चुनाव लड़ रहे उम्मीदवार, किसी अखबार के संपादक/प्रकाशक और जज विदेशी धन लेने से प्रतिबंधित कर दिए गए। नए कानून में सरकारी सेवकों (जैसा कि आई.पी.सी. में परिभाषित है) को प्रतिबंधित लोगों की सूची में शामिल किया गया है। अब आवेदकों को अपने सभी पदाधिकारियों के आधार की जानकारी उनके पहचान-पत्र के रूप में देनी होगी। नए कानून में विदेशी को प्राप्त करनेवाले की ओर से उसे किसी सहयोगी संगठन या सहयोगी व्यक्ति को ट्रांसफर करने पर भी पाबंदी है; जबकि पहले ऐसा आमतौर पर हो रहा था।

विदेशी धन अब सिर्फ एस.बी.आई., नई दिल्ली की एक शाखा में 'एफ. सी.आर.ए. खाता' के नाम से बने खाते में ही प्राप्त किया जा सकता है। विदेशी धन के अलावा अन्य कोई भी धन इस खाते में प्राप्त या जमा नहीं किया जा सकता है। पहले, प्राप्तकर्ता विदेशी धन का 50% प्रशासनिक खर्च के लिए कर सकते थे; नए कानून ने इसे घटाकर 20% कर दिया है। इसके अलावा, विदेशी धन प्राप्त करने के लिए मिली मंजूरी का नवीनीकरण अपने आप ही नहीं होगा।

यूनीक लैंड पार्सल आई.डी. नंबर (ULPIN)

भारत जल्दी ही 14 अंकोंवाले यू.एल.पी.आई.एन. का इस्तेमाल करने लगेगा, जिससे सरकारी परियोजनाओं के लिए भूमि अधिग्रहण आसान हो जाएगा और जमीन का फर्जी स्वामित्व समाप्त हो जाएगा। छह राज्यों में पायलट प्रोजेक्ट चलाने के बाद सरकार चार अन्य राज्यों में भी पायलट प्रोजेक्ट चला रही है।

इस यूनीक नंबर में प्लॉट, साइज और उसके अक्षांश एवं देशांतर के आँकड़े स्वामित्व की जानकारियों में शामिल होंगे। आगे चलकर यू.एल.पी.आई.एन. को आधार और राज्य के राजस्व के दस्तावेजों से लिंक कर दिया जाएगा।

इससे जमीन-जायदाद के सौदे सुविधाजनक हो जाएँगे, संपत्ति के विवादों का निपटारा एवं कर (Tax) के विषय हल होंगे और आपदा प्रबंधन तथा काररवाई के प्रयास बेहतर होंगे।

जमीन-जायदाद के सौदे पारदर्शी हो जाएँगे, जिन पर काला धन समेत कई समस्याओं को लेकर उँगली उठाई जाती है।

चौदह वर्षों तक राष्ट्रीय स्तर पर एक जाना-माना रियल एस्टेट प्रोजेक्ट कंसल्टेंट होने के नाते मैं विश्वास के साथ कह सकता हूँ कि यह एक शानदार कदम है।

□

जम्मू व कश्मीर अब भारत का हिस्सा है

सबसे पहले हमें यह समझना होगा कि जम्मू व कश्मीर (जो पहले राज्य था और अब दो केंद्र-शासित प्रदेशों में पुनर्गठित) को भारतीय संविधान के अनुच्छेद 370 और 35ए के अंतर्गत 'विशेष दर्जा' क्यों दिया गया था और फिर यह देखेंगे कि इस विशेष दर्जे का फायदा 70 वर्षों में किसे मिला—

वर्ष 1947 में भारत में दो प्रकार के क्षेत्र थे—एक, जो सीधे ब्रिटिश शासन के अंतर्गत थे और दूसरे, जिन पर ब्रिटिश साम्राज्य का आधिपत्य था, पर उनके आंतरिक मामलों का नियंत्रण उनके वंशानुगत शासकों के हाथों में था। दूसरे तरह के क्षेत्रों में 562 रियासतें शामिल थीं, जिनमें अंग्रेजों के साथ राजस्व के बँटवारे के अलग-अलग समझौते थे। इनके अलावा, कुछ औपनिवेशिक एन्क्लेव भी थे, जिन पर फ्रांस (जैसे कि पुदुचेरी) और पुर्तगाल (मुख्य रूप से गोवा, दमन एवं दीव) का नियंत्रण था।

सरदार वल्लभभाई पटेल (भारत के पहले उप-प्रधानमंत्री एवं गृह मंत्री) और वी.पी. मेनन (विदेश विभाग के सचिव) ने लॉर्ड माउंटबेटन (आखिरी ब्रिटिश वायसराय और स्वतंत्र भारत के पहले गवर्नर जनरल) की सहायता से रियासतों के शासकों भारत के साथ विलय के लिए राजी किया। उन्हें भारत की संविधान सभा में अपने प्रतिनिधि भेजने का न्योता दिया गया, जो भारत के संविधान की रूपरेखा तैयार कर रही थी। उन्हें अपने राज्यों में भी संविधान सभाओं के गठन के लिए प्रोत्साहित किया गया। 19 मई, 1949 को सभी राज्यों के शासकों एवं मुख्यमंत्रियों ने भारत सरकार से मुलाकात की और इस पर सहमत हुए कि राज्यों के लिए अलग संविधान जरूरी नहीं है। उन्होंने भारतीय संविधान को ही अपना स्वीकार कर लिया। कुछ राज्यों ने संशोधन सुझाए, जिन्हें भारत सरकार ने स्वीकार कर लिया।

जम्मू व कश्मीर के प्रतिनिधियों ने आग्रह किया कि भारतीय संविधान के

केवल वही प्रावधान जम्मू व कश्मीर पर लागू किए जाएँ, जो महाराजा हरि सिंह की ओर से विलय के समझौते पर दस्तखत किए गए हैं, जैसे कि रक्षा, विदेश मंत्रालय और संचार, उसके अनुसार हों और अन्य मामलों को जम्मू व कश्मीर की संविधान सभा तय करेगी, जब उसका गठन किया जाएगा। भारत सरकार सहमत हो गई। अनुच्छेद 370 को भारतीय संविधान में शामिल कर लिया गया, जिसमें यह शर्त थी कि भारत सरकार को शक्ति देनेवाले भारतीय संविधान के सिर्फ वही अनुच्छेद जम्मू व कश्मीर पर लागू होंगे, जिन पर जम्मू व कश्मीर संविधान सभा की सहमति होगी।

अनुच्छेद 370 एक 'अस्थायी प्रावधान' था, क्योंकि इसे तभी तक के लिए लागू किया गया था, जब तक कि जम्मू व कश्मीर का संविधान अमल में न आ जाए। अनुच्छेद 370 का शीर्षक था—'जम्मू-कश्मीर राज्य के संबंध में अस्थायी प्रावधान'।

जम्मू व कश्मीर का संविधान 26 जनवरी, 1957 को अमल में आया और उसकी संविधान सभा को उसी दिन अनुच्छेद 370 को हटाने या उसमें संशोधन की सिफारिश के बिना ही भंग कर दिया गया।

जब अनुच्छेद 370 को बनाया गया था, तब भारतीय संविधान के सिर्फ दो अनुच्छेद जम्मू व कश्मीर पर लागू होते थे। जाति-आधारित आरक्षण और लैंगिक समानता के कानून लागू नहीं होते थे। पी.ओ.के./पाकिस्तान से जो हिंदू और सिख आए थे, वे जम्मू व कश्मीर में दशकों से रहने के बावजूद राज्य के चुनावों में मतदान नहीं कर सकते थे, जबकि वे लोकसभा चुनावों में वोट डाल सकते थे। अन्य प्रावधान जम्मू व कश्मीर सरकार से बातचीत या उसकी सहमति के बाद भारत के राष्ट्रपति की ओर से बताए उसके अपवादों या सुधारों के बाद राष्ट्रपति के आदेश/आदेशों ('पी.ओ.') से लागू होंगे।

पिछले कई वर्षों के दौरान राष्ट्रपतियों ने जम्मू व कश्मीर सरकार की सहमति से कई आदेश जारी किए। जनवरी 1950 के पी.ओ. के अनुसार, संसद् 38 मामलों में जम्मू व कश्मीर के लिए कानून बना सकती थी तथा अपवादों के साथ और सुधारों पर राज्य सरकार की सहमति के बाद भारतीय संविधान के कुछ अनुच्छेदों का विस्तार जम्मू व कश्मीर तक किया गया। सन् 1954 के पी.ओ. के द्वारा (1) भारतीय नागरिकता जम्मू व कश्मीर के 'अस्थायी नागरिकों' (पी.आर.) को दी गई और अनुच्छेद 35ए को भारतीय संविधान में जोड़ा गया, जिससे जम्मू व कश्मीर विधानसभा को अचल संपत्ति, राज्य में बसने और रोजगार के संबंध में पी.आर.

के विशेषाधिकारों पर कानून बनाने का अधिकार मिला, (2) मुआवजा दिए बिना ही भूमि अधिग्रहण से जम्मू व कश्मीर सरकार की सुरक्षा, (3) भारतीय संविधान के तहत मिलनेवाले मौलिक अधिकार जम्मू व कश्मीर को दिए गए, लेकिन जम्मू व कश्मीर विधानसभा को आंतरिक सुरक्षा के लिए नजरबंदी पर कानून बनाने की शक्ति मिली, (4) सुप्रीम कोर्ट का दायरा जम्मू व कश्मीर तक बढ़ाया गया, (5) भारत सरकार को बाहरी आक्रमण की स्थिति में राष्ट्रीय आपातकाल की घोषणा का अधिकार मिला; हालाँकि, आंतरिक उथल-पुथल के मामले में इस शक्ति का उपयोग वह केवल राज्य की सहमति से ही कर सकती थी, (6) भारत सरकार और जम्मू व कश्मीर के वित्तीय संबंध वैसे ही हो गए, जैसे दूसरे राज्यों के साथ थे, (7) जम्मू व कश्मीर के आयात शुल्क को समाप्त कर दिया गया।

फरवरी 1956 से फरवरी 1994 तक, किसी भी बी.जे.पी. नेता के प्रधानमंत्री बनने से काफी पहले, अन्य 47 पी.ओ. जारी किए गए, जिससे भारतीय संविधान के कई अन्य प्रावधान जम्मू व कश्मीर पर लागू हुए।

जनवरी 1950 से फरवरी 1994 तक, चौवालीस वर्षों के दौरान 95% समय में या तो कांग्रेस की सरकार थी या कांग्रेस पर निर्भर भारत सरकार थी।

सभी पी.ओ. किसी संविधान सभा के बिना, 'जम्मू व कश्मीर सरकार की सहमति' से जारी किए गए थे। कुछ उस वक्त जारी किए गए थे, जब जम्मू व कश्मीर में 'राष्ट्रपति शासन' था और वहाँ कोई राज्य सरकार नहीं थी। सहमति राज्य के राज्यपाल द्वारा दी गई थी, जो भारत सरकार की ओर से चुना गया था। इन पी.ओ. के माध्यम से संघ की सूची के 94 विषय और 395 में से भारतीय संविधान के 260 अनुच्छेद जम्मू व कश्मीर पर लागू किए गए। भारतीय संविधान में कानून बनाए जानेवाले विषयों को एक 'संघीय सूची' (97 विषय), एक 'राज्य सूची' (66 विषय) और एक 'समवर्ती सूची' (47 विषय) में विभाजित किया गया है।

सन् 1954 के बाद जम्मू व कश्मीर से संबंधित सभी पी.ओ. 1954 के पी.ओ. के संशोधन के रूप में, न कि उसका स्थान लेनेवाले पी.ओ. के रूप में जारी किए गए; क्योंकि उनकी संवैधानिकता पर शायद प्रश्नचिह्न लगा था। इसे अनुच्छेद 370 का 'क्षरण' बताया गया है। गृह मंत्री गुलजारी लाल नंदा (अगस्त 1963 से नवंबर 1966) का मत था कि जम्मू व कश्मीर को दिए गए 'विशेष दर्जे' में राष्ट्रपति के आदेश के द्वारा संशोधन की एक बेहद सरल प्रक्रिया शामिल है; जबकि अन्य सभी राज्यों की शक्तियों में संशोधन केवल संविधान में संशोधन की बेहद कड़ी

प्रक्रिया के बाद ही संभव है। उनके अनुसार, अनुच्छेद 370 ही 'एकमात्र रास्ता' है, जिससे भारत का संविधान जम्मू व कश्मीर तक जा सकता है। यह एक ऐसी सुरंग है, जिससे 'काफी गाड़ियाँ गुजर चुकी हैं तथा आगे और भी गुजरेंगी।' नंदा के उत्तराधिकारियों ने अनुच्छेद 370 की व्याख्या इसी तरीके से की है।

अनुच्छेद 35ए ने जम्मू व कश्मीर विधानसभा को स्थायी नागरिकों को परिभाषित करने और उन्हें विशेष अधिकार एवं सुविधाएँ देने की शक्ति दी। इसे सन् 1954 के पी.ओ. से भारत के संविधान में जोड़ा गया था। जम्मू व कश्मीर ने इन सुविधाओं को परिभाषित करते हुए अचल संपत्ति खरीदने, मतदान करने या चुनाव लड़ने, सरकारी नौकरी पाने, उच्च शिक्षा और स्वास्थ्य सेवा जैसे अन्य सरकारी लाभ पाने की योग्यता को शामिल किया। गैर-पी.आर. (स्थायी नागरिक) भले ही भारतीय नागरिक (राज्य से बाहर पंजीकृत कंपनियों और फर्म समेत) क्यों न हों, उन्हें ऐसी सुविधाएँ नहीं दी गई थीं।

5 अगस्त, 2019 को गृह मंत्री अमित शाह ने संसद् में ऐलान किया कि राष्ट्रपति ने *संविधान (जम्मू व कश्मीर पर लागू) का आदेश, 2019* जारी कर सन् 1954 के पी.ओ. को हटा दिया है। सन् 1954 के पी.ओ. ने जहाँ यह कहा था कि भारत के संविधान के कुछ ही अनुच्छेद जम्मू व कश्मीर पर लागू होंगे, वहीं 2019 के पी.ओ. ने ऐसी सभी पाबंदियों को हटा दिया। क्या शाह ने अगस्त 2019 में बिल्कुल वही नहीं किया, जो पहले कांग्रेस के गृह मंत्रियों ने 50 बार से भी अधिक किया था, भले ही थोड़ा-थोड़ा करके? तो फिर कांग्रेस को ऐतराज किस बात पर था?

अमित शाह ने जम्मू व कश्मीर को एक राज्य से दो केंद्र-शासित प्रदेशों—जम्मू व कश्मीर केंद्र-शासित प्रदेश और लद्दाख केंद्र-शासित प्रदेश में बदलने का एक विधेयक भी पेश किया। इस विधेयक को राज्यसभा में 5 अगस्त, 2019 को 67.2% बहुमत से पास किया गया। अगले दिन लोकसभा में इसे 84.1% बहुमत से पास कर दिया गया।

उन्होंने इस सिफारिश के साथ एक प्रस्ताव भी पेश किया कि राष्ट्रपति एक आदेश जारी कर अनुच्छेद 370 के सभी खंडों को निष्क्रिय कर दें। जब संसद् के दोनों सदनों ने इसे पारित कर दिया, तब राष्ट्रपति ने 6 अगस्त, 2019 को *संवैधानिक आदेश 273* जारी किया, जिसके फलस्वरूप जम्मू व कश्मीर का संविधान और उसके साथ ही अनुच्छेद 35 के तहत स्थायी नागरिकों के मिले विशेषाधिकार भी निष्क्रिय हो गए। जम्मू व कश्मीर के संविधान को प्रभावी ढंग से समाप्त कर

दिया गया। इसका अर्थ हुआ कि लगभग 3 लाख कश्मीरी पंडित (हिंदू) और सिख (कुछ अनुमान के अनुसार, 1.5 से 1.6 लाख), जो सन् 1989 में अपने ऊपर होनेवाले इसलामी जेहादी हमलों के कारण कश्मीर घाटी छोड़कर भाग गए थे, वे घाटी में लौटकर अपनी संपत्तियों पर फिर से दावा कर सकते थे। उन्हें वही अधिकार मिलेंगे, जो जम्मू व कश्मीर में पहले पी.आर. (स्थायी नागरिक) को मिलते थे।

अमित शाह ने जब यह घोषणा की, उससे पहले ही एन.आई.ए. ने अपना जाल बिछा दिया था और अधिकांश अलगाववादियों के साथ उनके समर्थकों को हिरासत में ले लिया गया था। न कोई फोन काम कर रहा था, न इंटरनेट। हजारों लोग गिरफ्तार कर लिये गए थे। तीन पूर्व मुख्यमंत्रियों—फारूक अब्दुल्ला, उनके बेटे उमर अब्दुल्ला और महबूबा मुफ्ती को, जिन सभी ने समय-समय पर अलगाववादी और पाकिस्तान-समर्थक रुख अपनाया था—को नजरबंद कर दिया गया। एक-दूसरे से संपर्क कट जाने के कारण कश्मीरी अमित शाह की घोषणा पर बस, अविश्वास से प्रतिक्रिया देते रहे। हड़ताल या विरोध-प्रदर्शनों के आयोजन की उनकी क्षमता समाप्त कर दी गई थी। न कोई सक्रिय नेता था, न ही राजनीतिक या सामाजिक संगठन। यदि वे होते भी तो आपस में संवाद नहीं कर सकते थे। आतंकी अपना संदेश सोशल मीडिया के जरिए पहुँचाकर लोगों को भड़का नहीं सकते थे।

अनुच्छेद 370 से 69 वर्षों से अधिक और 35ए से 65 वर्षों तक किसे फायदा होता रहा?

1. **पाकिस्तान को**—इन अनुच्छेदों के कारण वह जम्मू व कश्मीर के मुसलमानों को यकीन दिलाता था कि वे भारतीयों से 'अलग' हैं, क्योंकि उनका अलग संविधान, अलग झंडा और अलग कानून है। पाकिस्तान ने कश्मीरियों और भारतीयों के बीच गहरी खाई पैदा करने के लिए इनका इस्तेमाल किया है।
2. **जम्मू व कश्मीर के मुसलमानों को**—विशेष रूप से कट्टरपंथी इसलामी, जिन्होंने उन कश्मीरी (हिंदू) पंडितों की जमीन हड़प ली, जिन्हें वर्ष 1989 से 1995 के बाद पाकिस्तान की आई.एस.आई. की मदद से जबरदस्ती और हिंसा के जरिए घाटी से बाहर खदेड़ दिया गया था। केवल बाकी बचे कश्मीरी (अधिकांशतया मुसलमान) ही अब उन जमीनों के मालिक थे। इससे घाटी में आबादी की संरचना

भी पूरी तरह से बदल गई। सन् 1947 में कश्मीर की आबादी में 77% मुसलमान और 20% हिंदू थे। पर आज, लगभग 97.2% मुसलिम आबादी है।

3. **दो राजनीतिक परिवारों को**—अब्दुल्ला परिवार, जिसने जम्मू व कश्मीर पर 24.3 साल तक राज किया और मुफ्ती परिवार, जिसने 6 साल से अधिक समय तक शासन किया। उन्होंने कथित तौर पर केंद्र की ओर से विकास के लिए भेजे जानेवाले पैसों में से लाखों करोड़ रुपए जमा कर लिये।
4. **अलगाववादियों को**—जिन्होंने अकूत दौलत इकट्ठा कर ली और श्रीनगर के बीचोबीच शानदार बँगलों में रह रहे थे, वह भी सरकार की ओर से मुहैया कराई गई सुरक्षा के साथ।

आम लोगों को कोई फायदा नहीं मिला।

आखिर क्यों पहले जो राज्य था (और अब एक केंद्र-शासित प्रदेश), वह बाकी के भारत की तरह विकसित नहीं हुआ? इसके मुख्य कारण हैं—

1. वर्ष 1989 से 1995 के दौरान पाकिस्तान की मदद से घाटी में होनेवाली हिंसा ने हिंदुओं और सिखों को विस्थापित कर दिया, जिसके बाद कुल निवेश औंधे मुँह गिर गया।
2. जम्मू व कश्मीर में पर्यटन को लेकर जबरदस्त क्षमता है। सन् 1988 तक यह भारत के शीर्ष छह पर्यटन स्थलों में से एक था, जहाँ उस वर्ष 7.22 लाख पर्यटक राज्य में आए थे। सन् 1991 में यह गिरकर महज 6,287 पर्यटकों पर आ गया। आज जम्मू व कश्मीर पर्यटकों के आगमन के लिहाज से शीर्ष बारह राज्यों/केंद्र-शासित प्रदेशों में नहीं है। जो 82% पर्यटक आज भी आते हैं, वे जम्मू व कश्मीर अमरनाथ यात्रा के लिए या वैष्णो देवी मंदिर या अन्य धार्मिक स्थानों के लिए आते हैं। वर्ष 2018 में पड़ोस के हिमाचल प्रदेश में जम्मू व कश्मीर की तुलना में 19 गुना अधिक पर्यटक आए। सोचिए कि पर्यटन क्षेत्र से आबादी के जिन 30% से अधिक लोगों को रोजगार मिलता है, उन पर इसका क्या असर पड़ा होगा।
3. गोवा राज्य की आय का प्रमुख स्रोत पर्यटन है। उसका प्रति व्यक्ति सकल घरेलू उत्पाद (PCGSDP) 5,02,425 रुपए या भारत के

1,42,719 रुपए प्रति व्यक्ति जी.डी.पी. की तुलना में 3.5 गुना है। इसके मुकाबले, जम्मू व कश्मीर का PCGSDP मात्र 1,06,960 रुपए है, जो राष्ट्रीय औसत से 25% कम है। जम्मू व कश्मीर 33 राज्यों और केंद्र-शासित प्रदेशों में 25वें स्थान पर है।

4. बेहद मामूली औद्योगिकीकरण है, क्योंकि निर्माता 'लीज' पर मिली जमीन पर फैक्टरी नहीं लगाना चाहते हैं।
5. होटल चेन को लेकर भी यही समस्या है।

मई 2020 में जम्मू व कश्मीर प्रशासन ने उन पी.आर. और गैर-पी.आर. को 'अधिवास प्रमाण-पत्र' जारी करना शुरू किया, जो जम्मू व कश्मीर में कम-से-कम 15 साल रह चुके हैं। 18.5 लाख से अधिक अधिवास प्रमाण-पत्र जारी किए जा चुके हैं, जिनमें जम्मू व कश्मीर प्रशासन के कुछ वरिष्ठ अधिकारी भी हैं, जिनके पास पहले कोई अधिकार नहीं थे। 99% से अधिक प्राप्तकर्ता पूर्व पी.आर. हैं।

सबसे ज्यादा लाभ जिन्हें मिला, उनमें से एक है वाल्मीकि समाज (सफाई कर्मचारी समुदाय)। वर्ष 1957 में वे जम्मू व कश्मीर की गुलाम बख्शी मोहम्मद की सरकार के बुलावे पर पंजाब से आए थे, क्योंकि स्थानीय सफाई कर्मचारी संघ ने हड़ताल कर दी थी और जम्मू शहर में स्वच्छता का संकट खड़ा हो गया था। सरकार ने यह कहते हुए उनसे पुनर्वास का वादा किया था कि उनके लिए पी.आर. के प्रावधान में ढील दी जाएगी। इन वादों को कभी पूरा नहीं किया गया। उनके साथ गुलामों जैसा व्यवहार हुआ और उन्हें बुनियादी मौलिक अधिकार भी नहीं दिए गए। 63 वर्षों तक वाल्मीकि समाज अपने लक्ष्यों के लिए संघर्ष करता रहा। उनमें से कुछ के पास तो पी-एच.डी. की भी डिग्री है, लेकिन उन्हें स्वच्छताकर्मी या स्वीपर के अलावा कोई दूसरी नौकरी नहीं मिल सकती थी।

अगस्त 2019 में 'इंडिया टुडे' पोल में जिन 68.7% लोगों ने 'नहीं जानते/कह नहीं सकते' के पक्ष में मत नहीं दिया, उन्होंने अनुच्छेद 370 हटाने के लिए 'हाँ' के पक्ष में मत दिया। जनवरी 2021 में कराए गए इसी पोल में लोगों ने इसे मोदी सरकार की दूसरी सबसे बड़ी सफलता के रूप में चुना।

अक्तूबर 2020 में सरकार ने भूमि कानूनों में कई परिवर्तन किए, जिनसे इस केंद्र-शासित प्रदेश के बाहर का कोई भी व्यक्ति/संगठन यहाँ गैर-कृषि भूमि

खरीद सकता है। कृषि भूमि भी 'बाहर' के लोग खरीद सकते थे, लेकिन कुछ शर्तों के साथ।

नवंबर और दिसंबर 2020 में जिला विकास परिषद् (डी.डी.सी.) की 280 सीटों, 285 पंचों और 84 पंचों की सीट के लिए पूरे जम्मू व कश्मीर केंद्र-शासित प्रदेश में शांतिपूर्ण चुनाव आयोजित किए गए।

□

किसानों के लिए आजादी

भारत के लगभग 44% श्रमिक खेती-बाड़ी से आजीविका कमाते हैं, लेकिन जी.डी.पी. में उनका योगदान मात्र 16% होता है। लगभग 50% भारतीय परिवार ऐसे हैं, जो मुख्य रूप से खेती से जुड़े हैं।

सितंबर 2020 में कृषि उत्पाद की मार्केटिंग से जुड़े कानूनों में आमूलचूल बदलाव न केवल किसानों की आय को बढ़ाएँगे, बल्कि ग्राहकों के लिए कीमतों को भी कम करेंगे।

दुनिया के सबसे विकसित उत्तरी यूरोप के देशों में किसानों के विक्रय मूल्य और ग्राहकों के क्रय मूल्य के बीच का अंतर 10 से 20% है, जो अनाज, सब्जी या मीट पर निर्भर करता है। इंडोनेशिया में यह अंतर 20 से 30% है। भारत में यह भयानक रूप से 70 से 100% है। इसका कारण वे तमाम नियंत्रण हैं, जो अंग्रेजों के समय से ही अस्तित्व में हैं, जिनमें से सबसे प्रमुख हैं *आवश्यक वस्तु अधिनियम 1955 और कृषि उपज विपणन समिति अधिनियम 1963 (ए.पी.एम.सी. अधिनियम)*। दूसरे कानून में विभिन्न भारतीय राज्यों ने समय-समय पर संशोधन किए हैं।

किसानों को अपनी उपज को कमीशन एजेंटों के जरिए निर्धारित मंडियों में बेचने पर मजबूर किया जाता था, जिन पर राज्य अपने-अपने ए.पी.एम.सी. कानूनों के जरिए नियंत्रण करते थे। इन एजेंटों को जहाँ फसल की सफाई, छँटाई, उसे दिखाने और बोली लगाने के बदले विक्रय मूल्य का 1.5 से 7.5% तक मिलता है, वहीं राज्य ए.पी.एम.सी. सेस कमाते हैं, जिसे फसल खरीदनेवाला अदा करता है। सरकारी एजेंसियाँ फसल को न्यूनतम समर्थन मूल्य (एम.एस.पी.) पर खरीदते हैं, जिसमें खरीद का काम 60 से 90 दिनों तक चलता है। उसके बाद निजी व्यापारी उस उपज को कमीशन एजेंटों के जरिए बाजार मूल्य पर खरीदते हैं।

मंडियों को भौगोलिक इलाकों में बाँटा जाता है। मान लीजिए कि वे पिन कोड

के आधार पर बँटी हैं। इस तरह, अगर आप पिन कोड 110011 के किसान हैं तो आप अपने पड़ोसी को उसे नहीं बेच सकते, क्योंकि वह पिन कोड 110012 में रहता है। क्या मुक्त बाजार के युग में यह हास्यास्पद नहीं है ?

मोदी ने कहा कि 'शक्तिशाली गैंग' किसानों का शोषण करते रहे हैं। यह सच है, क्योंकि (क) किसान जहाँ चाहें वहाँ अपना उत्पाद बेचने के लिए स्वतंत्र नहीं हैं, (ख) अगर सरकारी खरीद में देरी हुई तो उन्हें एम.एस.पी. से नीचे बेचने पर मजबूर किया जाता है, (ग) मंडी से जुड़े उत्पादक संघ खरीद की अवधि के बाद दाम तय करते हैं और (घ) कमीशन एजेंट कम दाम पर फसल खरीद करते हैं, उनका भंडारण करते हैं और फिर खरीद के अगले सीजन में उन्हें एम.एस.पी. पर बेचते हैं। इस तरह, जिन किसानों के लिए एम.एस.पी. है, उनकी बजाय एजेंटों को एम.एस.पी. मिल जाती है। इस तरह के 'गैंग' दशकों तक राज्य के नेताओं और अफसरों को 'खिला-पिलाकर' जिंदा रहे।

कृषक उपज व्यापार और वाणिज्य (संवर्धन एवं सुविधा) अधिनियम, 2019 के अंतर्गत कोई भी किसान किसी से भी, कहीं भी और किसी भी कीमत पर फसल बेच सकता है। खरीदार बड़ी कंपनियाँ, खाद्य प्रसंस्करणकर्ता, संगठित व्यापारी, ऑनलाइन कृषि व्यापार चलानेवाले स्टार्टअप, बाजार, थोक विक्रेता, बिचौलिए, बड़े संगठित खुदरा व्यापारी, होटल व रेस्टोरेंट चेन और निर्यातक हो सकते हैं। मंडियों के बाहर होनेवाले लेन-देन पर ए.पी.एम.सी. सेस नहीं वसूली जाएगी। सीधे बाजार से जुड़ जाने और बेहतर सप्लाई चेन का फायदा किसानों को मिलेगा। इन सभी से किसानों की आय बढ़ जाएगी।

क्या आपको अपनी पुरानी मारुती की बेहतर कीमत उसी डीलर से बेचने पर मिलेगी, जिससे आपने उसे खरीदा था या अगर आपको उसे OLX, cars24.com, cardekho.com, carwale.com या gaadi.com पर बेचने का विकल्प मिलेगा ?

किसान (अधिकारिता एवं संरक्षण) मूल्य आश्वासन और फार्म सेवा अधिनियम का करार, 2019 के बाद अब किसान बड़े-बड़े खरीदारों (जैसा ऊपर बताया गया है) के साथ आपसी सहमति से तय कीमत पर 'कॉण्ट्रेक्ट फार्मिंग' कर सकते हैं। उदाहरण के लिए, किसान पिज्जा हट के लिए टमाटर उगा सकते हैं, चिप्स बनानेवालों के लिए आलू, मैकडॉनल्ड्स के लिए प्याज, अन्नपूर्णा या एम.टी.आर. के लिए चावल वगैरह-वगैरह। वे बेहतर उपकरणों, बीजों और दूसरी

चीजों में ज्यादा निवेश कर सकते हैं। खरीदार उन्हें बाजार मूल्य अदा करेगा, अगर वह करार की कीमत से ज्यादा है। विवादों का निपटारा स्थानीय स्तर पर निश्चित समय सीमा में होगा। किसान इस समझौते से किसी भी समय बिना जुर्माना पीछे हट सकते हैं, लेकिन कॉरपोरेट खरीदार ने समझौता तोड़ा तो उसे तय की गई रकम और जुर्माना भी चुकाना होगा। इस प्रकार किसान–उत्पादक संगठन छोटे किसानों को इस योग्य बनाएँगे कि वे कॉरपोरेट के साथ निपट सकें।

कई दशकों से अमूल और नेस्ले जैसे कॉरपोरेट लाखों दुग्ध किसानों (जो डेयरी से जुड़े हैं) को लाभ पहुँचा रहे हैं। मोदी ने मछली–पालन, पशु–पालन और डेयरी तक के लिए एक मंत्रालय बना दिया है।

चीन ने कॉरपोरेटों को 30 साल तक खेतों को लीज पर लेने की अनुमति दी है और वहाँ भारत की तुलना में फसल की उपज तीन गुना अधिक है, जहाँ छोटे खेतों का औसत आकार 2.67 एकड़ है, वहीं भारत में 1.6 एकड़।

आवश्यक वस्तु (संशोधन) अधिनियम, 2019 के अंतर्गत भारत सरकार अनाज, दलहनों, आलू, तिलहनों एवं तेलों को आवश्यक वस्तुओं की सूची से हटा सकती है और केवल युद्ध, अकाल, असाधारण रूप से कीमतों में वृद्धि या प्राकृतिक आपदाओं की स्थिति में ही यह तय कर उनकी आपूर्ति और कीमतों को नियंत्रित कर सकती है कि कोई किस हद तक उनका स्टॉक रख सकता है। यह नियंत्रण तभी लागू किया जा सकता है, जब फल–सब्जियों की कीमत 100% बढ़ जाए और लंबे समय तक खराब न होनेवाले खाद्य पदार्थ 50% महँगे हो जाएँ। नया कानून व्यापारियों, निर्यातकों, थोक विक्रेताओं और खुदरा कारोबारियों को इन वस्तुओं का स्टॉक रखने की इजाजत देगा और उन पर कोई जुर्माना नहीं लगेगा। इससे कोल्ड स्टोरेज, गोदामों, सप्लाई चेन और रसद पहुँचाने आदि के काम में घरेलू एवं विदेशी निजी निवेश होगा, क्योंकि इस कानून से हद से ज्यादा सरकारी हस्तक्षेप का डर समाप्त हो गया है। सप्लाई चेन में सुधार से मूल्य-स्थिरता, पारदर्शिता एवं समयबद्धता आएगी और बरबादी कम होगी। ग्राहकों को भी फायदा होगा, क्योंकि ज्यादा कुशल और तेज सप्लाई चेन से कीमतें कम होंगी, क्योंकि बिचौलियों की संख्या कम हो जाएगी।

संयुक्त राष्ट्र के खाद्य और कृषि संगठन के अनुसार, हर साल भारत के 62,000 करोड़ मूल्य की 40% से अधिक फल व सब्जियाँ ग्राहकों तक पहुँचने से पहले ही खराब हो जाती हैं। 47,000 करोड़ रुपए की कीमत का लगभग 2.1

करोड़ टन गेहूँ, विशेष रूप से अनाज, प्रति वर्ष खराब हो जाता है; क्योंकि भारतीय खाद्य निगम (एक सरकारी उपक्रम) में भंडारण की सही व्यवस्था नहीं है।

पंजाब और हरियाणा में 75% खरीद राज्य सरकार की ओर से की जाती है। बड़े-बड़े किसानों को सिर्फ कुछ ही फसलों को उगाने का प्रोत्साहन मिलता है। इससे अतिरिक्त अनाज इकट्ठा हो जाता है, जिसे खराब गोदामों में रखा जाता है, जहाँ वे सड़ जाते हैं।

अनेक भारतीय एग्रीटेक स्टार्टअप भारतीय किसानों को आँकड़ों पर आधारित फसल संबंधी सलाह देकर, बाजार से उन्हें बेहतर तरीके से जोड़कर और सही कीमत दिलाने के लिए बिचौलियों को कम कर डिजिटलाइज होने में सहायता कर रहे हैं। उनमें से कुछ किसानों को माँगवाले क्षेत्रों की जानकारी भी देते हैं, जिससे फसल कटाई के बाद विशेष रूप से जल्द खराब होनेवाली उपज की क्षति और बरबादी कम होती है। किसानों को खरीदारों से जोड़नेवाले प्लेटफॉर्म 'डीहाट' के संस्थापक और सी.ई.ओ. कहते हैं—

"पहले आपको हर राज्य के हर जिले में *सीधी खरीद* लाइसेंस के लिए आवेदन करना पड़ता था। इसमें सेस भी लगता था और कई उलझनें थीं। अब आकार को लेकर प्रतीक्षा अवधि काफी कम हो गई है। इससे खेतों के पास ही खरीद का ढाँचा खड़ा करने में सहायता मिलेगी।''' कृषि-व्यापार का अंतिम लक्ष्य कॉरपोरेट ही होते हैं, क्योंकि व्यापार को ग्राहकों तक ले जाने के अधिकांश माध्यम (B2C चैनल) का स्वामित्व उनके ही पास है। मंडियों के कारण उन्हें व्यापारियों के जरिए जाना पड़ता था। किसानों को प्रमुखता देनेवाली कोई व्यवस्था बनाने का प्रोत्साहन नहीं मिला, क्योंकि वे उनसे सीधे खरीदारी नहीं कर सकते थे। इन कानूनों से उनमें किसानों के करीब आने, उनकी उपज को स्वयं देखने और खेतों के पास ही कोल्ड चेन में निवेश की दिलचस्पी बढ़ेगी।"

तो फिर इतना आक्रामक विरोध क्यों? क्योंकि मोदी ने भ्रष्टाचार के एक और स्रोत को समाप्त कर दिया है। कमीशन एजेंटों का एकाधिकार एवं मोटा मुनाफा इतिहास की बात हो जाएँगे और राज्य सरकारों (विशेष रूप से पंजाब व हरियाणा) के हाथ से मंडी फीस के रूप में एक बड़ा राजस्व निकल जाएगा। इन 'हितैषी समूहों' ने कई अशिक्षित या भोले-भाले किसानों को यह समझा दिया है कि नए कानूनों से सरकारी एम.एस.पी. का समर्थन समाप्त हो जाएगा और उन्हें नुकसान उठाना पड़ेगा।

और क्या आप जानते हैं कि सिर्फ 6% भारतीय किसान एम.एस.पी. पर

फसल बेचते हैं ? क्या 94% के हितों की बलि इन 6% के लिए दे दी जाए ?

विरोधियों का कहना है कि जमाखोरी की छूट का मतलब होगा कि कॉरपोरेट फसल की कीमत गिराकर किसानों को नुकसान पहुँचाएँगे। वास्तव में, इन कॉरपोरेट को भी उसी तरह होड़ में शामिल होना पड़ेगा, जैसा कि मुक्त बाजार में होता है। इस प्रकार किसानों को सबसे अच्छी कीमत मिलेगी। मंडियों के साथ मुक्त व्यापार चलेगा और बढ़ती प्रतिस्पर्धा के कारण मंडियों को कृषि मूल्य श्रृंखला में आगे बढ़ने के लिए अपनी भूमिका में बदलाव लाने पर मजबूर होना पड़ेगा।

इन सुधारों से भारतीय किसानों का मुनाफा काफी तेजी से बढ़ जाएगा। किसी भी दूसरे उद्योग की तरह ही एक बार मुनाफा मिलता है, तो उसे बेहतर गुणवत्ता और अधिक मात्रा में उत्पादन के लिए फिर से निवेश किया जाता है। उनसे न केवल कृषि क्षेत्र का, बल्कि पूरी ग्रामीण अर्थव्यवस्था का कायापलट हो जाएगा।

कृषि व्यापार के क्षेत्र से जुड़े उद्योग के अधिकांश लोगों और हित-धारकों का कहना है कि ये कानून 'प्रगतिशील एवं दूरदर्शी' हैं और वर्ष 2022 तक किसानों की आय दोगुनी करने के मोदी के लक्ष्य को हासिल करने की दिशा में एक बड़ा कदम हैं। विख्यात कृषि अर्थशास्त्री डॉ. अशोक गुलानी ने *'द इंडियन एक्सप्रेस'* में लिखा है—"…कृषि-विपणन में बड़े बदलाव का अग्रदूत, कृषि के लिए 1991 के आर्थिक सुधारों जैसी घड़ी।"

ये सुधार खास तौर पर छोटे और सीमांत किसानों के लिए फायदेमंद हैं, जिनके पास 2 एकड़ से कम जमीन है, लेकिन किसानों की आबादी में उनका हिस्सा 80% से अधिक है। बेहतरीन सप्लाई चेन की जरूरत उन्हें कहीं अधिक है। साथ ही, कम कीमत के जोखिम के लिए माँग व आपूर्ति तथा बेहतर कोल्ड स्टोरेज की भी उन्हें जरूरत है। विरोध करनेवालों में ये लोग शामिल नहीं हैं।

कृषि सुधार मोदी के लिए किसी बड़े राजनीतिक जोखिम से कम नहीं थे; लेकिन उन्होंने इस साहसिक कदम को उठाया, जिसकी काफी जरूरत थी। बी.जे. पी. ने अपने सबसे पुराने सहयोगियों में से एक पंजाब के शिरोमणि अकाली दल को खो दिया, जिसने एन.डी.ए. से नाता तोड़ लिया।

□

भारत के 14 प्रधानमंत्री : एक स्कोर कार्ड

31 जनवरी, 2021 को भारत ने ग्रेट ब्रिटेन (अब यू.के.) से स्वतंत्र होने के बाद स्वशासन के 26,834 दिन पूरे कर लिये।

इनमें से कांग्रेस पार्टी ने भारत पर 20,920 दिनों तक (कुल अवधि के 78% से अधिक) शासन किया, जिनमें 19,871 दिन प्रत्यक्ष और 1,049 दिन परोक्ष शासन के थे, जब उसने छोटे-छोटे दलों के प्रधानमंत्रियों को समर्थन दिया।

इसके बाद बी.जे.पी. आती है, जिसने 4,715 (17.6% से अधिक) दिनों तक एन.डी.ए. के सबसे बड़े दल के रूप में देश पर शासन किया।

बाकी बचे 1,199 दिनों (4.5%) के दौरान मोरारजी देसाई और वी.पी. सिंह दो प्रधानमंत्री थे, जिन्होंने बी.जे.पी. या उसके पूर्ववर्तियों के समर्थन से शासन किया। इस कारण, आप कह सकते हैं कि बी.जे.पी. ने प्रत्यक्ष या परोक्ष रूप से आजादी के बाद भारत पर 22% समय तक शासन किया।

भारत के 14 प्रधानमंत्रियों की सफलताओं और विफलताओं पर मैं अपनी राय रख रहा हूँ, जिन्होंने नई दिल्ली में सबसे महत्त्वपूर्ण पद को निम्नलिखित दिनों तक सँभाला—

1	जवाहरलाल नेहरू	6,130 दिन
2	लाल बहादुर शास्त्री	581 दिन
3	इंदिरा गांधी	5,829 दिन
4	मोरारजी देसाई	856 दिन
5	चौधरी चरण सिंह	170 दिन

6	राजीव गांधी	1,858 दिन
7	विश्वनाथ प्रताप सिंह	343 दिन
8	चंद्रशेखर	223 दिन
9	पी.वी. नरसिम्हा राव	1,791 दिन
10	अटल बिहारी वाजपेयी	2,272 दिन
11	एच.डी. देवगौड़ा	324 दिन
12	इंदर कुमार गुजराल	332 दिन
13	डॉ. मनमोहन सिंह	3,656 दिन
14	नरेंद्र दामोदरदास मोदी	2,443 दिन

□

जवाहरलाल नेहरू

वह व्यक्ति, जिसने पाकिस्तान और चीन के हाथों 54% जम्मू व कश्मीर गँवा दिया

(15 अगस्त, 1947 से 27 मई, 1964)

सफलताएँ

नेहरू ने संसद् में अपनी घरेलू एवं विदेश नीतियों को स्पष्ट करने में कई घंटे बिताए और अपने आलोचकों को धैर्य से सुना।

उन्होंने संतुलित लोकतंत्र के लिए बहुदलीय संसदीय समितियों का गठन किया, हालाँकि उस समय विपक्ष नाम की कोई चीज शायद ही थी।

उन्होंने स्वतंत्र न्यायपालिका के साथ ही स्वतंत्र प्रेस को संस्थागत रूप दिया।

संविधान के अनुसार, उन्होंने भारत के चुनाव आयोग की स्थापना की। वर्ष 1951–52 के बाद से ही नियमित रूप से स्वतंत्र और निष्पक्ष चुनाव आयोजित किए गए।

नेहरू ने एम्स जैसे संस्थानों का निर्माण किया, लेकिन सन् 1956 तक वह सिर्फ एक ही एम्स बना पाए। *वर्ष 2003 में वाजपेयी ने छह और एम्स की घोषणा की, जो 2012 में खुल गए। अब उन्नीस एम्स काम कर रहे हैं और चार निर्माणाधीन हैं।* वर्ष 1951 से 1961 के बीच पाँच भारतीय प्रौद्योगिकी संस्थानों का निर्माण किया गया। *छठा 33 साल बाद खोला गया। आज देश में तेईस आई.आई.टी. हैं।* दो भारतीय प्रबंधन संस्थान (आई.आई.एम.) सन् 1961 में बनाए गए थे। *वर्ष 1973 से 2016 के बीच अठारह और आई.आई.एम. बने।*

उन्होंने भारत के स्वदेशी परमाणु ऊर्जा और अंतरिक्ष शोध कार्यक्रमों की बुनियाद रखी।

भारत ने पुर्तगाल से गोवा का नियंत्रण फिर से हासिल किया।

अगस्त 1962 में भारत ने फ्रांसीसी उपनिवेशकों से पुदुचेरी को वापस लिया।

नेहरू ने विश्व स्तर के राजनेता की कद्दावर छवि हासिल की। आजादी के बाद के वर्षों में दुनिया के लिए नेहरू ही भारत की पहचान थे।

उनके अनुसार, सरकारी योजना ही विकास का माध्यम और असमानता को दूर करने का प्रमुख साधन थी। *हाल के वर्षों में मिश्रित अर्थव्यवस्था के साथ शासन की समाजवादी पद्धति को बदनाम किया गया है; लेकिन इस तरह की नीतियों को उस समय भारतीय उद्योगपतियों का भी समर्थन हासिल था, क्योंकि उन्हें प्रतिस्पर्धा से सुरक्षा की जरूरत थी। नेताओं का आकलन उनके समय के मापदंडों से किया जाना चाहिए।*

नेहरू ने हिंदू सिविल कोड में सुधार किया, ताकि हिंदू विधवाओं को उत्तराधिकार और संपत्ति के मामलों में पुरुषों जैसी समानता मिल सके।

सोवियत संघ के सहयोग से भिलाई और बोकारो में सरकार के स्वामित्व वाले स्टील कारखानों की स्थापना हुई।

विफलताएँ

वर्ष 1947 में भारत में 560 से अधिक रियासतें (अविभाजित भारत के 48% भूभाग पर) थीं, जो पूरी तरह से ब्रिटिश भारत का हिस्सा नहीं थीं। अंग्रेज यह फैसला उन पर छोड़कर चले गए कि वे भारत या पाकिस्तान के साथ शामिल हों या स्वतंत्र रहें। उप-प्रधानमंत्री और गृह मंत्री सरदार पटेल ने वी.पी. मेनन (विदेश मंत्री) और लॉर्ड माउंटबेटन (भारत के अंतिम वायसराय और पहले गवर्नर जनरल) के साथ मिलकर—जिन पर अधिकांश राज्यों के शासक भरोसा करते थे, क्योंकि उनका संबंध किंग जॉर्ज षष्ठम से था और कई शासकों के साथ उनके अच्छे रिश्ते थे—अधिकांश का विलय भारत में करा लिया, सिवाय उन सोलह के, जिन्होंने पाकिस्तान के साथ जाने का फैसला किया। कई मामलों में पटेल को यह धमकी तक देनी पड़ी कि सेना उनकी सीमा को घेर लेगी और खाद्य आपूर्ति रोक दी जाएगी। नेहरू नरम रवैया अपनाना चाहते थे। पटेल के प्रयासों के बिना भारत काफी छोटा और भौगोलिक रूप से बँटा हुआ देश रह जाता।

अगस्त 1947 में विद्रोहियों ने पुंछ में 'आजाद कश्मीर' की घोषणा कर दी थी। राज्य के महाराजा हरि सिंह ने पाकिस्तान के साथ व्यापार, यात्रा और संचार को बनाए रखने के लिए एक यथास्थिति समझौते पर दस्तखत किए थे। 20

अगस्त को पाकिस्तानी सेना ने 'ऑपरेशन गुलमर्ग' को अंजाम दिया : 20 *लश्कर* (कबाइली हमलावर), जिनमें से हर एक में 1,000 सशस्त्र पश्तून थे, एबटाबाद पहुँचते और फिर 22 अक्तूबर को उन्हें जम्मू व कश्मीर में दाखिल होना था। 10 लश्कर मुजफ्फराबाद के रास्ते घाटी पर हमला करने वाले थे और 10 विद्रोहियों के साथ मिलते तथा जम्मू की ओर बढ़ जाते। आक्रमणकारियों में कई पाकिस्तानी सेना के सक्रिय सैनिक थे, जो कबाइलियों को वेश में थे और सेना उन्हें सभी प्रकार की सहायता दे रही थी। उनका मकसद हरि सिंह को भयभीत कर पाकिस्तान से विलय के लिए मजबूर करना था। 26 अक्तूबर को वे श्रीनगर के बाहरी इलाके तक पहुँच गए।

महाराजा ने भारत से मदद माँगी और भारत के साथ विलय के दस्तावेज पर दस्तखत करने पर सहमत हुए। माउंटबेटन ने रक्षा समिति की बैठक की अध्यक्षता की। कर्नल सैम मानेकशॉ (जो सन् 1969 में भारतीय सेना के प्रमुख और 1973 में पहले फील्ड मार्शल बने), जो उस महत्त्वपूर्ण बैठक में शामिल थे, ने कहा था, "हमेशा की तरह ही नेहरू ने संयुक्त राष्ट्र, रूस, अफ्रीका, ईश्वर, हर किसी के बारे में तब तक बात की, जब तक कि (सरदार) पटेल आपा नहीं खो बैठे।" माउंटबेटन ने महाराजा से कहा कि भारत सरकार इस विलय को तब तक अस्थायी मानती है, जब तक कि राज्य के लोगों की इच्छा का पता नहीं लगा लिया जाए। भारतीय सैनिकों को विमानों से श्रीनगर पहुँचाया गया और उन्होंने पाकिस्तानियों को जम्मू व कश्मीर के एक छोटे से हिस्से के सिवाय सारी जगहों से खदेड़ दिया। नेहरू के दबाव पर महाराजा ने शेख अब्दुल्ला (फारूक अब्दुल्ला के पिता) को जम्मू व कश्मीर आपातकालीन प्रशासन का मुखिया नियुक्त किया। अब्दुल्ला के प्रति नेहरू का लगाव राज्य में वंशवादी शासन और उन कई समस्याओं की जड़ बन गया, जिनका जिक्र जम्मू व कश्मीर पर पहले के अध्याय में किया जा चुका है।

पाकिस्तान ने कहा कि जब तक पाकिस्तान के साथ यथास्थिति का समझौता वजूद में है, तब तक महाराजा को भारत के साथ समझौता करने का कोई अधिकार नहीं है। भारतीय और पाकिस्तानी सेनाओं के बीच झड़प होती रही। नेहरू ने 9 दिसंबर को लाहौर में पाकिस्तान के प्रधानमंत्री लियाकत अली खाँ से मुलाकात की और उनसे कहा कि भारत इस विवाद को संयुक्त राष्ट्र में ले जाएगा। भारतीय सेना के कई वरिष्ठ अधिकारियों के अनुसार, इसकी जरूरत नहीं थी, क्योंकि भारत

जीत रहा था और कुछ ही दिनों में पूरा जम्मू व कश्मीर (आज के पी.ओ.के. और गिलगित व बाल्टिस्तान समेत) भारत का हिस्सा हो जाता। 1 जनवरी, 1948 को भारत ने संयुक्त राष्ट्र सुरक्षा परिषद् से समाधान की अपील की। 21 अप्रैल, 1948 को संयुक्त राष्ट्र सुरक्षा परिषद् ने तत्काल युद्ध-विराम लागू कर दिया और पाकिस्तान से कहा कि जो भी पाकिस्तानी युद्ध लड़ते हुए राज्य में दाखिल हुए हैं, उन्हें वापस बुला ले। उसने भारत से भी अपने सैनिक कम-से-कम कर लेने को कहा। युद्ध-विराम 1 जनवरी, 1949 को ही लागू हुआ।

पाकिस्तान ने भारत की 85,107 वर्ग कि.मी. जमीन पर अवैध रूप से कब्जा जमा लिया, जिनमें से उसने शक्सगाम घाटी की 6,993 वर्ग कि.मी. जमीन को सन् 1963 में चीन के हवाले कर दिया। आज भी पाकिस्तान ने भारत की 78,114 वर्ग कि.मी. जमीन पर अवैध कब्जा जमा रखा है। वर्ष 1950 के आखिर तक जम्मू व कश्मीर में जिहादी बयानबाजी शुरू हो गई थी।

भले ही इस मुद्दे को संयुक्त राष्ट्र में ले जाने का अंतिम फैसला माउंटबेटन ने लिया होगा, लेकिन प्रधानमंत्री के रूप में नेहरू को निश्चित रूप से कड़ा रुख अपनाते हुए पाकिस्तान से भारत की जमीन लौटाने के लिए कहना चाहिए था। वैसे भी, भारत आजाद था और अंग्रेजों के प्रति उसकी जवाबदेही नहीं बनती थी। नेहरू और माउंटबेटन की पत्नी एडविना के बीच 'खास रिश्ते' को लेकर अफवाहें गरम थीं। उनकी बेटी पामेला ने स्वीकार किया कि हो सकता है, उनकी माँ ने ही नेहरू को इस मुद्दे को संयुक्त राष्ट्र में ले जाने के लिए मनाया हो।

73 साल से अधिक बीत चुके हैं और कश्मीर की समस्या आज भी भारत को परेशान कर रही है। भले ही कई नेहरू/कांग्रेस समर्थक मानते हैं कि कश्मीर समस्या के लिए नेहरू जिम्मेदार नहीं थे, लेकिन तथ्य दिखाते हैं कि कुछ हद तक वही जिम्मेदार थे।

सन् 1950 में अमेरिका ने भारत को संयुक्त राष्ट्र सुरक्षा परिषद् का स्थायी सदस्य बनाने का विचार सामने रखा। नेहरू ने कहा, "कई वजहों से भारत निश्चित रूप से इसका हकदार है।...लेकिन हम चीन की जगह खुद सदस्य बनने के पक्ष में नहीं हैं।" सन् 1955 में सोवियत संघ के प्रधानमंत्री ने भी इस मुद्दे को उठाया। नेहरू ने कहा कि इससे भारत व चीन के बीच तनाव ही बढ़ेगा और यह तब तक नहीं होना चाहिए, जब तक कि संयुक्त राष्ट्र सुरक्षा परिषद् में चीन को शामिल न कर लिया जाए। दुनिया की कुल आबादी की 14.8% से अधिक आबादी वाले देश

के रूप में नेहरू को संयुक्त राष्ट्र सुरक्षा परिषद् में भारत के लिए स्थायी सीट के लिए पूरी ताकत झोंक देनी चाहिए थी।

अक्तूबर 1956 तक नेहरू दुनिया के उभरते सितारे थे, जब भारत हंगरी की क्रांति के मुद्दे पर सोवियत संघ को संयुक्त राष्ट्र में समर्थन देनेवाला एकमात्र गुटनिरपेक्ष देश बना था। इसके बाद गुटनिरपेक्षता को लेकर अपने आह्वानों पर नेहरू के लिए भरोसा कायम करना मुश्किल हो गया।

नेहरू अमेरिका से दोस्ती गाँठने में विफल रहे, जिसकी जी.डी.पी. उस समय दुनिया की जी.डी.पी. का लगभग 30% थी और वह सबसे बड़ी सैन्य शक्ति था। वह अमेरिका को उसकी विदेश नीतियों को लेकर उपदेश दिया करते थे, जिसका नतीजा यह हुआ कि नेहरू के प्रधानमंत्रित्व काल के पूरे सत्रह वर्षों तक अमेरिका ने भारत को महत्त्व नहीं दिया।

नवंबर 1961 में अमेरिका के दौरे में नेहरू ने अमेरिका की बड़ी-बड़ी कंपनियों के प्रमुखों से मुलाकात की, लेकिन उन्हें भारत में निवेश के लिए राजी नहीं कर सके।

वामपंथी वी.के. कृष्णा मेनन के प्रति यू.के. को गहरा संदेह था। इसके बावजूद नेहरू ने मेनन, जिन्हें उनके समय का दूसरा सबसे शक्तिशाली व्यक्ति कहा जाता था, को यू.के. का हाई कमिश्नर (राजदूत के समकक्ष) बना दिया। सन् 1957 में मेनन को रक्षा मंत्री बना दिया गया। वरिष्ठ कूटनीतिज्ञ के.एस. वाजपेयी मानते हैं कि सन् 1962 के युद्ध में चीन के खिलाफ बहुत बुरी हार के लिए मेनन ही जिम्मेदार थे। नेहरू ने 31 दिनों तक चले युद्ध के दौरान ही मेनन को बरखास्त कर दिया था। (*मेनन पर सोवियत संघ के प्रभाव की चर्चा पहले के अध्याय में की जा चुकी है।*)

अपने पूरे कार्यकाल में नेहरू ने विदेश मंत्रालय को अपने पास ही रखा। विदेशी 'अफेयर' (*मजाक*) में उनकी काफी ऊर्जा खर्च हो जाती थी और जरूरी घरेलू मुद्दे धरे-के-धरे रह जाते थे। वह भारत आनेवाले जूनियर डिप्लोमेट से भी घंटों बातें करते रहते थे। उन्हें विदेशियों से, खास तौर पर गोरी चमड़ीवालों से, बड़ा प्रेम था।

मध्य एशिया से भारत के संबंधों का एक समृद्ध इतिहास है; लेकिन सितंबर 1960 में उन्होंने जब पाकिस्तान के सिंधु जल समझौते (आई.डब्ल्यू.टी.) पर दस्तखत किए, तब उन्होंने इस क्षेत्र तक पी.ओ.के. के रास्ते एक जमीनी गलियारा

बनाने की माँग नहीं की। आई.डब्ल्यू.टी. अपने आप में ही पाकिस्तान के पक्ष में झुका हुआ है, जिसे सिंधु और उसकी सहायक नदियों का 84.3% पानी मिलता है। भारत के हिस्से में बचा 15.7% जम्मू व कश्मीर और भारत के पंजाब की जरूरतों के लिए पर्याप्त नहीं है।

सन् 1945 में भारत कपड़ों का प्रमुख निर्यातक था; लेकिन उसका आधुनिकीकरण नहीं करने के कारण हम उस स्थिति को बरकरार नहीं रख पाए।

सन् 1950 में विश्व की आबादी और जी.डी.पी. में भारत का हिस्सा 14.8% एवं 4.2% से अधिक था। आज यह 17.7% और 3.2% है। इस प्रकार, जी.डी.पी. और आबादी का अनुपात 0.284 से घटकर 0.181 पर आ गया है। इसके लिए सबसे ज्यादा जिम्मेदार नेहरू और उनकी बेटी इंदिरा गांधी हैं, जिन्होंने भारत पर पहले 37.2 वर्षों में से 88.2% समय तक शासन किया। अगर उन्होंने सही आर्थिक नीतियों को अपनाया होता तो हम चीन के बराबर होते, जिसका 0.918 का अनुपात है। नेहरू और इंदिरा दोनों का ही झुकाव सोवियत संघ (अब रूस) की ओर था। रूस का अनुपात 1.011 है। अगर दुनिया की जी.डी.पी. में आज भारत का हिस्सा 5.8% होता (साथ ही 0.328 का अपेक्षाकृत कम अनुपात) तो आज ही हमारी अर्थव्यवस्था 5 ट्रिलियन डॉलर की होती, न कि वर्ष 2029 या 2030 का इंतजार करना पड़ता। क्या यह नेहरू और इंदिरा की सबसे बुरी विफलता नहीं थी?

भारत की प्रति व्यक्ति आय वर्ष 1950-51 में रुपए 247.50 से 1967-68 में बढ़कर रुपए 324.40 हुई, जो महज 1.6% की सी.ए.जी.आर. है।

सन् 1951 में भारत का वैश्विक निर्यात 2.2% था, जो 1964 में घटकर 1.2% हो गया। नेहरू की ओर से निर्माण और निर्यात को बढ़ावा देने के लिए बुनियाद रखी जानी चाहिए थी, जिनके पास ऐसा करने के लिए लगभग 17 साल थे।

भारत 1960 के दशक में वैश्विक व्यापार में आए उछाल का लाभ नहीं उठा सका, क्योंकि नेहरू को लगता था कि बड़े पैमाने पर श्रमिकों के इस्तेमाल के निर्माण की कोई गुंजाइश नहीं थी। हम तकनीकी बदलाव के पैमाने को समझने और उसके लिए व्यापार नीति बनाने में नाकाम रहे।

आयकर का अधिकतम स्लैब 70% से 87.5% तक था और इस वजह से ही कर की चोरी तथा काला धन इकट्ठा होना शुरू हो गया।

नेहरू के लिए सार्वजनिक उपक्रमों की भूमिका सर्वोच्च थी। सन् *1948 की औद्योगिक नीति* ने हथियारों और गोला-बारूद, परमाणु ऊर्जा तथा रेलवे को

विशिष्ट रूप से सरकारी क्षेत्र में रखा। कोयला, लोहा व स्टील तथा जहाज निर्माण के व्यवसाय से जुड़ी निजी कंपनियों को इस शर्त पर चलने की अनुमति दी गई कि आगे का काम सिर्फ सार्वजनिक उपक्रम ही करेंगे। सन् *1956 की औद्योगिक नीति* के अंतर्गत रक्षा उपकरण, परमाणु ऊर्जा, कोयला, लोहा व स्टील, भारी मशीनरी तथा खनिज तेल को विशेष रूप से पी.एस.ई. के लिए आरक्षित कर दिया गया। अल्युमीनियम, दवा, मशीन उपकरणों तथा रसायन व उर्वरकों में प्रमुख भूमिका पी.एस.ई. की होगी और निजी क्षेत्र सिर्फ सहयोगी भूमिका निभाएगा। अन्य आर्थिक गतिविधियाँ निजी क्षेत्र के लिए खुली थीं; लेकिन उन्हें नए उद्योगों के लिए ही नहीं, मौजूदा के विस्तार के लिए भी लाइसेंस लेना पड़ता था।

जी.डी.पी. में निर्माण का हिस्सा वर्ष 1950-51 से 1960-61 के बीच प्रति वर्ष महज 0.25% की दर से बढ़ा। 1950-51 में लगभग 75% अर्थव्यवस्था निजी क्षेत्र में थी, क्योंकि पूरे कृषि क्षेत्र और सेवा क्षेत्र का एक बड़ा हिस्सा निजी हाथों में था। अगर निजी क्षेत्र को सन् *1956 की औद्योगिक नीति* के बंधनों में नहीं बाँधा जाता तो अर्थव्यवस्था के निर्माण का हिस्सा काफी तेजी से आगे बढ़ चुका होता। *वर्ष 1984 के बाद से ही एक के बाद एक आनेवाली सरकारों ने लाइसेंस परमिट राज को ध्वस्त करना शुरू कर दिया।*

नेहरू ने 'नियंत्रित' वस्तुओं के आयात और निर्यात के कामकाज के लिए सरकारी राज्य व्यापार निगम (एस.टी.सी.) की स्थापना की। कोयला, लौह अयस्क, कृषि एवं औद्योगिक उत्पादों आदि के निर्यात और धातुओं तथा उर्वरकों जैसी चीजों के आयात का बंदोबस्त करने के लिए भारतीय खनिज तथा धातु व्यापार निगम लिमिटेड की स्थापना की गई। इनसे भ्रष्टाचार का माहौल पैदा हुआ। इसके अलावा, एस.टी.सी. ने अपना मुनाफा बढ़ाने के लिए अपने एकाधिकार का दुरुपयोग कर किल्लत पैदा की और कीमतों में उतार-चढ़ाव किया।

अनाज, खाद्य तेल, उर्वरकों, पेट्रोलियम तथा दवाओं की जमाखोरी या अधिक कीमत पर लगाम कसने के बजाय सन् *1957 का आवश्यक वस्तु अधिनियम* भ्रष्टाचार का माध्यम बन गया।

सन् 1947 में भारत के विदेश व्यापार का एक बड़ा हिस्सा ब्रिटिश मुद्रा में होता था। भारत का विदेशी मुद्रा भंडार पूरी तरह से पाउंड में था और उसका एक छोटा हिस्सा ही परिवर्तनीय था। द्वितीय विश्व युद्ध के बाद जब यू.के. की आर्थिक स्थिति बिगड़ी और अमेरिका जबरदस्त आर्थिक शक्ति बन गया, तब भारत को

अपने विदेशी मुद्रा भंडार में ब्रिटिश पाउंड की अदला-बदली अमेरिकी डॉलर से कर लेनी चाहिए थी। सन् 1949 में पाउंड का 30.5% तक अवमूल्यन हो गया था और भारत के विदेशी मुद्रा भंडार का मूल्य 30.5% तक गिर गया। भारतीय रुपए की स्थिति ऐसी थी कि 1 पाउंड के बदले इसके विनिमय की दर 13.33 रुपए रखी गई थी। इसकी बजाय रुपए का समय-समय पर अवमूल्यन कर विकसित देशों से उत्पादकता में अंतर को दिखाया जा सकता था।

मई 1951 में संविधान में पहले संशोधन से बोलने की आजादी को कम किया गया और संपत्ति का अधिकार मौलिक अधिकार नहीं रहा।

नेहरू के शासन के सत्रह वर्षों के दौरान सात वित्त मंत्री हुए, जो दिखाता है कि अपने सबसे अहम मंत्रियों में से एक का चुनाव करने में उनसे कई बार चूक हुई।

कांग्रेस व्यवसायियों से पैसे लेती थी और इस वजह से कभी-कभी पार्टी एवं सरकार मुसीबत में पड़ जाती थी। हरिदास मूँदड़ा एक उद्योगपति थे, जिन्होंने 1950 के दशक में कांग्रेस को धन दिया था। मूँदड़ा जब आर्थिक परेशानियों में घिर गए, तब सरकार ने उनकी मदद की और जीवन बीमा निगम को निर्देश दिया कि उनकी कंपनियों के शेयर बढ़ी हुई कीमतों पर खरीद ले। जब सच्चाई सामने आई तो वित्त मंत्री टी.टी. कृष्णमाचारी की कुरसी चली गई, जो स्पष्ट रूप से नेहरू के आदेश पर काम कर रहे थे। इसे तब एल.आई.सी.-मूँदड़ा स्कैंडल के नाम से जाना गया था।

नेहरू ने अपनी बेटी इंदिरा को आगे बढ़ाया और सन् 1959 में कांग्रेस पार्टी का अध्यक्ष बना दिया, जब वह महज 41 साल की थीं, जबकि कई योग्य लोग मौजूद थे; जो उस पद के प्रबल दावेदार थे। इंदिरा ने नेहरू को मजबूर किया कि वह केरल की चुनी हुई सरकार को बरखास्त कर दें।

सन् 1950 में जब चीन ने तिब्बत पर कब्जा जमा लिया, तब वह भारत का पड़ोसी बन गया। दलाई लामा को शरण देकर नेहरू ने चीन को नाराज कर दिया। 3,488 कि.मी. लंबी सीमा के साथ लगते विवादित इलाके का जब कोई राजनीतिक हल नहीं निकला, तब 20 अक्तूबर, 1962 को चीन ने लद्दाख और अरुणाचल प्रदेश पर एक साथ हमला कर दिया। यह युद्ध तब समाप्त हुआ, जब 31 दिनों बाद चीन ने युद्ध-विराम की घोषणा की और उसके साथ ही एल.ए.सी. से अपने पीछे हटने का ऐलान किया, जब अमेरिका ने अपने विमानवाहक पोत यू.एस.एस. एंटरप्राइज को बंगाल की खाड़ी में उतरने का आदेश दिया। भारत ने जहाँ अपने

3,100 जवानों को गँवा दिया, वहीं चीन के सिर्फ 722 सैनिक मारे गए। इसने नेहरू के *'हिंदी-चीनी भाई-भाई'* के नारे के खोखलेपन को जग-जाहिर कर दिया। नेहरू ने पश्चिमी देशों से जब मदद माँगी, तब उनकी गुटनिरपेक्षता की नीति भद्‌दा मजाक बनकर रह गई।

चीन ने लद्‌दाख के 37,244 वर्ग कि.मी. के अक्साई चिन इलाके पर कब्जा जमा लिया। साथ ही, सन् 1963 में उसे पाकिस्तान से सक्शगाम गलियारे की 6,993 वर्ग कि.मी. की जमीन भी मिल गई। इस तरह, उस समय से ही उसने भारत की कुल 44,237 वर्ग कि.मी. जमीन पर अवैध कब्जा जमा रखा है।

न केवल नेहरू चीन के कदम को भाँपने में नाकाम रहे, बल्कि युद्ध के बाद भी वह भारत की राष्ट्रीय सुरक्षा (रक्षा और खुफिया) के तंत्र को फिर से शक्तिशाली बनाने में नाकाम रहे। युद्ध के बाद उनकी सेहत में तेजी से गिरावट आने लगी और आखिरकार 26 मई, 1964 को उनका निधन हो गया।

रेटिंग : 5.5/10

□

लाल बहादुर शास्त्री (एल.बी.एस.)

प्रधानमंत्री, जो समय से बहुत पहले चल बसे

(9 जून, 1964 से 11 जनवरी, 1966)

सफलताएँ

भारत सन् 1965 के भारत-पाकिस्तान युद्ध में विजयी हुआ। *लेकिन जनवरी 1966 के ताशकंद समझौते के तहत उन्होंने पी.ओ.के. स्थित हाजी-पीर दर्रे को पाकिस्तान को लौटा दिया।* ताशकंद समझौते पर दस्तखत करने के एक दिन बाद ताशकंद (तब सोवियत संघ में, अब उज्बेकिस्तान की राजधानी) में रहस्यमय परिस्थितियों में उनकी मौत हो गई।

उन्होंने कृषि में 'हरित क्रांति' की शुरुआत की, जिससे खाद्यान्न की किल्लत कम हुई। उन्होंने अमूल फेम के वर्गीज कुरियन का हौसला बढ़ाया, जिससे राष्ट्रीय डेयरी विकास बोर्ड की स्थापना हुई और दुग्ध उत्पादन को बढ़ाने के लिए भारत में श्वेत क्रांति की नींव पड़ी।

अक्तूबर 1960 में उन्होंने सीलोन (अब श्रीलंका) के साथ एक समझौता किया, जिससे यह तय हुआ कि वहाँ रह रहे भारतीय मूल के सभी व्यक्ति, जो दोनों में से किसी देश के नागरिक नहीं थे, वे भारत या सीलोन के नागरिक बन जाएँगे।

सन् 1962 में बर्मा (अब म्याँमार) की सेना ने सरकार का तख्ता-पलट कर दिया। ऐसे भारतीय, जो सदियों से बर्मी संस्कृति का हिस्सा थे, वे बर्मी लोगों और सैनिक सरकार के अत्याचार एवं भेदभाव का शिकार हुए, जिसने बड़े पैमाने पर भारतीयों के निष्कासन का आदेश दे दिया। शास्त्री ने भारतीयों को भारत लाने के लिए परिवहन की व्यवस्था की।

विफलताएँ

नौकरियों की संख्या में स्थिरता आ गई थी।

भुगतान संतुलन की स्थिति कमजोर हो गई थी। एल.बी.एस. ने रुपए का अवमूल्यन नहीं किया, जिसका मूल्य असामान्य रूप से अधिक था। रेटिंग : 7/10

□

इंदिरा गांधी

भ्रष्टाचार और चाटुकारिता की रचयिता, लोकतंत्र और निजी उद्यम की हत्यारी, विदेशी ताकतों की पिट्ठू

(24 जनवरी, 1966 से 24 मई, 1977;
14 जनवरी, 1980 से 31 अक्तूबर, 1984)

सफलताएँ

इसमें कोई शक नहीं कि इंदिरा गांधी की सबसे बड़ी कामयाबी सन् 1971 के युद्ध में पाकिस्तान पर मिली जीत थी, जिससे बँगलादेश का निर्माण हुआ और पाकिस्तान दो टुकड़ों में बँट गया।

सन् 1975 में सिक्किम भारत का 22वाँ राज्य बना।

उन्होंने भारत के परमाणु और अंतरिक्ष कार्यक्रमों को गति दी।

जुलाई 1968 में उन्होंने परमाणु हथियारों और तकनीक पर भेदभावपूर्ण अप्रसार संधि (एन.पी.टी.) पर दस्तखत करने से इनकार कर दिया।

भारत ने 18 मई, 1974 को अपना पहला सफल परमाणु परीक्षण किया।

उन्होंने उस हरित क्रांति को आगे बढ़ाया, जिसे लाल बहादुर शास्त्री ने शुरू किया था।

उन्होंने सन् 1971 में राजपरिवारों (रियासतों के पूर्व शासक) को मिलनेवाले 'प्रिवीपर्स' (राजभत्ता) तथा उससे जुड़े सभी भुगतान एवं सुविधाओं को बंद कर दिया।

अप्रैल 1984 में सोवियत संघ के सोयूज टी-11 में एक भारतीय अंतरिक्ष में गया।

खालिस्तानी आंदोलन सिख राष्ट्रवादियों का एक ऐसा आतंकवादी आंदोलन था, जिसकी शुरुआत पंजाब और हरियाणा के कुछ हिस्सों को मिलाकर सिखों के

लिए अलग स्वतंत्र राज्य के गठन के लिए की गई थी। वैसे तो इसकी शुरुआत 1940 और 1950 के दशक में की गई थी, लेकिन 1970 और 1980 के दशक में इसे ताकत मिली। जरनैल सिंह भिंडरावाले ने कई लोगों को सिखों के विधि-विधानों को मानने पर सहमत कर लिया। अपने खालिस्तानी-समर्थकों के साथ मिलकर उसने अमृतसर के स्वर्ण मंदिर परिसर स्थित अकाल तख्त पर कब्जा जमा लिया। मंदिर परिसर का नियंत्रण फिर से हासिल करने के लिए भारतीय सेना ने सन् 1984 में 'ऑपरेशन ब्लू स्टार' शुरू किया। आधिकारिक आँकड़ों के अनुसार, 575 लोगों की जानें गईं, जिनमें सेना के 83 जवान और 493 आम नागरिक शामिल थे। *इसे ही 31 अक्तूबर, 1984 में सिख अंगरक्षकों द्वारा उनकी हत्या का कारण माना गया था।*

विफलताएँ

मैंने पहले ही अध्याय में बता दिया है कि कैसे इंदिरा सोवियत संघ के के.जी. बी. के हाथों की कठपुतली थीं।

वह वामपंथी विचारधारा से प्रभावित अपने मुख्य सचिव पी.एन. हक्सर (उन पर लिखे हिस्से को उसी अध्याय में देखें) की सलाह का पालन आँखें मूँदकर किया करती थीं।

नेहरू अपनी नीतियों को विस्तार से समझाने में संसद् में घंटों गुजार दिया करते थे; पर इंदिरा विपक्ष को तो दूर, अपनी पार्टी को भी कुछ बताना जरूरी नहीं समझती थीं।

उन्होंने आर्थिक सुधारों की किसी भी योजना की शुरुआत नहीं की, न ही भारत में एफ.डी.आई. के लिए कोई कदम उठाया।

जाने-माने अर्थशास्त्री आई.जी. पटेल, जिन्होंने भारत सरकार के सी.ई.ए. (1961-63 एवं 1965-67) और भारतीय रिजर्व बैंक (1977-82) के गवर्नर के रूप में काम किया, का कहना था कि वर्ष 1990-91 में जो भुगतान संतुलन का संकट पैदा हुआ था, उसके लिए इंदिरा, राजीव गांधी और वी.पी. सिंह की सरकारें जिम्मेदार थीं, जिन्होंने "देश के प्रति अपनी जिम्मेदारी को थोड़े समय के राजनीतिक लाभ के लिए ताक पर रख दिया था।"

सन् 1969 में निर्दयी *एकाधिकार और प्रतिबंधात्मक व्यापार व्यवहार अधिनियम (MRTP)* अमल में आया। कानून का उद्देश्य कंपनियों को निर्माण या सेवा क्षेत्र में एकाधिकार स्थापित करने से रोकना था। अधिकारियों ने इसका

दुरुपयोग उद्योग और व्यापार का गला घोंटने के लिए किया। *इस अधिनियम के स्थान पर वाजपेयी सरकार प्रतिस्पर्धा अधिनियम, 2002 लेकर आई।*

काम न करना और अनाज, बिजली तथा कोयला उत्पादन एवं उनकी कीमतें तय करने में नेताओं व अधिकारियों का वर्चस्व और दखलंदाजी सन् 1969 के बाद बढ़ती चली गई।

सन् 1970 में औद्योगिक लागत और मूल्य ब्यूरो की स्थापना की गई और इसने स्टील, सीमेंट, ताँबा एवं दवाइयों की कीमतों को तय किया। अर्थव्यवस्था को इसकी बहुत भारी कीमत चुकानी पड़ी, क्योंकि इससे दुर्लभ संसाधनों की कीमतों और आवंटन में भारी गड़बड़ी हुई। सरकारी अधिकारियों को इतनी छूट मिल गई कि उन्होंने अपनी पसंद के लोगों को आगे बढ़ाना शुरू कर दिया।

सामान्य बीमा क्षेत्र का राष्ट्रीयकरण सन् 1971 में किया गया था। नेहरू ने जीवन बीमा का राष्ट्रीयकरण सन् 1957 में ही कर दिया था। *वर्ष 2000 में वाजपेयी सरकार ने दोनों को ही विदेशी निवेश के लिए खोल दिया और इससे देश में करोड़ों डॉलर विदेशी मुद्रा आई है। वर्ष 2021 में मोदी ने बीमा क्षेत्र में 74% एफ.डी.आई. की इजाजत दे दी।*

अनाज के व्यापार को सरकारी नियंत्रण में ले आया गया। इंदिरा न्यूनतम वेतन लागू करने में विफल रहीं।

वर्ष 1971 से 1973 के बीच उन्होंने कोयला खनन उद्योग का राष्ट्रीयकरण कर दिया। सरकारी स्वामित्ववाले कोल इंडिया लिमिटेड और स्टील अथॉरिटी ऑफ इंडिया लिमिटेड जैसे एकाधिकार रखनेवाले उपक्रमों की स्थापना ने इन दोनों वस्तुओं के उत्पादन की कुशलता पर बुरा प्रभाव डाला।

आयात पर पाबंदियाँ लागू की गईं, जिनका निर्यात पर बुरा असर पड़ा; क्योंकि निर्यात के लिए जो उत्पाद तैयार किए जाते, उनके लिए कई पुरजों का आयात जरूरी था। कुछ वस्तुओं पर आयात शुल्क 200% तक था। दुनिया के निर्यात में भारत की हिस्सेदारी सन् 1964 में 1.2% थी, जो 1984 में घटकर 0.6% पर आ गई।

विदेशी मुद्रा विनियमन अधिनियम, 1973 (FERA) के कारण निर्यातकों को मुश्किल से कमाई नकदी को सौंप देना पड़ता था।

औद्योगिक विवाद अधिनियम, 1976 ने कंपनियों और फर्मों के लिए श्रमिकों को हटाने या किसी भी फैक्टरी को बंद करने से पहले सरकारी मंजूरी लेना अनिवार्य कर दिया था।

नेहरू और इंदिरा—दोनों ने ही शिक्षा और स्वास्थ्य में निजी क्षेत्र के निवेश को आकर्षित करने के लिए पर्याप्त कदम नहीं उठाए।

शहरी भूमि (सीलिंग और विनियमन) अधिनियम, 1976 (ULC) ने सरकार को कुछ निश्चित 'सीलिंग' से ऊपर की जमीन का मामूली कीमत पर अधिग्रहण करने का अधिकार दिया। इससे विकास को, विशेष रूप से बड़े-बड़े रियल एस्टेट की परियोजनाओं के विकास को, भारी झटका लगा।

जुलाई 1979 में उन्होंने 14 बैंकों का राष्ट्रीयकरण कर दिया। इसका इतना दूरगामी नुकसान हुआ कि आज तक भारतीय अर्थव्यवस्था पर इसका दुष्प्रभाव है।

जी.एफ.डी., जो वर्ष 1970-71 में जी.डी.पी. का 3.08% थी, वह 1983-84 में बढ़कर जी.डी.पी. का 5.6% हो गई।

सरचार्ज को जोड़ दें तो इंदिरा के शासन में जो सबसे ऊँचा इन्कम टैक्स (आई.टी.) स्लैब था, वह हास्यास्पद रूप से 97.8% था। फिर भी आई.टी. का संग्रह जी.डी.पी. का 1% (वर्तमान में 3.5%) ही रहा। इससे बड़े पैमाने पर लोग टैक्स से बचने लगे और काला धन इकट्ठा होने लगा, जिसका फायदा आई.टी. विभाग के भ्रष्ट अधिकारियों ने जमकर उठाया और आज भी उठा रहे हैं।

इस सरकार के और ऐसे सभी (तथा अन्य) बेहिसाब नियंत्रणों के अर्थव्यवस्था पर भयंकर दूरगामी दुष्प्रभाव देखने को मिले।

डेंग जियाओ पिंग ने विदेशी निवेश को आकर्षित करने के लिए चीन को दिसंबर 1978 में खोल दिया, जिससे चीनी अर्थव्यवस्था की अतुलनीय वृद्धि हुई; लेकिन इंदिरा गांधी ने छह साल बाद भी इसे नहीं अपनाया।

दक्षिण-पूर्वी एशिया के देशों के साथ भारत के ऐतिहासिक संबंधों की और उसके कुछ क्षेत्रों में बौद्ध तथा हिंदू धर्म के प्रभाव की ओर उन्होंने कोई ध्यान नहीं दिया, जिन्होंने सन् 1967 में आसियान (ASEAN) का गठन किया था।

इंदिरा ने सोवियत संघ से भारत के लिए हथियारों के आयात की नेहरू की नीति को जारी रखा, जबकि अमेरिका और अन्य पश्चिमी देश बेहतर नतीजों वाले रक्षा उपकरण का ऑफर दे रहे थे।

वह अमेरिकी नीतियों की खुलकर आलोचना करती थीं और उन्हें सुपरपावर के गुस्से का खामियाजा भुगतना पड़ा। अमेरिका-विरोधी उनके रुख के कारण भारत-अमेरिका के संबंधों में गिरावट आई।

सिर्फ चाटुकारों को ही केंद्रीय मंत्री, मुख्यमंत्री या वरिष्ठ सरकारी अधिकारियों

के रूप में नियुक्त किया जाता था। वर्ष 1971-72 में उन्होंने आंध्र प्रदेश, असम, मध्य प्रदेश एवं राजस्थान के लोकप्रिय मुख्यमंत्रियों को हटा दिया और उनकी जगह अपने चमचों को बिठा दिया। नतीजा यह हुआ कि क्षेत्रीय दलों का कद बढ़ता चला गया।

दिसंबर 1971 में पाकिस्तान के खिलाफ जिस युद्ध के बाद एक स्वतंत्र देश के रूप में बँगलादेश का निर्माण हुआ, इंदिरा ने पश्चिमी पाकिस्तान में 13,000 वर्ग कि.मी. जमीन (कुछ रिपोर्ट्स बताती हैं कि यह मात्र 5,000 वर्ग कि.मी. थी) वापस लौटा दी, जिस पर भारतीय सेना ने कब्जा जमाया था। वित्त मंत्री वाई.बी. चव्हाण, रक्षा मंत्री जगजीवन राम और उनके करीबी सहयोगी पी.एन. धर ने इसका विरोध किया था।

उन्होंने बँगलादेश के पहले प्रधानमंत्री मुजीबुर्रहमान की इस माँग का समर्थन नहीं किया था कि पाकिस्तानी सेना के 195 वरिष्ठ अधिकारियों के खिलाफ यातना, बलात्कार और नर-संहार (*पाकिस्तानी सेना ने 3.30 लाख बँगलादेशियों (तब पूर्वी पाकिस्तानी) का कत्लेआम कर दिया था*) के आरोपों पर मुकदमा चलाया जाए।

भले ही उन्होंने मई 1974 में परमाणु परीक्षण का आदेश दिया, जो भारत के लिए एक अच्छी बात थी कि उसने दुनिया के सामने अपनी शक्ति का प्रदर्शन किया, लेकिन उनकी ओर से इसे 'शांतिपूर्ण परमाणु विस्फोट' बताने से दुनिया में भारत की विश्वसनीयता पर आघात हुआ। दुनिया में अपनी विश्वसनीयता के लिए भारत को कुछ और परीक्षण कर खुद को एक परमाणु हथियार संपन्न देश घोषित कर देना चाहिए था। भारत के परीक्षण के बाद न्यूक्लियर सप्लायर ग्रुप ने भारत को अलग-थलग कर दिया।

25 जून, 1975 को आपातकाल की घोषणा लोकतंत्र के लिए सबसे काला दिन था। उन्होंने मंत्रियों को सूचित किए बिना ही इसकी घोषणा कर दी। चार भावी प्रधानमंत्रियों समेत विपक्ष के कई नेता जेल में डाल दिए गए। अखबार के दफ्तरों की बिजली काट दी गई और प्रेस पर सेंसरशिप थोप दी गई।

वह पूरी तरह से अपने छोटे बेटे संजय के प्रभाव में आ चुकी थीं, जिसने सत्ता का मनमाना इस्तेमाल किया। अपने दोस्तों के साथ मिलकर वही भारत को चला रहे थे। सभी मानते थे कि उन्होंने अपनी माँ पर पूरा नियंत्रण हासिल कर लिया है और सरकार पी.एम.ओ. के बजाय पी.एम.एच. (प्रधानमंत्री आवास) से चल रही है। उन्होंने हजारों युवाओं को कांग्रेस पार्टी में भरती किया, जिनमें कई हुड़दंगी व मवाली

भी शामिल थे, जो विरोधियों और इंदिरा के साथ ही संजय के खिलाफ आवाज उठानेवालों को धमकियाँ देते थे और ताकत का इस्तेमाल करते थे। भले ही संजय को न तो चुना गया था और न ही उनके पास कोई पद था, फिर भी उन्होंने कैबिनेट मंत्रियों, आला सरकारी अधिकारियों और पुलिस अधिकारियों पर अपना प्रभाव डालना शुरू कर दिया। कई मंत्रियों और अधिकारियों ने जहाँ विरोध में इस्तीफा दे दिया, वहीं संजय गांधी ने उनकी जगह अपने समर्थकों को नियुक्त कर दिया।

उनके गुंडों ने मुसलमानों को जबरन नसबंदी के लिए मजबूर किया। 62 लाख से 83 लाख तक पुरुषों (अधिकांश मुसलिम) की जबरन नसबंदी की गई, जो द्वितीय विश्व युद्ध के दौरान हिटलर की थर्ड रीच द्वारा लोगों की नसबंदी का 16 से 21 गुना थी। प्रो. मारिका विस्जनी की पुस्तक *'कोअर्शन इन अ सॉफ्ट स्टेट : फैमिली प्लानिंग प्रोग्राम ऑफ इंडिया'* 1.1 करोड़ भारतीय स्त्रियों व पुरुषों की बात करती है, जिनकी नसबंदी आपातकाल के दौरान की गई थी। *क्या यह आश्चर्यजनक नहीं लगता कि वही कांग्रेस बी.जे.पी. का मजाक उड़ाती है, जब बी.जे.पी. जनसंख्या नियंत्रण कानून की बात करती है? और ज्यादा मुसलिम-विरोधी कौन था/है—संजय गांधी या मोदी?*

संजय गांधी जब अपने साथी जगमोहन, जो दिल्ली विकास प्राधिकरण (डी.डी.ए.) के उपाध्यक्ष थे, के साथ पुरानी दिल्ली के तुर्कमान गेट पहुँचे तो वहाँ मौजूद तमाम झुग्गियों की वजह से उन्हें जामा मसजिद दिखाई नहीं पड़ी। इससे वह नाराज हुए और फिर डी.डी.ए. ने सारी झुग्गियों पर बुलडोजर चला दिया। पुलिस ने निर्माणों को गिराने का विरोध करनेवाले प्रदर्शनकारियों पर गोलियाँ चला दीं, जिसका नतीजा यह हुआ कि लगभग 150 लोग मारे गए और 70,000 से ज्यादा लोग विस्थापित हो गए।

सर मार्क टुली (20 वर्षों तक भारत में *बी.बी.सी.* के ब्यूरो चीफ, अनेक पुस्तकों के लेखक और 'पद्म भूषण' से विभूषित) के अनुसार, "उनकी माँ ने जिन क्रूर अधिकारों को अपने हाथों ले लिया था, उनका इस्तेमाल अनुभवहीन होने के बावजूद, प्रशासन को डराने और एक ऐसी व्यवस्था कायम करने से वो बाज नहीं आए, जो वास्तव में एक पुलिस राज्य था।"

जब बॉलीवुड के लोकप्रिय गायक किशोर कुमार ने भारतीय युवा कांग्रेस के एक कार्यक्रम में गाने से इनकार कर दिया तो संजय गांधी के निर्देश पर उनके सभी गानों को ऑल इंडिया रेडियो पर बैन कर दिया गया।

'किस्सा कुरसी' का उपहास करनेवाली एक ऐसी फिल्म थी, जिसने संजय के कार निर्माण करने की योजनाओं, उनकी दोस्त रुखसाना सुल्ताना (जिसने नसबंदी अभियान का नेतृत्व किया) एवं स्वामी धीरेंद्र ब्रह्मचारी जैसे कांग्रेस समर्थकों और इंदिरा के निजी सचिव आर.के. धवन का मजाक उड़ाया। इस फिल्म के सारे प्रिंट को सेंसर बोर्ड से उठाया गया और मारुति फैक्टरी में ले जाकर जला दिया गया। फरवरी 1979 में एक जज ने संजय गांधी और वी.सी. शुक्ला (सूचना व प्रसारण राज्य मंत्री) को 'आपराधिक साजिश, शरारतपूर्ण अग्निकांड, चुराई गई संपत्ति को छिपाने और सबूत गायब करने' का दोषी पाया।

संजय को 25 महीने कैद की सजा सुनाई गई। उन्होंने एक महीना जेल में बिताया। बाद में इस फैसले को पलट दिया गया।

सुप्रीम कोर्ट ने भारत सरकार के निर्देशों का पालन करना शुरू कर दिया। इसका एक विख्यात उदाहरण वह आदेश है, जिसमें उसने कहा कि आंतरिक सुरक्षा व्यवस्था अधिनियम (MISA) के अंतर्गत भारत सरकार लोगों को मुकदमा चलाए बिना हिरासत में रख सकती थी। इंदिरा ने उन जजों को प्रमोट किया, जो उनके पक्ष में फैसला सुनाते थे। इससे न्यायपालिका में भाई-भतीजावाद शुरू हो गया।

उन्होंने कानूनों में बदलाव किए, जिनमें संविधान का 42वाँ संशोधन शामिल था, जिसे भारतीय इतिहास का सबसे विवादित संविधान संशोधन माना जाता है और कभी-कभी तो 'इंदिरा का संविधान' भी कहा जाता था। इसके जरिए कानूनों की संवैधानिक वैधता पर फैसला सुनाने की सुप्रीम कोर्ट और हाई कोर्ट की शक्तियों को कम करने का प्रयास किया गया। इसने देश के प्रति भारतीय नागरिकों के कर्तव्यों की अवधारणा रखी। इसने संविधान के इतिहास में सबसे व्यापक परिवर्तनों की शुरुआत की।

42वें संशोधन ने सुप्रीम कोर्ट से कई शक्तियाँ छीन लीं और भारत को संसदीय संप्रभुता की ओर ले गया। इसने लोकतांत्रिक अधिकारों पर कैंची चला दी और पी.एम.ओ. को बेहिसाब शक्तियाँ दे दीं। इसने संसद् को संविधान में संशोधन की बेहिसाब शक्ति दी, जिनकी न्यायिक समीक्षा नहीं हो सकती थी। इसने राज्य सरकारों से कई शक्तियों को लेकर उन्हें भारत सरकार के हवाले कर दिया और इस प्रकार भारत का संघीय ढाँचा कमजोर हुआ। इसने प्रस्तावना में संशोधन कर भारत की व्याख्या में परिवर्तन किया और इसे एक 'संप्रभु लोकतांत्रिक गणराज्य' से 'संप्रभु, समाजवादी, धर्मनिरपेक्ष लोकतांत्रिक गणराज्य' बताया।

आपातकाल के कारण दुनिया भर में भारत की छवि खराब हुई।

अकसर कांग्रेस/अन्य विपक्षी दल मोदी को 'फासीवादी' या 'हिटलर' कहते हैं। आप ही तय कीजिए कि अधिक फासीवादी कौन था/है—मोदी या इंदिरा गांधी?

सन् 1979 में असम में घुसपैठियों की मौजूदगी के खिलाफ आंदोलनों की शुरुआत हो गई। उनके निशाने पर न केवल मुख्य रूप से अवैध बँगलादेशी घुसपैठिए थे, बल्कि बिहार, ओडिशा और पश्चिम बंगाल के प्रवासी मजदूर भी थे, जिन्हें ब्रिटिश राज के दौरान चाय बागानों और तेल के क्षेत्र में काम करने के लिए भेजा गया था। सन् 1946 के एक अधिनियम के अनुसार, लोगों को साबित करना पड़ता था कि वे भारतीय नागरिक हैं। वोट बैंक की राजनीति के लिए इंदिरा सरकार ने *अवैध प्रवासी (न्यायाधिकरण द्वारा निर्धारण) अधिनियम* लागू कर अवैध आप्रवासियों को असम में रहने की इजाजत दी। वहीं इस अधिनियम के अनुसार, अब यह दायित्व भारत सरकार पर आ गया कि वह साबित करे कि कोई 'विदेशी' दाखिल हुआ और असम में अवैध रूप से बस गया।

एन.आर.सी. (नेशनर रजिस्टर ऑफ सिटिजन्स) को लेकर जो विवाद असम में शुरू हुआ, वह मोदी सरकार की ओर से इसी गड़बड़ी को दूर करने के लिए उठाया गया कदम है। असम में एन.आर.सी. को अपडेट करने की शुरुआत मोदी के सत्ता में आने से पहले वर्ष 2013 में हुई थी, जब सुप्रीम कोर्ट ने इसे अपडेट करने का आदेश दिया था।

फरवरी 1983 में नेली (असम) में नर-संहार हुआ, जिसमें 2,190 से 10,000 लोग मारे गए। यह असम आंदोलन के बीच 1983 में राज्य के चुनाव करने के फैसले का नतीजा था, जब इंदिरा ने बँगलादेश से आए 40 लाख घुसपैठियों को वोट देने का अधिकार देने का फैसला किया था।

जगमोहन पहली बार 1970 के दशक के मध्य में डी.डी.ए. के उपाध्यक्ष के रूप में कुख्यात हुए, जब वह संजय गांधी के करीब आए। जुलाई 1984 में जगमोहन को जम्मू व कश्मीर का राज्यपाल नियुक्त किया गया। उन्होंने फारूक अब्दुल्ला की सरकार को इस आरोप के बाद बरखास्त कर दिया कि उनके कारण आतंकवाद बढ़ रहा है। गुलाम मोहम्मद शाह मुख्यमंत्री बने। अपने 20 महीने के कार्यकाल में शाह बेहद अलोकप्रिय हो गए और तभी से कश्मीरियों में तत्कालीन और भविष्य की सरकारों, केंद्र सरकारों के प्रति अविश्वास की बुनियाद पड़ गई।

इंदिरा ने पहले अपनी पार्टी पर संजय को अपना उत्तराधिकारी बनाने का

फैसला थोपा और जून 1980 में विमान हादसे में संजय की मौत के बाद उनकी जगह अपने बड़े बेटे राजीव को लेकर आईं। यह वंशवादी उत्तराधिकार भारतीय राजनीति के लिए बेहद नुकसानदेह साबित हुआ, क्योंकि अधिकांश क्षेत्रीय दलों ने इसे अपना लिया।

तमिलनाडु में जब ए.आई.ए.डी.एम.के. के हाथों कांग्रेस पार्टी की हार हुई, तब इंदिरा ने तमिलों की भावनाओं को भुनाने के लिए भारतीय एजेंसियों के द्वारा सन् 1983 में तमिल छापामारों की ट्रेनिंग शुरू करवाई।

उन्होंने पंजाब में कानून-व्यवस्था को तब तक बिगड़ने दिया, जब तक कि वहाँ संकट पैदा नहीं हो गया।

इंदिरा ने बेबुनियाद आधारों पर आंध्र प्रदेश में एन.टी. रामाराव सरकार को बरखास्त कर दिया।

इंदिरा के राज में भ्रष्टाचार चरम पर था। मई 1971 में एस.बी.आई. के एक कैशियर ने किसी आर.एस. नगरवाला को बैंक परिसर के बाहर 60 लाख रुपए नकद थमा दिए। ऐसा कहा जाता है कि इसके लिए पी.एम.ओ. से फोन पर निर्देश मिला था। कांग्रेस पार्टी के कोषाध्यक्ष और केंद्रीय मंत्री ललित नारायण मिश्रा कई 'सौदों' में संलिप्त थे।

संजय गांधी के मारुति कार उपक्रम के संबंध में भ्रष्टाचार और भाई-भतीजावाद के कई आरोप लगे।

वर्ष 1976 में हांगकांग की कुओ ऑयल कंपनी के साथ 20 करोड़ डॉलर का एक करार हुआ, जिसमें मौजूदा दरों पर भविष्य में डिलीवरी लेने की बात थी। भारत सरकार को 13 करोड़ (मुद्रास्फीति के आधार पर वर्ष 2020 में 332 करोड़ रुपए) रुपए की चपत लगी और ऐसा बताया गया था कि यह पैसा अप्रत्यक्ष रूप से इंदिरा व संजय गांधी को मिला।

सन् 1981 में भारत ने पश्चिमी जर्मनी की एच.डी.डब्ल्यू. के साथ एक समझौता किया, जिसमें *शिशुमार*-वर्ग की दो हमलावर पनडुब्बियों का निर्माण वहाँ होना था और दो के मजगाँव डॉक (एक पी.एस.ई.) पर निर्माण के लिए सामानों की आपूर्ति की जानी थी। अप्रैल 1987 में वित्त मंत्री वी.पी. सिंह को पश्चिमी जर्मनी में भारत के राजदूत से एक गुप्त टेलीग्राम मिला, जिसमें लिखा था कि इस सौदे में भारतीय एजेंटों को 32.55 करोड़ (2020 में 553 करोड़) रुपए का कमीशन मिला है।

सन् 1997 में नौकरशाह, कूटनीतिज्ञ और इंदिरा के भाई बी.के. नेहरू ने *'नाइस गाएज फिनिश सेकंड'* नाम से अपनी आत्मकथा में लिखा कि उन्होंने संजय गांधी के अंतिम संस्कार के समय राजीव गांधी से पूछा था कि "क्या जो पैसा संजय ने कथित तौर पर कांग्रेस के लिए लिया था, वह सुरक्षित है?" राजीव ने कहा था, "कांग्रेस कार्यालय की अलमारियों में उन्हें 20 लाख रुपए ही मिले।" फिर नेहरू ने राजीव से पूछा कि संजय के पास कितने थे? "उसने (राजीव) अपना सिर पकड़ा और कहा करोड़ों और करोड़ों, जिनका कोई हिसाब-किताब नहीं।"

बी.जी. देशमुख इंदिरा के दूसरे कार्यकाल में गृह मंत्रालय में अतिरिक्त सचिव थे, वर्ष 1986 से 1989 तक भारत के कैबिनेट सचिव थे और राजीव गांधी, वी.पी. सिंह एवं चंद्रशेखर जैसे प्रधानमंत्रियों के प्रधान सचिव थे। उन्होंने अपनी पुस्तक *'ए कैबिनेट सेक्रेटरी लुक्स बैक'* में लिखा है—

"बोफोर्स मामले का जन्म उन तौर-तरीकों के कारण हुआ, जिनकी शुरुआत इंदिरा गांधी ने की और उसे उनके बेटे संजय ने कांग्रेस के लिए धन जुटाने के क्रम में और निखारा। 1960 के दशक के मध्य तक, नेहरू के शासनकाल में, पार्टी के लिए चंदा इकट्ठा करने का काम काफी पारदर्शी था और कारोबारी घराने खुलकर चंदा दिया करते थे।...जब इंदिरा ने भारतीय राजनीति में अपना वर्चस्व स्थापित किया, तब उन्होंने तय किया कि पैसा इकट्ठा करने का इससे भी बेहतर तरीका है... और तरीका था विदेश सौदे में हिस्सा वसूलना। सन् 1972 के बाद संजय गांधी ने इसमें महारत हासिल की और इसे निखारते चले गए। मेरे सहकर्मियों ने बताया कि जनवरी 1980 में ही संजय ने कुछ संबंधित मंत्रालयों के वरिष्ठ अधिकारियों को आदेश देने, सौदे करने के लिए बुलाया और उन्हें स्पष्ट रूप से और सख्त लहजे में बता दिया गया कि उन सौदों को कैसे अंतिम रूप दिया जाना चाहिए। रक्षा जैसे मंत्रालयों और रक्षा उत्पादन विभाग में भी विश्वासपात्र वरिष्ठ अधिकारियों को तैनात किया जाता था।"

वर्ष 2012 में प्रकाशित अपनी पुस्तक *'इंदिरा गांधी : ट्रिस्ट विद पावर'* में इंदिरा की रिश्तेदार नयनतारा सहगल ने लिखा है कि इंदिरा की नीतियों के कारण भारत विकास में 10 साल पीछे चला गया।

अपनी पुस्तक *'द प्रॉमिस ऑफ इंडिया'* में वरिष्ठ राजनयिक और अर्थशास्त्री डॉ. जैमिनी भगवती कहते हैं कि अगर इंदिरा की लगाम लगानेवाली आर्थिक नीतियाँ नहीं होतीं तो 1990 के दशक की शुरुआत में जो सुधार हुए, वे 1970 के

दशक में हो सकते थे और भारत की अर्थव्यवस्था वर्ष 2018 तक 10 ट्रिलियन डॉलर (722 लाख करोड़ रुपए) के करीब होती।

एक तुर्की शिक्षण पोर्टल ने 'इंदेरागांदी' का अनुवाद सरकारी पैसे का दुरुपयोग, दूसरे की जेब से पैसे चुराने या बिना किए-धरे पैसे कमाने के रूप में किया है।

रेटिंग : 3/10

□

मोरारजी देसाई

जो अपने सहयोगियों को साथ लेकर नहीं चल सके

(24 मार्च, 1977 से 28 जुलाई, 1979)

मोरारजी जब प्रधानमंत्री बने, तब उनकी उम्र 80 वर्ष की थी और वह तब तक 4½ साल बॉम्बे राज्य के मुख्यमंत्री एवं नेहरू सरकार में 5½ साल वित्त मंत्री रह चुके थे। मोरारजी प्रधानमंत्री पद के इंदिरा से कहीं अधिक हकदार थे, लेकिन उनके पिता नेहरू नहीं थे। वह मार्च 1967 से जुलाई 1969 तक इंदिरा की कैबिनेट में उप-प्रधानमंत्री और वित्त मंत्री थे। इंदिरा ने जब 14 बैंकों का राष्ट्रीयकरण किया, तब उन्होंने इस्तीफा दे दिया। आखिर में, जब वह प्रधानमंत्री बने, तब 81+ की उम्र उस पद के लिए कुछ ज्यादा ही अधिक थी।

मोरारजी की सरकार भारत की पहली गठबंधन वाली केंद्र की सरकार थी, जिसमें भारतीय जन संघ, जो बी.जे.पी. की पूर्ववर्ती थी, को मिलाकर आठ दल शामिल थे।

सफलताएँ

उन्होंने संसद् में ऐसा कानून पास कराया, जिससे भविष्य में इमरजेंसी लगाना और भी मुश्किल हो गया।

सन् 1974 के परमाणु परीक्षण के बाद प्रमुख परमाणु शक्तियों ने जब भारत को निशाना बनाया, तब मोरारजी देसाई ने एक महत्त्वपूर्ण भूमिका निभाई। उन्होंने भारत के परमाणु रिएक्टर को बनाए रखने का फैसला किया और कहा, “उनका इस्तेमाल बम के लिए कभी नहीं किया जाएगा।” अमेरिकी राष्ट्रपति जिमी कार्टर की सरकार ने भारत को परमाणु रिएक्टरों के लिए हैवी वाटर और यूरेनियम बेचने की पेशकश की, जिसमें स्थल पर परमाणु सामग्री की जाँच भी हो सकती थी। देसाई ने उनकी पेशकश को ठुकरा दिया।

देसाई सरकार ने भारत और सोवियत संघ के बीच 15 साल पुरानी मित्रता संधि को यह कहते हुए समाप्त कर दिया कि भारत की विदेश नीति वापस 'सच्ची' गुटनिरपेक्षता की ओर लौटेगी और भारत पुराने समझौतों को दूसरे देशों के साथ दोस्ताना रिश्ते के रास्ते में आने नहीं देगा।

देसाई के नेतृत्व में अमेरिका के साथ भारत के रिश्तों में गरमाहट आई। देसाई के प्रधानमंत्री बनने के नौ महीने बाद, जनवरी 1978 में, अमेरिकी राष्ट्रपति कार्टर का दो दिवसीय भारत दौरा रिश्तों को बेहतर बनाने में मील का पत्थर साबित हुआ। कार्टर ने कहा कि भारत एक ऐसा देश है, जिसने लोकतंत्र में अपनी आस्था फिर से जताई है और भारत की 'सच्ची गुटनिरपेक्षता' की नीति के प्रति अमेरिका का सम्मान फिर से बढ़ गया है।

चीन उन देशों में से एक था, जिसने मार्च 1977 में इंदिरा की हार और उन्हें सत्ता से हटाए जाने पर अपनी सहमति खुलकर दी थी। फरवरी 1979 में मोरारजी सरकार में विदेश मंत्री अटल बिहारी वाजपेयी ने चीन का दौरा किया, जिससे सन् 1962 के भारत-चीन युद्ध के बाद रिश्ते में आई खटास कम हुई और उसमें थोड़ी सहजता फिर से लौटी।

सन् 1978 में भ्रष्टाचार और काला धन पर प्रहार करने के लिए भारत सरकार ने 1,000, 5,000 और 10,000 रुपए के नोटों का विमुद्रीकरण कर दिया। उस समय महज 10,000 रुपए के 20 नोटों से दक्षिण बॉम्बे में 1,000 गज की संपत्ति खरीदी जा सकती थी।

विफलताएँ

मोरारजी वैसे तो निजी क्षेत्र को बढ़ावा देने के पक्ष में थे, लेकिन उन्होंने व्यापार संघ के नेता जॉर्ज फर्नांडिस को अपना उद्योग मंत्री बनाकर बहुत बड़ी गलती कर दी। फर्नांडिस ने विदेशी कंपनियों के लिए एक स्थानीय पार्टनर का होना अनिवार्य बना दिया। इससे आई.बी.एम. और कोका कोला ने भारत में अपना कारोबार बंद कर दिया, जिससे दुनिया भर में भारत की छवि खराब हुई।

समाजवादी मोहन धारिया को वाणिज्य मंत्री बनाया गया। गठबंधन की मजबूरियों के कारण दक्षिणपंथ की ओर झुकाव रखनेवाले मोरारजी कैबिनेट में वाम की ओर झुकाव रखनेवाले कुछ ज्यादा ही मंत्री थे।

जनवरी 1979 में आर्थिक व सामाजिक रूप से पिछड़े वर्गों (ओ.बी.सी.)

की पहचान के लिए मंडल कमीशन को नियुक्त किया गया और उसने अनुसूचित जातियों (15%) एवं अनुसूचित जनजातियों (7.5%) को मिले आरक्षण में छेड़छाड़ किए बिना उनके लिए आरक्षण की सिफारिश की। आयोग के पास ओ.बी.सी. की आबादी के बिल्कुल सही आँकड़े नहीं थे। उसने सन् 1931 की जनगणना के आँकड़ों का इस्तेमाल किया और अनुमान लगाया कि उनकी आबादी 52% है। उसने सरकार के स्वामित्व या उसकी ओर से चलाए जानेवाले शैक्षणिक संस्थानों तथा सरकारी और सार्वजनिक क्षेत्र की नौकरियों में 27% आरक्षण की सिफारिश की। मंडल कमीशन की रिपोर्ट जब सौंपी गई, तब तक मोरारजी की सरकार सत्ता से बाहर हो चुकी थी; लेकिन इस आयोग का गठन भारत के लिए राजनीतिक व आर्थिक रूप से घातक सिद्ध हुआ। वंचितों के लिए समान अवसर सुनिश्चित करनेवाली नीतियों के बिना आरक्षण कुछ खास वर्गों को खुश करनेवाला एक राजनीतिक हथकंडा बनकर रह गया है।

सन् 1978 में अपने भारत दौरे पर अमेरिकी राष्ट्रपति जिमी कार्टर ने ब्रह्मपुत्र बेसिन को विकसित करने का ऑफर दिया था; लेकिन मोरारजी ने इनकार कर दिया। कार्टर के दौरे के 43 वर्षों के बाद से लेकर अब तक असम हर साल बाढ़ से होनेवाले नुकसान को झेलता है।

मोरारजी नहीं चाहते थे कि भारत दूसरे देशों की जासूसी करे। उन्होंने रॉ (RAW) का बजट 30 से 40% तक कम कर दिया और एजेंसी के नेटवर्क की जानकारी पाकिस्तान के सैन्य तानाशाह जनरल जिया-उल-हक से साझा की, जिनमें रॉ के एक जासूस की ओर से पाकिस्तान के कहूटा परमाणु संयंत्र पर जुटाई गई जानकारी भी शामिल थी। इस 'इशारे' पर कारवाई करते हुए पाकिस्तान के खुफिया बलों ने कहूटा में रॉ के अधिकारी की हत्या कर दी। मोरारजी ने रॉ को पाकिस्तान की परमाणु योजनाओं को तहस-नहस करने की योजना को मंजूरी नहीं दी। उन्होंने इजराइल के उन लड़ाकू विमानों को भारत में उतरकर तेल भरने की इजाजत नहीं दी, जो कहूटा संयंत्र पर बम बरसाने के मिशन पर जा रहे थे। आज पाकिस्तान की ओर से बने परमाणु खतरे के लिए अकेले मोरारजी ही जिम्मेदार हैं। *(कुछ मीडिया रिपोर्ट्स कहती हैं कि उप-प्रधानमंत्री चौ. चरण सिंह ने ठान लिया था कि वह रॉ को उसकी औकात में लाकर रहेंगे और देसाई इसके खिलाफ थे; लेकिन उन्होंने चरण सिंह के आगे घुटने टेक दिए।)*

विकास पर ध्यान देने के बजाय मोरारजी की पूरी ताकत इंदिरा को इमरजेंसी

के दौरान उठाए गए कदमों को लेकर जेल भेजने में ही लगी रही। अक्तूबर 1977 में उन्होंने इंदिरा को निराधार आरोपों पर गिरफ्तार करवा दिया। अगले ही दिन दिल्ली के एक मजिस्ट्रेट ने उन आरोपों की धज्जियाँ उड़ा दीं और इससे इंदिरा को थोड़ी सहानुभूति भी मिल गई।

उनकी गठबंधन सरकार व्यक्तिगत एवं नीतिगत झगड़ों से भरपूर थी और इस कारण ज्यादा कुछ हासिल नहीं कर सकी। गठबंधन के सहयोगियों और मंत्रियों के बीच लगातार उठा-पटक मची रही और कई विवाद खड़े हुए। अर्थव्यवस्था को दुरुस्त करने को लेकर मोरारजी अपनी सरकार में आम सहमति नहीं बना सके। उनकी सरकार दिशाहीन थी। आखिर में, 2½ साल से भी कम समय में उनकी सरकार उस समय गिर गई, जब वरिष्ठ नेता चरण सिंह और राज नारायण ने गठबंधन के मुख्य दल जनता पार्टी का साथ छोड़ दिया।

रेटिंग : 2.5/10

□

चौ. चरण सिंह

जिसे महत्त्वाकांक्षा ने अंधा कर दिया था

(28 जुलाई, 1979 से 14 जनवरी, 1980)

मोरारजी के प्रधानमंत्री रहने के दौरान पहले डेढ़ वर्षों तक वह गृह मंत्री थे। फिर उप-प्रधानमंत्री और वित्त मंत्री बने।

प्रधानमंत्री बनने की अपनी अंधाधुंध महत्त्वाकांक्षा के कारण छह महीने के भीतर उन्होंने मोरारजी सरकार से समर्थन वापस ले लिया। ऐसा उन्होंने इंदिरा गांधी से इस 'आश्वासन' के बाद किया कि उनके सांसद लोकसभा में बहुमत साबित करने में उनका समर्थन करेंगे।

इंदिरा की कांग्रेस (आई) ने लोकसभा की बैठक से एक दिन पहले ही समर्थन वापस ले लिया, जिससे चरण सिंह को संसद् का सामना किए बिना ही अपना पद छोड़ना पड़ा। देश की राजनीति में पतन का एक नया अध्याय लिखा गया।

इसके बाद, हित साधने की राजनीति भारत में आम हो गई।

प्रधानमंत्री के तौर पर उनकी पारी महज 170 दिनों की थी, जिसके दौरान कोई महत्त्वपूर्ण फैसले नहीं लिये गए। इसलिए ऐसा कुछ नहीं, जिसकी चर्चा उनकी सफलताओं और विफलताओं के रूप में की जाए।

रेटिंग : 1/10

□

राजीव गांधी

माँ के लाडले

(31 अक्तूबर, 1984 से 2 दिसंबर, 1989)

सफलताएँ

जनवरी 1985 में उन्होंने दल-बदल विरोधी कानून पास करवाया। दल बदलने को लगभग असंभव बनाते हुए इसने भारतीय राजनीति में बरसों से चली आ रही अराजकता की स्थिति को कुछ हद तक समाप्त किया। लोकसभा, राज्यसभा या विधानसभाओं के सदस्य यदि उस दल से इस्तीफा देते हैं—जिससे निर्वाचित हुए थे, मतदान से गैर-हाजिर हो जाते हैं और अपने दल के विरुद्ध मत देते हैं या उनका दल ही उन्हें बाहर कर देता है तो उनकी सदस्यता समाप्त हो जाती है।

अवैध घुसपैठियों के खिलाफ असम में आंदोलन कर रहे नेताओं के साथ अगस्त 1985 में असम समझौते पर दस्तखत किए गए।

उन्होंने के.पी.एस. गिल को पंजाब का डी.जी.पी. नियुक्त किया और इस सुपर कॉप ने राज्य से उग्रवाद एवं अलगाववाद को उखाड़ फेंकने में महत्त्वपूर्ण भूमिका निभाई।

राजीव ने दूरसंचार और आई.टी. क्षेत्रों का उदारीकरण कर दिया। उस समय तक सॉफ्टवेयर को कारोबार नहीं माना जाता था। इससे इस क्षेत्र के लोगों को बैंक के कर्ज के योग्य नहीं माना जाता था, जिससे उन्हें स्टार्टअप की पूँजी नहीं मिल पाती थी।

उन्होंने दोपहिया वाहनों के निर्माण को पूरी तरह खोल दिया, जिससे 'हीरो' को दुनिया का सबसे बड़ा दोपहिया निर्माता बनने में मदद मिली।

सन् 1986 में संशोधित मूल्य-वर्धित कर (मोडवैट) को लेकर आए, जिसने आने वाले वर्षों में होनेवाले कर सुधारों के लिए जमीन तैयार की।

राजीव ने रक्षा, दूरसंचार और वाणिज्यिक विमान कंपनियों से संबंधित आयात की नीतियों में सुधार किए।

उन पाँच वर्षों में रक्षा पर खर्च औसत रूप से जी.डी.पी. का 3.6% था, जो आजादी के बाद किसी भी पाँच वर्ष की अवधि में सबसे अधिक था।

अधिकतम आयकर को 62% से घटाकर 50% किया गया और संपत्ति कर को 5% से 2% किया गया। सीमा शुल्क के स्तरों को कम किया गया, वहीं संपदा शुल्क (उत्तराधिकार कर) को समाप्त किया गया और फेरा (FERA) में राहत दी गई।

सोने के आयात शुल्क को कम कर और पुलिस को जब्त किए गए सोने का एक हिस्सा देकर उसकी तस्करी को कम किया गया।

उनकी नीतियों का लक्ष्य उद्योगों को आधुनिक बनाना और भारत में अधिक एफ.डी.आई. लाना था।

सन् 1988 में वह 1954 के बाद चीन का दौरा करनेवाले पहले भारतीय प्रधानमंत्री बने। उन्होंने सीमा विवाद को सुलझाने के लिए एक द्विपक्षीय तंत्र की स्थापना की; लेकिन 32 साल बाद भी कोई हल नहीं निकला है।

राजीव ने अमेरिका के साथ संबंधों को और बेहतर बनाने का प्रयास किया, आर्थिक और वैज्ञानिक सहयोग के साथ ही सैन्य संबंधों को भी विस्तार दिया।

उन्होंने विदेश नीति में फिर से जान फूँकी और आर्थिक उदारीकरण पर बल देने के साथ ही सूचना प्रौद्योगिकी भारत को पश्चिमी देशों के करीब ले गई।

स्थानीय निकायों, जैसे कि *ग्राम पंचायतों,* को ज्यादा अधिकार देने की दिशा में काम तेजी से आगे बढ़ाया गया। पंचायतों और नगर पालिकाओं को सशक्त बनाने के लिए शुरुआती काम किया गया, ताकि उन्हें 'स्वशासन के संस्थानों' में बदला जा सके।

भले ही राजीव ने भारत को अपने परमाणु कार्यक्रम को हथियारों में बदलने की मंजूरी दे दी, लेकिन उन्होंने दुनिया भर में परमाणु निरस्त्रीकरण की ही वकालत की और इस दिशा में कई कदम उठाए।

वर्ष 1988 से 1991 के बीच भारत ने सोवियत संघ से परमाणु शक्ति-संपन्न बैलिस्टिक मिसाइल पनडुब्बी को लीज पर लिया। इससे भारत को अरिहंत क्लास की पनडुब्बियाँ तैयार करने में मदद मिली, जिनमें से पहली पनडुब्बी अगस्त 2016 में भारतीय नौसेना में शामिल हुई। तीन और पनडुब्बियाँ निर्माणाधीन हैं।

उन्होंने राष्ट्रीय शिक्षा नीति में सुधार किया और दूरस्थ तथा मुक्त शिक्षा के लिए इंदिरा गांधी नेशनल ओपन यूनिवर्सिटी की शुरुआत की। सन् 1988 में उन्होंने भारतीय सेना के 1,600 छाताधारी सैनिकों को मालदीव भेजा, ताकि राष्ट्रपति गयूम के खिलाफ तख्ता-पलट को नाकाम किया जा सके।

विफलताएँ

41.2 साल की उम्र में जब वह अपनी माँ इंदिरा गांधी की हत्या के कुछ ही घंटे बाद भारत के सबसे युवा प्रधानमंत्री बने, तब तक कांग्रेस पार्टी के भीतर गांधी परिवार की चमचागीरी को बड़े-बड़े राजनीतिक पद पर पहुँचने के पक्के उपाय के तौर पर देखा जाने लगा था। पार्टी में इस पतन का कारण ऊँचे पदों के लिए निजी स्वामीभक्ति पर इंदिरा का जोर था तथा राजीव पार्टी को पतन की उस दिशा में और आगे तक ले गए।

वह अपनी माँ इंदिरा गांधी की हत्या के बाद चार दिनों के दौरान 8,000 से 17,000 सिखों के नर-संहार को रोक नहीं सके। उन्होंने कहा, "जब एक बड़ा पेड़ गिरता है तो धरती हिलती है।" *कांग्रेस और खासकर राजीव की पत्नी सोनिया मोदी को वर्ष 2002 के गुजरात दंगों में 1,044 से 1,926 लोगों की मौत का जिम्मेदार ठहराती है, जिसकी शुरुआत एक ट्रेन को जलाए जाने के बाद 59 हिंदुओं की मौत के कारण हुई थी। मोदी महज एक मुख्यमंत्री थे, जबकि राजीव प्रधानमंत्री थे और उनके पास कहीं ज्यादा सुरक्षा बल थे। वर्ष 2002 में जितने लोग मारे गए, उनमें से 75 से 78% मुसलमान थे, जबकि 1984 में मारे गए 8,000 से 17,000 लोगों में से सभी सिख थे।*

दूसरे सांप्रदायिक दंगों में हजारों लोगों की मौतें हुई थीं—गुजरात के दंगों में 275 से ज्यादा, 350 से ज्यादा मेरठ और उससे जुड़े हाशिमपुरा नर-संहार में, 1989 के भागलपुर दंगे में 1,000 से ज्यादा और राजीव के शासनकाल में अन्य घटनाओं में 160 से ज्यादा लोग मारे गए।

राजीव के प्रधानमंत्री बनने के 33 दिनों के भीतर अमेरिकी कंपनी यूनियन कार्बाइड कॉरपोरेशन (यू.सी.सी.) के कीटनाशक कारखाने में भोपाल गैस त्रासदी हुई। जहरीली गैस ने लगभग 3,787 लोगों की जानें ले लीं। हालाँकि, कुछ रिपोर्ट्स बताती हैं कि यह संख्या 16,000 तक थी, वहीं 5,74,366 लोग बीमार हुए थे। आज भी इसकी गिनती दुनिया की सबसे भयावह औद्योगिक त्रासदियों में होती है। यू.सी.सी. ने 47 करोड़ डॉलर का जुर्माना चुकाया। भले ही राजीव को इस त्रासदी के लिए जिम्मेदार नहीं ठहराया जा सकता है, फिर भी कई लोग उन पर आरोप लगाते हैं कि उन्होंने कंपनी के बड़े अधिकारियों, विशेष रूप से यू.सी.सी. के सी.ई.ओ., को कड़ी सजा नहीं दिलाई। अगर ऐसी त्रासदी अमेरिका में हुई होती तो सी.ई.ओ. को शायद 3 से 15 साल के लिए जेल जाना पड़ता और यू.सी.सी. को 100 से 250 गुना जुर्माना (*ऐसे औद्योगिक हादसों के लिए अमेरिका जिस तरह काम करता है, उसकी जानकारी के आधार पर*) भी चुकाना पड़ता।

राजीव ने स्कूल के दोस्तों, निजी परिचितों और *परिवार* के घरेलू सहायकों की पक्षपातपूर्ण सलाह पर मनमाने फैसले किए। वह जिन लोगों से घिरे रहते थे, वो ज्यादातर उनकी उम्र के थे, जिसमें से कुछ दून स्कूल के उनके समकालीन थे। राजीव की तरह ही उन्हें भी सरकार चलाने का कोई अनुभव नहीं था।

राजीव के 'इनर सर्किल' में अकसर बदलाव आता रहता था।

दून स्कूल और कैंब्रिज यूनिवर्सिटी में राजीव के समकालीन अरुण सिंह उनके गहरे दोस्त थे। राजीव के कार्यकाल की शुरुआत में उन्हें रक्षा मंत्रालय में राज्य मंत्री बनाया गया था और उनका प्रभाव रक्षा मंत्री से भी अधिक था।

चार साल से अधिक समय में छह विदेश और वाणिज्य मंत्री हुए; गृह, वित्त, रक्षा और आठ अन्य मंत्रालयों में चार मंत्री बदले; वहीं रेलवे, एच.आर.डी., कृषि और ग्रामीण विकास तथा तीन अन्य मंत्रालयों में तीन-तीन बार मंत्री बदले। किसी को भी स्थिरता से काम नहीं करने दिया गया और नीति-निर्माण में ऐसी ही अराजकता दिखी। यह ये भी दिखाता है कि राजीव किसी पर भरोसा नहीं करते थे।

जनवरी 1987 में औद्योगिक और वित्तीय पुनर्निर्माण बोर्ड (BIFR) की स्थापना संकट में फँसी कंपनियों को बंद होने से बचाने या दिवालिया घोषित करने से रोकने के लिए की गई थी। इससे बैंकों के लाखों-करोड़ों रुपए के एन.पी.ए. की बुनियाद पड़ गई, जिसने दशकों तक के लिए भारतीय अर्थव्यवस्था को पंगु कर दिया। *इसका निदान 29 साल बाद मोदी के* दिवाला और दिवालियापन संहिता से मिला। *मोदी ने BIFR को दिसंबर 2016 में बंद कर दिया।*

अमिताभ बच्चन और धीरूभाई अंबानी समेत टैक्स चोरी के नामी-गिरामी संदिग्धों पर ई.डी. की छापेमारी के बाद राजीव ने वी.पी. सिंह को वित्त मंत्री के पद से बरखास्त कर दिया। तीन महीने भी नहीं हुए थे कि वी.पी. सिंह ने रक्षा मंत्री के पद से इस्तीफा (*क्या उन्हें बरखास्त किया गया था?*) दे दिया।

भले ही चीन ने राजीव के प्रधानमंत्री बनने से छह साल पहले ही अपनी अर्थव्यवस्था को खोलना शुरू कर दिया था, फिर भी राजीव ने उसे अपने यहाँ लागू नहीं किया और चीन ने सभी प्रकार के उत्पादों में निर्माण और निर्यात में भारत के मुकाबले बहुत लंबी छलाँग लगाई। सन् 1984 में भारत की पी.सी.जी.डी.पी. 276.7 डॉलर थी, जबकि चीन की 250.7 डॉलर। जब डेंग जियाओपिंग के आर्थिक सुधारों ने परिणाम देना शुरू किया, तब चीन ने बुलेट ट्रेन बनाम शताब्दी एक्सप्रेस की रफ्तार से भारत को पीछे छोड़ दिया। वर्ष 2019 तक चीन की पी.सी.

जी.डी.पी. 40.9 गुना बढ़कर 10,262 डॉलर तक पहुँच गई है, जबकि भारत की मात्र 7.6 गुना बढ़कर 2,104 डॉलर हुई है।

राजीव के कार्यकाल के दौरान भारत की जी.एफ.डी. आज तक की सबसे अधिक थी, जो 6.79% से 8.13% थी।

वर्ष 1987-88 में मुद्रास्फीति 9.9% थी, जो 1988-89 में बढ़कर 12.7% हो गई।

भले ही राजीव ने इलेक्ट्रॉनिक सामानों के आयात में रियायत दे दी, फिर भी इलेक्ट्रॉनिक उत्पादों पर पुरजों की तुलना में अधिक सीमा शुल्क लगा था। इससे घरेलू निर्माण की संभावनाओं को नुकसान पहुँचा, जो लाइसेंस की शर्तों के कारण पहले से ही मुश्किल में था।

शाहबानो को उसके पति ने सन् 1978 में तीन तलाक के जरिए तलाक दे दिया था और उसे सही गुजारा भत्ता नहीं दिया जा रहा था। वह कोर्ट पहुँची। 1985 में सुप्रीम कोर्ट ने उसके पक्ष में फैसला सुनाया। रूढ़िवादी मुसलमानों को खुश करने के लिए राजीव ने सुप्रीम कोर्ट के फैसले को पलटने के उद्‌देश्य से संविधान में संशोधन कर दिया।

सन् 1986 में अरुणाचल सीमा पर भारत और चीन के सैनिकों के बीच तनातनी बढ़ गई। चीनी पी.एल.ए. ने तवांग (अरुणाचल प्रदेश) के सुमदोरोंग चू घाटी पर कब्जा जमा लिया। नवंबर 1986 से मार्च 1987 तक राजस्थान में पाकिस्तान सीमा पर 'ऑपरेशन ब्रासटैक्स' के तहत 6 लाख से अधिक भारतीय सैनिकों के जमावड़े से इसके सिवाय कोई लाभ नहीं हुआ कि पाकिस्तान से तनाव और बढ़ गया।

एक कोर्ट के आदेश के बाद फरवरी 1986 में एक घंटे के भीतर ही राजीव सरकार ने अयोध्या में श्रीराम जन्मभूमि के ताले खोल दिए, मानो उसे बस उस आदेश का ही इंतजार था। इससे गंभीर सांप्रदायिक तनाव पैदा हो गया, जो अंत में दिसंबर 1992 में हिंदू कार सेवकों द्वारा बाबरी ढाँचे को ढहाए जाने की बुनियाद साबित हुआ। *चंद्रशेखर पर जो हिस्सा है, उसमें इसकी जानकारी है कि कैसे राजीव ने चंद्रशेखर को इस मसले का हल नहीं करने दिया।*

कांग्रेस ने मार्च 1987 का जम्मू व कश्मीर विधानसभा चुनाव सी.एम. फारूक अब्दुल्ला की पार्टी नेशनल कॉन्फ्रेंस के साथ गठबंधन में लड़ा था। उन चुनावों में इस गठबंधन को जिताने के लिए कथित रूप से धाँधली हुई थी। गठबंधन को 76 में से 66 सीटें मिली थीं। चुनावों से पहले तमाम व्यवस्था-विरोधी ताकतों ने मिलकर

एक मुसलिम यूनाइटेड फ्रंट (एम.यू.एफ.) बनाया। 'मुसलमानो, एक हो जाओ' के नारे के साथ लड़ते हुए उन्होंने कहा कि जे.के.एन.सी. ने राजीव सरकार की ताकत के आगे घुटने टेक दिए और राज्य के विशेष दर्जे के साथ समझौता कर लिया। ऐसा अनुमान था कि एम.यू.एफ. को 17 से 24 सीटें मिलेंगी। अब्दुल्ला ने खुद स्वीकार किया कि एम.यू.एफ. 20 सीटें जीत सकती थी। इसके कारण हथियारबंद उग्रवादी समूह पैदा हो गए, जिनमें वे भी शामिल थे, जिन्हें धाँधली से चुनाव हराया गया था।

जुलाई 1988 में पाकिस्तान की आई.एस.आई. के इशारे पर काम करते हुए जे.के.एल.एफ. ने भारत से जम्मू व कश्मीर की आजादी के लिए एक अलगाववादी उग्रवाद की शुरुआत की। सितंबर 1989 में जे.के.एल.एफ. ने पहली बार एक कश्मीरी हिंदू को निशाना बनाया, जब उन्होंने एक प्रमुख वकील और बी.जे.पी. के प्रदेश अध्यक्ष टी.के. टपलू की हत्या कर दी। श्रीनगर हाई कोर्ट के दो जजों को भी सड़कों पर मार डाला गया। यही घाटी से 3 लाख (कुछ अनुमानों के अनुसार 1.5 से 1.6 लाख) कश्मीरी पंडितों (हिंदुओं) और सिखों में से 99% से अधिक के उस पलायन की बुनियाद बन गई, जिसकी शुरुआत दिसंबर 1989 में हुई। टपलू की हत्या से दो महीने पहले फारूक अब्दुल्ला ने कई कश्मीरी मुसलमान युवाओं को जेल से रिहा करने का आदेश दिया था, जिन पर आरोप था कि उन्होंने एल.ओ.सी. को पार किया और पी.ओ.के. की राजधानी मुजफ्फराबाद के आतंकी कैंपों में ट्रेनिंग हासिल की। एम.यू.एफ. के शुरुआती कार्यकर्ताओं में यही लोग शामिल थे। यह कहना गलत नहीं होगा कि 'कश्मीर की समस्या', जिसकी शुरुआत राजीव के नाना जवाहरलाल नेहरू के शासन में हुई, वह राजीव के शासन में और भी गंभीर हो गई; हालाँकि बहुत बड़ा दोष राजीव के उत्तराधिकारी वी.पी. सिंह का भी है।

ऐसे आरोप लगे कि स्वीडन की हथियार निर्माता कंपनी बोफोर्स के साथ 155 एम.एम. की 410 तोपों का जो सौदा हुआ था, उसमें 64 करोड़ (2020 में 1,087 करोड़ रुपए के बराबर) रुपए की घूस दी गई थी। स्वीडन और भारत से मिली जानकारियों के मुताबिक, बोफोर्स ने भारतीय नेताओं और नौकरशाहों को घूस की रकम दी थी। राजीव और उनके परिवार पर भी आरोप लगे (लेकिन कुछ साबित नहीं हुआ) और यह नवंबर 1989 के चुनावों में कांग्रेस पार्टी की हार के मुख्य कारणों में से एक था। गांधी परिवार कभी यह स्पष्ट नहीं कर सका कि क्यों बोफोर्स कंपनी ने भारत से मिली भुगतान की पहली किस्त के तुरंत बाद मारिया और ओटावियो क्वात्रोची को 73 लाख डॉलर (2020 में 156 करोड़ रुपए के बराबर) भेजे। हमने

जब बोफोर्स तोपों की खरीदारी की, तब सोनिया के परिवार के इस इतालवी दोस्त को कमीशन क्यों मिला?

सन् 1994 में लिखी आत्मकथा *'माई प्रेसिडेंशियल इयर्स'* में भारत के पूर्व राष्ट्रपति आर. वेंकटरमण उद्योगपति जे.आर.डी. टाटा से अगस्त 1987 में हुई एक बातचीत का जिक्र करते हैं। वेंकटरमण कहते हैं कि उनकी बातचीत राजीव गांधी के उस बयान के आसपास थी, जो उन्होंने कुछ दिनों पहले ही बोफोर्स घूस कांड को लेकर संसद् में दिया था।

टाटा ने कहा कि हो सकता है, न तो राजीव और न ही उनके परिवार के किसी सदस्य को कोई पैसा मिला है।'' इस बात से इनकार करना मुश्किल होगा कि कांग्रेस पार्टी को कोई कमीशन न मिला हो। ऐसा इस कारण, क्योंकि उन्हें (टाटा) लगा कि वर्ष 1980 के बाद से उद्योगपतियों से राजनीतिक चंदे की माँग नहीं की गई थी और उनके बीच इस तरह की सोच थी कि पार्टी को सौदों पर मिलनेवाले कमीशन से पैसा आ रहा है।

सन् 1992 में *'द टाइम्स ऑफ इंडिया'* और *'द हिंदू'* ने खबरें छापीं और आरोप लगाया कि राजीव गांधी को के.जी.बी. (*मित्रोखिन आर्काइव्स* की याद आ गई न आपको?) से पैसे मिले। रूसी सरकार ने इसकी पुष्टि की। सन् 1994 की किताब *'द स्टेट विदिन ए स्टेट'* ने के.जी.बी. के 1980 के दशक में प्रमुख रहे विक्टर चेबरीकोव के दस्तखत वाले एक पत्र का हवाला दिया। वह चिट्ठी कहती है कि के.जी.बी. ने राजीव से संपर्क साधा और राजीव ने अपने परिवार को मिले फायदे के लिए के.जी.बी. के प्रति आभार जताया। उस पैसे का एक बड़ा हिस्सा उनकी पार्टी के लिए खर्च किया गया। सह-लेखक ने बाद में कहा कि दिसंबर 1985 में चेबरीकोव ने सोवियत संघ की कम्युनिस्ट पार्टी की सेंट्रल कमेटी (उस समय सोवियत संघ का सबसे शक्तिशाली संगठन) से इजाजत ली थी, ताकि राजीव के परिवार के सदस्यों को पैसा दिया जा सके, जिनमें सोनिया और राहुल गांधी भी शामिल थे। इन भुगतानों का सोवियत संघ की मंत्रिपरिषद् ने समर्थन किया और उसे मंजूरी दी।

दिसंबर 1985 में पार्टी के शताब्दी समारोह में सुधारों पर अपने सख्त भाषण के बावजूद राजीव कांग्रेस पार्टी में सुधार नहीं ला सके।

अपनी माँ की तरह ही राजीव आलोचना को बरदाश्त नहीं कर पाते थे।

वह सोवियत संघ के विखंडन का अनुमान नहीं लगा सके और उस देश के साथ नेहरू-इंदिरा युग के 'विशेष संबंध' को जारी रखा।

राजीव ने तमिल एल.टी.टी.ई. छापामारों को ट्रेनिंग जारी रखी, जिसने श्रीलंका से संबंधों को खराब किया। जून 1987 में भारत ने तमिल-बहुल क्षेत्रों में खाना, दवाइयाँ और दूसरे सामानों की एयरड्रॉपिंग कर श्रीलंका की संप्रभुता का उल्लंघन किया। अचानक ही राजीव गांधी ने ऐसा कदम उठाया, जिसने सभी को हैरान कर दिया और जुलाई 1987 में श्रीलंका के राष्ट्रपति जे.आर. जयवर्धने के साथ भारत-श्रीलंका शांति समझौते पर हस्ताक्षर कर दिए। इसके तहत भारत श्रीलंका में एक शांति सेना भेजेगा। भारत ने एल.टी.टी.ई. 'टाइगर्स' को निहत्था करने के लिए भारतीय शांति सेना (आई.पी.के.एफ.) को भेजा; लेकिन टाइगर्स ने बड़ी क्रूरता से उनका जवाब दिया। इसने भारत को ताकत का इस्तेमाल करने पर मजबूर कर दिया। जनवरी 1989 में आर. प्रेमदासा श्रीलंका के राष्ट्रपति बने, जिन्होंने वहाँ हिंसा को और भड़का दिया। उन्होंने भारतीय शांति सेना के खिलाफ एल.टी.टी.ई. को लड़ाई में सहयोग और हथियार दिया। उन्होंने भारत से कहा कि वह अपनी सेना को श्रीलंका से वापस बुला ले। भारतीय शांति सेना के 1,165 से 1,700 सैनिक मारे गए और 3,000 से ज्यादा घायल हुए। एल.टी.टी.ई. को मिटाने में भारतीय शांति सेना की नाकामी राजीव गांधी की विदेश नीति की एक बड़ी विफलता थी और दुनिया भर में भारत की छवि एक दबंग की बन गई। संभवतः इन घटनाओं के कारण ही 21 मई, 1991 को उनकी हत्या हो गई।

राजीव के पद छोड़ने के दस साल बाद और जब उनके 'दूरसंचार के हीरो' सैम पित्रोदा अमेरिका लौटे, भारत में दूरसंचार घनत्व वर्ष 1989 में 0.6% से बढ़कर 1999 में 2.8% हो चुका था। इस कारण, कांग्रेस तथाकथित दूरसंचार क्रांति का श्रेय नहीं ले सकती है। सन् 1987 में पित्रोदा ने भारत में मोबाइल टेलीफोन को लाने के प्रयासों को कुचल दिया था। टेलीकॉम डिपार्टमेंट को बॉम्बे में मोबाइल फोन नेटवर्क लगाने के लिए वर्ल्ड बैंक से पैसे मिले थे। पित्रोदा, जो सेंटर फॉर डिपार्टमेंट ऑफ टेलीमैट्रिक्स के मुखिया थे, ने मीडिया में दलील दी कि "जिस देश में लोग भूख से तड़प रहे हैं, वहाँ लक्जरी कार व फोन अश्लील हैं।" पित्रोदा के कहने पर राजीव ने उस मौके को गँवा दिया, जिसे हाथोहाथ लिया गया होता तो भारत मोबाइल फोन नेटवर्क को लागू करनेवाला पहला देश बन जाता।

रेटिंग : 4.5/10

□

विश्वनाथ प्रताप सिंह (वी.पी.एस.)

अच्छा वित्त मंत्री, खराब प्रधानमंत्री

(2 दिसंबर, 1989 से 10 नवंबर, 1990)

सफलताएँ

इराक ने जब कुवैत पर हमला किया, तब 1,75,000 भारतीयों को एयर इंडिया ने कुवैत से निकाला था।

विफलताएँ

वी.पी.एस. के प्रधानमंत्री बनने के 79 दिन पहले श्रीनगर में जे.के.एल.एफ. के आतंकवादियों ने बी.जे.पी. के जम्मू व कश्मीर अध्यक्ष टी.एल. टपलू की हत्या कर दी थी। 8 दिसंबर, 1989 को जे.के.एल.एफ. ने केंद्रीय गृह मंत्री मुफ्ती मोहम्मद सईद की बेटी डॉ. रुबैया सईद को अगवा किया और पाँच आतंकवादियों को रिहा करने की माँग की। जम्मू व कश्मीर के मुख्यमंत्री फारूक अब्दुल्ला की सलाह के खिलाफ और इसका खयाल किए बिना ही वी.पी.एस. ने आतंकवादियों को रिहा कर दिया कि दुनिया में भारत की छवि एक 'नरम देश' या अगवा करनेवालों और आतंकियों के लिए आसान शिकार की बन जाएगी।

जे.के.एल.एफ. सीधे पाकिस्तान की आई.एस.आई. के निर्देशों पर काम कर रहा था और उसने पूरी दुनिया में दुष्प्रचार का व्यापक अभियान यह कहते हुए शुरू किया कि घाटी में 'भारत के कब्जे' के खिलाफ एक स्थानीय स्वतंत्रता आंदोलन चल रहा है और पाकिस्तान उसे सिर्फ नैतिक व कूटनीतिक समर्थन दे रहा है। आई.एस.आई. ने एल.ओ.सी. के करीब कई आतंकवादी ट्रेनिंग कैंप खोल दिए, जहाँ पाकिस्तान की सेना के रिटायर्ड अधिकारियों ने घाटी के युवकों को युद्ध कौशल की ट्रेनिंग दी। इस ट्रेनिंग के बाद उन्हें हथियार एवं गोला-बारूद दिए जाते

थे और जम्मू व कश्मीर आकर आतंकी और तबाही मचानेवाली गतिविधियों को अंजाम देने के लिए कहा जाता था।

जनवरी 1990 में श्रीनगर के अखबारों *'आफताब'* और *'अल-सफा'* ने आतंकी संगठन हिज्बुल मुजाहिद्दीन का एक संदेश जारी किया, जिसमें सभी हिंदुओं को तुरंत कश्मीर छोड़ देने की धमकी दी गई। दीवारों पर सभी कश्मीरियों को इसलामी कानून का पालन सख्ती से करने की धमकी के पोस्टर लग गए। ए.के.-47 से लैस नकाबपोशों ने लोगों को अपनी घड़ी पाकिस्तान के समय से मिलाने पर मजबूर कर दिया। इमारतों और दुकानों को हरे रंग से रँग दिया गया। हिंदुओं की दुकानों, फैक्ट्रियों, मंदिरों और घरों को जला दिया गया या तहस-नहस कर दिया गया। 18 जनवरी की रात मसजिदों के सिवाय पूरी घाटी में बिजली काट दी गई, जहाँ से लोगों को बाँटनेवाले जहरीले संदेश दिए गए और हिंदुओं को निकाल बाहर करने को कहा गया। 3 लाख से अधिक (कुछ अनुमानों के अनुसार, 1.5 से 1.6 लाख) कश्मीरी हिंदू पंडितों और सिखों में से 99% से अधिक घाटी को छोड़कर भाग गए। इस पलायन के बाद कश्मीर में आतंकवाद बढ़ने लगा और आतंकवादियों ने पंडितों की संपत्तियों को निशाना बनाना शुरू कर दिया।

अपने राजनीतिक विरोधी फारूक अब्दुल्ला को कमजोर करने के लिए मुफ्ती मोहम्मद सईद ने वी.पी.एस. को इस बात के लिए राजी किया कि एक बार फिर जगमोहन को जम्मू व कश्मीर का राज्यपाल बना दिया जाए। अब्दुल्ला को जगमोहन फूटी आँख नहीं सुहाते थे, क्योंकि अप्रैल 1984 में जगमोहन ने ही मुख्यमंत्री के पद से उन्हें बरखास्त करवाया था। अब्दुल्ला ने कहा कि अगर जगमोहन को फिर से राज्यपाल बनाया गया तो वह इस्तीफा दे देंगे। 19 जनवरी, 1990 को वी.पी.एस. ने जगमोहन को राज्यपाल नियुक्त कर दिया। अब्दुल्ला ने इस्तीफा दे दिया और जगमोहन ने विधानसभा को भंग करने की सिफारिश कर दी। गौकदल नर-संहार में 50 से 100 लोगों की जानें चली गईं, जब सुरक्षा बलों ने प्रदर्शनकारियों पर गोली चला दी। अराजकता फैल गई और हथियारबंद अलगाववादी खुलेआम सड़कों पर घूमने लगे। आई.बी. और रॉ के कई अधिकारियों की हत्या कर दी गई। श्रीनगर हाई कोर्ट के दो जजों और दूरदर्शन श्रीनगर के स्टेशन डायरेक्टर को मार डाला गया। 'पनुन कश्मीर' के अनुसार, वर्ष 1990 और उसके बाद घाटी में हथियारबंद लोगों ने 1,341 कश्मीरी पंडितों की हत्या कर दी। कई हिंदू महिलाओं को अगवा किया गया, उनसे रेप हुआ और उनकी हत्या कर दी गई।

वी.पी. सिंह ने सन् 1980 के मंडल आयोग की रिपोर्ट को स्वीकार कर लिया, जिसने सरकारी नौकरियों, पी.एस.बी., पी.एस.ई. और सरकार के स्वामित्व वाले या सहयोगी शैक्षणिक संस्थानों में ओ.बी.सी. के लिए 27% आरक्षण दिया था। इसके कारण पूरे देश में उच्च वर्ग के छात्रों ने प्रदर्शन शुरू कर दिया, जिसमें आत्मदाह की घटनाएँ भी हुईं। इंदिरा गांधी और राजीव गांधी ने इस रिपोर्ट की सिफारिशों को लागू किए जाने से टाल दिया था। उस समय से ही अन्य कई समुदायों की ओर से, या समूहों की ओर से, ओ.बी.सी. की परिभाषा में शामिल किए जाने की माँग हो रही है।

जी.एफ.डी. वर्ष 1990-91 में 7.61% पर पहुँच गई, जो आजादी के बाद दूसरी बार सबसे अधिक थी। चालू खाता घाटा 3% के साथ सर्वोच्च स्तर पर था। चूँकि वी.पी.एस. और उनके बाद सत्ता में आए चंद्रशेखर कोई कदम नहीं उठा सके, इस कारण जनवरी-फरवरी 1991 में भारत के सामने भुगतान संतुलन का बड़ा संकट खड़ा हो गया।

वी.पी.एस. ने किसानों, दस्तकारों और बुनकरों का कर्ज ऐसे समय में माफ किया, जब अर्थव्यवस्था पहले से ही गंभीर संकट में थी। इस कदम ने एक और परंपरा की नींव रखी, जिसे कायम रख पाना संभव नहीं है।

अगस्त 1990 में जब इराक ने कुवैत पर हमला किया, तब विदेश मंत्री आई.के. गुजराल इराक गए और सद्दाम हुसैन से गले मिलते उनकी तसवीर सामने आई। इसे विदेशी मीडिया ने सद्दाम को भारत के समर्थन के तौर पर लिया और भारत की छवि, खास तौर पर पश्चिमी देशों में, खराब हुई।

वी.पी.एस. इसका अंदाजा नहीं लगा सके कि बी.जे.पी. (उनकी सरकार में एक सहयोगी) के एल.के. आडवाणी की अयोध्या तक जानेवाली रथयात्रा को जब वी.पी.एस. की पार्टी के सदस्य और बिहार के मुख्यमंत्री लालू प्रसाद यादव कथित तौर पर उनके ही आदेश से रोकेंगे, तब क्या होगा। बी.जे.पी. ने सरकार से समर्थन वापस ले लिया और वी.पी.एस. को प्रधानमंत्री पद से इस्तीफा देना पड़ा।

अपने 343 दिनों के कार्यकाल में उनका ध्यान अर्थव्यवस्था को ठीक करने या विकास के लिए काम करने के बजाय अपने लड़खड़ाते गठबंधन को सँभालने पर ही लगा रहा।

रेटिंग : 2.5/10

□

चंद्रशेखर

जिसने अयोध्या विवाद लगभग सुलझा लिया था

(10 नवंबर, 1990 से 21 जून, 1991)

वर्ष 2020 में लिखी अपनी पुस्तक *'चंद्रशेखर'* में भारतीय इतिहास और राजनीति पर लिखनेवाले लंदन के रोडरिक मैथ्यूज ने लिखा कि श्री चंद्रशेखर ने अयोध्या विवाद को लगभग सुलझा लिया था। पी.एम. ने इससे जुड़े प्रमुख हिंदू और मुसलिम नेताओं को लगातार चली गुप्त बातचीत के लिए बुलाया, जिसकी देख-रेख दो नेता कर रहे थे। कांग्रेस पार्टी के महाराष्ट्र के मुख्यमंत्री शरद पवार, जिन्होंने हिंदुओं से बात की और बी.जे.पी. के राजस्थान के मुख्यमंत्री भैरों सिंह शेखावत (बाद में भारत के उपराष्ट्रपति), जो मुसलमानों से बात कर रहे थे। चंद्रशेखर ने हिंदू नेताओं से कहा, "मैं आदेश दे दूँगा कि जो भी उस मसजिद को हाथ लगाएगा, उसे गोली मार दी जाए।" उन्होंने एकांत में मुसलिम नेताओं से कहा कि अगर पूरे देश में दंगे भड़क जाएँगे तो उनके लिए काबू करना संभव नहीं होगा।

दो दिन बाद दोनों पक्ष आए और कहा कि वे बातचीत के लिए तैयार हैं। प्रधानमंत्री ने उनसे कहा, "आप बातचीत शुरू कीजिए। भैरों सिंह और शरद पवार आपके साथ बैठेंगे। आप दोनों जो भी तय करेंगे और वे इस पर सहमत होंगे, हमारी सरकार उसे लागू कर देगी, यह मेरा वादा है।"

15 से 20 दिनों में दोनों पक्ष एक समझौते पर पहुँच गए। मुसलमानों ने कहा, "हम हिंदुओं को दो शर्तों पर ढाँचा सौंपने के लिए तैयार हैं। पहली, आप हमें मसजिद बनाने के लिए कहीं और जमीन दें। दूसरा, आप एक कानून पास करें कि इसके बाद कोई भी विवाद खोला नहीं जाएगा। 15 अगस्त, 1947 तक जो मसजिद है, वो मसजिद है; जो मंदिर है, वो मंदिर है।"

दोनों ही पक्ष इस पर सहमत हो गए। इन बातों की पुष्टि पवार ने सन् 2015 में

अपने संस्मरण *'ऑन माई टर्म्स'* में की है, जिसमें इन घटनाओं का जिक्र है। पवार ने शेखावत को भी एक बड़ी भूमिका निभाने का श्रेय दिया है और उन्हें याद करते हुए कहा कि "बी.जे.पी. नेता ने कुछ तीखी बातें आर.एस.एस. तक से कह दीं।"

पवार ने राजीव गांधी को इस बातचीत की जानकारी दी और कहा कि समझौता होने ही वाला है। राजीव ने चंद्रशेखर को फोन मिलाया—"मुझे खुशी है कि आपने इसे कर दिखाया है। आप मुझे दो दिन और दे दो।" और फिर, दो दिन बाद उन्होंने सरकार गिरा दी। उन्हें लगा कि अगर चंद्रशेखर श्रीराम जन्मभूमि-बाबरी मसजिद विवाद को सुलझा लेते हैं तो वह काफी लोकप्रिय हो जाएँगे। वे नहीं चाहते थे कि इसका श्रेय चंद्रशेखर को मिले, क्योंकि वह इस विवाद को खुद सुलझाना चाहते थे।

सफलताएँ

उन्होंने अर्थशास्त्री डॉ. मनमोहन सिंह (आर.बी.आई. के पूर्व गवर्नर और योजना आयोग के उपाध्यक्ष) को अपना आर्थिक सलाहकार नियुक्त किया, क्योंकि उस समय भारत आर्थिक संकट का सामना कर रहा था।

विफलताएँ

वह उसी तरह सत्ता के भूखे थे, जैसे कि उनसे ग्यारह साल पहले चरण सिंह।

लोकसभा में महज 64 सांसदों के साथ उन्होंने राजीव गांधी की 211 सदस्यों वाली कांग्रेस का समर्थन लेकर सरकार बनाई थी।

चंद्रशेखर सरकार ने वर्ष 1991 के मध्य में 405 मिलियन डॉलर का कर्ज लेने के लिए भारत के खजाने में पड़े सोने के भंडार में से 47 टन सोना बैंक ऑफ इंग्लैंड और यू.पी.एस. (स्विट्जरलैंड) में गिरवी रखा।

रेटिंग : 3.5/10

□

पी.वी. नरसिम्हा राव

कर्ता और सुधारक

(21 जून, 1991 से 16 मई, 1996)

सन् 1991 में वह कांग्रेस के प्रधानमंत्री पद के लिए मजबूरी में चुने गए उम्मीदवार थे, क्योंकि उससे पहले के वर्षों में पार्टी के भीतर उनकी छवि कोई खास नहीं थी, भले ही वह आंध्र प्रदेश के मुख्यमंत्री रह चुके थे और भारत सरकार में गृह, विदेश एवं रक्षा समेत कई महत्त्वपूर्ण मंत्रालय सँभाल चुके थे।

राजनीति के कई पंडितों का ऐसा मानना है कि राव अब तक के सबसे चालाक प्रधानमंत्री थे, भले ही उनकी पहचान नेहरू, इंदिरा या मोदी जैसी नहीं है। कांग्रेस ने राव के योगदानों को ज्यादा नहीं बताया है, ताकि लोगों को यह दिखाया जा सके कि सिर्फ नेहरू और उनके उत्तराधिकारी ही भारत का नेतृत्व सफलतापूर्वक कर सकते हैं। राव को नेहरू-गांधी-वाड्रा परिवार और उनके करीबियों ने लगभग गुमनामी में ही धकेल दिया है। चरण सिंह और चंद्रशेखर के जैसे गैर-'परिवार' वाले व्यक्तियों की तरह ही उन्होंने दिल्ली में उनकी समाधि नहीं बनने दी। राव के परिवार को उनकी समाधि हैदराबाद में बनानी पड़ी। यहाँ तक कि संजय गांधी की भी नेहरू के साथ समाधि है, जबकि वह बस एक सामान्य सांसद थे। सोनिया गांधी ने राव के अंतिम संस्कार में हिस्सा नहीं लिया था।

सफलताएँ

कांग्रेस और गठबंधन के सहयोगियों से लगातार खतरे का सामना करने के बावजूद राव ने बेहद जरूरी सुधारों के राजनीतिक कदम को जिस प्रकार उठाया, वह काबिले-तारीफ है।

उन्होंने डॉ. मनमोहन सिंह को वित्त मंत्री बनाया और उनके साथ ही उनकी

टीम के लिए राजनीतिक बन गए, जब वे आर्थिक सुधार कर रहे थे, जिनसे 'पुराने' निजी क्षेत्र के हितों को नुकसान पहुँचा था।

1 और 3 जुलाई, 1991 को राव के प्रधानमंत्री बनने के 12 दिनों के भीतर ही अधिमूल्यांकित रुपए का दो बार में 19% से भी अधिक अवमूल्यन किया गया।

24 जुलाई, 1991 को औद्योगिक नीति में जबरदस्त बदलावों की घोषणा की गई। एफ.डी.आई. का उदारीकरण किया गया, विदेशी कंपनियों के साथ तकनीकी समझौतों को आसान बनाया गया और पी.एस.ई. के लिए आरक्षित उद्योगों की लिस्ट को 18 से घटाकर 8 किया गया। उत्पाद शुल्क (निर्माण पर लगनेवाला एक शुल्क) को कम किया गया।

इन सुधारों के लिए शुरुआती काम राजीव के शासनकाल में ही किया जा चुका था। राजीव के कार्यकाल में जिस मोडवैट की शुरुआत की गई थी, उसे लगभग सभी वस्तुओं पर लागू कर दिया गया था।

सन् 1991 के बाद से निजी एयरलाइंस ने काम करना शुरू कर दिया।

अगर राजीव ने व्यापार के उदारीकरण की शुरुआत नहीं की होती और राव ने उसे रफ्तार न दी होती तो 1990 के दशक के आखिर में आई.टी. सेवाओं के निर्यात की शुरुआत का वह विस्फोट संभव नहीं होता।

सरकार ने कर सुधार समिति (टी.आर.सी.) को नियुक्त किया, जिसका नेतृत्व विख्यात अर्थशास्त्री डॉ. राजा चलैया कर रहे थे। टी.आर.सी. ने व्यक्तिगत आयकर को घटाकर 20 से 40% तक करने, कॉरपोरेट टैक्स को 40%, आयात शुल्क में कटौती, उत्पाद शुल्क में नवीनीकरण तथा अन्य सुधारों की सिफारिश की। टी.आर.सी. की सिफारिशों को धीरे-धीरे राव, देवगौड़ा और वाजपेयी ने लागू किया।

इंदिरा के बैंकों के राष्ट्रीयकरण के कानून में संशोधन कर बैंकों के सरकार के स्वामित्व को 100% से घटाकर 51% किया गया।

एक नई नीति ने निजी टेलीफोन सेवा के मार्ग को प्रशस्त किया। अगस्त 1995 में पहली मोबाइल और इंटरनेट सेवा की शुरुआत हुई। राव से पहले हमें लैंडलाइन कनेक्शन के लिए पाँच साल और 'टेलेक्स' कनेक्शन (*हो सकता है कि अधिकांश पाठकों को टेलेक्स की जानकारी न हो, आप गूगल कर सकते हैं*) के लिए दस साल तक इंतजार करना पड़ता था। राव ने जिस समय अपना पद छोड़ा, उस समय तक अगर मुझे सही-सही याद है तो आपको लैंडलाइन कनेक्शन तीन

महीने के भीतर और मोबाइल कनेक्शन 48 घंटे के भीतर मिल जाता था।

बैंकों के कर्ज देने की सीमा को बढ़ाया गया, ताकि उद्योग लग सकें और व्यापार का विस्तार हो।

अगस्त 1996 में राष्ट्रीय सुरक्षा डिपॉजिटरी लिमिटेड के गठन के साथ ही कंपनियों के शेयर सर्टिफिकेट हार्ड कॉपी से इलेक्ट्रॉनिक रूप में आ गए।

सन् 1992 में नेशनल स्टॉक एक्सचेंज (NSE) की स्थापना हुई।

चुनिंदा क्षेत्रों में 51% तक एफ.डी.आई. को ऑटोमैटिक बना दिया गया। शेयरों में विदेशी संस्थागत निवेशकों के लिए निवेश की शर्तों को अधिक विदेशी निवेश आकर्षित करने के उपयुक्त बनाया गया।

फेरा (FERA) में और भी रियायत दी गई।

राव के कार्यकाल में निर्यात और विदेशी मुद्रा भंडार में काफी वृद्धि हुई।

वह जी.एफ.डी. और चालू खाता घाटे को कम करने में सफल रहे। इसके बावजूद उनके कार्यकाल के दूसरे से चौथे साल में जी.डी.पी. विकास की दर औसत रूप से 6.15% रही, जबकि राजीव के कार्यकाल में 5.5% थी।

संविधान में किए संशोधनों से पंचायतों के चुनाव के प्रावधान हुए, जिनमें महिलाओं के लिए एक-तिहाई सीटें आरक्षित थीं। साथ ही, नगरपालिकाओं में जिला योजना समितियों के गठन का प्रावधान भी किया गया।

राव ने नरेगा को ग्रामीण रोजगार योजना के रूप में प्रस्तावित किया था; लेकिन यह प्रभाव में तब आया, जब डॉ. मनमोहन सिंह प्रधानमंत्री बने।

पहले दो वर्षों में राव कश्मीर एवं अयोध्या जैसे विवादित विषयों से दूर रहे और बेहद जरूरी आर्थिक सुधारों पर अपना ध्यान लगाया।

राव ने 'लुक ईस्ट पॉलिसी' की शुरुआत की और दक्षिण कोरिया के साथ व्यापार की शुरुआत की। सन् 1992 में भारत आसियान (ASEAN) समूह में एक डायलॉग पार्टनर बना और 1996 में आसियान के क्षेत्रीय फोरम का पूर्ण सदस्य बन गया।

भारत ने सन् 1992 में इजराइल के साथ कूटनीतिक संबंध बनाए। आज इजराइल भारत को हथियारों का दूसरा सबसे बड़ा सप्लायर है।

भारत ने सन् 1993 में दक्षिण अफ्रीका के साथ कूटनीतिक संबंध बनाए।

राव ने अमेरिका की ओर हाथ बढ़ाया, जबकि वर्ष 1989 से 1993 तक अमेरिका कश्मीर मुद्दे पर पाकिस्तान की ओर झुकाव रखता था।

चीन के साथ उन्होंने सीमा को लेकर लगातार बातचीत की।

सन् 1991 में सोवियत संघ के विखंडन के बाद राव ने तुरंत कई पूर्व सोवियत गणराज्यों से संबंध स्थापित किए, क्योंकि वे ऐसे कई हथियार बनाते थे, जिनका आयात भारत कर रहा था और आनेवाले कई वर्षों तक भारत को उनके पुरजों एवं असलहों की जरूरत पड़ने वाली थी।

विफलताएँ

सोनिया गांधी ने उसी दिन राजीव गांधी फाउंडेशन (आर.जी.एफ.) की स्थापना की, जिस दिन राव प्रधानमंत्री बने। वित्त मंत्री के रूप में मनमोहन सिंह ने वर्ष 1991-92 के बजट में आर.जी.एफ. को 100 करोड़ रुपए के आवंटन का प्रयास किया, जिसे आर.जी.एफ. को 20 करोड़ रुपए प्रति वर्ष के हिसाब से पाँच वर्षों में दिया जाएगा। लेकिन संसद् में इस पर भारी हंगामे के बाद उन्हें इसे वापस लेना पड़ा।

राव ने उपभोक्ता वस्तुओं के आयात का उदारीकरण नहीं किया।

बीमा और पेंशन क्षेत्रों में सुधार नहीं किया गया। यदि इन्हें निजी निवेशकों के लिए खोल दिया गया होता तो दीर्घकालिक ऋण बाजार बन गए होते, प्रीमियम कम होता और सेवाओं का स्तर बेहतर हो जाता।

बीमा क्षेत्र का उदारीकरण वाजपेयी सरकार ने किया।

कृषि, श्रम कानूनों या भूमि अधिग्रहण में कोई सुधार नहीं किए गए।

राव ने अपने कार्यकाल के दो वर्षों बाद सुधारों को लगभग रोक दिया, शायद इस कारण, क्योंकि कांग्रेस की उ.प्र. और दिल्ली में सन् 1993 में हार हुई थी।

हर्षद मेहता घोटाले के कारण शेयर बाजार अगस्त 1992 में 50% से भी अधिक नीचे आ गया और वर्ष 1994-95 तक नीचे ही रहा। इस घोटाले में घोटालेबाजों और बैंकों तथा सरकार के स्वामित्ववाले वित्तीय संस्थानों के वरिष्ठ अधिकारियों के बीच अनैतिक साठ-गाँठ का खुलासा हुआ, लेकिन वित्त मंत्रालय ने भविष्य में ऐसे घोटालों से बचने के लिए ज्यादा कुछ नहीं किया।

जम्मू व कश्मीर में पाकिस्तान की भूमिका को अनदेखा करते हुए राव ने वर्ष 1991 से 1993 के बीच पाकिस्तान के प्रधानमंत्री नवाज शरीफ से छह बार मुलाकात की।

राव 6 दिसंबर, 1992 को अयोध्या में बाबरी ढाँचे को ढहाए जाने के मूक दर्शक बने रहे। कानून और व्यवस्था भले ही राज्य का विषय है, लेकिन जब यह

स्पष्ट हो गया था कि ढाँचे को खतरा है, तब बतौर प्रधानमंत्री राव भारत के राष्ट्रपति की सहमति से उस परिस्थिति को राष्ट्रीय सुरक्षा को खतरा घोषित कर सकते थे और सेना या अर्धसैनिक बलों को कानून-व्यवस्था बनाए रखने का हुक्म दे सकते थे। ढाँचे को ढहाए जाने के बाद मुंबई में 12 मार्च, 1993 को सिलसिलेवार बम धमाके हुए, जिनमें 257 लोगों की जानें चली गईं। दिसंबर 1992 से मार्च 1993 के बीच हुए सांप्रदायिक दंगों में 900 से 1,500 लोग मारे गए।

राव के कार्यकाल में हुए अलग-अलग सांप्रदायिक दंगों में 3,000 से भी अधिक लोगों की मौत हुई।

कौशल विकास की दिशा में कोई काम नहीं हुआ।

औसत मुद्रास्फीति की दर 12% के साथ बहुत अधिक थी।

एनरॉन-दाभोल बिजली कंपनी का घोटाला भी राव के कार्यकाल में ही हुआ था, जिसमें अमेरिकी कंपनी 'एनरॉन' पर एक अमेरिकी अदालत ने भ्रष्टाचार का आरोप लगाया था।

अमेरिका की ओर से आर्थिक प्रतिबंध लगाए जाने की आशंका से राव ने परमाणु हथियारों का परीक्षण नहीं किया।

सन् 1956 में नेहरू ने दिल्ली से राज्य का दर्जा छीन लिया था, क्योंकि उन्हें लगता था कि भारत सरकार को ही राष्ट्रीय राजधानी का प्रशासन चलाना चाहिए। आगे चलकर दिल्ली पर लेफ्टिनेंट गवर्नर (एल.जी.) का शासन हुआ। जनवरी 1992 में राव ने दिल्ली को आंशिक राज्य का दर्जा दिया और मुख्यमंत्री को एल.जी. के साथ मिलकर सरकार चलानी पड़ती थी। आज भी इससे जुड़ी समस्याएँ जारी हैं, जो अरविंद केजरीवाल के दिल्ली का मुख्यमंत्री बनने के बाद चरम पर पहुँच गईं। *वॉशिंगटन डी.सी., बीजिंग, ब्राजीलिया, ओटावा एवं पेरिस पर अमेरिका, चीन, ब्राजील, कनाडा और फ्रांस की केंद्र सरकारों का नियंत्रण है।*

राव से पहले भारत सरकार सुप्रीम कोर्ट और हाई कोर्ट के लिए जजों का चयन करती थी। कॉलेजियम की व्यवस्था राव के कार्यकाल में ही अपनाई गई। इस व्यवस्था में, सर्वोच्च न्यायालय के मुख्य न्यायाधीश की अध्यक्षता में जजों का एक पैनल सुप्रीम कोर्ट और हाई कोर्ट के जजों का चयन करता है। *अमेरिक में, राष्ट्रपति अमेरिकी सुप्रीम कोर्ट के जजों को नामित करता है, जिन्हें अमेरिकी सीनेट से मंजूरी मिलती है। यू.के. में जजों का चयन न्यायिक नियुक्ति आयोग (जे.ए.सी.) की ओर से किया जाता है और उन पर पी.एम. एवं लॉर्ड चांसलर की मुहर जरूरी होती*

है, जिनके पास जे.ए.सी. की सिफारिशों को स्वीकृति देने या अस्वीकार करने का अधिकार होता है। कॉलेजियम प्रणाली के अंतर्गत भारत सरकार, जिसमें प्रधानमंत्री भी शामिल होते हैं, कॉलेजियम की ओर से चुने गए नामों को खारिज नहीं कर सकती है। कितना अजीब है न कि भारत में जज ही खुद जजों को चुनते हैं!

रेटिंग : 7.5/10

□

एच.डी. देवगौड़ा

संयोग से बने प्रधानमंत्री

(1 जून, 1996 से 21 अप्रैल, 1997)

देवगौड़ा ने चुनाव के बाद बने संयुक्त मोर्चा नाम के गठबंधन का नेतृत्व किया, जिसके पास लोकसभा में मात्र 192 सीटें (उनकी अपनी जनता पार्टी के पास महज 46 सीटें थीं) थीं, जबकि बहुमत के लिए 272 सीटों की जरूरत होती है और सरकार बनाने के लिए वह 140 सीटों वाली कांग्रेस पर निर्भर थी। संयुक्त मोर्चा ने जब गौड़ा को प्रधानमंत्री पद के लिए अपने उम्मीदवार के रूप में चुना, जो उस समय कर्नाटक के मुख्यमंत्री थे, तो लगभग सभी हैरान रह गए थे।

सफलताएँ

देवगौड़ा सरकार के पहले बजट में आयकर की उच्चतम दरों को 40% से घटाकर 30% किया गया, लाभांश वितरण कर को हटा दिया गया, शेयरों और ऋण बाजारों में विदेशी संस्थागत निवेशकों की ओर से निवेश की सीमा को बढ़ाया गया और कुछ सीमा शुल्कों को कम किया गया। सन् 1997 के बजट को 'ड्रीम बजट' बताया गया था।

गौड़ा ने राव के आर्थिक सुधारों को कुछ हद तक जारी रखा और सही आर्थिक नीतियों की दिशा में छोटे-छोटे कदम बढ़ाए।

चालू खाता घाटे का प्रबंधन अच्छी तरह किया गया और रुपए को अमेरिकी डॉलर से नीचे सही जगह पर रखा गया।

विफलताएँ

कांग्रेस के समर्थनवाली गैर-कांग्रेसी नेताओं चरण सिंह और चंद्रशेखर की

सरकारों के नाकाम रहने के बाद देवगौड़ा को यह बात समझ आ गई होगी कि उनकी सरकार ज्यादा दिनों तक नहीं चलेगी। फिर भी, सत्ता की भूख के कारण उन्होंने पद को स्वीकार कर लिया।

रेटिंग : 5.0/10

□

इंदर कुमार गुजराल

भारत के सबसे खराब प्रधानमंत्री

(21 अप्रैल, 1997 से 19 मार्च, 1998)

सफलताएँ

किसी ने भी इस पर कहीं कुछ नहीं लिखा है।

विफलताएँ

बिहार के राज्यपाल ने सी.बी.आई. को मुख्यमंत्री लालू प्रसाद यादव के खिलाफ चारा घोटाला के एक केस में काररवाई करने की इजाजत दे दी। संयुक्त मोर्चा (सत्ताधारी गठबंधन) के भीतर और बाहर से लालू के इस्तीफे की माँग उठने लगी। हालाँकि, गुजराल ने सी.बी.आई. के निदेशक जोगिंदर सिंह का ट्रांसफर कर दिया, जो लालू के खिलाफ केस की जाँच कर रहे थे और उनकी जगह आर.सी. शर्मा को निदेशक बना दिया, जिन्होंने कहा कि कई सनसनीखेज मामलों में जाँच की रफ्तार 'अब निश्चित रूप से सुस्त पड़ जाएगी।'

उन्होंने बी.जे.पी. शासित उत्तर प्रदेश में राष्ट्रपति शासन की सिफारिश कर दी। भारत के राष्ट्रपति के.आर. नारायणन ने मंजूरी देने से इनकार कर दिया और उसे पुनर्विचार के लिए भारत सरकार को वापस भेज दिया। इलाहाबाद हाई कोर्ट ने भी राष्ट्रपति शासन के खिलाफ फैसला सुना दिया।

गुजराल ने रॉ (RAW) की गुप्त काररवाई करने की जो थोड़ी-बहुत क्षमता थी, उसे भी खत्म करने का आदेश दे दिया। पाकिस्तान के साथ गुप्त युद्ध में एजेंसी पंगु बन गई और उम्मीदों को पूरा नहीं कर पाई। उन्होंने पाकिस्तान में सभी रॉ एजेंटों की जानकारी दे दी, जिन्हें आई.एस.आई. ने टॉर्चर किया और उनकी हत्या कर दी। सन् 2008 के मुंबई हमले के बाद *'इंडिया टुडे'* पत्रिका ने कहा कि लश्कर-

ए-तैयबा जैसे पाकिस्तानी संगठनों के खिलाफ गुप्त हमले करने की एक "ऐसी क्षमता थी, जिसे प्रधानमंत्री के तौर पर गुजराल ने एक दशक पहले ही तहस-नहस कर दिया था।"

रेटिंग : 1.5/10

□

अटल बिहारी वाजपेयी

वक्ता, शांति-साधक, विकास के वेग-वर्धक

(16 मई, 1996 से 1 जून, 1996; 19 मार्च, 1998 से 22 मई, 2004)

तकनीकी रूप से वाजपेयी तीन बार प्रधानमंत्री बने। पहली बार सन् 1996 में 16 दिनों के लिए, फिर मार्च 1998 से अक्तूबर 1999 तक उन्नीस महीनों (छह महीने कार्यवाहक प्रधानमंत्री के रूप में) के लिए और अक्तूबर 1999 से मई 2004 तक (उन्होंने पाँच साल पूरे नहीं किए, क्योंकि वरिष्ठ सलाहकारों की गलत सलाह पर उन्होंने पहले ही चुनावों की घोषणा कर दी) 4½ वर्षों के लिए।

सन् 1996 में वाजपेयी को लोकसभा के 272 सांसदों का समर्थन नहीं मिल सका और उन्होंने इस्तीफा दे दिया।

सन् 1998 में वाजपेयी के नेतृत्व में एन.डी.ए. ने 259 सीटों (बी.जे.पी. की 182) के साथ एक अल्पमत सरकार का गठन किया; लेकिन उन्हें 27 सांसदों का बाहर से समर्थन मिला, जिससे उन्होंने लोकसभा में बहुमत साबित कर दिया। यह सरकार तेरह महीने में गिर गई, जब 18 सांसदों वाली ए.आई.ए.डी.एम.के. ने समर्थन वापस ले लिया। के.आर. नारायणन ने वाजपेयी से चुनाव होने तक कार्यवाहक प्रधानमंत्री बने रहने को कहा।

सन् 1999 में वाजपेयी के नेतृत्व में एन.डी.ए. ने 270 सीटों (बी.जे.पी. के फिर से 182 सदस्य थे) के साथ सरकार बनाई; लेकिन उन्हें टी.डी.पी. का समर्थन मिल गया, जिसके पास 29 सीटें थीं।

सफलताएँ

मई 1998 के पोखरण परीक्षणों के बाद भारत एक 'घोषित परमाणु शक्ति-संपन्न देश' बन गया। यह वाजपेयी की ओर से दूसरी बार प्रधानमंत्री बनने के मात्र

53 दिनों बाद उठाया गया एक साहसपूर्ण कदम था। सन् 1974 के पहले परमाणु परीक्षणों के बाद भारत ने खुद को परमाणु-संपन्न देश घोषित नहीं किया था और कहा था कि उसका परमाणु कार्यक्रम शांतिपूर्ण उद्देश्यों के लिए है। वाजपेयी दुनिया को यह दिखाना चाहते थे कि भारत अपनी सैन्य क्षमता को दिखाने के लिए तैयार है; जबकि उसे यह मालूम है कि दूसरी परमाणु शक्तियाँ और उनके सहयोगी उस पर कठोर आर्थिक प्रतिबंध लगा देंगे। वह देश के नायक बन गए, जिस छवि ने पार्टी के सहयोगियों के साथ ही गठबंधन के सहयोगियों पर उन्हें बेहतर पकड़ बनाने में मदद की। उन्होंने ऐसा आभास दिया कि सबसे बराबर रहकर भी वह पहले नंबर पर हैं और किसी भी संसदीय प्रणाली में प्रधानमंत्री को इसी रूप में देखा जाना चाहिए। पूरी दुनिया देखती रह गई। यहाँ तक कि 'सर्वशक्तिमान' सी.आई.ए. को परीक्षणों की भनक तक नहीं लगी।

लगभग उसी समय भारत ने 'पहले इस्तेमाल न करने के सिद्धांत' की घोषणा कर उच्च नैतिक आधार लिया, जिसका अर्थ था कि भारत दूसरे देश की ओर से किए गए परमाणु हमले के जवाब में ही परमाणु हथियारों का इस्तेमाल करेगा। अमेरिका और रूस 'पहले इस्तेमाल न करने' की नीति पर नहीं चलते हैं।

सन् 1975 के परीक्षणों और एन.पी.टी. पर दस्तखत न करने के बाद भारत पर 'दोहरे इस्तेमाल' (नागरिक और सैन्य) वाली तकनीक के निर्यात पर अमेरिकी प्रतिबंध लगा दिया गया था। सन् 1998 के परीक्षणों के बाद नई पाबंदियाँ लगा दी गईं। वाजपेयी ने भारत के साथ भेदभाव करनेवाले परमाणु 'रंगभेद' को समाप्त करने के उद्देश्य से अमेरिका से बातचीत शुरू की। इसने किसी भी दूरगामी आर्थिक तबाही से बचाया। वर्ष 2004 तक भारत 1998 के बाद लगी पाबंदियों को कम कराने में सफल रहा; लेकिन 1974 के बाद लगी पाबंदियाँ, जिनके तहत अमेरिका भारत से परमाणु व्यापार नहीं कर सकता था, बनी रहीं। इन पाबंदियों को हटाने के लिए अमेरिकी कानून में संशोधन की जरूरत थी।

मार्च 2000 में अमेरिका के राष्ट्रपति बिल क्लिंटन राजकीय दौरे पर भारत आए, जो किसी अमेरिकी राष्ट्रपति की ओर से बाईस वर्षों में पहला दौरा था। क्लिंटन के दौरे को भारत-अमेरिका संबंधों में एक महत्त्वपूर्ण मील के पत्थर के रूप में देखा गया। इससे व्यापार और आर्थिक संबंधों में विस्तार संभव हुआ। इस दौरे में भारत-अमेरिका संबंधों के आगे की दिशा पर एक विजन डॉक्यूमेंट पर दस्तखत किए गए।

वाजपेयी ने राष्ट्रीय सुरक्षा परिषद् और राष्ट्रीय सुरक्षा सलाहकार (एन.एस.ए.) के पद का गठन किया।

फरवरी 1999 में दिल्ली–लाहौर बस के ऐतिहासिक उद्घाटन के साथ उन्होंने कश्मीर विवाद और पाकिस्तान के साथ दूसरे विवादों के स्थायी हल के लिए शांति की एक नई प्रक्रिया की शुरुआत की।

'इनसानियत, जम्हूरियत और कश्मीरियत' के उनके आह्वान का जम्मू व कश्मीर में तमाम लोगों के साथ ही उन राजनीतिक पंडितों ने भी स्वागत किया, जो बी.जे.पी. के समर्थक नहीं थे।

भारतीय सेना ने वर्ष 1999 के मध्य में कारगिल युद्ध में भारतीय वायु सेना की सहायता से पाकिस्तान को महज 84 दिनों में पराजित कर दिया।

अमेरिका के नेतृत्व में कई देशों की सेनाओं ने जब नवंबर 2001 में तालिबान को अफगानिस्तान की सत्ता से बेदखल कर दिया, तब भारत ने काबुल में अपना दूतावास खोला। भारत ने संसद् की इमारत के साथ ही बुनियादी संरचना का निर्माण करने के लिए धन और जन–शक्ति से मदद की।

आतंकवाद निरोधक अधिनियम, 2000 का उद्देश्य जाँच एजेंसियों की जाँच करने और संदिग्धों पर काररवाई करने की शक्तियों को बढ़ाकर आतंकवाद के खतरों को कम करना था।

वाजपेयी ने चीन के साथ सीमा विवाद पर अकसर चर्चा करते रहने की राव की नीति को जारी रखी। जुलाई 2003 में उन्होंने चीन का दौरा किया। उन्होंने तिब्बत को चीन के हिस्से के रूप में स्वीकार किया, जिसका चीनी नेतृत्व ने स्वागत किया, जिसने एक साल बाद सिक्किम को भारत का अंग माना। आनेवाले वर्षों में भारत–चीन संबंधों में व्यापक सुधार आया।

फरवरी 1999 में पाकिस्तानी प्रधानमंत्री नवाज शरीफ के साथ लाहौर सम्मेलन और पाकिस्तान के सैन्य तानाशाह एवं राष्ट्रपति जनरल परवेज मुशर्रफ के साथ जुलाई 2001 में आगरा शिखर वार्त्ता की विफलता के बावजूद लगातार शांति का प्रयास करते रहनेवाले वाजपेयी ने जनवरी 2004 में एक बार फिर सार्क (SAARC) सम्मेलन के लिए पाकिस्तान का दौरा किया, जहाँ उन्होंने मुशर्रफ से एक घंटे तक बातचीत की।

वर्ष 2003 में वह अमेरिकी दबाव के आगे नहीं झुके, जो चाहता था कि सद्दाम हुसैन के खिलाफ इराक में अमेरिका के नेतृत्व में लड़ रही कई देशों की

सेनाओं में भारत भी अपने सैनिकों को भेजे।

सरकार ने 'सर्व शिक्षा अभियान' की शुरुआत की, जिसका उद्देश्य प्राइमरी और सेकंडरी स्कूलों में शिक्षा के स्तर को बेहतर बनाना था।

15 अगस्त, 2003 को उन्होंने 'चंद्रयान-I' मिशन की घोषणा की। इसरो ने इस मिशन की शुरुआत अक्तूबर 2008 में की, जब वाजपेयी पद छोड़ चुके थे।

जी.एफ.डी. को 6.3% से घटाकर 4.3% पर लाया गया। चालू खाता घाटा पिछले तीन वर्षों में सरप्लस हो गया।

वाजपेयी के कार्यकाल में महँगाई दर को काफी कम कर औसत 3.9% पर लाया गया, जो राव के कार्यकाल में 12% पर थी।

73 महीनों के दौरान विदेशी मुद्रा की दर को धीरे-धीरे घटाते हुए लगभग 9.25% पर लाया गया। विदेशी मुद्रा भंडार में काफी इजाफा हुआ।

अधिकांश आयातों में मात्रात्मक पाबंदियों के साथ ही सीमा (आयात) शुल्क को कम किया गया।

निर्यात में वृद्धि हुई, जो वर्ष 1998-99 में 8.2% से बढ़कर 2003-04 में जी.डी.पी. का 11.1 प्रतिशत हो गया।

बीमा और पेंशन फंड के क्षेत्र को निजी क्षेत्र और विदेशी कंपनियों के लिए खोल दिया गया। इससे भारी एफ.डी.आई. देश में आई है और बरसों तक उसका काफी लाभ करोड़ों लोगों को हुआ है।

सरफेसी अधिनियम, 2002 से ऋण वसूली न्यायाधिकरण (डी.आर.टी.) का गठन हुआ, जिससे बैंकों के लिए ऋण-वसूली में तेजी लाना आसान हो गया। इस अधिनियम ने बैंकों और अन्य वित्तीय संस्थानों को ऋण-वसूली के लिए रकम न चुकानेवालों की संपत्ति नीलाम करने की अनुमति दी। *समय के साथ-साथ कर्जखोरों ने डी.आर.टी. और अदालतों को मामलों के बोझ तले दबाकर भुगतान टालने में सफलता हासिल कर ली। मोदी 1.0 सरकार ने अगस्त 2016 में सरफेसी अधिनियम में संशोधन कर खामियों को दूर किया।*

राजकोषीय उत्तरदायित्व और बजट प्रबंधन (FRBM) अधिनियम, 2003 के अंतर्गत पहली बार भारत में कानूनी रूप से राजकोषीय घाटे के लक्ष्य एवं उसकी सीमा को इजाजत दी गई और इस अधिनियम ने आर.बी.आई. को मुख्य बाजार में सरकारी कर्ज को खरीदने से रोक दिया।

प्रत्यक्ष करों पर बनी टास्क फोर्स की सिफारिशों को लागू करने से पैन कार्ड

का उपयोग बढ़ गया और टैक्स रिटर्न ऑनलाइन भरना आसान हो गया।

टैक्स को उचित बनाने के लिए 'सेनवैट' की शुरुआत केंद्र सरकार के स्तर पर की गई और कई राज्यों ने सेल्स टैक्स के बदले वैट (VAT) को अपनाना शुरू कर दिया। उत्पाद शुल्क को कई दरों के बजाय 8%, 16% और 24% के तीन स्लैब में लाया गया। *इन सुधारों ने जी.एस.टी. की बुनियाद रखी, जिसे वैसे तो वाजपेयी के कार्यकाल में प्रस्तावित किया गया, लेकिन अंत में मोदी सरकार ने जुलाई 2017 में इसे लागू किया।*

शेयर बाजार से निकले शब्दों ('वायदा' और 'विकल्प') ने अपारदर्शी 'बदला' प्रणाली का स्थान ले लिया।

सन् 1998 में भारत सरकार ने प्रवासी भारतीयों को विकसित देशों की सरकारों के बॉण्ड से अधिक ब्याज दरों पर बेचे गए बॉण्ड के जरिए 4.8 अरब डॉलर जुटाए। वर्ष 2000 में 5.5 अरब डॉलर की और भी रकम जुटाई गई। इससे भारत ने वर्ल्ड बैंक और आई.डी.ए के ऋण को समय से पहले चुका दिया।

सन् 1999 में मुंबई, कोलकाता, चेन्नई और बेंगलुरू को जोड़नेवाले स्वर्णिम चतुर्भुज राजमार्ग की शुरुआत की गई। इसने मुख्य भूभाग पर आर्थिक गतिविधियों को तेज किया और आनेवाली सरकारों की ओर से भविष्य में और भी बड़ी हाईवे परियोजनाओं की बुनियाद रखी।

दिसंबर 2000 में पी.एम.जी.एस.वाई. योजना की शुरुआत की गई। इससे बाजारों से बेहतर संपर्क से ग्रामीण क्षेत्रों में आय बढ़ी और निकटवर्ती शहरी इलाकों तक ग्रामीणों की पहुँच के कारण उन्हें बेहतर स्वास्थ्य एवं शिक्षा की सुविधाएँ मिलीं। 3½ वर्षों में पी.एस.जी.एस.वाई. की लगभग 50,000 कि.मी. सड़कों का निर्माण किया गया।

सन् 2003 में छह एम्स-सह-मेडिकल कॉलेजों की घोषणा की गई। यह सन् 1956 के बाद एम्स की अवधारणा का पहला विस्तार था।

वाजपेयी सरकार ने बड़े पैमाने पर पी.एस.ई. के निजीकरण की शुरुआत की जिनमें मारुति, आई.बी.पी., आई.पी.सी.एल., बाल्को और हिंदुस्तान जिंक मुख्य रूप से शामिल थे। इससे न केवल भारत सरकार को कर्ज लेने से राहत मिली, बल्कि बड़ी कंपनियों की कार्य-प्रणाली बेहतर हुई और उनका मुनाफा भी बढ़ गया।

विद्युत् अधिनियम, 2003 ने विद्युत् उत्पादन को वितरण और कीमतें तय करने

से अलग कर दिया, जो राज्य विद्युत् निगमों (एस.ई.बी.) के अधीन थीं। इसमें बहुत भारी भ्रष्टाचार था, क्योंकि बिजली की चोरी को वितरण में नुकसान बताकर रफा-दफा कर दिया जाता था और लगभग सभी एस.ई.बी. घाटे में चल रहे थे। वितरण में निजी क्षेत्र को लाने से बिजली की चोरी में काफी कमी आ गई और कुशलता भी काफी बढ़ गई।

सन् 1999 में वाजपेयी ने मोबाइल टेलीफोन सेवा-प्रदाताओं पर किराया कम करने का दबाव बनाया और उन्हें लाभ साझा करने के आधार पर लाइसेंस दिया, जिसमें नई दूरसंचार नीति के तहत अग्रिम शुल्क को कम रखा गया। सन् 1999 की नई दूरसंचार नीति ने वर्ष 2010 तक अपने लक्ष्य से 15% अधिक टेलिडेंसिटी को हासिल कर लिया।

अगस्त 2000 में लंबी दूरी की घरेलू टेलीफोन सेवा में असीमित स्पर्धा की शुरुआत हुई। अप्रैल 2002 में सरकार के स्वामित्व वाले बी.एस.एन.एल. का अंतरराष्ट्रीय टेलिफोनी में एकाधिकार समाप्त हो गया। वाजपेयी ने जिस दूरसंचार क्रांति की शुरुआत की, उसने लंबी दूरी (एस.टी.डी.) और अंतरराष्ट्रीय कॉलिंग (आई.एस.डी.) को सभी भारतीयों के लिए सामान्य सेवा में बदल दिया, जिसे उस समय स्टेटस सिंबल माना जाता था।

सरकार के स्वामित्व वाले 22 होटलों का निजीकरण कर दिया गया।

नेहरू और राव की तरह ही वाजपेयी अपने आलोचकों एवं विरोधियों से खुली बातचीत का रुख अपनाते थे और साथ लेकर चलने की नीति में विश्वास करते थे।

विफलताएँ

वाजपेयी ने फरवरी 1999 में संस्कृति, खेल जगत् और कारोबार जगत् की जानी-मानी हस्तियों के साथ जब पहली दिल्ली-लाहौर बस से लाहौर की यात्रा की, तब उन्होंने पाकिस्तान पर जो भरोसा किया, वह उन्हें नहीं करना चाहिए था। वाजपेयी के लिए जिस कार्यक्रम का आयोजन किया गया था, उसमें पाकिस्तानी सेना के प्रमुख परवेज मुशर्रफ एवं पी.ए.एफ. तथा नेवी के प्रमुख शामिल नहीं हुए और यह स्पष्ट कर दिया कि वे भारत के साथ शांति के प्रयासों की अपने प्रधानमंत्री की पहल का समर्थन नहीं करते हैं।

वाजपेयी और पाकिस्तानी प्रधनमंत्री नवाज शरीफ के बीच 'लाहौर घोषणा'

पर हस्ताक्षर किए जाने के 71 दिनों के भीतर कश्मीरी आतंकवादियों के वेश में पाकिस्तानी सैनिकों ने कारगिल के लेह में घुसपैठ कर दी। इसके बाद 'कारगिल युद्ध' हुआ, जिसमें दोनों तरफ के 1,260 से 4,300 सैनिकों को अपनी जानें गँवानी पड़ीं। पाँच महीने बाद जनरल मुशर्रफ ने नवाज शरीफ को बेदखल कर दिया और पाकिस्तान तीसरी बार सैन्य शासन के अधीन आ गया। अपनी आजादी के 73½ वर्षों में पाकिस्तान लगभग 32 साल तक सैनिक शासन में रहा है।

24 दिसंबर, 1999 को 176 यात्रियों के साथ इंडियन एयरलाइंस के एक विमान को काठमांडू से अगवा कर अमृतसर (जहाँ उसे तेल भरने की इजाजत नहीं दी गई), लाहौर (जहाँ उसमें फिर से ईंधन भरा गया) और दुबई (जहाँ अपहर्ताओं ने 27 बंधकों और 1 शव को उतारा) के रास्ते कंधार ले जाया गया। पाकिस्तान और दुबई ने मदद करने से इनकार कर दिया। अफगानिस्तान में तालिबान का शासन था। भारत का उनके साथ कोई कूटनीतिक संबंध नहीं था और काबुल में भारतीय दूतावास सितंबर 1996 में बंद कर दिया गया था। 31 दिसंबर को 148 बंधकों के बदले भारत ने 3 खूँखार आतंकवादियों को रिहा किया—मौलाना मसूद अजहर, जिसने बाद में जैश-ए-मोहम्मद का गठन किया; अहमद उमर सईद शेख, जो अल कायदा, जैश, एच.यू.एम. व तालिबान से जुड़ा था और जे.के.एल.एफ. के मुश्ताक अहमद जरगर को रिहा कर दिया।

तीन आतंकवादियों को लेकर जिस भारतीय दल ने कंधार के लिए उड़ान भरी, उसका नेतृत्व विदेश मंत्री जसवंत सिंह कर रहे थे और उसमें आई.बी. के अधिकारी अजीत डोभाल (मोदी 1.0 और 2.0 सरकारों में एन.एस.ए.) शामिल थे। सन् 2017 में लिखी पुस्तक *'डिफीट इज एन ऑरफन : हाऊ पाकिस्तान लॉस्ट द ग्रेट साउथ एशियन वॉर'* में डोभाल को यह कहते हुए उद्धृत किया गया है—

"टारमैक पर आई.एस.आई. के दो लोग मौजूद थे। एक लेफ्टिनेंट कर्नल था और दूसरा एक मेजर। जल्दी ही कुछ और लोग आ गए। अपहर्ता सीधे आई.एस. आई. के अधिकारियों के संपर्क में थे।...अगर उन्हें कंधार में आई.एस.आई. का सक्रिय सहयोग नहीं मिल रहा होता तो हम बंधकों को छुड़ा लेते। हम अपहर्ताओं पर जो भी दबाव बना रहे थे, उससे आई.एस.आई. उन्हें बचा ले रहा था। यहाँ तक कि उनके सुरक्षित निकलने के रास्ते की भी गारंटी दे दी गई थी। इसलिए उन्हें बच निकलने के रास्ते पर बातचीत नहीं करनी पड़ी।"

डोभाल आगे कहते हैं कि कैसे समय उनके साथ नहीं था। भारत सरकार पर

उसके नागरिकों का भयंकर दबाव था कि वह इस बंधक संकट को 1 जनवरी से पहले खत्म करा ले, जब नई सदी की शुरुआत होने वाली थी।

महज दो साल पहले, कारगिल युद्ध में मुशर्रफ की भूमिका के बावजूद, वाजपेयी ने उन्हें जुलाई 2001 में आगरा में शिखर वार्त्ता के लिए बुलाया। मुशर्रफ ने जब प्रेस कॉन्फ्रेंस में कश्मीर पर कड़ा रुख अपनाया और कुछ हद तक गृह मंत्री के मुशर्रफ की मंशा को लेकर संदेह करने के बाद बातचीत टूट गई। इसके महज 77 दिनों बाद जे.ई.एम. के तीन फिदायीन आत्मघाती हमलावरों ने श्रीनगर में जम्मू व कश्मीर विधानसभा परिसर के मेन गेट पर विस्फोटकों से भरी टाटा सूमो को टकराकर हमला कर दिया, जिसमें 38 लोग (3 फिदायीनों समेत) मारे गए।

इसके 73 दिनों बाद, 13 दिसंबर, 2001 को, जैश एवं लश्कर के तीन आतंकवादी नई दिल्ली में संसद् भवन में गृह मंत्रालय और संसद् के स्टीकरों वाली एक कार से दाखिल हो गए। दोनों सदनों की काररवाई जहाँ 40 मिनट पहले स्थगित की गई थी, वहीं 100 से अधिक लोग अब भी उस हमले के समय इमारत में मौजूद थे, जिनमें कई सांसद और गृह मंत्री आडवाणी जैसे मंत्री भी थे। दोनों तरफ से हुई फायरिंग में 14 लोग मारे गए, जिसमें दिल्ली पुलिस के 6 जवान, संसद् के 2 सुरक्षाकर्मी, 1 माली और 5 आतंकवादी शामिल थे।

इन आतंकवादी हमलों को रोक पाने में नाकामी के लिए वाजपेयी सरकार की जबरदस्त आलोचना की गई। इसके जवाब में भारत ने एल.ओ.सी. पर 5 से 7 लाख सैनिकों को इकट्ठा कर दिया (ऑपरेशन पराक्रम), जिसकी शुरुआत 13 दिसंबर, 2001 को हुई। ऐसी खबरें थीं कि भारत ने पी.ओ.के. स्थित आतंकी शिविरों पर हमले की सीमित सैन्य काररवाई की योजना बनाई थी, जिसकी शुरुआत 14 जनवरी, 2002 को होने वाली थी। इसकी शुरुआत आतंकी शिविरों पर वायुसेना की एयरस्ट्राइक से होती। इसके बाद भारतीय सेना की स्पेशल फोर्स आतंकी शिविरों को और भी तहस-नहस करने के लिए जमीन पर सीमित आक्रमण करती और सेना को एल.ओ.सी. पर महत्त्वपूर्ण जगहों पर कब्जा जमाने में मदद करती। भारत की रणनीति के अनुसार, पी.ओ.के. पर सीमित हमले को तरजीह दी गई, क्योंकि इससे भारत अपनी गंभीरता को साफ कर देता और अंतरराष्ट्रीय प्रतिक्रिया को अपने स्तर पर सँभाल लेता। भारत सरकार ने इसके जवाब में यह अंदाजा लगा लिया था कि अगर पाकिस्तान पूरी ताकत से हमला करता है तो उससे कितना नुकसान होगा। लेकिन खुफिया सूत्रों ने यही बताया कि पाकिस्तानी सेना पूरी तरह से तैयार

नहीं है। पाकिस्तान ने इसका जवाब एल.ओ.सी. पर अपनी तरफ 3.5 लाख से अधिक सैनिकों की तैनाती से दिया। तनाव कुछ हद तक कम हुए, जब मुशर्रफ ने पाकिस्तान से होनेवाले आतंकवाद पर काररवाई का वादा किया। भारत की ओर से की गई यह पूरी कवायद फिजूल थी और सरकारी खजाने को इसकी भारी कीमत चुकानी पड़ी।

गुजरात में फरवरी 2002 में बी.जे.पी. की सरकार होने के बावजूद वाजपेयी सरकार दंगों को नहीं रोक सकी, जो अयोध्या से लौट रहे 59 कारसेवकों की गोधरा रेलवे स्टेशन के पास साबरमती एक्सप्रेस के भीतर आग में जलकर मौत के बाद भड़के थे। गोधरा दंगों में 1,044 से 1,926 लोग मारे गए। साथ ही पूरे राज्य में बलात्कार, लूट और संपत्ति के नुकसान की घटनाएँ हुईं, जिनके कारण मुख्यमंत्री नरेंद्र मोदी सवालों के घेरे में आ गए। ऐसा कहा जाता है कि वाजपेयी मोदी को गुजरात के मुख्यमंत्री पद से हटाना चाहते थे, लेकिन पार्टी के सदस्यों ने उन्हें मोदी के खिलाफ काररवाई न करने के लिए मना लिया। उन्होंने गोधरा एवं अहमदाबाद का दौरा किया और पीड़ितों के लिए वित्तीय सहायता की घोषणा के साथ ही हिंसा बंद करने की अपील की। उन्होंने जहाँ हिंसा की निंदा की, वहीं सार्वजनिक रूप से मोदी को फटकार नहीं लगाई। वर्ष 2004 के लोकसभा चुनावों में बी.जे.पी. की हार के बाद वाजपेयी ने कहा कि मोदी को न हटाना एक चूक थी।

भले ही वाजपेयी पर सीधे तौर पर भ्रष्टाचार के आरोप नहीं थे, लेकिन उनके गोद लिये हुए दामाद रंजन भट्टाचार्य कथित रूप से कुछ कारोबारियों और पत्रकारों को लाभ पहुँचा रहे थे।

अपने सभी पूर्ववर्तियों की तरह ही वाजपेयी ने भी श्रम-सुधार नहीं किए।

कारगिल में शहीद हुए सैनिकों के लिए ताबूतों की आपूर्ति में धाँधली और एक जाँच आयोग के इन निष्कर्षों के बाद कि भारत सरकार कारगिल के आक्रमण को रोक सकती थी, रक्षा मंत्री जॉर्ज फर्नांडिस को इस्तीफा देना पड़ा।

रेटिंग : 7/10

□

डॉ. मनमोहन सिंह (एम.एम.एस.)

द एक्सिडेंटल प्राइम मिनिस्टर

(22 मई, 2004 से 26 मई, 2014)

वाणिज्य मंत्रालय में आर्थिक सलाहकार, सी.ई.ए., भारत सरकार के वित्त सचिव, भारतीय रिजर्व बैंक के गवर्नर, योजना आयोग के उपाध्यक्ष और वित्त मंत्री के रूप में मनमोहन सिंह ने प्रधानमंत्री बनने से पहले ही कई उपलब्धियाँ अपने नाम कर ली थीं।

वह भारत के पहले प्रधानमंत्री बने, जिसका राजनीतिक आधार शून्य था। यहाँ तक कि चरण सिंह, वी.पी. सिंह, चंद्रशेखर और देवगौड़ा जैसे थोड़े समय के प्रधानमंत्रियों का भी राजनीतिक आधार था और उन्होंने लोकसभा या विधानसभा के चुनावों या दोनों में जीत हासिल की थी। शायद इस वजह से ही सोनिया गांधी (मैडम) ने एम.एम.एस. को चुनाव के बाद आनन-फानन में जुगाड़ से बने यू.पी.ए. गठबंधन की अल्प मत की सरकार का नेतृत्व करने के लिए चुना था, जिसकी अध्यक्षता उन्होंने खुद ग्रहण की।

वह 'एक्सिडेंटल' प्रधानमंत्री, जैसा कि वह खुद को कहा करते थे, उन्हें राजनीतिक रूप से चुनौती नहीं देगा और भविष्य में राहुल गांधी के प्रधानमंत्री बनने के लिए रास्ता साफ कर देगा। एम.एम.एस. को शक्ति तो दे दी गई, लेकिन पूर्ण अधिकार नहीं दिए गए। यह बात पहले ही दिन से साफ हो गई थी, क्योंकि मंत्रियों के विभागों के बँटवारे में सोनिया की ही बात आखिरी होती थी। प्रधानमंत्री वित्त मंत्रालय अपने पास रखना चाहते थे, क्योंकि वह भारत के सबसे सफल वित्त मंत्री थे; लेकिन उन्हें इसे पी. चिदंबरम को देने के लिए मजबूर कर दिया गया।

यह पहला मौका था, जब कांग्रेस नई दिल्ली में एक गठबंधन की सरकार चलाने जा रही थी। बारह दलोंवाले गठबंधन को साथ लेकर चलना और भी

मुश्किल हो गया, क्योंकि यू.पी.ए. सरकार का बने रहना लेफ्ट फ्रंट के 'बाहरी' समर्थन पर निर्भर था, जो उसकी सबसे पुरानी विरोधी थी और उन पाँच दलों पर भी, जो सरकार से बाहर ही रहे।

डॉ. सिंह के कार्यकाल (22 मई, 2004 से 22 मई, 2009) को यू.पी.ए.-1 और दूसरे कार्यकाल (22 मई, 2009 से 26 मई, 2014) को यू.पी.ए.-2 कहा जाता है।

सफलताएँ

उनके पहले चार वर्षों में जी.डी.पी. की विकास दर अभूतपूर्व रूप से 9.25% या उससे अधिक थी; लेकिन यह काफी हद तक वाजपेयी के प्रधानमंत्री के रूप में 73 महीने के दौरान किए गए सुधारों के कारण था। यह विकास एम.एम.एस. के अगले छह वर्षों में गिरकर 6.87% के औसत पर आ गया।

वर्ष 2003-04 में जहाँ निर्यात जी.डी.पी. का 11.1% था, वह 2013-14 में बढ़कर 17.2% हो गया।

सरकार ने पूरे भारत में एकीकृत जी.एस.टी. के लिए जोर लगाया, लेकिन बी.जे.पी. के विरोध के कारण इसे लागू नहीं किया जा सका।

एम.एम.एस. ने पश्चिमी देशों के साथ भारत के संबंधों को बेहतर बनाने की वाजपेयी की नीतियों को आगे बढ़ाया। जुलाई 2005 में वह अमेरिका गए और राष्ट्रपति जॉर्ज डब्ल्यू. बुश (जूनियर) के साथ अच्छे संबंध स्थापित किए।

विदेश नीति की सबसे बड़ी उपलब्धि अक्तूबर 2008 में '123 समझौते' पर हस्ताक्षर से मिली, जबकि यू.पी.ए. का समर्थन करनेवालों समेत कई दलों ने इसका विरोध किया था। आखिरकार, भारत ने दस साल बाद अपने परमाणविक अलगाव को समाप्त किया। *हालाँकि, परमाणु रिएक्टरों (जिनमें अमेरिका के भी शामिल थे) के प्रमुख विदेशी आपूर्तिकर्ताओं ने भारत में परमाणु ऊर्जा संयंत्रों में वर्ष 2010 में पास किए गए भारतीय कानून के कारण निवेश नहीं किया, जिसमें वेंडर के दायित्व की अवधारणा है। सिर्फ रूस भारत के परमाणु ऊर्जा निगम के साथ मिलकर काम कर रहा है, वह भी सन् 1988 में (राजीव गांधी के कार्यकाल के दौरान) हुए द्विपक्षीय समझौते के कारण, जिसमें दुर्घटनाओं की भरपाई भारत सरकार द्वारा की जाती है।*

'123 समझौते' से मात्र दो महीने पहले लेफ्ट फ्रंट ने अपने 59 सांसदों का

समर्थन यह कहते हुए वापस ले लिया कि भारत खुद को अमेरिका के हाथों बेच रहा है। चूँकि बहुमत के लिए 272 सांसद जरूरी थे और यू.पी.ए. के पास सिर्फ 218 सांसद थे, इसलिए लेफ्ट फ्रंट को उम्मीद थी कि वह सरकार को गिरा देगा। हालाँकि, यू.पी.ए.-1 समाजवादी पार्टी के 36 सांसदों और कुछ छोटे दलों की मदद से खुद को बचाने में कामयाब रही। लेफ्ट फ्रंट ने आखिरी समय तक प्रयास किया कि वह सोनिया पर दबाव बनाकर एम.एस.एस. की जगह किसी लेफ्ट समर्थक प्रधानमंत्री को कुरसी पर बिठा दे। मीडिया में कई नाम भी चले। हालाँकि, उस समय तक एम.एम.एस. की व्यक्तिगत विश्वसनीयता और कद उस ऊँचाई को छू चुके थे कि कांग्रेस के लिए उन्हें हटाना राजनीतिक खुदकुशी करने जैसा हो सकता था। यू.पी.ए.-1 के कई सहयोगी, विशेष रूप से इसके सबसे बड़े साथी लालू प्रसाद यादव की आर.जे.डी. (21 सीट) खुलकर एम.एम.एस. के समर्थन में आ गए और ऐलान कर दिया कि कोई भी दूसरा प्रधानमंत्री नहीं होगा।

यू.पी.ए.-1 गठबंधन को साथ जोड़ने में मनमोहन सिंह ने एक महत्त्वपूर्ण भूमिका निभाई। उन्होंने डी.एम.के. (16 सीट) को शामिल करने के लिए बातचीत की। कुछ सहयोगी सोनिया से ज्यादा एम.एम.एस. के वफादार थे। भले ही सोनिया ने उन्हें प्रधानमंत्री बनाया था, लेकिन नियुक्त कर दिए जाने के बाद वह यू.पी.ए. के प्रधानमंत्री बन गए। वह यू.पी.ए. के नेताओं को नियमित रूप से अपनी सरकार की ओर से उठाए गए हर फैसले की जानकारी दिया करते थे और वे उनके इस कदम के शुक्रगुजार थे। उस लिहाज से, एम.एम.एस. सही मायने में आम सहमति वाले प्रधानमंत्री थे।

उन्होंने भारत और बड़ी अर्थव्यवस्थाओं या कारोबारी समूहों के बीच व्यापार व निवेश को तेज किया।

फरवरी 2005 में पाकिस्तान के सैन्य तानाशाह और राष्ट्रपति जनरल परवेज मुशर्रफ ने भारत में भारत-पाक का एकदिवसीय मैच देखने की इच्छा सार्वजनिक रूप से जाहिर की। पी.एम.ओ. में लंबी आपसी चर्चा (और बेशक, मैडम से बातचीत) के बाद एम.एम.एस. ने मुशर्रफ को दिल्ली आने का न्योता दिया। 10 मार्च को उन्होंने लोकसभा को बताया—

"मैंने राष्ट्रपति मुशर्रफ को भारत आकर दोनों देशों के बीच क्रिकेट मैच देखने का न्योता दिया है। मेरी यह हार्दिक इच्छा है कि हमारे पड़ोसी देश के लोग और उनके नेता बेहिचक हमारे यहाँ आएँ और जब चाहें तब आएँ, चाहे क्रिकेट मैच

देखना हो, शॉपिंग करनी हो या अपने दोस्तों और परिवार से मिलना हो। भारत को एक खुला समाज और खुली अर्थव्यवस्था होने का गर्व है।"

4 अप्रैल, 2005 को उन्होंने जम्मू व कश्मीर के विकास के लिए योजना तैयार करने के मकसद से एक टास्क फोर्स के गठन का ऐलान किया। 'नया कश्मीर' के अपने विजन के रूप में उन्होंने तय किया था कि वह 7 अप्रैल को श्रीनगर–मुजफ्फराबाद बस सेवा की शुरुआत करेंगे। (*मुजफ्फराबाद पी.ओ.के. की राजधानी है*)। 6 अप्रैल को आतंकवादियों ने श्रीनगर में राज्य पर्यटन कार्यालय पर हमला कर दिया। उसी जगह पर, जहाँ से बस सेवा की शुरुआत की जानी थी। सुरक्षा और खुफिया एजेंसियों ने एम.एम.एस. को अगली सुबह का अपना श्रीनगर दौरा रद्द करने की सलाह दी; लेकिन वह पीछे नहीं हटे। उन्होंने सोनिया को सूचित किया और सोनिया भी उनके साथ श्रीनगर गईं। इससे घाटी के साथ ही देश भर में उनकी छवि मजबूत हुई।

मुशर्रफ के दौरे को कामयाब माना गया था और एम.एम.एस. राजनीतिक व कूटनीतिक रूप से मजबूत बनकर उभरे।

एम.एम.एस. ने सिंगापुर के संस्थापक पिता और पहले प्रधानमंत्री ली कुआन यू के साथ दो दिन बिताए और इस दौरान उन्हें चीन तथा उसकी नई पीढ़ी के नेतृत्व के बारे में जानकारी मिली। एल.के.वाई. चीन को दुनिया के अधिकांश नेताओं से कहीं ज्यादा अच्छी तरह जानते थे।

एम.एम.एस. ने राजनीतिज्ञ सुब्रह्मण्यम स्वामी को भी चीन पर लंबी चर्चा का न्योता दिया। जनवरी 2008 में उन्होंने द्विपक्षीय वार्ता के लिए चीन का दौरा किया और फिर अक्तूबर में एशिया–यूरोप शिखर सम्मेलन के लिए वहाँ पहुँचे।

उन्होंने बँगलादेश के साथ 'तीन बीघा' कॉरिडोर का लंबे समय से चला आ रहा मसला सुलझा लिया, जिससे दोनों देशों के नागरिक अब उन दो इलाकों में आसानी से जा सकते हैं, जो उनका है।

सूचना का अधिकार (आर.टी.आई.) अधिनियम अक्तूबर 2005 से लागू हो गया। *इसके पीछे केंद्र और राज्य सरकारों तथा सरकारी दफ्तरों में होनेवाले कामकाज में ज्यादा पारदर्शिता सुनिश्चित करने की मंशा थी। 15 साल बाद, अब भी यही पूछा जा रहा है कि क्या यह सही कदम था? क्या इसने सरकारों को अधिक पारदर्शी एवं जवाबदेह बनाया है? या इसने सरकारी अधिकारियों को जोखिम और मुश्किल फैसले लेने से हतोत्साहित किया है?*

फरवरी 2006 में नरेगा (NREGA) लागू हो गया। गरीबी को मिटाने की दिशा में यह एक महत्त्वपूर्ण कदम था। *लेकिन यह 1979 में महाराष्ट्र के मुख्यमंत्री शरद पवार की ओर से शुरू की गई 'रोजगार गारंटी योजना' का ही एक अलग रूप थी और पहली बार देश भर में इसे लागू करने का प्रस्ताव तत्कालीन प्रधानमंत्री नरसिम्हा राव की ओर से रखा गया था।*

आधार कार्ड जनवरी 2009 से इस्तेमाल किया जाने लगा। आज यह हर भारतीय के जीवन का एक महत्त्वपूर्ण हिस्सा है और इसने कई महत्त्वपूर्ण उद्देश्यों को पूरा किया है।

जापान सरकार के स्वामित्व वाले जापान इंटरनेशनल कॉपरेशन एजेंसी (जे. आई.सी.ए.) जैसे ऋणदाताओं से दीर्घकालिक विकास ऋण 0.1% की कम ब्याज दरों पर उपलब्ध हैं। एशिया और अफ्रीका में चीन के प्रभाव की काट के रूप में जापान भारत का सहयोग करना चाहता था। एम.एम.एस. ने इसका पूरा लाभ उठाते हुए जापान की सहायता से कई दीर्घकालिक परियोजनाओं को शुरू किया, जिनमें दिल्ली मेट्रो की फेज II और फेज III (जे.आई.सी.ए. ने फेज I के लिए भी 60% धन मुहैया कराया था) के साथ ही 90 अरब डॉलर का दिल्ली-मुंबई औद्योगिक कॉरिडोर (2037 में पूरा होगा) और 3,123 करोड़ रुपए की मदद से पूरी होनेवाली हैदराबाद आउटर रिंग रोड जैसी परियोजनाएँ शामिल हैं।

डॉ. सिंह ने प्रधानमंत्री आर्थिक सलाहकार परिषद्, प्रधानमंत्री की विज्ञान सलाहकार परिषद् और घरेलू तथा विदेश नीति से जुड़े विषयों पर बने सलाहकार समूहों जैसे विभिन्न सरकारी निकायों में कई जानकारों को शामिल किया।

अमेरिकी निवेश बैंक लेहमन ब्रदर्स के धराशायी होने के बाद जब दुनिया भर के शेयर बाजार धड़ाम हुए और कई देशों में अफरा-तफरी मच गई, तब एम.एम. एस. ने इस संकट का भारतीय अर्थव्यवस्था पर कोई प्रभाव नहीं पड़ने दिया।

विफलताएँ

एम.एम.एस. के दौर के घोटालों के बारे में पहले ही एक अध्याय में चर्चा की जा चुकी है। एम.एम.एस. की फाइनल रेटिंग पर उनका भी प्रभाव पड़ा है।

कई मंत्रियों ने सोनिया से अपनी करीबी का फायदा उठाकर एम.एम.एस. से बिना पूछे फैसले किए। यहाँ तक कि कांग्रेस के सांसदों ने भी प्रधानमंत्री के प्रति वफादारी को राजनीतिक रूप से अनिवार्य नहीं माना। उनके लिए मैडम और उनके

बेटे राहुल को खुश करना ज्यादा जरूरी था। गृह, वित्त, रक्षा और वाणिज्य मंत्री अपने आप में ही सत्ता के केंद्र थे और प्रधानमंत्री के बजाय सोनिया को रिपोर्ट किया करते थे; वहीं मनमोहन को सिर्फ विदेश मामलों में खुली छूट थी।

मई 2004 से अगस्त 2008 तक संजय बारू एम.एम.एस. के मीडिया सलाहकार थे। सन् 2014 में प्रकाशित अपनी पुस्तक *'द एक्सिडेंटल प्राइम मिनिस्टर'* में संजय बारू ने कहा कि एम.एम.एस. सोनिया के विश्वासपात्र और करीबी अहमद पटेल ('ए.पी.') की कई चालबाजियों के शिकार थे। कई बार कैबिनेट में फेर-बदल हुए और किन्हें शामिल करना है या किन्हें बाहर करना है, इसके नाम एम.एम.एस. को ए.पी. ही दिया करते थे।

नवंबर 2020 में जब ए.पी. की कोविड-19 से मौत हुई, तब *'द टाइम्स ऑफ इंडिया'* ने लिखा—

"दस्तावेजों में मनमोहन सिंह प्रधानमंत्री थे, जबकि सिंहासन के पीछे की सत्ता सोनिया के पास थी। हालाँकि, सच्चाई यही है कि डोर ए.पी. के हाथों में थी… वही कैबिनेट और सोनिया की टीम के सदस्यों को… गठबंधन के सहयोगियों के साथ सत्ता को साझा करने की शर्तों को तय करते थे… पी.एम.ओ. के साथ ही अन्य प्रमुख पदों पर नौकरशाहों की नियुक्तियों को प्रभावित करते थे। राजीव गांधी के बाद कभी भी किसी एक व्यक्ति को… इतने केंद्रीय मंत्री, मुख्यमंत्री, राज्यपाल रिपोर्ट किया करते थे।"

वरिष्ठ राजनीतिक पत्रकार सी.एल. मनोज ने *'द इकोनॉमिक टाइम्स'* में लिखा—

"यू.पी.ए. जिस दशक में सरकार में थी, उसमें सोनिया ने अहमद पटेल पर आँख मूँदकर भरोसा किया… सब जानते थे कि सिंहासन के पीछे की शक्ति उनके ही पास है। वह जान-बूझकर परदे के पीछे रहे और कांग्रेस के अग्रिम मोर्चे पर होने की गतिविधियों को नियंत्रित करते रहे—ड्रामा 24 अकबर रोड (कांग्रेस का मुख्यालय) पर होता था और फैसलों को 10 जनपथ (सोनिया का आवास) पर अंतिम रूप दिया जाता था; लेकिन असली राजनीति और काररवाई 23 मदर टेरेसा (एपी का आवास) पर हुआ करती थी।"

वित्त मंत्रालय के सभी वरिष्ठ पदों पर नियुक्ति मैडम करती थीं, न कि एम.एम.एस.; जबकि एम.एम.एस. अर्थशास्त्री और पूर्व वित्त मंत्री थे।

कांग्रेस कोर ग्रुप की बैठक हर हफ्ते हुआ करती थी, जिसमें सोनिया गांधी,

प्रणव मुखर्जी, अर्जुन सिंह, ए.के. एंटनी, अहमद पटेल और एम.एम.एस. शामिल होते थे और महत्त्वपूर्ण सरकारी फैसले लिये जाते थे। इनमें सहयोगी दलों को शामिल नहीं किया जाता था। पारंपरिक रूप से, सी.सी.पी.ए. उच्च स्तरीय राजनीतिक फैसले करती है; लेकिन सोनिया चूँकि कैबिनेट मंत्री नहीं थीं, इस कारण वह सी.सी.पी.ए. का हिस्सा नहीं बन सकती थीं और सरकार के इस अंग की बैठक एम.एम.एस. के कार्यकाल के दौरान शायद ही कभी हुई। कांग्रेस कोर ग्रुप ही वास्तव में सी.सी.पी.ए. बन गया था।

जून 2004 में राष्ट्रीय सलाहकार परिषद् (एन.ए.सी.) का गठन किया गया, जिसकी अध्यक्ष सोनिया गांधी थीं और जो सलाह देने के साथ ही प्रधानमंत्री को फैसले लेने से 'रोकता' भी था। *एन.ए.सी. को 'शैडो कैबिनेट' (यू.के. में शैडो कैबिनेट होती है, जिसमें मुख्य विपक्षी दल के वरिष्ठ सदस्य शामिल रहते हैं) कहा जाता था। एन.ए.सी. के आरंभिक दस सदस्यों में नौकरशाह, कार्यकर्ता, शिक्षाविद्, उद्योगपति और वकील शामिल थे, जिनमें से अधिकांश वामपंथी विचारधारा वाले थे। अधिकांश एक्सपर्ट के बजाय कार्यकर्ता थे, जिनका प्रशासन से कोई वास्ता नहीं था। संविधान से ऊपर की एन.ए.सी. कभी-कभी फैसलों में पी.एम. या कैबिनेट से भी ज्यादा अहम हो जाती थी। अगर मैडम की राजनीति के हिसाब से भारत सरकार के फैसलों को पलटने की जरूरत पड़ती थी तो मैडम और एन.ए.सी. को इसका पूरा अधिकार था। एन.ए.सी. का गठन स्पष्ट संकेत था कि एम.एम.एस. के लिए मैडम का सत्ता को त्यागना 'अंतरात्मा की आवाज' को सुनने से ज्यादा राजनीतिक चाल थी।*

मैडम एन.ए.सी. के लिए सदस्यों को जब चुनती थीं तो उसे नीति-निर्धारण में गैर-सरकारी संगठनों के बढ़ते महत्त्व और प्रभाव को पहचान देने के रूप में दिखाया जाता था, खासतौर पर उन्हें, जो सिविल सोसाइटी का प्रतिनिधित्व करने का दावा करते थे। लेकिन हकीकत में, इसने एक समानांतर नीतिगत ढाँचा खड़ा कर दिया था, ताकि सोनिया को सिविल सोसाइटी का और डॉ. सिंह को सरकार का प्रतिनिधि दिखाया जा सके। किस आधार पर कुछ एन.जी.ओ., प्रभावक समूह और तथाकथित शोध संगठनों से चर्चा या उनका चयन किया जाता था?

यू.पी.ए.-2 के सांप्रदायिक हिंसा विधेयक ने अल्पसंख्यकों की ओर से हिंदुओं के खिलाफ की जानेवाली सांप्रदायिक हिंसा को पहचान ही नहीं दी। इसने यह मान लिया कि सिर्फ धार्मिक/भाषाई अल्पसंख्यक एवं एस.सी./एस.टी. लोग ही

सांप्रदायिक हिंसा के शिकार हो सकते हैं और किसी भी सांप्रदायिक हिंसा के लिए हिंदुओं को ही दोषी ठहराया जा सकता है।

एन.ए.सी. ने इस विधेयक को तैयार करने का जिम्मा 32 सदस्यों के एक समूह को दिया। उनमें से कुछ लोगों की पृष्ठभूमि संदिग्ध है। शबनम हाशमी चर्च से धन लेनेवाले एन.जी.ओ. '*अनहद*' की संस्थापक हैं, जिसका एफ.सी.आर.ए. रजिस्ट्रेशन 2016 में अवांछित गतिविधियों के कारण रद्द कर दिया गया था। राम पुनियानी ने आतंकवादी अफजल गुरु की फाँसी का विरोध किया था। उनका संबंध सी.एस.एस.एस. और '*अनहद*' से है। सी.एस.एस.एस. को विदेश से धन मिलता है, जिनमें सबसे प्रमुख है हेनरिक बॉल फाउंडेशन, जो एक थिंक टैंक है, जिसका करीबी संबंध जर्मनी के एलायंस 90/द ग्रीन्स पार्टी (*जर्मनी की 'ग्रीन' पार्टी किसी भारतीय एन.जी.ओ. को तभी पैसे देती है, जब वह भारत में पर्यावरण संरक्षण के बहाने विकास की परियोजनाओं को रोकने का प्रयास करता है*) से है। सी.एस.एस.एस. के संस्थापक असगर अली इंजीनियर भी इसी ग्रुप में थे। डॉ. उषा रामनाथन आर्थिक, सामाजिक एवं सांस्कृतिक अधिकारों पर एमनेस्टी इंटरनेशनल के सलाहकार पैनल की एक सदस्य थीं। कथित अर्बन नक्सल गौतम नवलखा और रामनाथन जे.एन.यू. के एक आयोजन में वक्ता थे, जो पूरे भारत से *सशस्त्र बल (विशेष अधिकार) अधिनियम* को हटाने का समर्थन कर रहा था। जस्टिस एस. मुरलीधर, जो दिल्ली हाई कोर्ट की उस दो जजों की बेंच में से एक जज थे, जिसने महाराष्ट्र पुलिस को नवलखा की रिमांड के ऑर्डर को इस आधार पर खारिज कर दिया था कि कई कानूनी प्रक्रियाओं का पालन नहीं किया गया है, रामनाथन के पति हैं। हर्ष मंदर सेंटर फॉर इक्विटी स्टडीज (सी.ई.एस.) चलाते हैं। उन्होंने 26/11 के आतंकी अजमल कसाब की दया याचिका का समर्थन किया था। मार्च 2016 में उन्होंने एक लेख लिखा था—

"भारत में एक मुसलमान होना इससे पहले कभी इतना मुश्किल नहीं था, उन तूफानी महीनों के बाद से नहीं, जिनका भारत के बँटवारे के बाद सामना करना पड़ा था।" पाकिस्तान के प्रधानमंत्री इमरान खान ने सोशल मीडिया पर इसे शेयर किया था। '*ऑर्गनाइजर*' के अनुसार, सी.ई.एस. को यूरोपीय कैथोलिकों और अमेरिका स्थित इसलामी संगठनों से करोड़ों रुपए मिले। सितंबर 2018 में बी.जे.पी. ने आरोप लगाया कि बहुत बड़े नक्सली नेता ए. हरगोपाल की पत्नी को हर्ष मंदर के अनाथालय का प्रभारी बनाया गया। सभी जानते हैं कि मंदर लश्कर से जुड़ी इशरत

जहाँ का बचाव करते रहे। रूप रेखा वर्मा लखनऊ यूनिवर्सिटी की पूर्व कुलपति हैं। वह सरकारी संस्थानों में भारतीय संस्कृति के आयोजनों, जैसे कि शैक्षणिक संस्थानों में सरस्वती पूजा, का पुरजोर विरोध करती हैं। वह अयोध्या में बन रहे राम मंदिर की भी विरोधी हैं। जॉन दयाल एक 'प्रमुख हस्ती' हैं, जो रोहिंग्या लोगों की लड़ाई लड़ने के साथ ही ऐसी कई गतिविधियाँ करते हैं, जिन्हें राष्ट्र-विरोधी कहा जा सकता है। अन्य सदस्यों में फराह नक़वी, डॉ. मंजूर आलम (ऑल इंडिया मिल्ली काउंसिल के महासचिव), मौलाना नियाज फारूकी (जमीयत उलेमा-ए-हिंद के महासचिव) और तीस्ता सीतलवाड़ शामिल हैं, जिन पर अवैध विदेशी धन प्राप्त करने और पैसों का गबन करने के साथ ही सबूतों से छेड़छाड़ की गवाह होने का आरोप है।

अगर एन.ए.सी. सरकार के हाथों लोकतंत्र की हत्या नहीं था तो और क्या था? एन.ए.सी. के सदस्य जनता की ओर से नहीं चुने गए थे और इस कारण उनकी जवाबदेही मैडम के सिवाय किसी के प्रति नहीं थी। 'चुनी हुई' संसद् की फिर क्या भूमिका रह गई? आखिर, संसदीय लोकतंत्र की मौजूदा प्रक्रियाओं को या कानूनों को पास करने की स्थापित प्रणालियों को नजरअंदाज क्यों किया गया? क्यों एन.ए.सी. के पास किसी भी मंत्रालय की जानकारी हासिल करने की शक्तियाँ थीं? संविधान के किन प्रावधानों के अंतर्गत एन.ए.सी. प्रधानमंत्री को नीतिगत या विधायी सुझाव देता था? क्या एन.ए.सी. कैबिनेट का विकल्प बन चुका था? वैसे तो, इसके पास कोई कार्यकारी शक्ति नहीं थी और यह सरकार को महज सुझाव दे सकता था; लेकिन सोनिया के ओहदे को देखते हुए मंत्रालयों को एन.ए.सी. की सलाह माननी ही पड़ती थी। एक अनिर्वाचित एन.ए.सी., जो कानून के हिसाब से एक सलाहकार निकाय था, वह असल में कार्यकारी कदमों को उठा रहा था और इस तरह, हमारे संविधान की भावना के साथ खिलवाड़ हो रहा था। एम.एम.एस. के नेतृत्व में भारत चीन से अलग कहाँ था?

एम.एम.एस. अकसर अपने करीबी सहयोगियों से कहते थे कि सत्ता का सिर्फ एक ही केंद्र हो सकता है और उनके लिए वह केंद्र सोनिया हैं। सार्वजनिक कार्यक्रमों में जब भी मैडम हॉल में दाखिल होतीं या पोडियम पर आतीं तो मनमोहन हमेशा ही खड़े हो जाते थे, जबकि दूसरे कांग्रेसी इसका पालन इस हद तक नहीं करते थे। चूँकि एम.एम.एस. मंत्रालयों का बँटवारा खुद नहीं करते थे, इस कारण उनके लिए कैबिनेट से अपनी इच्छा पर सहमति हासिल करना आसान नहीं होता था। एक तरफ, जहाँ वह सुनिश्चित करते थे कि हर गुरुवार को कैबिनेट की बैठक

हो और कई मुद्दों पर वह विस्तार से अपनी बात रखते थे, लेकिन शायद ही कभी वह कैबिनेट की बैठकों में इतनी दखल दिया करते थे कि उसे अपनी इच्छा के अनुसार मोड़ दें।

कैबिनेट से अपनी बात मनवाने या उन पर अपने अधिकारों का इस्तेमाल करने की उनकी अनिच्छा यू.पी.ए.-2 के दौरान और भी साफतौर पर दिखी। यू.पी.ए.-1 के दौरान अपने आप को सामान्य बनाए रखने की उनकी इच्छा को शरमीलेपन और रक्षात्मक अंदाज के रूप में देखा गया; लेकिन यू.पी.ए.-2 के दौरान इसे बच निकलने और जिम्मेदारी को टालने तथा कमान सँभालने के प्रति अनिच्छा के रूप में लिया गया।

डॉ. सिंह ने उस व्यवस्था का इस्तेमाल किया, जिसकी शुरुआत वाजपेयी की ओर से नीति-निर्माण में गठबंधन के वरिष्ठ नेताओं को शामिल कर की गई थी, जिसे मंत्री समूह (जी.ओ.एम.) कहा गया था। जी.ओ.एम. का मकसद छोटे-छोटे समूहों में आम सहमति से निर्णय तक पहुँचना था। जो मुद्दे नीति से जुड़े होते थे, उन पर चर्चा के लिए यू.पी.ए. के हर प्रमुख दल से कम-से-कम एक मंत्री को जरूर शामिल किया जाता था। इससे गठबंधन के सहयोगी दूसरे मंत्रालयों से जुड़ी नीति में शामिल होते थे और फिर उन पर हुए निर्णयों को कैबिनेट की स्वीकृति के लिए लाया जाता था। दर्जनों मंत्रियों के समूह बनाए गए थे। अधिकांश की अध्यक्षता प्रणव मुखर्जी, शरद पवार, ए.के. एंटनी और पी. चिदंबरम किया करते थे। सन् 2007 में एक समय ऐसा था कि 50 से ज्यादा मंत्रियों के समूह थे और यह संख्या समय के साथ बढ़ती चली गई।

मंत्रियों का समूह बनाना एक अच्छा विचार हो सकता था, लेकिन एम.एम. एस. एक कदम और आगे गए और ई.जी.ओ.एम. बनाया, जिनमें उन निर्णयों को लेने की 'शक्ति' थी, जिनकी पुष्टि कैबिनेट करता था। ई.जी.ओ.एम. का गठन जहाँ कैबिनेट के वरिष्ठ सहयोगियों के साथ सत्ता को साझा करने के लिए किया गया होगा या विवादित विषयों पर जिम्मेदारी दूसरों पर डालने के लिए जहाँ वह खुद फैसला लेने से बचते थे, वहीं सच्चाई यह है कि वे प्रधानमंत्री की सत्ता पर खुद से किए गए घाव की तरह थे।

एम.एम.एस. ने टी.के.ए. नायर को अपना प्रधान सचिव बनाकर गलती की, जो सरकार में सबसे वरिष्ठ अधिकारी थे और मंत्रियों के साथ प्रधानमंत्री का तालमेल बिठाए रखते थे। नायर के ऊपर राष्ट्रीय सुरक्षा सलाहकार जे.एन. दीक्षित

के साथ ही आंतरिक सुरक्षा के विशेष सलाहकार एम.के. नारायणन को बिठा दिया गया था। नायर ने खुद को 'राजनीतिक रूप से प्रासंगिक' दिखाने के लिए अपने आप को लेफ्ट फ्रंट के साथ प्रधानमंत्री की कड़ी के तौर पर पेश किया, जिनके साथ उनके पुराने संबंध थे। एम.एम.एस. पुलॉक चटर्जी पर भी कुछ ज्यादा ही निर्भर थे, जो संयुक्त सचिव थे और पी.एम. एवं मैडम के बीच संपर्क कायम रखते थे (दूसरे थे अहमद पटेल)। वामपंथ की ओर झुकाव के कारण चटर्जी अमेरिका के साथ रिश्ते बेहतर करने के प्रधानमंत्री के प्रयासों से खुश नहीं थे।

जून 2005 में मनमोहन ने सियाचिन ग्लेशियर का दौरा किया, जहाँ उन्होंने घोषित किया कि सियाचिन 'शांति का प्रतीक' होगा। सियाचिन पर भारत और पाकिस्तान दोनों अपनी संप्रभुता का दावा करते हैं। इस संदेश से एम.एम.एस. का स्पष्ट अर्थ यह था कि इस क्षेत्र से सैनिक हटाए जाएँगे। इससे पाकिस्तान को वैसे ही इस पर कब्जा जमाने का मौका मिल जाता, जैसे कि उसने पी.ओ.के. और गिलगिट-बाल्टिस्तान पर जमा लिया है। वरिष्ठ कांग्रेसी मंत्री और भारतीय सेना के जनरल पाकिस्तान के साथ किसी भी समझौते पर भरोसा करने को तैयार नहीं थे। 29 अक्तूबर, 2005 को दिल्ली सिलसिलेवार बम धमाकों से थर्रा गई।

सितंबर 2006 में डॉ. सिंह क्यूबा में मुशर्रफ से मिले। दोनों के साझा बयान में एक द्विपक्षीय आतंकवाद-विरोधी तंत्र बनाने, सियाचिन के मसले का जल्द निपटारा करने और सर क्रीक के जल क्षेत्र तथा आसपास के इलाके पर विवाद को सुलझाने के लिए कॉर्डिनेट के साझा सर्वे पर सहमति बनी। कई रिटायर्ड राजनयिकों और भारतीय सशस्त्र बलों के साथ ही भारत की खुफिया एजेंसियों के सदस्यों ने बयान जारी कर प्रधानमंत्री की आलोचना की।

सन् 2008 में मुंबई पर लश्कर के 10 आतंकियों की ओर से किए गए 26/11 के आतंकी हमले में 165 से ज्यादा लोग मारे गए। रॉ (RAW) ने ऐसे हमले की आशंका को लेकर खुफिया जानकारी दी थी, लेकिन जरूरी कदम नहीं उठाए गए। एस.पी.जी. के 'ब्लैक कैट' कमांडो समेत सुरक्षा बलों के जवान पूरी तरह हथियारों और साजो-सामान से लैस नहीं थे। उनके पास ऑटोमैटिक बंदूकें, बुलेट प्रूफ जैकेट, टोपी, बूट जैसी जरूरी चीजें तक नहीं थीं। Security forces including the SPG's elite 'black cat' commandos were found to be inadequately equipped even with simple things like automatic guns, life vests, headgear, boots etc. इस हमले में

पाकिस्तान का हाथ होने के पर्याप्त सबूत थे। फरवरी 2009 में पाकिस्तान के आंतरिक सुरक्षा मंत्री रहमान मलिक ने कहा था कि जावेद इकबाल, जिसने स्पेन में वी.ओ.आई.पी. फोन हासिल किया और हमद अमीन सादिक, जिसने पैसा ट्रांसफर करने में मदद की और दो अन्य को गिरफ्तार किया गया है। पाकिस्तान ने स्वीकार किया कि भारत ने जिस आतंकवादी अजमल कसाब को पकड़ा था, वह एक पाकिस्तानी नागरिक था। अक्तूबर 2009 में पाकिस्तानी-अमेरिकी डेविड हेडली एवं तहव्वुर हुसैन राणा को अमेरिका में गिरफ्तार किया गया और एफ.बी.आई. ने उन पर आरोप लगाया। नवंबर 2009 में इटली में दो पाकिस्तानियों को साजो-सामान और वित्तीय सहायता उपलब्ध कराने के लिए गिरफ्तार किया गया। दिसंबर 2009 में एफ.बी.आई. ने पाकिस्तानी सेना के पूर्व मेजर अब्दुर रहमान हाशिम सैयद पर हेडली के साथ मिलकर इस हमले की योजना बनाने का आरोप लगाया। हेडली ने खुद को दोषी माना और खुलासा किया कि इन हमलों में आई.एस.आई. का हाथ था। जून 2012 में दिल्ली पुलिस ने अबू हमजा (उर्फ अबू जुंदाल) को गिरफ्तार किया, जो आतंकवादियों का मुख्य हैंडलर था और जिसे भारत के अनुरोध पर सऊदी अरब ने डिपोर्ट किया था। गृह मंत्री चिदंबरम ने कहा कि हमजा पाकिस्तान स्थित कंट्रोल रूम में मौजूद था। हमजा ने खुलासा किया कि लश्कर का वरिष्ठ सदस्य और पाकिस्तानी सेना का एक मेजर फर्जी नामों से दिल्ली व मुंबई में निशानों का सर्वे करने भारत आए थे। हेडली के कई बार मुंबई आने की चर्चा *'यू.पी.ए. टेरर ऑर हिंदू टेरर?'* में की गई है, जिसमें 26/11 में यू.पी.ए. के वरिष्ठ मंत्रियों के शामिल होने की आशंका को लेकर भी चर्चा है।

भारतीय वायुसेना ने पी.ओ.के. स्थित आतंकवादी शिविरों पर एयरस्ट्राइक का सुझाव दिया *(जैसे फरवरी 2019 में मोदी ने आदेश दिया था)*, लेकिन एम.एम.एस. की सरकार ने उसे खारिज कर दिया। आखिर, कोई सैन्य काररवाई क्यों नहीं की गई? क्या इसकी वजह यह थी कि लोकसभा चुनाव आने वाले थे और पार्टी को अल्पसंख्यकों के वोट बैंक से हाथ धो बैठने का डर था, जिसके समर्थन के बिना वह सरकार में वापस नहीं आ सकती थी? *कांग्रेस के लोगों को इस पर मेरा लोकप्रिय काल्पनिक उपन्यास 'Pok : भारत में वापस' पढ़ना चाहिए कि आतंकी हमलों की स्थिति में पाकिस्तान पर कैसे पलटवार करें।*

हाँ, यह जरूर हुआ कि एम.एम.एस. सरकार ने यू.ए.पी.ए. के साथ आतंक-विरोधी कानूनों को ताकतवर बनाया और एन.आई.ए. का गठन किया गया।

एम.एम.एस. ने ऐलान किया कि एन.आई.ए. का गठन अमेरिका की एफ.बी.आई. की तर्ज पर किया जाएगा। लेकिन हास्यास्पद यह है कि एन.आई.ए. का वार्षिक बजट 2014 में 1.6 करोड़ डॉलर था (जिसे मोदी ने वर्ष 2020-21 में पर्याप्त रूप से बढ़ाकर 16.7 करोड़ डॉलर कर दिया), जबकि एफ.बी.आई. का 9.6 अरब डॉलर। भारत और अमेरिका के बीच पी.पी.पी. को देखते हुए और यह भी कि आतंकवाद से निपटना एफ.बी.आई. की अनेक जिम्मेदारियों में से एक जिम्मेदारी है, एन.आई.ए. का बजट कम-से-कम 65.6 करोड डॉलर का होना चाहिए।

और फिर, महज 650 लोगों के साथ एन.आई.ए. पाकिस्तान की आई.एस.आई. से कैसे निपट सकती है, जिसके पास 9,000 से ज्यादा लोग हैं और 50 करोड़ डॉलर से ज्यादा का बजट है। यही नहीं, जैश, लश्कर, जे.के.एल.एफ., हिजबुल मुजाहिदीन एवं इंडियन मुजाहिदीन समेत कई अन्य भी साथ हैं और इतना बजट है, जिसके बारे में हम और आप सिर्फ कयास लगा सकते हैं!

यू.पी.ए. के कार्यकाल में आतंकवादी घटनाओं के कारण 1,500 से अधिक लोगों की मौत हुई और 4,100 से अधिक लोग घायल हुए।

जुलाई 2009 में एम.एम.एस. की मुलाकात पाकिस्तान के प्रधानमंत्री यूसुफ रजा गिलानी से मिस्र के पर्यटन स्थल शर्म अल-शेख में गुटनिरपेक्ष आंदोलन के नेताओं की बैठक से हटकर हुई। साझा बयान में कहा गया—

"पी.एम. गिलानी ने कहा कि पाकिस्तान को बलूचिस्तान और दूसरे इलाकों में (आतंकी) खतरों से जुड़ी जानकारी मिली है। दोनों प्रधानमंत्रियों ने माना कि बातचीत से ही आगे बढ़ा जा सकता है। आतंकवाद पर काररवाई को समग्र वार्त्ता प्रक्रिया से नहीं जोड़ा जाना चाहिए और इन्हें एक साथ नहीं रखना चाहिए। प्रधानमंत्री मनमोहन सिंह ने कहा कि भारत पाकिस्तान के साथ सभी मसलों पर बात करने के लिए तैयार है, जिनमें सभी पुराने मसले शामिल हैं… (और) एक स्थिर, लोकतांत्रिक, पाकिस्तानी इसलामी गणराज्य में भारत की दिलचस्पी को फिर से दोहराया।"

इस्लामाबाद लौटते ही गिलानी ने पहला काम किया कि उन्होंने भारत पर बलूचिस्तान में दखल देने का आरोप लगाया। पाकिस्तान बरसों से आरोप लगाता आ रहा था कि भारत उसके अशांत प्रांत में उपद्रव को भड़का रहा है और इसके लिए अफगानिस्तान में भारत के वाणिज्य दूतावासों का इस्तेमाल किया जा रहा है। इस साझा बयान से गिलानी के आरोपों को आधार मिल गया। निहायत बेवकूफी भरे

इस कदम से एम.एम.एस. ने बलूचिस्तान की समस्या को इस्लामाबाद की करनी से पैदा हुए जख्म से बदलकर ऐसा बना दिया कि वह भारत के कथित दखल के कारण पैदा हुआ है। उन्होंने इस मुद्दे पर अंतरराष्ट्रीय समुदाय का भी ध्यान आकर्षित किया।

चीनी पी.एल.ए. ने वर्ष 2010 से 2013 के बीच भारतीय सीमा पर लगभग 600 बार घुसपैठ की, जिनमें 15 अप्रैल, 2013 की घुसपैठ शामिल थी, जो भारतीय सीमा के 19 कि.मी. अंदर तक की गई थी।

चीन ने यू.पी.ए.-2 के कार्यकाल के दौरान पूर्वी लद्दाख में 640 से 750 वर्ग कि.मी. के भारतीय इलाके पर कब्जा जमा लिया (*और राहुल गांधी दिन-रात ट्वीट कर कहते हैं कि मोदी ने चीन के हाथों जमीन गँवा दी, जो बिल्कुल निराधार आरोप है*)। 2013 में पूर्व विदेश सचिव श्याम शरण, जो उस समय राष्ट्रीय सुरक्षा सलाहकार बोर्ड के अध्यक्ष थे, ने उस इलाके का दौरा करने के बाद सरकार को बताया कि पी.एल.ए. की एक पेट्रोल पार्टी ने भारत के 640 वर्ग कि.मी. के इलाके पर कब्जा जमा लिया था; लेकिन यू.पी.ए.-2 सरकार ने इस बात को देश से छिपाया।

भारत के शीर्ष रणनीतिक विचारकों में से एक डॉ. ब्रह्मा चेलानी ने '*द जापान टाइम्स*' में 11 मई, 2013 को लिखा—

"15 अप्रैल की रात पी.एल.ए. की एक प्लाटून ने चोरी-छिपे चीन-भारत-पाकिस्तान के त्रिकोणीय स्थल से घुसपैठ की और भारतीय सीमा के 19 कि.मी. अंदर कैंप बना लिया और भारत की सरकार को सामरिक रूप से बेहद अहम 750 वर्ग कि.मी. के ऊँचे पठार (देपसांग) का नुकसान पहुँचाया… भारत के जख्मों को कुरेदते हुए देश के गोलमाली करनेवाले विदेश मंत्री सलमान खुर्शीद शुरुआत में पिछले पच्चीस वर्षों से भी अधिक समय में चीन की अब तक की सबसे अंदर तक की घुसपैठ को हलके में लेते रहे। बातूनी मंत्री ने इस घुसपैठ को द्विपक्षीय संबंध के 'खूबसूरत चेहरे' पर बस मुँहासे का 'एक हलका सा निशान' बताया—एक छोटा सा दाग, जिसे 'एक मलहम' से ठीक किया जा सकता है।"

अपने मई 2013 के चीन दौरे में खुर्शीद ने कहा था कि उन्हें "बीजिंग में बस जाने की खुशी होगी।" 12 मई, 2013 को '*द टाइम्स ऑफ इंडिया*' ने लिखा—"खुर्शीद के दौरे ने ऐसी गुलाबी रंगत ओढ़ ली कि यह यकीन करना मुश्किल हो गया है कि भारत और चीन एक हफ्ते पहले सीमा पर लड़ने के कगार पर थे।"

एन.ए.सी. ने तीन प्रमुख कानून (अन्य दो थे आर.टी.आई. और नरेगा) प्रस्तावित किए, जिनमें से एक था—शिक्षा का अधिकार (आर.टी.ई.) 2009, जिसमें आठवीं कक्षा तक बच्चों को प्रमोट करने का प्रस्ताव है, चाहे उनकी मौलिक साक्षरता या गणित की परीक्षा में उनका प्रदर्शन कैसा भी रहा हो। आर.टी.आई. अनिवार्य रूप से यह भी प्रावधान करता है कि गैर-सरकारी स्वामित्व/सहायता और अल्पसंख्यकों के स्कूल अपनी 25% सीट आर्थिक रूप से कमजोर वर्ग और दूसरे वंचित समूहों के बच्चों के लिए मुफ्त में अलॉट करें। अगर कोई स्कूल इसका पालन नहीं करता तो उसे बंद किया जा सकता है या राज्य सरकार उसे अपने अधीन ले सकती है। *कल्पना कीजिए कि आपके पास चार अपार्टमेंट हैं, जिन्हें किराए पर चढ़ाने से आपको आमदनी होती है। यदि सरकार 'आवास के अधिकार का अधिनियम' लेकर आ जाए और कहे कि आप अपने एक अपार्टमेंट को किसी गरीब परिवार को बिना कोई किराया रहने के लिए दे दो, तो आपके पास बाकी के तीन का किराया बढ़ाने के सिवाय कोई विकल्प नहीं रह जाएगा; क्योंकि आप 'मुफ्त किराया' वाले अपार्टमेंट का नुकसान सभी पर बाँट देंगे।* इस कारण, आर.टी.ई. हिंदुओं की ओर से चलाए जानेवाले शैक्षणिक संस्थानों के खर्च को बढ़ाती है, उनकी स्वायत्तता को नष्ट करती है और उन्हें स्पर्धा से बाहर कर देती है।

मनमोहन सिंह हुर्रियत नेताओं समेत कश्मीरी अलगाववादियों के साथ किसी समझौते पर नहीं पहुँच सके।

उन्होंने अपने दस साल के कार्यकाल में नेपाल (दुनिया का एकमात्र हिंदू राष्ट्र, जिसकी सीमा भारत के साथ खुली है) का दौरा एक बार भी नहीं किया। *मोदी ने अपने पहले पाँच वर्षों में चार बार नेपाल का दौरा किया।*

एम.एम.एस. ने एक बार भी श्रीलंका का द्विपक्षीय दौरा नहीं किया। सिर्फ एक बार अगस्त 2008 में वह सार्क (SAARC) सम्मेलन में हिस्सा लेने के लिए वहाँ गए थे। *मोदी ने दो बार राजकीय यात्रा की और एक बार बुद्ध पूर्णिमा के अवसर पर गए, जिसे वहाँ 'वेसाक' कहा जाता है।*

वर्ष 2004 में चीन की पी.सी.जी.डी.पी. भारत के मुकाबले 2.357 थी। 2014 तक यह दोगुनी तक बढ़ी और 4.864 हो गई।

2004 में चीन से भारत का आयात भारत के निर्यात की तुलना में 1.476 गुना था। 2014 में यह अंतर बढ़कर 4.336 गुना हो गया।

अंतरराष्ट्रीय आर्थिक आदान-प्रदान के चीनी केंद्र ने अप्रैल 2009 में ही एक

एशियन इन्फ्रास्ट्रक्चर इन्वेस्टमेंट बैंक (ए.आई.आई.बी.) स्थापित करने का प्रस्ताव रखा था, ताकि विकसित देशों में निवेश की जा रही कुछ पूँजी को भारत-प्रशांत क्षेत्र में दीर्घकालिक संरचनात्मक परियोजनाओं में लगाया जा सके। लेकिन ए.आई.आई.बी. की स्थापना दिसंबर 2015 में मोदी के प्रधानमंत्री बनने के बाद हुई। आज ए.आई.आई.बी. को वर्ल्ड बैंक और आई.एम.एफ. के एक मजबूत प्रतिद्वंद्वी के रूप में देखा जा रहा है। इसके 26% से अधिक शेयर चीन के पास हैं और भारत 7.5% से अधिक शेयर के साथ दूसरा सबसे बड़ा शेयरहोल्डर है।

सन् 2006 में एम.एम.एस. सरकार ने संयुक्त राष्ट्र संघ के महासचिव पद के चुनाव के लिए संयुक्त राष्ट्र के पूर्व अधिकारी डॉ. शशि थरूर का नाम सामने रख दिया; जबकि पाँच स्थायी सदस्यों (पी 5) में से तीन ने संकेत दे दिया था कि वे दक्षिण कोरिया के पूर्व विदेश मंत्री बान की मून का समर्थन करेंगे और दो ने कोई स्पष्ट संकेत नहीं दिए थे। भारत सरकार ने विदेश मंत्रालय के अधिकारियों और थरूर को दुनिया के तमाम देशों में भेजने पर बेहिसाब पैसा बहाया; जबकि वे अच्छी तरह जानते थे कि उन्हें कामयाबी नहीं मिलेगी। अमेरिका ने थरूर के नाम पर वीटो लगा दिया और बान की मून चुन लिये गए। मई 2009 में थरूर को विदेश मंत्रालय में राज्यमंत्री बनाया गया; लेकिन 11 महीने से भी कम समय में उन्हें इस्तीफा देना पड़ा। उन पर आरोप था कि उन्होंने एक आई.पी.एल. क्रिकेट फ्रेंचाइजी को शेयर दिलाने में अपने पद का दुरुपयोग किया है।

भारत का चालू खाता घाटा वर्ष 2011-12 और 2012-13 में 4.2% एवं 4.8% के साथ अपने निम्नतम स्तरों पर पहुँच गया।

विदेशी मुद्रा भंडार जी.डी.पी. के 20.2% से गिरकर 16.4% पर चला आया। वर्ष 2007 के बाद से ही चीन ने अपनी जी.डी.पी. का 30% विदेशी मुद्रा भंडार के रूप में बना रखा है।

जुलाई-अगस्त 2013 में जब विदेशी मुद्रा के देश से बाहर जाने में तेजी से इजाफा हुआ तो रुपया 7% से भी अधिक गिर गया।

सब्सिडी, नरेगा और किसान ऋण माफी समेत भारत सरकार के असाधारण खर्चों के कारण वर्ष 2009 में *राजकोषीय उत्तरदायित्व और बजट प्रबंधन अधिनियम* को टालना पड़ा। प्रधानमंत्री के रूप में डॉ. सिंह राजकोषीय गैर-जिम्मेदारी की सरकार चला रहे थे। सरकार इस तरह पैसे खर्च कर रही थी, जैसे वे पेड़ पर उगते हों।

महँगाई दर, जो वाजपेयी के पिछले पाँच वर्षों में औसत रूप से 2.46%

थी, वह म.एम.एस. के दस वर्षों में बढ़कर औसत रूप से 8.35% पर पहुँच गई। यू.पी.ए.-2 के दौरान 10.26% थी।

अपने पूर्ववर्तियों के समान ही एम.एम.एस. ने कृषि क्षेत्र से जुड़ा कोई भी सुधार या श्रम सुधार नहीं किया।

कृषि भूमि का अधिग्रहण गैर-कृषि कार्यों के लिए करना, जिनमें उद्योग, अस्पताल या शैक्षणिक संस्थान खोलना शामिल था, काफी कठिन था और उस पर *सन् 1894 का भूमि अधिग्रहण अधिनियम* लागू था। यू.पी.ए.-2 सरकार के *भूमि अधिग्रहण, पुनर्वास और पुनर्स्थापन अधिनियम, 2013* ने औद्योगिक या अन्य उद्देश्यों से जमीन की खरीदारी को पहले से भी अधिक कठिन बना दिया।

लेफ्ट फ्रंट ने जब जुलाई 2008 में '123 समझौते' पर असहमति के कारण समर्थन वापस लिया था, तब एम.एम.एस. इस मौके का फायदा अनेक आर्थिक सुधारों में तेजी लाने के लिए कर सकते थे। इसकी बजाय उन्होंने लुभावनी नीतियों को जारी रखा, ताकि 2009 में कांग्रेस फिर से सत्ता में वापसी कर सके।

अन्ना हजारे के नेतृत्व में जब 'इंडिया अगेंस्ट करप्शन' आंदोलन को मीडिया और जनता का जबरदस्त समर्थन मिल रहा था, तब उसे शांत करने के लिए तुरंत कदम न उठाकर उन्होंने राजनीतिक खुदकुशी कर ली।

अनेक घोटालों के कारण सन् 2010 के बाद सरकार के तमाम स्तरों पर, यहाँ तक कि हथियारों की खरीद जैसे बड़े मुद्दों पर, निर्णय लेने का काम ठप पड़ गया।

एम.एम.एस. भले ही पहले प्रधानमंत्री नहीं थे, जो राज्यसभा के सदस्य थे, लेकिन प्रधानमंत्री बनने के बाद लोकसभा चुनाव न लड़नेवाले वह पहले प्रधानमंत्री बने। उन्हें यह एक बड़ा जोखिम लगता था, क्योंकि वह 1999 में लड़े गए एकमात्र लोकसभा चुनाव में हार गए थे।

संयुक्त मोर्चा सरकार (जून 1996-मार्च 1998) में जयपाल रेड्डी प्रवक्ता थे। वाजपेयी सरकार ने रक्षा मंत्री जॉर्ज फर्नांडिस को प्रवक्ता बनाया था। लेकिन न तो यू.पी.ए.-1 का और न ही यू.पी.ए.-2 का कोई प्रवक्ता था।

यू.पी.ए.-1 के दौरान मीडिया में डॉ. सिंह की छवि ऐसी थी कि वह मैडम को इस्तीफा सौंप सकते हैं। यू.पी.ए.-2 में उन्हें अपमान सहकर भी सत्ता से चिपके रहने के रूप में देखा गया। यू.पी.ए.-1 के दौरान वह अपने लिए नीति बनाने और उनकी रक्षा करने के कुछ अधिकार चाहते नजर आए। यू.पी.ए.-2 के दौरान उन्होंने मैडम और सहयोगियों के आगे समर्पण कर दिया। मतदाताओं ने जब यू.पी.ए. पर भरोसा

जताकर उसे दोबारा सत्ता सौंपी, तब वह उनके भरोसे पर खरा उतरने में विफल रहे।

भारत के पूर्व राष्ट्रपति और जनवरी 1980 में इंदिरा गांधी के दूसरे कार्यकाल के बाद से ही सबसे वरिष्ठ कांग्रेस नेताओं में से एक प्रणव मुखर्जी ने अपने संस्मरण '*द प्रेसिडेंशियल ईयर्स*' में लिखा—

"…मुझे लगता है कि राष्ट्रपति पद पर मेरी प्रोन्नति के बाद पार्टी का नेतृत्व भटक गया। सोनिया गांधी जहाँ पार्टी के मसले नहीं सुलझा सकीं, वहीं डॉ. सिंह की (संसद् से) लंबी गैर-हाजिरी के कारण दूसरे सांसदों से उनका व्यक्तिगत संपर्क समाप्त हो गया… मेरा मानना है कि शासन चलाने की नैतिक सत्ता पी.एम. के पास होती है। पी.एम. की कार्य-प्रणाली और उनके प्रशासन की झलक देश के संपूर्ण हालात में दिखती है।…डॉ. सिंह गठबंधन को बनाए रखने में व्यस्त थे, जिसका शासन पर बुरा असर पड़ा।…"

3 जनवरी, 2014 को एक प्रेस कॉन्फ्रेंस को संबोधित करते हुए एम.एम. एस. ने कहा था, "यदि यू.पी.ए. सत्ता में वापसी करती है तो मैं प्रधानमंत्री पद का उम्मीदवार नहीं बनूँगा। इसके उम्मीदवार के रूप में नामित किए जाने के लिए राहुल गांधी असाधारण रूप से उपयुक्त हैं।"

कई लोगों को हैरानी/निराशा हुई कि उन्होंने वंशवादी उत्तराधिकार को मान्यता दी। राहुल सिर्फ एक मायने में 'असाधारण रूप से उपयुक्त' थे कि वह अपने माता-पिता के इकलौते पुत्र थे। प्रधानमंत्री के पद का हकदार होने के लिए उन्होंने हासिल ही क्या किया है!

इस निष्कर्ष पर कि डॉ. सिंह का कार्यकाल (कम-से-कम दूसरा कार्यकाल) एक तबाही था, इस तथ्य पर पहुँचा जा सकता है कि वर्ष 2009 में जहाँ कांग्रेस के पास लोकसभा की 206 सीटें थीं, वहीं 2014 में यह आँकड़ा गिरकर 44 पर आ गया।

रेटिंग : 4.0/10

□

नरेंद्र दामोदरदास मोदी

ईमानदार और सच्चा योद्धा

(26 मई, 2014 से अब तक)

मोदी के प्रधानमंत्री बनने से पहले, वर्ष 2002 के गोधरा दंगों में उनकी कथित भूमिका के कारण, उन पर 'गुजरात का कसाई' या 'मौत का सौदागर' जैसे लांछन लगाए जा चुके थे। हालाँकि, इस पर भी गौर करना चाहिए कि वर्ष 1961 से 1971 के बीच, जब गुजरात में कांग्रेस की सरकारें थीं, तब शहरी क्षेत्रों में सांप्रदायिक हिंसा की 685 और ग्रामीण क्षेत्रों में 114 घटनाएँ हुईं। सितंबर-अक्तूबर 1969 के दंगों में 512 लोग (कम-से-कम 430 मुसलिम समेत) और 1985 के दंगों में 275 के करीब लोग मारे गए, जब राज्य में कांग्रेस के मुख्यमंत्री थे। इसके अलावा, न केवल सुप्रीम कोर्ट की ओर से गठित विशेष जाँच टीम (एस.आई.टी.) ने मोदी को पूरी तरह दोष-मुक्त किया, बल्कि उसकी क्लोजर रिपोर्ट में लिखा था कि "मोदी हालात पर काबू पाने के कदम उठाने, दंगा-पीड़ितों के लिए राहत शिविर खोलने और शांति तथा सामान्य स्थिति बहाल करने के प्रयासों में भी व्यस्त थे।" इसने 'इकोसिस्टम' की झूठी कहानियों को सिरे से खारिज कर दिया।

मोदी ने जब प्रधानमंत्री पद की जिम्मेदारी सँभाली, तब भारतीय अर्थव्यवस्था मुश्किल दौर में थी। उन्हें विरासत में सरकारी बैंक मिले, जो डूबे कर्ज के बोझ तले दबे थे और बिजली कंपनियाँ उस भयंकर कर्ज में डूबती चली जा रही थीं, जिसे वे चुकाने की स्थिति में नहीं थीं। मुद्रास्फीति एवं राजकोषीय घाटा चरम पर था और रुपया गिरता जा रहा था।

सफलताएँ

मोदी ने अपने नेतृत्व में बी.जे.पी. और एन.डी.ए. को वर्ष 2014 के लोकसभा

चुनाव में सबसे बड़ी जीत दिलाई, जो 1984 में 'सहानुभूति वोट' पानेवाले राजीव गांधी के बाद किसी भी पार्टी या गठबंधन को मिली थी। इसके बाद 2019 में उन्होंने बी.जे.पी. और एन.डी.ए. को उससे भी बड़ी जीत दिलाई, जब उन्होंने साबित कर दिया था कि वह जो कहते हैं, उसे पूरा करते हैं।

उनकी सबसे बड़ी सफलता राष्ट्रीय सुरक्षा के मुद्दे पर रही है, जिसकी चर्चा मैंने *'मोदी कैसे कर रहे भारत की रक्षा'* अध्याय में की है।

मोदी की दूसरी सबसे बड़ी सफलता भ्रष्टाचार के मोरचे पर रही है। कांग्रेस शासन के दौरान अनेक घोटालों के बाद मोदी सरकार के खिलाफ 80 महीनों में भ्रष्टाचार का सिर्फ एक आरोप था। यह फ्रांस के साथ 36 राफेल जेट खरीदने को लेकर दोनों सरकारों के बीच का सौदा था। सुप्रीम कोर्ट ने फैसला सुनाया कि इस सौदे में कोई गड़बड़ी नहीं हुई है। राफेल के सौदे के विभिन्न पहलुओं पर मैंने अपनी पुस्तक *'एवरीथिंग यू वांटेड टू नो अबाउट राफेल बट यू डिंट नो हाऊ टू फाइंड आउट'* में विस्तार से चर्चा की है।

'कोलगेट' घोटाला यू.पी.ए. की ओर से भारत के कोयला भंडारों के आवंटन से जुड़ा एक बड़ा घोटाला था। मोदी 1.0 सरकार ने कोयले की नई नीलामियों को बिना किसी विवाद के बड़ी आसानी से पूरा कर लिया।

आयकर के आकलन को इलेक्ट्रॉनिक कर दिए जाने से आयकर विभाग में व्याप्त भ्रष्टाचार को कम करने में दूरगामी सफलता मिलेगी।

उनकी तीसरी और चौथी सबसे बड़ी सफलता, जो जरूरी नहीं कि इसी क्रम में रखी जाए, वह उनकी विभिन्न योजनाएँ हैं, जिनमें से अधिकांश गरीबों एवं ग्रामीण लोगों के लिए हैं तथा बुनियादी ढाँचे का अभूतपूर्व विकास और इन दोनों पर पहले के अध्यायों में चर्चा की जा चुकी है।

पाँचवें स्थान पर आते हैं कृषि क्षेत्र के सुधार।

मोदी की आर्थिक सफलताओं की चर्चा *'मोदी 1.0 की सबसे बड़ी कामयाबियाँ'* अध्याय में की गई है। निर्यात और औद्योगिक विकास में गिरावट के बावजूद दूसरी उपलब्धियाँ दिखाती हैं कि 'अशिक्षित' मोदी ने अर्थव्यवस्था को 'आर्थिक ज्ञान में निपुण' (तीन-तीन डिग्रियाँ) मनमोहन सिंह से कहीं बेहतर ढंग से सँभाला है।

श्रम-सुधार भारत को विदेशी और घरेलू निवेशकों के लिए निर्माण का एक अधिक आकर्षक स्थल बनाने में दूरगामी प्रभाव दिखाएँगे।

जल्द आनेवाले ऊर्जा क्षेत्र के सुधार पी.एस.ई. वितरण कंपनियों को आर्थिक रूप से सफल बनाएँगे। वे राज्य की ओर से नवीकरणीय ऊर्जा की खरीदारी के

दायित्वों को ऊँचे जुर्माने के साथ विभिन्न वर्गों को अलग-अलग सब्सिडी देने में धीरे-धीरे कमी और उद्योगों को सस्ती ऊर्जा पैदा करने की खुली छूट देने के साथ लागू करेंगे।

मैंने मोदी के 'मेक इन इंडिया कार्यक्रम' की तुलनात्मक सफलताओं का जिक्र पहले ही कर दिया है।

अक्तूबर 2020 की सिटीबैंक की रिपोर्ट के अनुसार, मोदी के 'आत्मनिर्भर भारत' कार्यक्रम से विदेशी व्यापार से भारत की वृद्धिशील आय 160 अरब डॉलर (11 लाख करोड़) तक बढ़ जाएगी। यह उद्योगों में आत्मनिर्भरता को लक्ष्य करता है, जो अब तक महत्त्वपूर्ण आपूर्तियों के लिए चीन पर आश्रित थे। सिटीबैंक कहता है कि भारत का वैश्विक निर्यात वर्ष 2025 तक 3.4% और 2030 तक 6% तक ऊपर जा सकता है, जो 2019 में 2.2% था।

मार्च से नवंबर 2020 के बीच, 'मेक इन इंडिया' और 'आत्मनिर्भर भारत' के अंतर्गत, भारत सरकार ने उत्पादन संबंधी 1.97 लाख करोड़ रुपए के प्रोत्साहन की घोषणा की, ताकि वस्त्र, ऑटोमोबाइल और ऑटो के पुरजों, थोक दवाइयों, मोबाइल, एडवांस्ड बैटरी, टेलीकॉम, नेटवर्किंग तथा अन्य इलेक्ट्रॉनिक/तकनीकी उत्पादों, उच्च क्षमतावाले सोलर पी.वी. मॉड्यूल, विशेष इस्पात, बिजली के बड़े उपकरणों और खाद्य उत्पादों के उत्पादन में तेजी आए। कई क्षेत्रों में भारत सरकार ने आयातों पर लगाम लगाने के लिए सीमा शुल्क बढ़ा दिया।

नई नेचुरल गैस पॉलिसी गैस फील्ड को मार्केटिंग की आजादी देती है, जिन्हें कीमत तय करने की आजादी पहले ही मिल चुकी है और यह नीति उत्पादक के किसी सहयोगी को नीलामी में गैस की बोली लगाने की इजाजत देती है। इससे गैस की मार्केटिंग में स्पर्धा होगी और उसे बढ़ावा मिलेगा।

बेशक, मोदी कमाल के कूटनीतिज्ञ हैं। उनके नेतृत्व में दुनिया के अधिकांश देशों के साथ संबंध बेहतर हुए हैं। अमेरिका, जापान, जर्मनी, रूस, फ्रांस और यू.के. को लुभाने के उनके प्रयासों को उन देशों में सकारात्मक रूप से देखा गया है।

उन्होंने हमारे सभी पड़ोसियों पर विशेष ध्यान दिया। उनके आमंत्रण पर उनके पहले शपथ-ग्रहण में अफगानिस्तान, भूटान, मालदीव, मॉरीशस, नेपाल, श्रीलंका के साथ ही पाकिस्तान के राष्ट्र प्रमुख शामिल हुए थे। बँगलादेश ने अपनी संसद् के स्पीकर को भेजा था। सेवानिवृत्त आई.ए.एस. अधिकारी और 28 मई, 2014 से 30 अगस्त, 2019 तक प्रधानमंत्री के प्रधान सचिव रहे नृपेंद्र मिश्रा ने *'द टाइम्स ऑफ इंडिया'* में लिखा—

"(विदेश मंत्रालय के) ऐसे दिग्गज, जो उन्हें विदेश मामलों में नौसिखिया मानते थे, मोदी ने तब कमाल कर दिया, जब उन्होंने पड़ोसी देशों को संदेश भेजा कि वे उनसे बेहतर रिश्ते चाहते हैं। बिल्कुल स्पष्ट संदेश भेजा गया···यह कि वह फाइलों में पड़ी बुद्धिमानी की बातों के जाल में कैद नहीं रहना चाहते हैं··· बीते 70 साल का बोझ ढोना उन्हें मंजूर नहीं था और उनकी विदेश नीति के प्रयास (जो) बस, संप्रभुता से समझौता किए बिना शांति हासिल करना चाहते थे, उनमें कोई ढोंग नहीं होगा और 130 करोड़ भारतीयों की बेहतरी के विकास की प्रतिबद्धता के साथ आगे बढ़ेगा। यह अतीत की हिचक को पीछे छोड़कर इजराइल और ताइवान के प्रति सकारात्मक रुख दिखाने के रूप में सामने आया।"

दिसंबर 2019 से पहले तक के 67 महीनों में उन्होंने छह बार अमेरिका का; पाँच-पाँच बार चीन, रूस एवं फ्रांस का और चार-चार बार जापान, जर्मनी, सिंगापुर व नेपाल का तथा तीन-तीन बार यू.ए.ई. एवं श्रीलंका का दौरा किया। उन्होंने 108 विदेशी दौरे किए, जिसका औसत हर महीने 1.6 दौरा होता है। वह लंबी दूरी के अपने दौरे की योजना अच्छी तरह बनाते हैं, जैसे कि अमेरिका जाने और लौटने के बीच यूरोप में रुकना। अगर कोविड-19 नहीं होता तो दिसंबर 2019 से जनवरी 2021 के बीच उनके कम-से-कम 20 और दौरे हो चुके होते।

पाकिस्तान को जवाब देने के साथ ही भारत की ऊर्जा सुरक्षा (क्योंकि वे भारत के तेल आयात के स्रोत हैं) को बढ़ाने के लिए मोदी ने अरब देशों, विशेष रूप से सऊदी अरब और यू.ए.ई., के साथ संबंधों को मजबूत किया है।

वह पहले भारतीय प्रधानमंत्री थे, जिन्होंने 17 वर्षों में नेपाल का दौरा किया, 28 वर्षों में ऑस्ट्रेलिया एवं श्रीलंका का और 33 वर्षों में फिजी व सेशेल्स गए। जुलाई 2017 में वह इजराइल का दौरा करनेवाले पहले प्रधानमंत्री बने। *हालाँकि, किसी प्रधानमंत्री का इतने सारे विदेश दौरे पर जाने का एक नकारात्मक पहलू यह होता है कि जरूरी घरेलू काम को समय कम मिलता है। अगर मोदी ने अपने पहले कार्यकाल में सुषमा स्वराज के स्थान पर डॉ. एस. जयशंकर (मौजूदा विदेश मंत्री) जैसे एक्सपर्ट को नियुक्त किया होता तो कई दौरे पर उस मंत्री को ही भेजा जा सकता था।*

सन् 2015 के गणतंत्र दिवस (मोदी का पहला) पर बराक ओबामा देश के इतिहास में इस समारोह के मुख्य अतिथि बननेवाले पहले अमेरिकी राष्ट्रपति बने। 2017 में क्राउन प्रिंस मोहम्मद बिन जायेद अल नाह्यान ऐसा करनेवाले यू.ए.ई. के पहले नेता बने और 2018 में आसियान (ASEAN) देशों के सभी 10 प्रमुख

मुख्य अतिथि बने, जो अपने आप में पहली बार हुआ।

25 दिसंबर, 2015 को, सद्भावना के तहत, पाकिस्तान के प्रधानमंत्री नवाज शरीफ के जन्मदिन पर उन्होंने नई दिल्ली से काबुल के रास्ते में अचानक लाहौर उतरने का फैसला किया। यह ग्यारह वर्षों में किसी भी भारतीय प्रधानमंत्री का पाकिस्तान दौरा था। हालाँकि, सद्भावना की यह कोशिश विफल रही, जैसा कि पिछले कई प्रधानमंत्रियों के कार्यकाल में हुई थी, जब 2 जनवरी, 2016 को मोदी के दौरे के एक हफ्ते के भीतर पठानकोट वायु सेना बेस पर आतंकी हमला हो गया था।

मोदी चाहे जिस देश में जाएँ, लगभग हर जगह वह भारतीय मूल के लोगों से मुलाकात करना नहीं भूलते और यह उनके विदेश दौरों की एक पहचान बन गया है। इससे प्रवासी भारतीय भारत एवं भारत की सरकार का और अधिक विश्वास व सम्मान करते हैं तथा भारत में अधिक निवेश करते हैं। भारत में विदेश से आने वाला धन वर्ष 2019 में 83.33 अरब डॉलर (5.87 लाख करोड़ रुपए) के साथ अपनी बुलंदी पर पहुँच गया।

सितंबर 2018 में अमेरिका की सिलिकॉन वैली में अपने दौरे के बीच मोदी फेसबुक, गूगल और टेस्ला के मुख्यालयों में गए। अतीत में किसी भी प्रधानमंत्री ने ऐसा नहीं किया था। फेसबुक में मार्क जुकरबर्ग के साथ उन्होंने 'टाउन हॉल' आयोजन में हिस्सा लिया था, जिसे टेलीविजन पर प्रसारित किया गया था। उसी दौरे में मोदी ने एपल और माइक्रोसॉफ्ट के सी.ई.ओ. से भी निजी मुलाकात की थी। इसका परिणाम फेसबुक और गूगल की ओर से भारत में कई मिलियन डॉलर के निवेश के रूप में सामने आया और जल्दी ही हम अपने यहाँ टेस्ला की मशहूर इलेक्ट्रिक कार भी देखेंगे।

5 मई, 2020 को भारत और चीन के बीच सीमा पर एक विवाद की शुरुआत हो गई। भारतीय सेना और आई.टी.बी.पी. के जवानों की चीन की पी.एल.ए. (पीपुल्स लिबरेशन आर्मी) के सैनिकों के साथ एल.ए.सी. पर अलग-अलग जगहों पर झड़पें हुईं। चीन ने कई जगहों पर भारत की जमीन पर कब्जा जमाने के प्रयास किए थे। भारत ने कहा कि 15 जून की रात गलवान घाटी में हुई निहत्थी लड़ाई में 19 भारतीय जवान और 1 कर्नल शहीद हुए, वहीं 1 अफसर समेत 42 चीनी सैनिक भी मारे गए। अमेरिकी पत्रिका *'यू.एस. न्यूज एंड वर्ल्ड रिपोर्ट'* ने अमेरिकी खुफिया एजेंसियों का हवाला देते हुए कहा कि एक वरिष्ठ अधिकारी समेत 35 चीनी सैनिक मारे गए हैं। आप चाहे किसी भी खबर पर यकीन करें, लेकिन एक बात साफ है कि भारत का पलड़ा भारी था। कई सरकारी ठेके, जो पहले चीनी कंपनियों को दिए गए

थे, रद्द कर दिए गए। इस तरह के कदम आगे भी जारी रहने की उम्मीद है। भारत सरकार ने ऐसे कई कदम उठाए हैं, जिनसे चीनी सामानों का भारत में आयात बेहद मुश्किल हो जाएगा। भारत ने 267 चीनी एप्स को भी बैन कर दिया।

मोदी के 'अंतरराष्ट्रीय योग दिवस' की पहल से दुनिया में भारत की छवि एक शांतिप्रिय देश के रूप में बनाने में मदद मिली है, जो शारीरिक व मानसिक स्वास्थ्य को बेहतर बनाता है और यह बात बरसों से आजमाई गई है।

भारत जर्मनी के साथ सहयोग कर रहा है, ताकि हाई स्कूल स्तर पर व्यावसायिक प्रशिक्षण (कौशल विकास) दिया जा सके, जो रोजगार के योग्य कार्यबल तैयार करने के लिए काफी महत्त्वपूर्ण है।

भले ही इसमें 8 से 10 वर्ष लगेंगे, लेकिन नई शिक्षा नीति स्कूल/कॉलेज के छात्रों को रटकर सीखने (परीक्षा के लिए याद करना) के बजाय अवधारणात्मक शिक्षा की दिशा में ले जाने में महत्त्वपूर्ण भूमिका निभाएगी। वस्तुनिष्ठ सोच, जिज्ञासा, खोज, चर्चा और विश्लेषण-आधारित शिक्षण के साथ ही मूल अवधारणाओं और ज्ञान के मूल्यांकन पर बल है। इससे भारतीय युवाओं में वास्तविक जीवन के कॅरियर के लिए कौशल का बेहतर विकास होगा।

फास्टैग ने टोल प्लाजा पर जाम को कम करने के साथ ही भ्रष्टाचार पर भी अंकुश लगाने में मदद की है। 2.2 करोड़ से ज्यादा फास्टैग जारी किए गए और 31 दिसंबर, 2020 तक टोल संग्रह प्रति दिन 80 करोड़ रुपए के पार चला गया।

मोदी सरकार ने राशन कार्ड की पोर्टेबिलिटी की शुरुआत की।

'तीन तलाक' पर पाबंदी लगाने, जम्मू व कश्मीर से जुड़े अनुच्छेद 370 एवं 35ए को हटाने और यू.ए.पी.ए., नागरिकता संशोधन अधिनियम के साथ ही एन.आई.ए. अधिनियम में संशोधन करने के लिए मोदी सरकार की ओर से पास किए गए कानूनों को पढ़ने और इन सभी कदमों के लाभों को जानने के लिए देखें *'मोदी 2.0 के बड़े कदम'*।

वर्ष 2017 से 2020 के बीच 27 सरकारी बैंकों का विलय 12 बैंकों में कर दिया गया। इससे उनमें से कुछ के निजीकरण के अवसर बने और निर्मला सीतारमण (वित्त मंत्री) ने वर्ष 2021 के बजट में दो सरकारी बैंकों के निजीकरण की घोषणा की।

वित्त मंत्री ने यह ऐलान भी किया कि सरकार परमाणु ऊर्जा, तेल, रक्षा, परिवहन एवं खनिजों के रणनीतिक क्षेत्रों में कुछ एक सरकारी उपक्रमों को ही अपने पास रखेगी और बाकी सभी का निजीकरण कर देगी। यह एक परिवर्तनकारी

कदम था, जिससे भारत 5 ट्रिलियन डॉलर की अर्थव्यवस्था बनने की दिशा में तेजी से अग्रसर होगा।

बजट 2021 में 26% की वृद्धि के साथ 5.54 लाख करोड़ रुपए के पूँजीगत खर्च की भी चर्चा हुई। अगर सरकार बुनियादी ढाँचे में एक रुपया खर्च करती है तो अर्थव्यवस्था में 2.50 रुपए की संभावना पैदा होती है।

अनेक क्षेत्रों को एफ.डी.आई. के लिए खोल दिया गया है।

प्रधानमंत्री के रूप में वाजपेयी के बाद मोदी सबसे अच्छे वक्ता हैं। जनता को, विशेष रूप से हिंदीभाषी उत्तर भारत की जनता को, वह अपने भाषणों से बहुत अच्छी तरह जोड़ लेते हैं। उनकी सार्वजनिक सभाओं में उमड़नेवाली भीड़ उनके करिश्मे और लोगों से जुड़ाव का प्रमाण है।

हालाँकि, उनकी अच्छी-खासी हिंदी दक्षिण भारत (खासकर तमिलनाडु और केरल) के लोगों को या अंग्रेजी बोलनेवाले शहरी क्षेत्र के कुलीनों को अपने साथ नहीं जोड़ पाती है।

मोदी ने राजस्थान में गुर्जरों, गुजरात में पटेलों और हरियाणा में जाटों के आरक्षण की माँग का विरोध कर सही किया। पहले के कुछ प्रधानमंत्री वोट बैंक की राजनीति के लिए ऐसी माँगों के आगे झुक सकते थे।

मोदी ने सभी नागरिकों के लिए 'जीवन जीने की आसानी' को और बेहतर बनाने के लिए लगभग सभी सरकारी विभागों से लोगों को तकनीक के जरिए जोड़ने के साथ ही अनेक कदम उठाए हैं। इनके कुछ उदाहरण *'मोदी 1.0 की सबसे बड़ी सफलताएँ'* अध्याय में दिए गए हैं।

सी.बी.आई., डी.आर.आई., ई.डी., आयकर विभाग और गंभीर धोखाधड़ी जाँच कार्यालय के राजस्व सेवा के अधिकारियों को अब आई.बी. और रॉ खुफिया जानकारी जुटाने के काम में प्रशिक्षित कर रहे हैं। उन्हें राष्ट्रीय प्रतिभूति बाजार संस्थान में आर्थिक अपराधों की जाँच, एस.बी.आई. इंस्टीट्यूट ऑफ कंज्यूमर बैंकिंग में मनी लॉण्ड्रिंग, नेशनल लॉ यूनिवर्सिटी में कानूनी पहलुओं एवं कानूनी मामलों तथा राष्ट्रीय प्रत्यक्ष कर अकादमी में डिजिटल फॉरेंसिक के इस्तेमाल से फॉरेंसिक अकाउंटिंग एवं तकनीकों का प्रशिक्षण दिया जा रहा है। भारत में ऐसा पहली बार हो रहा है।

विश्व आर्थिक मंच की यात्रा और पर्यटन प्रतिस्पर्धा रिपोर्ट में भारत जहाँ वर्ष 2015 में 52वें स्थान पर था, वहीं 2019 में 34वें स्थान पर आकर 18 स्थानों की छलाँग लगाई। अब 170 से अधिक देशों के नागरिकों को भारत आने के लिए ई-वीजा दिया जा सकता है। मोदी जब प्रधानमंत्री थे, तब यह *शून्य* था।

विदेश मंत्रालय और रेलवे मंत्रालय में नौकरशाही को फिर से व्यवस्थित कर कुशलता बढ़ाने के लिए सुधार किए गए हैं।

अब घरेलू और विदेशी निजी कंपनियाँ भारत में सैटेलाइटों एवं प्रक्षेपण वाहनों का निर्माण कर सकती हैं, ग्राउंड स्टेशन बना सकती हैं और इसरो के स्पेसपोर्ट का इस्तेमाल कर सकती हैं। निजी कंपनियाँ भारत में या भारत के बाहर टेलीमेट्री, ट्रैकिंग और कमांड स्टेशन तथा सैटेलाइट कंट्रोल सेंटर स्थापित कर सकती हैं। वे विदेश में अपनी संपत्तियों का इस्तेमाल कर अपनी सेवाएँ विदेशी ग्राहकों को बेच सकती हैं। इससे भारत के नियंत्रण में अंतरिक्ष से जुड़ी ज्यादा संपत्तियाँ आ जाएँगी, जिनसे अंतरिक्ष आधारित संचार की देश की जरूरतों को पूरा करने की क्षमता बढ़ जाएगी।

राष्ट्रीय स्तर पर मोदी ने कोविड-19 के संकट से निपटने में काफी अच्छा काम किया है। *रोजाना का प्रबंधन राज्य सरकारों और स्थानीय निकायों की जिम्मेदारी है, भारत सरकार की नहीं।* भारत में जब मात्र 536 केस थे, तब पूरे भारत में काफी जल्दी लॉकडाउन लागू कर दिया गया। मनमोहन सिंह ने वर्ष 2009-10 में ऐसा कोई कदम नहीं उठाया था, जबकि भारत में 45,000 से अधिक एच.एन. स्वाइन फ्लू के केस थे और 2,725 मौतें हो चुकी थीं।

कोविड-19 के कारण पहले लॉकडाउन के नौ महीने के भीतर ही भारत सरकार और भारतीय रिजर्व बैंक ने 27.1 लाख करोड़ रुपए या भारत की वर्ष 2020 की जी.डी.पी. के 13% से भी अधिक के प्रोत्साहन के कदमों को उठाया, जो किसी भी बड़े देश के लिए सबसे अधिक था।

मोदी ने एक ऐसी मिसाल पेश की, जैसी किसी भारतीय प्रधानमंत्री ने पहले नहीं की थी, जब सन् 2015 में उन्होंने घोषित किया कि भारत को 20 ट्रिलियन डॉलर की अर्थव्यवस्था का लक्ष्य तय करना चाहिए।

इसमें कोई शक नहीं कि उन पर काम की धुन सवार रहती है और वह हर दिन 15 से 17 घंटे काम करते हैं। फिर भी, सितंबर 2013 में जब उन्होंने बी.जे. पी. के प्रधानमंत्री पद का उम्मीदवार बनने का फैसला किया, तब से एक दिन की भी छुट्टी नहीं ली है। उन्होंने यह तय कर दिया कि अब कोई भी *आलसी* राजनेता कामयाब नहीं हो सकता है।

विफलताएँ

'मोदी 1.0 की सबसे बड़ी विफलताएँ' अध्याय में मैंने पहले ही बेरोजगारी, किसानों की दुर्दशा, कश्मीर समस्या को हल करने में उनकी नाकामी और नोटबंदी

को मोदी की चार बड़ी विफलताओं में शामिल किया है।

वाजपेयी सरकार में वरिष्ठ मंत्रियों के रूप में बी.जे.पी. के वरिष्ठ नेताओं एल.के. आडवाणी, मुरली मनोहर जोशी और यशवंत सिन्हा को अधिकतम अनुभव था, फिर भी मोदी ने उन्हें दरकिनार कर दिया। यह बात सही है कि आडवाणी 86, जोशी 80 और सिन्हा 76 साल से अधिक के हो चुके थे; लेकिन महत्त्वपूर्ण विषयों पर उनसे राय-मशविरा किया जा सकता था, बजाय इसके उन्हें *मार्गदर्शक मंडल* में डाल दिया गया, जो किसी उद्देश्य को पूरा नहीं कर सकता था। तीनों दिग्गज नेताओं के पास क्षेत्रीय दलों के साथ काम करने का अनुभव था, क्योंकि वाजपेयी ने एक अल्पमत की सरकार चलाई थी। इसका मोदी को राजनीतिक लाभ मिल सकता था, खास तौर पर राज्यसभा में बिल पास करवाने में, जहाँ एन.डी.ए. का बहुमत नहीं था।

अरुण जेटली को चार भारी-भरकम मंत्रालयों में से दो वित्त और रक्षा देना समझ से परे था। आखिर, जेटली को वित्त या रक्षा के क्षेत्र में कितनी महारत हासिल थी? और फिर, मोदी 2.0 में निर्मला सीतारमण को वित्त में और राजनाथ सिंह को रक्षा के क्षेत्र में कितनी दक्षता हासिल है? पूर्व सेना प्रमुख जनरल वी.के. सिंह को रक्षा मंत्रालय की जिम्मेदारी क्यों नहीं दी गई है?

अनुभवहीन या अक्षम मंत्रियों के कारण मोदी का काम ज्यादा मुश्किल हो गया है और ऐसा माना जाता है कि कुछ एक मंत्रियों को छोड़कर मोदी सरकार के सारे कामकाज पी.एम.ओ. के जरिए ही होते हैं। इसकी बजाय विकेंद्रीकृत सरकारी ढाँचा काफी बेहतर होता।

ऐसा माना जाता है कि चीन के 'आजन्म राष्ट्रपति' शी जिनपिंग के साथ उनके अच्छे रिश्ते हैं, फिर भी भारत और चीन सीमा विवाद को सुलझा नहीं सके हैं। वर्ष 2017 के मध्य में चीन, भारत और भूटान की सीमा जहाँ मिलती है, वहाँ डोकलाम में भारतीय सेना और चीन की पी.एल.ए. के बीच आमना-सामना हो गया था। वर्ष 2020 के मध्य में पूर्वी लद्दाख में उससे भी कहीं गंभीर टकराव हुआ, जिसकी चर्चा मैंने की है। चीन आज भी वीटा को इस्तेमाल कर पाकिस्तान को वित्तीय काररवाई कार्य बल (FATF) की ओर से ब्लैकलिस्ट होने से बचा रहा है। एफ.ए.टी.एफ. कई सरकारों के बीच काम करनेवाला एक ऐसा संगठन है, जो मनी लॉण्ड्रिंग और आतंकियों को पैसा मुहैया कराने के खिलाफ लड़ता है। *लेकिन चीन ने संयुक्त राष्ट्र की ओर से जैश-ए-मोहम्मद के सरगना मसूद अजहर को 'वैश्विक आतंकी'* घोषित

किए जाने पर अपनी बरसों पुरानी आपत्ति को जरूर छोड़ दिया।

निर्यात का विकास बुरी तरह लुढ़क गया। यू.पी.ए.-2 में यह जहाँ अमेरिकी डॉलर के लिहाज से 12.3% था, वहीं मोदी के पाँच वर्षों में यह महज 1.7% रह गया।

वैश्विक बाजार में भारत की प्रतिस्पर्धा की स्थिति को बेहतर बनाने या सरकारी बैंकों के कामकाज में सुधार की दिशा में कोई तरक्की नहीं हुई है।

सरकारी नौकरियों और शैक्षणिक संस्थानों में आरक्षण कम करने के राजनीतिक रूप से कठिन कदम को उठाने के बजाय मोदी ने अनारक्षित वर्ग के उन सभी लोगों के लिए अतिरिक्त 10% आरक्षण की शुरुआत कर दी और अन्य बातों के अलावा यह पैमाना बनाया गया कि उनकी पारिवारिक आय 8 लाख रुपए प्रति वर्ष से कम हो और उनके पास 5 एकड़ से कम जमीन हो।

सी.बी.आई. निदेशक आलोक वर्मा और उनके बाद सी.बी.आई. में दूसरा स्थान रखनेवाले राकेश अस्थाना के बीच आरोप-प्रत्यारोप ने एजेंसी की छवि खराब की। यू.पी.ए.-2 में सी.बी.आई. की पहले ही काफी आलोचना हो चुकी थी। ऐसी उम्मीद थी कि मोदी इस महत्त्वपूर्ण राष्ट्रीय जाँच एजेंसी को मजबूत करेंगे, बजाय इसके कि इसकी और अधिक आलोचना हो और नागरिकों के मन में संदेह बढ़ जाए।

सरकार एयर इंडिया का निजीकरण करने में विफल रही। कई वर्षों तक विनिवेश का कुल लक्ष्य पूरा नहीं हो सका।

जनवरी 2014 में कानून बनने के बावजूद लोकपाल का चयन मार्च 2019 में जाकर हो सका।

मोदी सरकार द्वारा नियुक्त किए गए रिजर्व बैंक के गवर्नर उर्जित पटेल ने दिसंबर 2018 में अपना तीन साल का कार्यकाल पूरा किए बिना ही इस्तीफा दे दिया और निजी कारणों से इस्तीफा देनेवाले रिजर्व बैंक के पहले गवर्नर बन गए। सन् 1992 के बाद रिजर्व बैंक के गवर्नर के रूप में उनका कार्यकाल सबसे छोटा था। जानकारों का कहना है कि भारत सरकार से गंभीर मतभेदों के कारण उन्हें इस्तीफा देने पर मजबूर कर दिया गया। पूर्व आर.बी.आई. गवर्नर रघुराम राजन ने कहा कि पटेल का इस्तीफा 'विरोध-पत्र' था।

बी.जे.पी./एन.डी.ए. के स्टार प्रचारक के रूप में मोदी लोकसभा और राज्य के विधानसभा चुनावों के लिए देश भर में प्रचार करने के लिए अपना काफी समय दौरों में ही बिता देते हैं। उन्हें इनमें से कुछ अभियानों को दूसरों को सौंप देना चाहिए और शासन को अधिक समय देना चाहिए। इसका मतलब है पार्टी में दूसरे नेताओं

को उभरने देना, उन पर भरोसा करना और एक से अधिक ऐसे नेता तैयार करना, जो भविष्य में मोदी की जगह ले सकें।

मोदी ने कुछ एक ही प्रेस कॉन्फ्रेंस कीं या मीडिया से बातचीत की। यहाँ तक कि मनमोहन सिंह ने भी एक खराब वक्ता और शरमीले व्यक्ति होने के बावजूद मीडिया से कहीं अधिक बातचीत की थी। उदाहरण के लिए, अमेरिका में जब भी कोई बड़ी उपलब्धि मिलती है, जैसे कि सी.आई.ए. के सहयोग से अमेरिकी नेवी सील्स ने पाकिस्तान में छिपे ओसामा बिन लादेन को मार गिराया था, तब तत्कालीन राष्ट्रपति ने तुरंत प्रेस को संबोधित किया था। सिर्फ ऐसे ही मौकों पर अमेरिकी राष्ट्रपति मीडिया से मुखातिब नहीं होते। वे अकसर अलग-अलग मौकों पर ऐसा करते हैं। दूसरे राष्ट्रों के प्रमुख भी ऐसा करते हैं। सितंबर 2016 की सर्जिकल स्ट्राइक और बालाकोट एयरस्ट्राइक के बाद मोदी ऐसा कर सकते थे।

मोदी ने कोई मीडिया सलाहकार नियुक्त नहीं किया। सरकार के प्रमुखों का एक मीडिया सलाहकार या प्रेस सचिव होना चाहिए, जिन नामों से उन्हें कई देशों में पुकारा जाता है। अमेरिका के राष्ट्रपति का एक संचार निदेशक, एक प्रेस सचिव और एक उप प्रेस सचिव होता है। एन.डी.ए. का कोई मुख्य प्रवक्ता भी नहीं है। संयुक्त मोर्चा सरकार में जयपाल रेड्डी थे। वाजपेयी की एन.डी.ए. सरकार में जॉर्ज फर्नांडिस थे। भारत में और विदेश में भी अकसर मोदी हिंदी बोलना पसंद करते हैं; हालाँकि, वह काफी अच्छी अंग्रेजी बोल सकते हैं, लेकिन हिंदी बोलने की वजह से अंग्रेजी बोलनेवाले उच्च वर्गों, जिनमें शिक्षाविद्, वरिष्ठ अधिकारी, बैंकर, लेखक और मीडिया की हस्तियाँ शामिल हैं, उनके और हिंदी बोलनेवाले उन बहुसंख्यकों के बीच एक विभाजन-सा हो गया है, जो समझते हैं कि वे ही सच्चे भारतीय हैं। चूँकि मोदी के कई मंत्री और वरिष्ठ बी.जे.पी. नेता भी हिंदी बोलते हैं, इसलिए अंग्रेजी बोलनेवाले वर्गों से दूरी और बढ़ जाती है। यह भारत के भविष्य के लिए अच्छा नहीं है। अगर भारत को अपने सुनहरे दिनों को फिर से हासिल करना है तो इन दोनों ही वर्गों को आपस में मिलकर काम करना होगा।

मोदी सरकार अपनी उपलब्धियों के बारे में लोगों को, विशेष रूप से शहरी भारतीयों को, नहीं बता सकी है, जो न तो मोदी की रैलियों में जाते हैं, न ही उन्हें टी.वी. पर देखते हैं और जो 'इकोसिस्टम' के जरिए फैलाए गए व्हाट्सएप संदेशों से प्रभावित हो जाते हैं। *बी.जे.पी. नेताओं की दलील (बंद दरवाजों के पीछे होनेवाली बैठकों में) यह है कि उन्होंने 2019 के चुनावों को 2014 से भी अधिक बहुमत से*

जीता; लेकिन जिस बात को वे अनदेखा कर रहे हैं, वो ये कि यह जीत इससे भी बड़ी होती, अगर संचार की रणनीति, खासतौर पर जो शहरी भारतीयों को लक्ष्य करती, और भी बेहतर होती।

वर्ष 2017 के केंद्रीय बजट में अरुण जेटली ने राजनीतिक दलों के चंदे को अधिक पारदर्शी बनाने के मोदी के स्पष्ट उद्देश्यों को देखते हुए गुमनाम इलेक्टोरल बॉण्ड जारी करने का प्रावधान किया। असल में हुआ इसके उलट, क्योंकि इस तरह के बॉण्ड ने कारोबारी घरानों और सत्ता में बैठे दल के बीच 'काम निकलवाने के सौदे' की आशंका को और बढ़ा दिया है।

मोदी 1.0 के दौरान बी.जे.पी. ने जहाँ आंध्र प्रदेश में टी.डी.पी. जैसे प्रमुख सहयोगी को खो दिया, वहीं बिहार में इसे जे.डी.यू. जैसे अहम सहयोगी के साथ पूर्वोत्तर में कई छोटे-छोटे सहयोगी मिले। हालाँकि, मोदी 2.0 के पहले सोलह महीनों के भीतर बी.जे.पी. ने दो सबसे पुराने सहयोगियों—महाराष्ट्र में शिवसेना और पंजाब में शिरोमणि अकाली दल को खो दिया। शिवसेना को उद्धव ठाकरे के महाराष्ट्र के मुख्यमंत्री की कुरसी हथियाने के लालच के कारण और अकाली दल को कृषि क्षेत्र के सुधारों के विरोध के कारण।

अक्तूबर 2020 में बी.जे.पी. को बिहार में दो नए सहयोगी मिले—हम (HAM) और वी.आई.पी. पार्टी। यह समय ही बताएगा कि इसका बी.जे.पी. या एन.डी.ए. को कितना (यदि हुआ तो) नुकसान होगा।

इस बात में थोड़ी सच्चाई है कि मोदी के कार्यकाल में अल्पसंख्यकों को खतरा महसूस हुआ। छोटे-मोटे हिंदुत्ववादी समूहों के खिलाफ कोई काररवाई नहीं हुई, जिन्होंने अकसर अल्पसंख्यकों के खिलाफ हिंसा (मुख्य रूप से गाय या बीफ से जुड़े मामले में) का सहारा लिया। गोरक्षकों ने उनको भी नहीं बख्शा, जो भैंस के मांस के निर्यात और चमड़े की प्रोसेसिंग में शामिल थे। कई मंत्रियों और बी.जे.पी. के नेताओं ने कई बार अल्पसंख्यकों को लेकर आपत्तिजनक बयान दिए हैं। मोदी ने फरवरी 2015 में गोविंद पंसारे, अगस्त 2015 में कन्नड़ विद्वान् व लेखक एम.एम. कलबुर्गी और सितंबर 2017 में पत्रकार गौरी लंकेश की हत्या में कथित रूप से शामिल हिंदू कट्टरपंथियों के खिलाफ कुछ नहीं कहा।

अगर उपर्युक्त मुद्दा नहीं होता तो पाकिस्तान और चीन के साथ संबंधों को सुधारने में नाकामी के साथ ही रोजगार पैदा करने में विफलता और इस तथ्य को देखते हुए कि मोदी सरकार की आर्थिक नीतियों के कारण कई छोटे व मझोले

व्यापारों को भारी नुकसान पहुँचा। मैं मोदी को 10 में से 7.5 के बजाय 8.0 या 8.5 रेटिंग भी दे देता।

हालाँकि, इस विवेचना के खिलाफ नृपेंद्र मिश्र ने *'द टाइम्स ऑफ इंडिया'* में लिखा—

"उनके साथ जिन लोगों ने काम किया है, वे इस बात को मानेंगे कि उन्हें भेदभाव मंजूर नहीं। कई बार ऐसे मौके आए, जहाँ उन्होंने किसी खास समुदाय के लिए या किसी दूसरे को उसी अनुपात में लाभ से रोकनेवाली किसी योजना के सुझाव पर कड़ी फटकार लगाई।''उनके निर्देश हमेशा स्पष्ट रहे, सुनिश्चित करें कि लक्ष्य हासिल कर लिये जाएँ। इससे फर्क नहीं पड़ता कि जिसे लाभ मिल रहा है, उसका चेहरा कैसा है और उसका मजहब क्या है।"

रेटिंग : 7.5/10

□

जनवरी 2021 में *इंडिया टुडे* के 'मूड ऑफ द नेशन' पोल में 30% लोगों ने मोदी के प्रदर्शन को उत्कृष्ट बताया, 44% ने अच्छा, 17% ने औसत और सिर्फ 8% ने खराब या बहुत खराब कहा। यह 74% स्वीकृति दुनिया में किसी भी सरकार के प्रमुख के लिए सर्वाधिक में से एक है।

66% ने कहा कि वे एन.डी.ए. सरकार के प्रदर्शन से काफी संतुष्ट या संतुष्ट हैं; जबकि सिर्फ 11% ने कहा कि वे असंतुष्ट या बहुत असंतुष्ट हैं। 55% ने कहा कि सांप्रदायिक सौहार्द बेहतर हुआ है; जबकि सिर्फ 22% ने कहा कि इसमें गिरावट आई है। 66% ने अर्थव्यवस्था के प्रबंधन को उत्कृष्ट बताया, 21% ने औसत और सिर्फ 10% ने इसे खराब या बहुत खराब कहा। 23% ने मोदी के कोविड-19 से निपटने को उत्कृष्ट बताया, 50% ने अच्छा, 18% ने औसत और सिर्फ 8% ने खराब या बहुत खराब कहा।

38% ने कहा कि मोदी भारत के सबसे अच्छे प्रधानमंत्री रहे हैं, वाजपेयी 18% के साथ दूसरे और 11% के साथ इंदिरा गांधी तीसरे नंबर पर रहीं।

इसी प्रकार, 38% ने कहा कि मोदी अगले प्रधानमंत्री बनने के लिए सबसे उपयुक्त हैं, जबकि योगी आदित्यनाथ 10% के साथ दूसरे और अमित शाह 8% के साथ तीसरे नंबर पर थे। राहुल गांधी 7% के साथ चौथे नंबर पर रहे और तीनों गांधी-वाड्रा को मिलाकर महज 14% वोट मिले।

प्रधानमंत्रियों की रैंकिंग (10 में से)

नरेंद्र मोदी	7.5
पी.वी. नरसिम्हा राव	7.5
लाल बहादुर शास्त्री	7.0
अटल बिहारी वाजपेयी	7.0
जवाहरलाल नेहरू	5.5
एच.डी. देवगौड़ा	5.0
राजीव गांधी	4.5
डॉ. मनमोहन सिंह	4.0
चंद्रशेखर	3.5
इंदिरा गांधी	3.0
मोरारजी देसाई	2.5
विश्वनाथ प्रताप सिंह	2.5
इंदर कुमार गुजराल	1.5
चौधरी चरण सिंह	1.0

जैसा कि आप ऊपर की सूची में देख रहे हैं, मेरी राय में नरेंद्र मोदी के साथ कांग्रेस के पी.वी. नरसिम्हा राव स्वतंत्रता के बाद कुरसी सँभालनेवाले 14 भारतीय प्रधानमंत्रियों के शीर्ष पर हैं।

□

स्कॉच बनाम नीबू-पानी

चूँकि मोदी 1.0 की तुलना बरसों पहले के शासनकाल से करना उचित नहीं होगा, क्योंकि जमीनी हालात कई लिहाज से अलग रहे होंगे। इसलिए मैं यहाँ ठीक पहले की यू.पी.ए.-2 की सरकार से तुलना करना चाहूँगा।

पहलू/मुद्दा	यू.पी.ए.-2	मोदी 1.0
राष्ट्रीय सुरक्षा	4/10	8/10
भ्रष्टाचार	बेहिसाब	शून्य
संरचना का विकास	5/10	9/10
शहरी संरचना पर वार्षिक व्यय	15,700 करोड़	1.7 लाख करोड़
सरकारी योजनाओं की डिलीवरी	6/10	10/10
विदेश में भारत की साख	7/10	9/10
औसत जी.डी.पी. विकास (चक्रवृद्धि)	7.65%	8.76%
औसत मुद्रास्फीति (चक्रवृद्धि)	11.44%	5.71%
जी.डी.पी. का औसत सकल राजकोषीय घाटा %	5.32%	3.68%
जी.डी.पी. का औसत राजस्व घाटा %	4.844%	3.74%
जी.डी.पी. का सकल कर राजस्व %	10.18%	11.00%
जी.डी.पी. की कितने % सब्सिडी	2.38%	1.68%
प्रत्यक्ष विदेशी निवेश	$150.63 बि.	$221.17 बि.

□

क्या कांग्रेस भारत-विरोधी होती जा रही है?

अगर आप *'स्वाभाविक रूप से पसंद की जानेवाली पार्टी?'* के पहले पन्ने पर कांग्रेस पार्टी के पतन के ग्राफ को देखेंगे तो शायद ऐसा आभास होगा कि भारत की वोट करनेवाली आबादी के बीच यह धारणा बनती जा रही है कि यह पार्टी न केवल मोदी और बी.जे.पी./एन.डी.ए./आर.एस.एस. विरोधी है, बल्कि भारत-विरोधी भी हो गई है।

वर्ष 2014 के लोकसभा चुनावों के लिए सोनिया गांधी ने दिल्ली की जामा मसजिद के शाही इमाम के साथ मिलकर भारतीय मुसलमानों से अपील की थी कि 'धर्मनिरपेक्षता की रक्षा के लिए' वे नरेंद्र मोदी को खारिज कर दें।

फरवरी 2016 में जे.एन.यू. कैंपस की उस घटना के बाद, जब आतंकवादी अफजल गुरु के समर्थन में और *'भारत तेरे टुकड़े होंगे, इंशा अल्लाह, इंशा अल्लाह'* जैसे भारत-विरोधी नारों के साथ ही *'अफजल हम शर्मिंदा हैं, तेरे कातिल जिंदा हैं'* (जिनका मतलब था कि आतंकवादी अफजल गुरु के हत्यारे या सुप्रीम कोर्ट के जज अब भी जिदा हैं) जैसे नारे लगाए गए थे, राहुल गांधी कैंपस पहुँचे थे, जहाँ अपने भाषण में उन्होंने मोदी सरकार पर हमला किया था और उस पर उस संस्थान की आवाज को दबाने का आरोप लगाया था, क्योंकि दिल्ली पुलिस ने उस दुर्भाग्यपूर्ण घटना के लिए जिम्मेदार कन्हैया कुमार को गिरफ्तार कर लिया था।

इस तरह, राहुल ने खुलकर इन देश-विरोधी लोगों का समर्थन किया था।

पी.ओ.के. के भीतर घुसकर सितंबर 2016 में की गई सर्जिकल स्ट्राइक के बाद राहुल ने मोदी पर भारतीय सैनिकों की *'खून की दलाली'* करने का आरोप लगाया था।

जून 2017 में कांग्रेस नेता संदीप दीक्षित ने भारतीय सेना के प्रमुख को *'सड़क का गुंडा'* कहा था।

बालाकोट एयरस्ट्राइक के बाद, जिसमें भारतीय वायुसेना ने पाकिस्तान के भीतर घुसकर ठिकानों को निशाना बनाया और 200 से 350 लोगों को मार गिराया, कांग्रेस ने संकेत दिया कि भारतीय वायु सेना के प्रमुख झूठ बोल रहे हैं।

मोदी 1.0 के दौरान उन दर्जनों विधेयकों को भूल जाइए, जिनका विरोध कांग्रेस ने किया था; बस, मोदी 2.0 के पहले 19 महीनों में कुछ विधेयकों पर गौर कीजिए, जिनका विरोध पार्टी ने किया और खुद फैसला कीजिए कि वे हमारे देश के लिए अच्छे हैं या बुरे और क्या कांग्रेस ने उनका विरोध कर सही किया?

अगस्तर 2016, जनवरी 2019 और दिसंबर 2019 में कांग्रेस पार्टी ने *नागरिकता संशोधन विधेयक* का विरोध किया; जबकि राजीव गांधी ने इससे भी कठोर मुसलिम-विरोधी कानून (जिसे मुसलिम वोट गँवाने के डर से कानूनी रूप नहीं दिया गया) लाने का वादा किया था। कांग्रेस ने वाजपेयी सरकार की ओर से लाए गए वर्ष 2003 के संशोधनों का समर्थन किया था, वहीं पाँच प्रमुख 'धर्मनिरपेक्ष' दलों ने दिसंबर 2019 के अधिनियम का समर्थन किया था।

जुलाई 2019 में कांग्रेस ने उस अधिनियम का विरोध किया, जिसने 'तीन तलाक' को प्रतिबंधित कर दिया; जबकि सुप्रीम कोर्ट ने तीन तलाक को असंवैधानिक करार दिया था और 19 इसलामी देशों (इंडोनेशिया, बँगलादेश और सऊदी अरब समेत) ने इसे बैन कर दिया था, जहाँ 114 करोड़ से ज्यादा मुसलिम रहते हैं। अगर भारत में सिर्फ 20% मुसलिम पुरुष इस पाबंदी का समर्थन करते हैं तो इसका मतलब है कि कुल मुसलमानों का 60% इसका विरोध करता है। क्या कांग्रेस इस बात को समझती है? अगस्त 2019 के *'इंडिया टुडे'* के एक पोल में उन 73% लोगों ने, जिन्होंने 'नहीं जानते/कह नहीं सकते' के विकल्प को नहीं चुना, उन्होंने तीन तलाक को समाप्त करने के लिए 'हाँ' में वोट किया।

जुलाई 2019 में कांग्रेस ने 2019 *अवैध गतिविधियाँ (रोकथाम) संशोधन अधिनियम* (यू.ए.पी.ए.) का विरोध किया, जिसने सन् 1967 के यू.ए.पी.ए. में संशोधन किया, जिसे इंदिरा गांधी ने कानूनी रूप दिया था। कांग्रेस इन संशोधनों का विरोध क्यों कर रही थी? क्या वह नहीं चाहती थी कि हाफिज सईद या मौलाना मसूद अजहर को आतंकवादी घोषित किया जाए? आखिर क्यों एन.आई.ए. को आतंकवादियों का पीछे करने या उन्हें पकड़ने के लिए राज्य पुलिस से इजाजत लेनी चाहिए? कांग्रेस को इसका जवाब देना चाहिए।

अगस्त 2019 में कांग्रेस ने संविधान के अनुच्छेद 370 और 35ए को समाप्त किए जाने का विरोध किया। अगस्त 2019 के 'इंडिया टुडे' पोल में उन 68.7% लोगों

ने, जिन्होंने 'नहीं जानते/कह नहीं सकते' के विकल्प को नहीं चुना, उन्होंने अनुच्छेद 370 को हटाने के लिए 'हाँ' में वोट किया। *'जम्मू व कश्मीर अब भारत का हिस्सा है'* में मैंने उस पृष्ठभूमि का जिक्र किया है कि क्यों इन अनुच्छेदों को संविधान में शामिल किया गया था? किन लोगों को इसका लाभ मिला और किन्हें नुकसान हुआ? क्यों इन अनुच्छेदों को हटाना अच्छा होगा और कैसे कांग्रेस ने खुद इन अनुच्छेदों में 50 से अधिक बार संशोधन किया है? आप अब खुद इस निष्कर्ष पर पहुँच सकते हैं कि क्यों कांग्रेस ने मोदी सरकार का विरोध किया?

भारत-चीन सीमा विवाद, जिसकी शुरुआत मई 2020 में हुई, के दौरान 17 जून से 17 जुलाई के बीच ही राहुल गांधी ने इस टकराव के लिए मोदी पर तंज कसते हुए बाईस बार ट्वीट किया, वहीं दर्जनों दूसरे ट्वीट किए, जिनमें पी.एम. की कोविड-19 और दूसरे मुद्दों को लेकर आलोचना की गई। सिर्फ तीन ट्वीट ऐसे थे, जिनमें उन भारतीय सैनिकों के लिए शोक व्यक्त किया गया था, जिन्होंने हमारी सीमा पर सर्वोच्च बलिदान दिया था या सैन्य बलों का हौसला बढ़ानेवाले संदेश थे। इससे भी ज्यादा चौंकानेवाली बात यह थी कि चीन के खिलाफ एक भी ट्वीट नहीं था। इसकी तुलना करें तो पी.एम. के ट्विटर हैंडल से सत्रह बार सैन्य बलों का हौसला बुलंद करनेवाले ट्वीट किए गए, जिनमें से कुछ में चीन को स्पष्ट चेतावनी भी थी। राहुल गांधी असली दुश्मन किसे मानते हैं, मोदी को या चीन को? क्या मोदी ने लद्दाख में हमारे सैनिकों को मारा? क्या राहुल इस बात को समझते हैं कि मोदी भारत के प्रधानमंत्री हैं, बी.जे. पी. के नहीं? या उन्हें समझ नहीं आता कि सैन्य मामलों में प्रधानमंत्री की आलोचना से वह अप्रत्यक्ष रूप से भारतीय सैन्य बलों की आलोचना कर रहे हैं?

चीन के साथ सन् 1962 के युद्ध में भारत के 3,079 सैनिक शहीद हुए थे और 1,047 घायल, वहीं 3,968 को पकड़ लिया गया था। यह युद्ध उनके परनाना नेहरू के समय में हुआ था। अगर नेहरू ने अप्रैल 1960 के तत्कालीन चीनी प्रधानमंत्री झाऊ एनलाई के प्रस्ताव को स्वीकार कर लिया होता तो उस युद्ध को टाला जा सकता था। झाऊ ने कहा था कि अगर भारत अक्साई चिन पर चीन के नियंत्रण को स्वीकार कर लेगा तो चीन अरुणाचल प्रदेश पर भारत के नियंत्रण को सहमति दे देगा। भारत ने नाथू ला और छो ला सीमा पर हुई झड़प में 88 सैनिकों को सन् 1967 में खोया था, तब राहुल की दादी इंदिरा गांधी प्रधानमंत्री थीं।

लोकसभा में सबसे बड़े विपक्षी दल के रूप में कांग्रेस नेता अधीर रंजन चौधरी ने जो बयान दिया, उसका आशय यही था कि भारतीय सेना अंडे से रही थी।

कांग्रेस सांसद शशि थरूर ने एक चीनी प्रोपगेंडा हैंडल से किए गए ट्वीट को

'लाइक' किया, जिसमें दावा किया कि गलवान की झड़प में पी.एल.ए. का कोई सैनिक नहीं मारा गया है; जबकि अमेरिकी खुफिया सूत्रों ने कहा था कि 35 चीनी सैनिक मारे गए हैं। अधीर रंजन चौधरी को अपना यह ट्वीट डिलीट 'करना पड़ा' था—"सावधान चीन, भारतीय सैन्य बल तुम्हारे जैसे जहरीले साँप का फन कुचलना जानते हैं। पूरी दुनिया पीले विस्तारवाद की खतरनाक साजिश को देख रही है।"

कांग्रेस ने पार्टी सदस्यों को संदेश दिया कि वे चीन के खिलाफ ऐसी टिप्पणियाँ न करें, जो पड़ोसी देश पर पार्टी के रुख से मेल नहीं खाते हैं। तो पार्टी का रुख क्या था और क्यों था? क्या उसका राजीव गांधी फाउंडेशन से कोई लेना-देना है?

कांग्रेस शासन के हर 6.26 दिनों में भारत का 1 सैनिक शहीद हुआ, जबकि बी.जे.पी. शासन के 238 दिनों में 1 सैनिक ने सर्वोच्च बलिदान दिया। इस प्रकार से आँकड़े 38:1 के हिसाब से बी.जे.पी. के पक्ष में हैं।

अगस्त 2020 में 'इंडिया टुडे' पोल के एक प्रश्न "चीन के साथ हाल में हुई झड़प से मोदी सरकार ने किस प्रकार निपटा?" के जवाब में 74.2% ने कहा, 'भारत ने मुँहतोड़ जवाब दिया'; 16.1% ने कहा, 'भारत ने सही जवाब नहीं दिया' और 9.7% ने कहा, 'भारत सरकार ने लोगों से जानकारी छुपाई।' दोनों को मिलाकर 25.8% हुआ, जो राहुल गांधी का कहना है। इस सवाल पर कि "चीन के साथ भारत के सीमा विवाद पर राहुल गांधी की ओर से मोदी सरकार की आलोचना से क्या आप सहमत हैं?" 68.6% ने कहा, 'नहीं।'

सितंबर 2020 में कांग्रेस ने कृषि सुधारों का विरोध किया, जबकि 2019 के लोकसभा चुनाव के अपने घोषणा-पत्र में कांग्रेस ने ए.पी.एम.सी. अधिनियम को हटा देने का वादा किया था। कांग्रेस ने सितंबर 2020 के श्रम-सुधारों का भी विरोध किया। मुझे पूरा यकीन है कि कृषि और श्रम-सुधारों पर बी.जे.पी. को वर्ष 2024 में जनता का पूरा साथ मिलेगा, क्योंकि तब तक लोग मोदी सरकार के इन साहसिक फैसलों के फायदों को समझ जाएँगे।

अपनी 2020 की पुस्तक *'ए न्यू आइडिया ऑफ इंडिया'* में लेखकों हर्ष गुप्ता 'मधुसूदन' और राजीव मंत्री ने लिखा—

"नेहरू का केंद्रीकरण और निश्चितता के सिद्धांत को जितनी तेजी से उनके वंश के सदस्यों ने आगे बढ़ाया, उसका आर्थिक विकास और सांप्रदायिक सौहार्द पर तबाही मचानेवाला नतीजा सामने आया। नेहरूवादी इतने तंग-हाल हैं कि वे उस सभ्यता संबंधी एकता को भी स्वीकार नहीं करते, जिसे खुद नेहरू भी मानते थे। यह दिखाता है कि वे अपनी जड़ों से कितनी दूर चले गए हैं। अपने आप को 'सेकुलर'

साबित करने और संकीर्ण चुनावी हितों को साधने के प्रयास में वह भारतीय विरासत को भी नकारनेवाले बन चुके हैं''' आज की कांग्रेस और क्षेत्रीय पार्टियाँ चाहती हैं कि जाति फले-फूले, ताकि हिंदुओं को राजनीतिक रूप से बाँटा जा सके। वे धर्मनिरपेक्ष-उदार आम व्यक्तिगत कानूनों का समर्थन नहीं करते, जो स्त्री जाति से संस्थागत विद्वेष पर कुठाराघात करते हैं और राष्ट्रीय वोट को किसी भी सरकार से एकजुट होने से रोकने के लिए बार-बार भाषाई विभाजन पर जोर देते हैं। 'धर्मनिरपेक्ष' गुट के राजनीतिक दलों ने खुलकर धार्मिक आधारों पर सरकारी कल्याणकारी योजनाओं की रेवड़ी बाँटी है।''' रिश्वत देने के इस तरीके को आम बोलचाल में 'अल्पसंख्यक तुष्टीकरण' कहते हैं, सोनिया-मनमोहन युग में अचानक बहुत ज्यादा बढ़ गया। नवंबर 2004 में यू.पी.ए. सरकार ने राष्ट्रीय अल्पसंख्यक शैक्षणिक संस्थान आयोग (NCMEI) का गठन स्पष्ट रूप से अल्पसंख्यकों की ओर से स्थापित संस्थानों को बचाने के लिए किया।''' कानून के अनुसार, कोई हिंदू NCMEI का सदस्य नहीं बन सकता है। गैर-हिंदू सुप्रीम कोर्ट के जजों या स्थानीय जिला कलेक्टर पर भरोसा किया जा सकता है कि वह हिंदू धर्म से जुड़े जटिल विवादों को सुलझा लेगा और सरकार के पास हिंदू मंदिर ट्रस्टों में गैर-हिंदुओं को ट्रस्टी नियुक्त करने का अधिकार है, (यू.पी.ए.) उन्होंने NCMEI जैसी संवैधानिक संस्था से हिंदुओं को साफ तौर पर बाहर रखना सही समझा। यहाँ तक कि एक ईसाई या पारसी भी मुसलमानों से जुड़ी नीति एवं समस्याओं पर फैसला सुना सकता है और मुसलिम ईसाइयों या पारसियों के मुद्दे पर, लेकिन एक हिंदू को ऐसा करने के अयोग्य समझा गया। 93वें संविधान संशोधन (*जनवरी 2006*) ने आरक्षण का विस्तार सभी शैक्षणिक संस्थानों तक किया, सिवाय उनके, जो अल्पसंख्यकों द्वारा चलाए जाते हैं। इस प्रकार हिंदुओं से भेदभाव किया गया''' और उन दो प्रमुख न्यायिक आदेशों को पलटने के लिए किया गया, जो व्यक्तिगत और समान अधिकारों के पक्ष में दिए गए थे। पहले आदेश के अनुसार, शिक्षा के क्षेत्र में सभी नागरिकों को समान अधिकार मिलेंगे और दूसरे ने कहा कि सरकारी मदद न लेनेवाले संस्थानों (अल्पसंख्यक या गैर-अल्पसंख्यक) को सरकार की आरक्षण नीति के अंतर्गत नहीं लाया जा सकता है।"

आविष्कारक, निवेशक और पिछले 20 वर्षों से आई.टी. इंडस्ट्री के दिग्गज श्री कोटनूर ने *'द धर्मा डिस्पैच'* में 23 जून, 2020 को लिखा—

"कांग्रेस फिर से वहीं आ खड़ी हुई है, जहाँ से उसने एक गोरे उत्पीड़क द्वारा स्थापित किए जाने से शुरुआत की थी और अब एक गोरी महिला एवं उसके आंशिक रूप से भारतीय बेटे के हाथों में है। महज दस वर्षों (2004-14) में इस एक पार्टी

ने इस पैमाने और हद तक (भारत में) विकृति लाई है, जो शायद अंग्रेजों ने किया था, उसे भी पीछे छोड़ सकता है। अगर मौजूदा सरकार गंभीर है तो उसे कई खंडों में इस दुर्भाग्यपूर्ण घटना को दस्तावेज के रूप में सामने लाना चाहिए, जिसकी शुरुआत एन.ए.सी. सल्तनत सह पोप के कार्यकाल से करनी होगी। हम बेशक, ऐसा कह सकते हैं कि वर्ष 2014 का चुनावी अभियान एक प्रकार का स्वतंत्रता संग्राम भी था और मोदी की जीत एक सभ्यता संबंधी जीत थी तथा 2019 की जीत उस कथित जीत को पक्का करने की शुरुआत। भारत के स्वतंत्रता संग्राम का इतिहास तीन अलग-अलग युगों में विभाजित है। पहला अत्याचारी जिहादी शासन के खिलाफ पूरे देश में चली लंबी लड़ाई, दूसरा ब्रिटिश औपनिवेशिक शासन के खिलाफ और तीसरा कांग्रेस पार्टी की सरकार के रूप में दोनों के बाकी बचे अवशेषों के खिलाफ। आखिरी संग्राम सबसे खतरनाक था। कांग्रेस ने शरिया को सेकुलरिज्म का नाम दे दिया एवं ब्रिटिश शोषण को समाजवाद का और इन दोनों के अत्याचारों के सबसे भयंकर रूप का शिकार पूरे देश को बनाया, जिसने उस पर भोलेपन में भरोसा किया था।"

वरिष्ठ पत्रकार अभिजीत मजूमदार ने 13 नवंबर, 2020 को *'फर्स्टपोस्ट'* में लिखा—

"बिहार के मुख्यमंत्री की कुरसी और आर.जे.डी. के तेजस्वी यादव के बीच एक पक्का दोस्त खड़ा था—कांग्रेस। 70 में से महज 19 सीटें जीतनेवाली कांग्रेस के कारण बेशक तेजस्वी को अपनी दरियादिली पर अफसोस हुआ। राष्ट्रीय स्तर पर घटते कद के साथ ही सोनिया और राहुल गांधी की पार्टी अब अपने सहयोगियों पर बोझ बन गई है। मेल-मिलाप और मीडिया में शोर के बीच राहुल ने अखिलेश यादव को सन् 2017 में उ.प्र. विधानसभा चुनावों में शर्मनाक हार का स्वाद चखाया। महाराष्ट्र में किस्मत से कांग्रेस के हाथ सत्ता आ गई। एक दशक से भी अधिक समय के दौरान किसी भी राज्य में कांग्रेस दूसरी बार इकलौती सबसे बड़ी पार्टी के रूप में चुनकर नहीं आई है। झारखंड के सिवाय इसकी मदद से चुनाव से पहले गठबंधन करनेवाले किसी भी सहयोगी को सत्ता नसीब नहीं हुई। अपने क्षेत्रीय सहयोगियों का उसने यह हाल कर दिया है कि शिवसेना ने खुलकर उसकी खिल्ली उड़ाई और कहा कि अगर कांग्रेस ने उसे नहीं गिराया होता तो आर.जे.डी. सत्ता में आ चुकी होती। कांग्रेस पर इन बातों का कोई असर नहीं होता या उसे अपने अंदर झाँकने की जरूरत महसूस नहीं होती। (बिहार में) चुनाव-प्रचार के दौरान कांग्रेस का सोशल मीडिया प्रधानमंत्री के लिए अपशब्दों के प्रयोग पर उतर आया और इस बात पर गौर किए बिना मोदी को गाली देनेवाले हैशटैग का इस्तेमाल किया कि पिछले दशकों में मोदी

के प्रतिद्वंद्वियों ने जब भी उन्हें गाली दी है, वे हर बार और मजबूत बनकर उभरे हैं, चाहे वह सोनिया का 'मौत का सौदागर' कटाक्ष हो, जिसके बाद मोदी ने वर्ष 2007 में गुजरात में जबरदस्त वापसी की थी। यह इकलौता ऐसा उदाहरण नहीं है, जो साबित करता है कि कांग्रेस अपनी पिछली गलतियों से सीखने को तैयार नहीं है। मोदी से नफरत के कारण यह लगातार दायरे को लाँघती है और देश से भी नफरत करने लगी है। राहुल बार-बार कहते रहे कि चीन ने लद्दाख में भारत को अपमानित किया है। यह अक्षम्य है। उन्हें यह बात समझ नहीं आती कि लोग यह सुनना चाहते हैं कि वे जीत रहे हैं। खुद चीन ने भी स्वीकार किया है कि उसके सैनिक मारे गए हैं और भारतीय सैनिकों ने उस इलाके पर कब्जा कर लिया है, जिसे वह अपना बताता है। अपने पैर पर कुल्हाड़ी मारने में जैसे कुछ बाकी रह गया हो कि कांग्रेस के वरिष्ठ नेता पी. चिदंबरम ने अनुच्छेद 370 को फिर से बहाल करने का वादा किया, जिससे कश्मीर को विशेष दर्जा मिला हुआ था। अगस्त में इसे हटाए जाने पर पूरे देश ने खुशी मनाई थी। स्पष्ट रूप से यह टीम राहुल की ओर से वामपंथी उदारवादियों और मुसलमानों के लिए एक संकेत था। 'इसलामी आतंक' जब ओस्लो, पेरिस और विएना में खून बहा रहा था, तब भी कांग्रेस 'इसलामपरस्तों' और अलगाववादियों को खुश करने में जुटी हुई थी।"

'हिंदू आतंक या यू.पी.ए. का आतंक ?' में मैंने गृह मंत्रालय से रिटायर हुए वरिष्ठ अधिकारी आर.वी.एस. मणि की पुस्तक से विस्फोटक प्रमाण दिए कि कैसे कांग्रेस के नेतृत्ववाली यू.पी.ए. सरकार ने 'मुसलिम आतंक' पर जान-बूझकर नरमी बरती और 'हिंदू आतंक' की झूठी कहानी गढ़ी! कैसे कांग्रेस/यू.पी.ए. ने इन दावों के साथ देश को बेवकूफ बनाया कि उन्होंने कई 'सर्जिकल स्ट्राइक्स' की थीं और सबसे अहम ये कि कैसे इसकी आशंका है कि कांग्रेस के बेहद वरिष्ठ मंत्रियों ने 26/11 के मुंबई हमलों के साथ ही भारत में आतंकवादी हमले करवाने में पाकिस्तान के साथ साठ-गाँठ कर रखी होगी।

अब आप खुद तय कीजिए कि जिस कांग्रेस पार्टी ने 61 वर्षों तक अंग्रेजों के खिलाफ भारत के स्वतंत्रता संग्राम का नेतृत्व किया, वह सोनिया और राहुल गांधी के नेतृत्व में भारत-विरोधी बन चुकी है। लेकिन, जैसा कि मैंने प्रस्तावना में लिखा है, 'वर्ष 2021 की कांग्रेस 1947 की कांग्रेस नहीं है।'

□

कांग्रेस का अंत होने वाला है?

इस अध्याय में जिन कांग्रेस नेताओं का जिक्र है, उनकी वरिष्ठता को समझने के लिए कृपया परिशिष्ट के बाद 'कांग्रेस पार्टी के वर्तमान नेता' शीर्षक वाले खंड को देखें।

मैंने इस पुस्तक को अगस्त 2019 में लिखना शुरू किया और उस समय ही शीर्षक एवं उपशीर्षक को तय कर लिया था। अठारह महीने बाद मेरी भविष्यवाणी सच होती दिख रही है।

वर्ष 2013-14 के बाद अधिकांश चुनाव अभियानों में बी.जे.पी. नेताओं, विशेष रूप से मोदी, ने कहा है कि वे कांग्रेस-मुक्त भारत का लक्ष्य लेकर आगे बढ़ रहे हैं। इस अध्याय से यह स्पष्ट होगा कि कैसे सोनिया और राहुल गांधी इस लक्ष्य को पूरा करने में बी.जे.पी. की मदद कर रहे हैं।

मोदी 1.0 के दौरान जी.डी.पी. की औसत चक्रवृद्धि दर यू.पी.ए.-2 के 7.65% की तुलना में 8.76% थी। भारत की पी.सी.जी.डी.पी. सन् 1960 में 330 डॉलर थी, जो 2015 में बढ़कर 1,751 डॉलर हो गई, जो 55 वर्षों में मात्र 3.08% की चक्रवृद्धि बढ़ोतरी है, जिनमें से कांग्रेस या कांग्रेस-समर्थित सरकारें 82% से अधिक समय तक सत्ता में थीं।

कांग्रेस ने भारत की अर्थव्यवस्था का इस प्रकार कुप्रबंधन किया। इसके बावजूद, जब भी इस पर चर्चा होती है कि मोदी ने कितनी अच्छी या बुरी तरह अर्थव्यवस्था का प्रबंधन किया, तो कांग्रेस नेता और उनके समर्थक चीख-चीखकर कहते हैं कि कांग्रेस ने अर्थव्यवस्था का प्रबंधन बेहतर तरीके से किया। क्या हम कांग्रेस की शैली जैसा शासन चाहते हैं, जो विकास और राष्ट्रीय सुरक्षा में कमजोर हो और भ्रष्टाचार तथा अपने नेताओं की व्यक्तिगत अमीरी को बढ़ाने में मजबूत?

पुरस्कार विजेता वरिष्ठ पत्रकार, चैतन्य कालबाग ने 12 जून, 2019 को '*द इकोनॉमिक टाइम्स*' में लिखा—

"48 वर्षीय दावेदार चित लेटा है··· भीड़ चैंपियन का हौसला बढ़ा रही है, जो उम्र में उससे 20 साल अधिक है, लेकिन अपने पैरों पर खड़ा है··· भले ही इसने 2014 के मुकाबले इस बार कुछ सीटें ज्यादा जीत ली हैं, फिर भी कांग्रेस 2019 में अपने विलुप्त होने के और करीब पहुँच गई··· दस प्रमुख हिंदीभाषी प्रदेशों की 225 सीटों में से इसे मात्र 6 पर जीत मिली, जहाँ उसके पास मोदी को चुनौती देनेवाला एक भी नेता नहीं है। ऐसा नहीं कि अचानक ही कोई तूफान 134 साल पुराने इस संगठन के सामने आ खड़ा हुआ हो। 1990 के दशक में ही निर्णय लेने की प्रक्रिया केंद्रीय स्तर पर सीमित कर दी गई। सी.डब्ल्यू.सी. में मनोनीतों को भर दिया गया और संसदीय बोर्ड समाप्त कर दिए गए।··· बीते कुछ दशकों में पार्टी ने पूरे होशो-हवास में जमीनी स्तर की अपनी संरचनाओं को तहस-नहस कर दिया है··· पैसा और ताकत ने सुनिश्चित किया कि क्षेत्रीय क्षत्रपों की प्रमुख पदों पर 'जीत' हो। जमीनी स्तर की प्रतिभा को कुचल दिया गया। जिन जिला कांग्रेस समिति के प्रमुखों पर ब्लॉक और ग्रामीण स्तर के कार्यकर्ताओं को तैयार करने की जिम्मेदारी थी, उन्हें अपने ही खयालों में खोया रहनेवाला आलाकमान (सोनिया) चुन लेता था और राज्य इकाई के हताश अध्यक्षों को जवाब तक नहीं देता था। वह (राहुल) ऐसे सलाहकारों से घिर गए, जिनके पास जमीनी स्तर का कोई अनुभव नहीं था··· कांग्रेस के खत्म होते संसाधनों का बड़ा हिस्सा शक्ति एप पर खर्च किया गया, जिसका मक़सद पार्टी के सभी कार्यकर्ताओं को जोड़े रखना था। (लाखों) फर्जी कार्यकर्ता बहाए जा रहे पैसों की गंगा में हाथ धोने के लिए कूद पड़े··· पार्टी कार्यकर्ताओं और वोटरों को तीन बार 75 लाख SMS की खेप भेजने के लिए पार्टी को एक दिन में 1.5 करोड़ रुपए चुकाने पड़े, (लेकिन) 'ये लोग सिर्फ कागजों पर थे'··· कांग्रेस न तो गांधियों के साथ और न उनके बिना जीवित रह सकती है। यही सच है।"

कालबाग के लेख में एक महत्त्वपूर्ण छिपा तथ्य यह था कि एक के बाद एक कांग्रेस की सरकारों ने भारत पर शासन के दौरान जितना भ्रष्टाचार किया, उसने खुद पार्टी को ही खोखला कर दिया।

3 जुलाई, 2019 को राहुल ने 'आधिकारिक रूप से' पार्टी के अध्यक्ष पद से इस्तीफा दे दिया। उन्होंने 2019 के चुनावों के नतीजों की घोषणा के महज दो दिन बाद, 25 मई को ही, 'इस्तीफे की पेशकश' की थी। उन्होंने कहा था कि

'परिवार' के किसी भी सदस्य को पार्टी का नेतृत्व नहीं करना चाहिए और वे यहाँ तक चाहते थे कि परिवार खुद को उनके उत्तराधिकारी की खोज की प्रक्रिया से भी अलग कर ले।

उसके बाद पार्टी अध्यक्ष पद के लिए जिन नामों की चर्चा होने लगी, उनमें मोतीलाल वोरा (तब 91), सुशील कुमार शिंदे (78) और मल्लिकार्जुन खड़गे (77) शामिल थे। युवा नेता, जैसे कि मुकुल वासनिक (60), कुमारी शैलजा (57), आर.पी.एन. सिंह (55), रणदीप सिंह सुरजेवाला (52) और सचिन पायलट (42) के भी नाम संभावित उम्मीदवारों के रूप में चल रहे थे। हमारे 'युवा' देश (बी.जे.पी. अध्यक्ष जे.पी. नड्डा महज 60 के हैं) पर जहाँ 91/78/77 साल के लोगों को थोपना एक मजाक होगा, वहीं भारत की सबसे पुरानी पार्टी का अध्यक्ष उसे बनना चाहिए, जिसने 2019 के लोकसभा चुनाव में कम-से-कम 1 सीट पर जीत दर्ज की हो!

शशि थरूर ने कहा कि भले ही राहुल गांधी ने कहा है कि 'परिवार' के किसी सदस्य को पार्टी का नेतृत्व नहीं करना चाहिए; लेकिन प्रियंका में वह करिश्मा और क्षमता है। पंजाब के मुख्यमंत्री कैप्टन अमरिंदर सिंह ने भी प्रियंका का समर्थन पार्टी का नेतृत्व करनेवाले 'सबसे उपयुक्त पसंद' के रूप में किया।

अचानक 10 अगस्त की देर रात सी.डब्ल्यू.सी. ने 'एकमत से' सोनिया गांधी को अंतरिम अध्यक्ष चुन लिया। क्या यह 11.95 करोड़ भारतीयों के साथ एक मजाक था, जिन्होंने 2019 में कांग्रेस को वोट दिया था? क्या कोई और पार्टी का नेतृत्व करने के योग्य नहीं था? यह प्रक्रिया भी ड्रामे के बिना पूरी नहीं हुई। राहुल रात के 10 बजे अचानक वहाँ पहुँचे, जहाँ सी.डब्ल्यू.सी. की बैठक उनके उत्तराधिकारी की तलाश के लिए चल रही थी और यह बैठक लगभग दिन भर से चल रही थी। अंदर करीब 15 मिनट बिताने के बाद वह संबोधन के लिए टी.वी. कैमरों के सामने खड़े हो गए। सब उम्मीद कर रहे थे कि वह 'उस नाम' की घोषणा करेंगे, जिसका इंतजार 19.49% भारतीय वोटर कर रहे थे। इसकी बजाय उन्होंने कहा कि उन्हें कश्मीर में हिंसा एवं मौत पर चर्चा के लिए बुलाया गया था और चयन की प्रक्रिया को 'कश्मीर पर प्रेजेंटेशन' के लिए कुछ समय तक रोक दिया गया है। कुछ मिनटों बाद सी.डब्ल्यू.सी. के सदस्य बाहर निकले। गुलाम नबी आजाद और अधीर रंजन ने कहा कि सोनिया अंतरिम अध्यक्ष होंगी। कांग्रेस के एक नेता ने कहा कि सोनियाजी ही मोदी और अमित शाह के नेतृत्ववाली बी.जे.पी.

को हराने के लिए उपयुक्त व्यक्ति हैं। *कब? 2029 में? जब वह 82 साल से भी अधिक की हो जाएँगी?*

इस ड्रामे के बाद एक प्रेस कॉन्फ्रेंस हुई, जिसे हिंदी में सुरजेवाला ने और अंग्रेजी में वेणुगोपाल ने संबोधित किया। सी.डब्ल्यू.सी. के तीन प्रस्तावों को पढ़ा गया। पहले में करीब पंद्रह वाक्यों में राहुलजी की प्रशंसा की गई। अगर गिनीज बुक ऑफ वर्ल्ड रिकॉर्ड्स में 'चाटुकारिता' की कोई कैटेगरी होती तो इस प्रेस कॉन्फ्रेंस को पुरस्कार जरूर मिल जाता। राहुल के बारे में जो कुछ कहा गया, अगर वह सच होता तो कांग्रेस को 2019 में 352 सीटें मिल जातीं, न कि सिर्फ 52 सीटें। इस प्रेस कॉन्फ्रेंस को यूट्यूब पर (http://bit.ly/31GvBLn) देखें और अगर मैं बढ़ा-चढ़ाकर कह रहा हूँ तो खुद फैसला कीजिए।

दूसरे ने सबकुछ खोलकर रख दिया। इसने कहा कि राहुल को एक बार फिर एकमत से पार्टी का अध्यक्ष चुन लिया गया, लेकिन उन्होंने इनकार कर दिया। अगर किसी में जरा सी भी समझ होगी तो वह समझ जाएगा कि कश्मीर पर राहुल को चर्चा के लिए बुलाने की बात गढ़ी गई थी। स्पष्ट रूप से उन्हें यह कहने के लिए बुलाया गया था कि वह पार्टी अध्यक्ष का पद फिर से स्वीकार करें और तब उन्होंने (एक बार फिर) उससे इनकार कर दिया। तीसरा प्रस्ताव यह था कि मैडम को एक बार फिर पार्टी का अध्यक्ष बनाया गया है। हाँ, राहुल के यह कहने के बावजूद कि परिवार के किसी भी सदस्य को पार्टी का नेतृत्व नहीं करना चाहिए, 'मम्मी लौट आई थीं।' उनका कहना है कि वह बस, एक 'अंतरिम अध्यक्ष' हैं। मैं भी देखता हूँ कि यह 'अंतरिम' कितने समय तक रहता है। वैसे, 370 का अंतरिम अनुच्छेद 69 साल से ज्यादा समय तक टिक गया था।

पार्टी के नए अध्यक्ष के लिए एक 'सर्च कमेटी' बनाई गई थी, जिसमें पार्टी के दो वरिष्ठ नेता ए.के. एंटनी और अंबिका सोनी सदस्य थे; लेकिन दोनों ने खुद को इस अभियान से अलग कर लिया। द्विवेदी ने कहा कि राहुल को नए पार्टी अध्यक्ष की खोज के लिए एक औपचारिक सलाहकार तंत्र का गठन करना चाहिए था। पार्टी के आधिकारिक रुख के खिलाफ जाकर द्विवेदी ने मोदी सरकार के उस बिल का समर्थन किया, जिसने अनुच्छेद 370 और 35ए को हटा दिया। कांग्रेस के जो दूसरे वरिष्ठ या मध्यम स्तर के कांग्रेस नेताओं ने इस कदम का समर्थन किया, उनमें ज्योतिरादित्य सिंधिया, आर.पी.एन. सिंह, प्रसाद, देवड़ा, भुवनेश्वर कलीता, दीपेंदर हुड्डा, रंजीता रंजन और जयवीर शेरगिल शामिल थे। यहाँ तक कि जम्मू व कश्मीर

के पूर्व *सद्र-ए-रियासत* और राज्य के पहले राज्यपाल ने लद्दाख को अलग केंद्र-शासित प्रदेश बनाने के साथ ही अनुच्छेद 35ए हटाने का समर्थन किया।

वर्ष 2019 के नतीजों के 20 महीने से भी अधिक बीत गए हैं, लेकिन कांग्रेस के पंचर टायर में अब तक हवा नहीं भर सकी है। राहुल के इस्तीफा देने के बाद किसी को समझ नहीं आ रहा कि क्या करे। अगर यह सोनियाजी की गलती नहीं है तो किसकी है? पार्टी अध्यक्ष के रूप में इक्कीस वर्षों से भी अधिक समय तक रहने के दौरान उन्होंने जान-बूझकर या वैसे ही यह सुनिश्चित किया कि किसी का भी कद उनके बेटे से बड़ा न हो सके। (सोनिया के कितने संभावित प्रतिद्वंद्वियों की रहस्यमय मौत हुई है, इस पर मेरी पुस्तक *'डीमिस्टिफाइंग मिथ्स'* का *'017 : लाइसेंस टू किल'* अध्याय पढ़ें।)

कर्नाटक में, जुलाई 2019 के आखिर में, जे.डी. (एस)-कांग्रेस की गठबंधन सरकार बनने के महज 14 महीने बाद गिर गई। बी.जे.पी. ने राज्य में ग्यारह वर्षों में तीसरी बार सरकार बनाई।

अगस्त 2019 में कई हाई-प्रोफाइल कांग्रेस नेताओं ने राहुल गांधी के मोदी पर खुल्लम-खुल्ला हमले की आलोचना की।

जयराम रमेश ने कहा—

"प्रधानमंत्री मोदी के शासन का मॉडल पूरी तरह से नकारात्मक नहीं है और उनके काम को न समझना और हमेशा ही उन्हें खलनायक बताने से कुछ नहीं होगा। वक्त आ गया है कि वर्ष 2014 से 2019 के बीच मोदी ने जो काम किया है, उसे माना जाए, जिसके कारण 30% से ज्यादा मतदाताओं ने उन्हें फिर से सत्ता में आने का मौका दिया… जब तक हम उनके किए कामों को नहीं मानेंगे, जिन्हें जनता मानती है और जो हमने पहले नहीं किए थे, तब तक हम इस आदमी का सामना नहीं कर सकेंगे।"

अगले ही दिन डॉ. अभिषेक मनु सिंघवी और शशि थरूर खुलकर जयराम रमेश के समर्थन में आ गए। सिंघवी ने ट्वीट किया—

"हमेशा ही कहा कि #मोदी को खलनायक बताना गलत है। वह न केवल देश के पी.एम. हैं, बल्कि एकतरफा विरोध से उन्हें मदद मिलती है। काम हमेशा अच्छा, बुरा और निष्फल होता है, उन पर मुद्दे के हिसाब से फैसला सुनाना चाहिए, व्यक्ति के हिसाब से नहीं। निश्चित रूप से, उज्ज्वला योजना कई अच्छे कामों में से एक है #जयराम रमेश।"

थरूर ने ट्वीट किया—"मैं छह साल से यही कहता आ रहा हूँ कि @नरेंद्र मोदी जब भी कुछ सही कहें या करें तो उनकी प्रशंसा करनी चाहिए। इससे जब वह गलती करें तो हमारी आलोचना की विश्वसनीयता बढ़ जाएगी।"

9 अक्तूबर, 2019 को सागरिका घोष, जिन्हें आमतौर पर मोदी और बी.जे. पी.-विरोधी माना जाता है, ने '*द टाइम्स ऑफ इंडिया*' में लिखा—

"ऐसा लग रहा है जैसे कांग्रेस शून्य में समा रही है। गांधी परिवार का नाम एक तकलीफदेह बोझ बन गया है··· पार्टी के अंदर की उठा-पटक हार और हताशा की चौतरफा सोच को दरशाती है। एक परिवार के प्रति वफादारी के लिए जो पार्टी काम करती है, वह लोकप्रिय नेताओं के उदय को रोक रही है··· नेता बस, अपने आप को बचाए रखने के लिए पार्टी छोड़ रहे हैं··· मँडरा रही तबाही पर (पार्टी की) यही प्रतिक्रिया रही है कि सोनिया के नेतृत्व में पुराने नेताओं को फिर से खड़ा किया जाए, लोगों के बीच सोनिया की स्वीकार्यता को बढ़ाया जाए और टीम राहुल की गलतियों की भरपाई के लिए वरिष्ठों के राजनीतिक अनुभव पर अपना भरोसा रखा जाए। इन सबके बावजूद पुराने नेता अब कुछ नहीं कर पाएँगे। इस बात का एहसास न करना कि वर्ष 2019 के चुनाव में जनता ने गांधी परिवार और उसके वफादारों को कुचल दिया और उन्हें खारिज कर दिया, सबकुछ जानकर भी अनजान बने रहना है। बात अब पुराने बनाम नए या टीम सोनिया बनाम टीम राहुल की नहीं रह गई है। बीमारी व्यक्तियों से कहीं गहराई तक फैल चुकी है। तो क्या कांग्रेस के लिए शोक संदेश लिखने का समय आ गया है ? शायद नहीं। यह अब भी पूरी दुनिया में एक ताकतवर नाम है।···लेकिन अस्तित्व बचाए रखने के लिए। कांग्रेस को पुरानी पार्टी को समाप्त कर एक नई पार्टी को खड़ा करना ही होगा। यह पार्टी पहले भी दो बार बँट चुकी है। इसे फिर से बाँटना होगा और पुरानी कांग्रेस को दफनाकर नई स्वतंत्र कांग्रेस पार्टी का गठन करना होगा। सन् 1959 में स्थापित स्वतंत्र पार्टी व्यक्तिगत प्रयास और न्यूनतम समझदारी भरी सरकार की पार्टी थी। उसने 1962 (लोकसभा) के चुनावों में 18 सीटें जीतकर अच्छा प्रदर्शन किया और फिर 1967 में 44 सीटों पर जीत हासिल की, जिसके बाद कांग्रेस के खिलाफ सबसे बड़ी विपक्षी पार्टी बन गई। इंदिरा युग के बाद··· एक ही उपलब्धि है और वह है सन् 1991 का आर्थिक उदारीकरण। मनमोहन के अर्थशास्त्र ने इसे दूसरी बार (2009 में) जीत दिलाई। मोदी के नेतृत्ववाली बी.जे.पी. जहाँ 1970 के दशक के उस कांग्रेस की याद दिलाती है, जब निरंकुश सरकारी ताकत, जन-जन में उमड़ता

राष्ट्रवाद और केंद्र की भारी-भरकम कल्याणकारी योजनाएँ हैं, तब कांग्रेस खुद को एक आधुनिक, सुधार-समर्थक स्वतंत्र पार्टी के रूप में नया अवतार दे सकती है। 'स्वतंत्र' का मतलब है—मुक्त, पुरानी विचारधारा से मुक्ति, वंशवाद से मुक्ति। गांधी परिवार जहाँ अपने साथ जुड़े विवादित 'दरबार' के कारण आंतरिक लोकतंत्र के लिए दीवार बन गया है, वहीं लोकप्रिय युवा नेताओं का हर स्तर पर गला घोंट रहा है। देश के दो महत्त्वपूर्ण वर्ग—युवा एवं शहरी मध्य वर्ग दूर जा चुके हैं और दोनों ही अर्थव्यवस्था को लेकर चिंतित हैं। यही आर्थिक संकट कांग्रेस के लिए फिर से उठ खड़ा होने का सबसे अच्छा मौका है।

"लेकिन यह तभी ऐसा कर सकती है, जब पी.वी. नरसिम्हा राव और मनमोहन सिंह के राजनीतिक मध्यमार्गी और आर्थिक रूप से उदार अवतार को फिर से साकार करती है। इसे गांधी परिवार और इसके शैंपन समाजवाद की पहचान से दूर रहना ही होगा। एक नई स्वतंत्र कांग्रेस को पार्टी के पदों के लिए चुनाव करवाना चाहिए और कड़ी टक्कर से एक नेता को उभरने देना चाहिए। धर्मनिरपेक्षता को लेकर एक नई सोच की भी जरूरत है, जो सामुदायिक हितों की सरपरस्ती से दूर हो और समान नागरिकता की समावेशी एकजुटता पर आधारित हो। आज की कांग्रेस, जो 'नामदार' वंश के साथ लड़खड़ा रही है, शक्तिशाली बी.जे.पी. को चुनौती देने के काबिल नहीं है। कांग्रेस को तिलांजलि देने और चुनाव आयोग के पास नई पार्टी को रजिस्टर कराने का समय आ गया है।"

जिन वरिष्ठ कांग्रेस नेताओं ने बी.जे.पी. का दामन थामा है, उनमें राव इंद्रजीत सिंह, चौधरी बिरेंदर सिंह, हिमंता बिस्व सरमा, रीता बहुगुणा जोशी, एस.एम. कृष्णा, भुवनेश्वर कलिता और ज्योतिरादित्य सिंधिया शामिल हैं।

अन्य नेता, जो कांग्रेस छोड़कर गए, उनमें वाई.एस. जगन मोहन रेड्डी शामिल हैं, जिन्होंने अपनी पार्टी बनाई और आंध्र प्रदेश के मुख्यमंत्री बन गए; जयंती नटराजन, जी.के. वासन, रंजीत देशमुख, अशोक तँवर और प्रद्योत देवबर्मन ने भी कांग्रेस से नाता तोड़ लिया। राजस्थान के उपमुख्यमंत्री सचिन पायलट ने राज्य के मुख्यमंत्री अशोक गहलोत के खिलाफ 12 जुलाई, 2020 को विद्रोह किया और अगले ही दिन उन्हें मंत्रिमंडल से बरखास्त कर दिया गया। महज एक साल पहले ही जब राहुल ने इस्तीफा दिया था, तब पायलट का नाम पार्टी अध्यक्ष के संभावितों में सामने आया था।

13 जुलाई को सिब्बल ने ट्वीट किया—"पार्टी के लिए चिंतित हूँ। क्या जब

घोड़े हमारे अस्तबल से भाग जाएँगे, तभी हम जागेंगे?" एक महीने तक अड़ने और झुकने के बाद आखिरकार पायलट को पार्टी के साथ समझौता करने पर मना लिया गया।

कई जाने-माने प्रवक्ता (आधिकारिक एवं अनधिकारिक) भी चले गए—शहजाद पूनावाला, जो अब अल्पकालिक टी.वी. पत्रकार बन गए हैं; टॉम वडक्कन, जो बी.जे.पी. में शामिल हो गए; प्रियंका चतुर्वेदी, जो शिवसेना में चली गईं और संजय झा, जिन्हें उस लेख के बाद निकाल दिया गया, जिसमें उन्होंने कहा था कि पार्टी को आत्ममंथन करना चाहिए। तमिलनाडु में कांग्रेस की सबसे ज्यादा जानी-मानी हस्ती पूर्व अभिनेत्री खुशबू सुंदर ने अक्तूबर 2020 में बी.जे.पी. का दामन थाम लिया।

मध्य प्रदेश में कांग्रेस सरकार बनने के महज 15 महीने बाद ही मार्च 2020 में गिर गई।

राहुल ने जून 2020 में आर.पी.एन. सिंह को कड़े शब्दों में फटकारा था, जब उन्होंने कहा था कि पार्टी को पूर्वी लद्दाख में चीन के साथ सीमा विवाद को लेकर मोदी पर व्यक्तिगत हमला नहीं करना चाहिए। राहुल ने ट्वीट किया था कि 'नरेंद्र मोदी असल में सरेंडर मोदी हैं' और प्रधानमंत्री को कोसनेवाली कई निजी टिप्पणियाँ भी की थीं।

1 अगस्त, 2020 को राहुल समर्थकों और पुराने नेताओं के बीच 'झगड़ा' हुआ। राहुल समर्थक वर्ष 2014 और 2019 के चुनावों में हार के लिए यू.पी.ए.-2 की सरकार को जिम्मेदार ठहरा रहे थे, जबकि पुराने नेता पार्टी का बचाव कर रहे थे।

7 अगस्त को 23 पार्टी नेताओं ('जी 23') ने सोनिया गांधी को चिट्ठी लिखी और कहा कि पार्टी जिस तरीके से मोदी सरकार का विरोध कर रही है, वह सही नहीं है। साथ ही, पार्टी में व्यापक फेर-बदल कर एक 'पूरे समय के लिए दिखनेवाला' अध्यक्ष बनाने की माँग की। जी 23 में आजाद, आनंद शर्मा, मोइली, चव्हाण, भूपिंदर हुड्डा, कुरियन, सिब्बल, तिवारी, वासनिक, देवड़ा, प्रसाद, रेणुका चौधरी और थरूर शामिल थे। मुझे याद नहीं कि सन् 1999 में जब शरद पवार, पी.ए. संगमा और तारिक अनवर ने सोनिया के नेतृत्व को चुनौती दी थी, उसके बाद इतने सारे नेताओं ने गांधी परिवार को चैलेंज किया हो।

24 अगस्त को सी.डब्ल्यू.सी. की बैठक में 'परिवार के वफादारों' ने जी 23

के खिलाफ जबरदस्त पलटवार करते हुए पत्र की बातों और टाइमिंग को 'क्रूर' बताया, क्योंकि यह तब लिखा गया था, जब सोनिया अस्पताल में थीं। जबकि सच यह है कि ये पत्र तब पहुँचा था, जब मैडम घर वापस आ गई थीं। जी 23 ने जो मुद्दे उठाए, उन पर चर्चा नहीं हुई। सी.डब्ल्यू.सी. ने सोनिया गांधी को 'एकमत से मनाया', जो 'आहत' हुई थीं और 'इस्तीफा' देना चाहती थीं कि वह अगले ए.आई. सी.सी. सत्र तक, जिसकी समय सीमा का फैसला नहीं हुआ, पार्टी की 'अंतरिम' अध्यक्ष बनी रहें।

तीन दिन बाद पार्टी ने 'बेहतर तालमेल और बेहतर फ्लोर मैनेजमेंट के लिए' संसद् के दोनों सदनों के लिए पाँच सदस्यीय समितियों के गठन का ऐलान किया। राज्यसभा की समिति में तीन वफादारों के शामिल किए जाने से आजाद और शर्मा अल्पमत में आ गए।

11 सितंबर को सोनिया ने व्यापक बदलाव करते हुए चार महासचिवों को हटा दिया और कई निकायों एवं समितियों में फेर-बदल किए। यह साफ नहीं था कि इन बदलावों से क्या हासिल किया जाना था। जहाँ जी 23 के कुछ सदस्यों को किसी पद, निकाय या समिति से हटाया गया, वहीं दूसरे में उन्हें बनाए रखा गया। जिन चार लोगों को महासचिव पद से हटाया गया, उनमें से सिर्फ एक ने जी 23 के पत्र पर दस्तखत किया था। *क्या यह कांग्रेस के लिए 9/11 था?*

'परिवार' के खिलाफ बोलनेवाले को कांग्रेस बरदाश्त नहीं करती, फिर भी वे मोदी को फासीवादी कहते हैं। बी.जे.पी. ने अरुण शौरी, यशवंत सिन्हा या शत्रुघ्न सिन्हा को बरखास्त नहीं किया, जबकि उन्होंने कई बार मोदी के खिलाफ बयान दिए।

वरिष्ठ पत्रकार और लेखक मिन्हाज मर्चेंट ने लिखा—

"आज कांग्रेस का पतन हो रहा है, क्योंकि यह कैडर आधारित पार्टी नहीं, बल्कि प्राइवेट फैमिली बिजनेस है। गांधी परिवार के सदस्य ही सिर्फ इसके शेयरधारक हैं। दूसरे उनकी खुशी के लिए काम करते हैं। यहाँ तक कि आजाद, सिब्बल, मनीष तिवारी और थरूर जैसे विवेकशील नेता भी गांधी परिवार के खिलाफ जाने की हिम्मत नहीं करते, जैसा कि हाल की घटनाओं में देखा गया है। वे भले ही साफ-सुथरे आंतरिक पार्टी चुनावों की अपील करते हैं, लेकिन जब पूछा जाता है तो कर्तव्यनिष्ठ होकर यही कहेंगे कि गांधी परिवार से ही किसी को पार्टी का नेतृत्व करना चाहिए। ये सिर्फ चमचागीरी नहीं, बल्कि ये गुलामी है।"

अक्तूबर-नवंबर 2020 में हुए बिहार विधानसभा चुनावों में कांग्रेस आर.जे.डी. के नेतृत्ववाले महागठबंधन (एम.जी.बी.) का हिस्सा थी। लड़ी गई 70 सीटों में से उसे सिर्फ 19 पर जीत मिली और इस तरह 27.1% की स्ट्राइक रेट थी; जबकि आर.जे.डी. की 52.1% थी। एम.जी.बी. में जो वामपंथी दल थे, उनकी स्ट्राइक रेट 55.2% थी। कांग्रेस के खराब प्रदर्शन ने एन.डी.ए. की जीत पक्की कर दी। बी.जे.पी. की स्ट्राइक रेट 67.3% थी, जे.डी.यू. की 37.4%, एन.डी.ए. के छोटे सहयोगियों की 44.4%। बी.जे.पी. नेताओं ने बातचीत में यह स्वीकार किया कि एन.डी.ए. की जीत सिर्फ कांग्रेस के खराब प्रदर्शन की वजह से हुई।

इसने उसी दौरान हुए राज्य के उपचुनावों में भी खराब प्रदर्शन किया। उसे 11 राज्यों की 59 में से सिर्फ 12 सीटों पर जीत मिली। इस बीच, ऐसा कहा जा रहा है कि राहुल और उनकी बहन प्रियंका शिमला में छुट्टियाँ मना रहे थे और उन्होंने पार्टी के खराब प्रदर्शन पर कुछ बोलना जरूरी नहीं समझा।

ऑस्ट्रेलियन नेशनल यूनिवर्सिटी के प्रोफेसर रमेश ठाकुर ने 14 नवंबर, 2020 को *'द इकोनॉमिक टाइम्स'* में लिखा—"कांग्रेस किसी भी गठबंधन के लिए एक चुनावी बोझ बन गई। अगर कांग्रेस का कोटा घटाकर 35 कर दिया गया होता तो एम.जी.बी. 15 सीटें और जीत जाता।"

पी. चिदंबरम, जो जी 23 के साथ नहीं थे, ने भी खुलकर बयान दिया।

"कांग्रेस ने अपनी संगठन क्षमता से ज्यादा सीटों पर चुनाव लड़ा··· पार्टी को सिर्फ 45 सीटों पर चुनाव लड़ना चाहिए था··· मैं गुजरात, एम.पी., यू.पी. और कर्नाटक के उपचुनावों के नतीजों को लेकर ज्यादा चिंतित हूँ। वे दिखाते हैं कि पार्टी की जमीन पर या तो संगठनात्मक मौजूदगी नहीं है या वह काफी कमजोर हो चुका है।"

सिब्बल ने 'अनुभवी सोच, अनुभवी लोगों और राजनीतिक सच्चाई को समझनेवालों' से कांग्रेस को फिर से जिंदा करने की अपील की—

"हमें कई स्तरों पर कई चीजें करनी होंगी··· ऐसे लोगों को लाना होगा, जिन्हें वोटर सुनना चाहते हैं; एक सक्रिय व विचारवान् नेतृत्व, जो बातों को रख सके।··· कांग्रेसियों को स्वीकार करना होगा कि हम पतन की ओर जा रहे हैं।··· हम जहाँ एक विकल्प थे, उन राज्यों के लोगों ने कांग्रेस पर भरोसा नहीं जताया है। इसलिए मंथन का समय पूरा हो चुका है। हमें पता है कि क्या करना है। कांग्रेस में उन्हें स्वीकार करने का साहस और उसकी इच्छा होनी चाहिए।"

एक बार फिर 'परिवार' के वफादारों—गहलोत, अधीर रंजन एवं खुर्शीद ने आलोचकों पर पलटवार किया और यहाँ तक संकेत दे दिए कि उन्हें पार्टी छोड़ देनी चाहिए।

संजय झा ने *'द टाइम्स ऑफ इंडिया'* में लिखा—

"कांग्रेस को शक्तिशाली आंतरिक लोकतंत्र और पारदर्शी चुनावों की जरूरत है। सुनिश्चित राज्याभिषेक की पुरातन राजशाही संस्कृति को समाप्त करना होगा।··· कांग्रेस को सतत सार्वजनिक संवाद के मंच तैयार करने होंगे, जहाँ सिर्फ मोदी-विरोधी नारेबाजी और सोशल मीडिया ट्रेंड पर विस्फोट ही न हों। बिहार अंतकाल की ओर होते पतन का आदर्श उदाहरण है।"

शिमला में शायद इतनी ठंड थी कि राहुल गांधी यह सब सुन नहीं पाए। इसलिए उन्होंने अपनी माँ सोनिया के साथ गरम स्थान में छुट्टियाँ जारी रखने के लिए गोवा की उड़ान भरी।

23 नवंबर को गुलाम नबी आजाद, जिन्हें हाल ही में ए.आई.सी.सी. महासचिव पद से हटाया गया था, ने कहा—

"जमीन से हमारे लोगों का संपर्क कट गया है। अगर (किसी को) आज पार्टी टिकट मिल जाता है तो सबसे पहले वे एक पाँच-सितारा होटल बुक करते हैं। चुनाव जीतना है तो फाइव-स्टार कल्चर छोड़ना पड़ेगा। यह कोई बगावत नहीं है। बगावत नेता को बदलने की कोशिश करती है। यहाँ कोई भी कांग्रेस अध्यक्ष का उम्मीदवार नहीं है। एक बगावत में वजीर बादशाह को सेना से अलग कर देता है और उसे मार डालता है या उसका तख्तापलट कर देता है। बादशाह सही फैसले नहीं ले रहा है और वजीर उससे कह रहा है कि उसे नुकसान होगा और वह अपने तरीके को बदले नहीं तो वह तबाह हो जाएगा। जो कहते हैं कि सबकुछ ठीक है, वो बादशाह को गुमराह करते हैं और अंत में उसकी हत्या करवा देते हैं। सच्चा वजीर बादशाह को मुश्किलें बताता है। हम वो लोग हैं, जो बादशाह से कह रहे हैं कि आपके हाथ से देश, पार्टी और पद निकल जाएगा। इसलिए कुछ जरूरी कदम उठाने पड़ेंगे।"

आजाद ने जिस तरह बादशाह और पुरुष-वाचक सर्वनामों का इस्तेमाल किया, उससे साफ हो गया कि वह सोनिया का नहीं, बल्कि राहुल गांधी का जिक्र कर रहे थे।

भारत के सबसे बड़े विपक्षी दल का अध्यक्ष होने की बात तो छोड़ ही दीजिए, क्या राहुल गांधी सांसद रहने के भी हकदार हैं?

15वीं लोकसभा (2009-14) में संसद् में उनकी उपस्थिति महज 42% रही, जबकि सभी सांसद औसत रूप से 76% समय हाजिर रहे। 16वीं लोकसभा (2014-19) में राहुल गांधी सिर्फ 52% समय हाजिर रहे, जबकि औसत 80% का था। उन्होंने 67.1 के औसत के मुकाबले 14 बहसों में हिस्सा लिया। उन्होंने शून्य प्रश्न पूछे, जबकि औसत रूप से 293 प्रश्न पूछे गए।

संसदीय लोकतंत्र में चुनिंदा सांसदों की 'स्थायी समितियाँ' इस कारण गठित की जाती हैं, ताकि नीतियों एवं निर्णय लेने को लेकर कोई चूक न हो और वे निगरानी का काम करें। राहुल रक्षा पर स्थायी समिति (एस.सी.ओ.डी.) के सदस्य हैं। सितंबर 2019 से मार्च 2020 के बीच एस.सी.ओ.डी. की ग्यारह बार बैठक हुई और राहुल ने एक में भी हिस्सा नहीं लिया। वह नवंबर 2019 के समिति के भारत-चीन दौरे में भी शामिल नहीं हुए, जब ग्यारह सदस्य नाथू ला दर्रा, तवांग और भारतीय थल सेना एवं वायु सेना के पूर्वी कमान के मुख्यालयों में गए।

6 जुलाई को बी.जे.पी. अध्यक्ष जे.पी. नड्डा ने ट्वीट किया—

"राहुल गांधी उस वैभवशाली वंशवादी परंपरा से आते हैं, जहाँ रक्षा की जहाँ तक बात है तो समितियों का कोई महत्त्व नहीं, बस कमीशन का महत्त्व होता है। कांग्रेस में कई योग्य सदस्य हैं, जो संसदीय मामलों को समझते हैं, लेकिन एक वंश ऐसे नेताओं को कभी आगे बढ़ने नहीं देगा। सच में दुर्भाग्यपूर्ण।"

वर्ष 2014-2019 में राहुल गांधी विदेश मामलों की स्थायी समिति के सदस्य थे। उन्होंने उसकी छियासी बैठकों में से सिर्फ नौ में हिस्सा लिया और समिति के पाँच स्टडी टूर में से किसी में भी नहीं गए।

दिसंबर 2020 में ग्रेटर हैदराबाद नगर निगम के चुनावों में बी.जे.पी. के शानदार प्रदर्शन का जिक्र करते हुए, जिसमें सन् 2016 की तुलना में उसे सिर्फ 4 सीटों के बजाय 150 में से 48 सीटों पर जीत मिली थी और कांग्रेस का प्रदर्शन खराब (2 सीट) रहा था। संजय झा ने 8 दिसंबर को *'द टाइम्स ऑफ इंडिया'* में लिखा—

"कांग्रेस जहाँ लगातार लड़खड़ा रही है, वहीं पार्टी के भीतर के समझदार लोग दीवार पर लिखी इबारत को पढ़ सकते हैं—हमें बदलाव की जरूरत है। गांधी परिवार जहाँ पार्टी के लिए कमाल के गोंद की तरह और अतीत में बैलट बॉक्स पर जादू की तरह काम करता रहा है, वहीं कांग्रेस ने भी उन्हें सबकुछ दिल खोलकर दिया। सोनिया गांधी 21 वर्षों से कांग्रेस की सबसे लंबे समय की अध्यक्ष रहीं और

उन्हें किसी ने चुनौती भी नहीं दी। आंतरिक लोकतंत्र की माँग करनेवाली पार्टी ने हद से ज्यादा उदारता दिखाई। राहुल की ताजपोशी जैसे जन्मसिद्ध अधिकार के रूप में हुई। पिछले 42 वर्षों में से 35 वर्षों तक गांधी परिवार ही (पार्टी) अध्यक्ष रहा है।''' इस अंतहीन चापलूसी का कभी तो अंत होना चाहिए।''' तबाही लानेवाले राजनीतिक फैसले''' टी.आर.एस. को कांग्रेस के साथ मिलाने और आंध्र प्रदेश एवं तेलंगाना में धीरे-धीरे खोखला होने में दोष वरिष्ठ नेताओं का ही है। हिमंता बिस्व सरमा को पार्टी ने जाने दिया, जिससे उसने न केवल असम को, बल्कि पूर्वोत्तर के सभी सात राज्यों को बी.जे.पी. को सौंप दिया। यू.पी., बिहार, ओडिशा, गुजरात, एम.पी., कर्नाटक में पार्टी की हालत खराब है। महाराष्ट्र में पवार की एन.सी.पी. और आंध्र में जगन की वाई.एस.आर.सी.पी. का कद उस कांग्रेस से कहीं बड़ा हो गया, जिससे उनका जन्म हुआ। कांग्रेसी वर्ष 2004 के चुनावों पर बड़ी-बड़ी बातें करते हैं, जब उन्होंने जीत दर्ज कर वाजपेयी के कार्यकाल का अंत कर दिया था। वो ये भूल जाते हैं कि एकीकृत आंध्र प्रदेश से उन्हें 145 में से 29 सीटें या 20% सीटें मिली थीं। 2009 में वो राज्य की 42 में से 32 सीटें तक जीत गए। आज उनका वह भरोसेमंद किला ढह चुका है।''' दक्षिण के सुरक्षित राज्य में छह वर्षों के दौरान पार्टी का लगातार पतन होता चला गया। बी.जे.पी. को सीधे तौर पर इसका फायदा मिला। राष्ट्रीय स्तर पर इसके परिणाम बहुत व्यापक होंगे।"

15 दिसंबर, 2020 के 'टाइम्स ऑफ इंडिया' के संपादकीय में कहा गया—

"बंगाल, तमिलनाडु, केरल और असम में विधानसभा चुनावों के लिए बी.जे.पी. में तैयारियों को लेकर कई सारी गतिविधियाँ भारतीय राजनीति के लिए एक नई सामान्य बात है। कार्यक्रम को लेकर बी.जे.पी. की स्पष्टता कांग्रेस की सुस्ती से एकदम अलग है, क्योंकि कांग्रेस अब तक बंगाल में सी.पी.एम. के साथ समझौते को अंतिम रूप नहीं दे सकी है या असम में प्रस्तावित 'महा' धर्मनिरपेक्ष गठबंधन की रूपरेखा तय नहीं कर सकी है। भले ही केरल में बी.जे.पी. तीसरे नंबर पर काफी पीछे है, फिर भी, कांग्रेस नेतृत्ववाली यू.डी.एफ. में मुसलिम लीग का बढ़ता प्रभाव और (भ्रष्टाचार के) आरोपों से घिरी सी.पी.एम. के नेतृत्ववाली यू.जी.एफ. सरकार के कारण बी.जे.पी. के पास लाभ उठाने के अवसर हैं। बी.जे.पी. ईसाई धार्मिक नेताओं को अपने साथ जोड़ने में जुटी है, जो लंबे समय से यू.पी.एफ. का समर्थन करते आ रहे हैं।'''आंध्र प्रदेश, ओडिशा और तेलंगाना में भी जहाँ बी.जे.पी. कांग्रेस और क्षेत्रीय दलों की ओर से छोड़ी जा रही खाली जगहों को भरने का प्रयास

कर रही है, उससे बी.जे.पी. के कारण भारतीय राजनीति में इतना बड़ी अभिकेंद्रित हलचल मची है, जो थमने का नाम नहीं ले रही है।"

19 दिसंबर, 2020 को सोनिया के आवास पर पाँच घंटे लंबी बैठक चली थी। सोनिया, राहुल और प्रियंका के अलावा जी 23 के सात नेता, सात 'वफादार' और चिदंबरम के अलावा मध्य प्रदेश के पूर्व मुख्यमंत्री कमलनाथ थे, जो 'विरोधी' नहीं थे, लेकिन जिन्होंने जी 23 की कुछ चिंताओं को उठाया। लगभग एक महीने से भी अधिक समय तक प्रियंका ने परदे के पीछे जी 23 के नेताओं से बातचीत कर इस बैठक का माहौल तैयार किया था। राहुल ने कहा कि वह आजाद, आनंद शर्मा और हरियाणा के पूर्व मुख्यमंत्री हुड्डा (सभी जी 23 का हिस्सा थे) को सबसे पहले अपने 'पिता के दोस्त' मानते हैं और 'बुजुर्गों' के सम्मान का वादा किया। हालाँकि, चिदंबरम ने जब कहा कि कांग्रेस तमिलनाडु विधानसभा चुनावों में अच्छा करेगी, तो राहुल ने पलटकर कहा कि चुनाव तो डी.एम.के. लड़ेगी, कांग्रेस उसकी एक छोटी साझीदार है। *पहली बार राहुल ने सही बात कही थी।* चव्हाण ने कहा कि नामित किए जाने की संस्कृति खत्म होनी चाहिए और सी.डब्ल्यू.सी. के चुनाव कराए जाएँ। तिवारी, विवेक तन्खा और थरूर ने भी सी.डब्ल्यू.सी. के चुनावों की माँग की।

गुलाम नबी आजाद ने पूछा कि अगर कल सुरजेवाला ने कह दिया था कि सारे मुद्दे सुलझ गए हैं, तो फिर इतनी लंबी चर्चा किस बात को लेकर हो रही थी ? बैठक में शामिल एक नेता ने कहा, "कई दौर की बातचीत से सौहार्दपूर्ण हल निकलेगा या नहीं, यह इससे तय होगा कि नेतृत्व कामकाज में सुधार को किस हद तक पचा पाता है।" एक सहभागी ने कहा कि सोनिया और प्रियंका 'शालीन' हैं।

"यहाँ तक कि राहुल ने भी अपनी उस अकड़ को भुला दिया, जो वैसे भी गैर-वाजिब लगती थी।" और कमलनाथ तथा चिदंबरम के साथ 'हँसी-मजाक' करते रहे। गौर करनेवाली बात है कि टीम राहुल के चियरलीडर्स (वेणुगोपाल और सुरजेवाला) को सोच-समझकर बाहर रखा गया था, ताकि एक गंभीर चर्चा वफादारी का उनका बेहूदा प्रदर्शन बनकर न रह जाए।

जी 23 ने संकेत दे दिए कि (गांधी परिवार द्वारा) पीछे रहकर पार्टी को चलाने और पसंदीदा हलके-फुलके लोगों को ए.आई.सी.सी. विभाग के प्रभारी और पी.सी.सी. प्रमुख 'नामित' किए जाने से काम नहीं चलेगा। अपनी माँ की अंतरिम अध्यक्षता के पीछे से पार्टी को चलाने की कोशिश करने के बजाय राहुल को पार्टी

अध्यक्ष का चुनाव लड़ना चाहिए। सी.डब्ल्यू.सी. के चुनावों पर जोर देकर और संकेत देकर कि नामित प्रभारियों में भरोसा नहीं है, परिवर्तन की माँग करनेवालों ने राहुल के वफादारों को आंतरिक चुनावों का सामना करने के संकेत दे दिए। सोनिया ने जब और बैठकें आयोजित करने और संगठनात्मक चुनावों की तारीखों का ऐलान जल्द करने के वादे किए तो एक वरिष्ठ नेता ने कहा, "जितनी जल्दी हो जाएँ, उतना अच्छा।"

मैंने '*भारत के 14 प्रधानमंत्री : एक स्कोर कार्ड*' अध्याय के आखिर में सभी चौदह प्रधानमंत्रियों को प्वाइंट दिए हैं। बी.जे.पी. के दो प्रधानमंत्रियों ने औसत रूप से 7.25 अंक हासिल किए। कांग्रेस के छह प्रधानमंत्रियों ने 5.25 का औसत हासिल किया, जिनमें से परिवार के चार (एम.एम.एस. समेत, क्योंकि वह सरकार तो सोनिया की ही थी) को सिर्फ 4.25 अंक मिले। यह बात जहाँ स्पष्ट है कि सोनिया गांधी इतना अस्वस्थ रहती हैं कि पार्टी का नेतृत्व नहीं कर सकती हैं और राहुल/प्रियंका इसके काबिल नहीं तो बड़ा प्रश्न यह है कि क्या कांग्रेस के पास कोई दूसरा नेता है, जो मोदी-शाह-नड्डा की चुनाव जीतनेवाली मशीन का सामना कर सके?

वर्ष 2024 के लोकसभा चुनावों के लिए क्षेत्रीय दलों के एक बी.जे.पी.-विरोधी गठबंधन की चर्चा शुरू हो गई है, जैसा गठबंधन सन् 1977, 1989 और 1996 में बना था। कुछ क्षेत्रीय नेताओं का यह बयान आया कि कांग्रेस अब विपक्ष के 'बड़े भाई' की भूमिका नहीं निभा सकती है और बी.जे.पी.-विरोधी मोर्चे में उसे 'छोटा भाई' बनकर रहना होगा।

26 दिसंबर, 2020 को महाराष्ट्र में कांग्रेस की सहयोगी शिवसेना ने केंद्र में विपक्ष और कांग्रेस को 'कमजोर एवं निष्प्रभावी' कहा और यह सुझाया कि सभी बी.जे.पी.-विरोधी दलों को यू.पी.ए. के बैनर तले एकजुट होकर मोदी सरकार का एक शक्तिशाली विकल्प देना चाहिए और परोक्ष रूप से यह संकेत दिया कि विपक्ष के इस गठबंधन का नेतृत्व करने के लिए 80 साल के एन.सी.पी. प्रमुख शरद पवार सबसे उपयुक्त व्यक्ति हैं।

कांग्रेस के 136वें स्थापना दिवस समारोहों से एक दिन पहले 28 दिसंबर को राहुल कथित रूप से मिलान रवाना हो गए। कांग्रेस को जब उनकी जरूरत थी, तब वह भारत में नहीं थे, क्योंकि पार्टी संगठनात्मक पदों के चुनावों के लिए तैयार हो रही थी, जिसमें पार्टी अध्यक्ष का पद भी शामिल था।

पूर्व कांग्रेस प्रवक्ता खुशबू सुंदर ने ट्वीट किया—

"विपक्ष ने किसानों के विरोध पर इतना हो-हल्ला मचाया था, अब #आर.जी. कहाँ हैं ? कुछ दिनों की छुट्टी पर ? सच में ? अगर आप किसानों को लेकर इतने ही चिंतित हैं तो आपको छुट्टियाँ मनाने जाने के बजाय उनके साथ सड़कों पर होना चाहिए था। #आर.जी., तुमसे न हो पाएगा। क्या मैंने उम्मीद की थी कि #आर.जी. कुछ और करेंगे ? बिल्कुल भी नहीं। असल में, मैं उनकी कुछ दिनों के लिए छुट्टी पर जाने की यात्रा से जुड़ी खबर देखना चाहती थी। बस, बातें और ड्रामा। कुछ भी नया नहीं, वही पुरानी कहानी।"

राहुल गांधी की गैर-मौजूदगी और सोनिया के बीमार होने से कांग्रेस के स्थापना दिवस समारोहों पर बुरा असर पड़ा। ए.के. एंटनी ने पार्टी मुख्यालय पर कांग्रेस का झंडा फहराया। हालाँकि, प्रियंका इस कार्यक्रम में शामिल हुईं।

सुरजेवाला ने कहा कि राहुल 'कुछ दिनों की निजी यात्रा' पर गए हैं। आजाद ने कहा कि 'कौन है या कौन नहीं है', इससे बेफिक्र होकर पार्टी स्थापना दिवस मना रही है। पूर्व केंद्रीय मंत्री कांतिलाल भूरिया ने हैरान करनेवाला बयान दिया और कहा, "राहुल गांधी पार्टी के काम से इटली गए हैं। यहाँ कांग्रेस की अंतरिम अध्यक्ष सोनिया गांधीजी मौजूद हैं, कमलनाथजी मौजूद हैं। उनका कार्यक्रम पहले से तय था। वहाँ भी उनका पार्टी का काम है।" *इटली में वह कौन सा पार्टी का काम करते हैं?*

यह कोई पहली बार नहीं हुआ था कि पार्टी के लिए खास मौके पर राहुल देश से बाहर चले गए थे। महाराष्ट्र और हरियाणा विधानसभा चुनावों से पहले अक्तूबर 2019 में वह बैंकॉक चले गए थे। कांग्रेस जब 1 नवंबर से 15 नवंबर, 2019 के बीच मोदी सरकार की आर्थिक नीतियों के विरोध में 35 प्रेस कॉन्फ्रेंस करनेवाली थी, तब भी राहुल गांधी विदेश चले गए थे।

29 दिसंबर, 2020 को पत्रकार सी.एल. मनोज ने '*द इकोनॉमिक टाइम्स*' में लिखा—

"धरती ने नए साल के मौके पर जब कोविड वैक्सीन की उम्मीद के साथ आँखें खोलीं, तब भारत की सबसे पुरानी पार्टी चुनावी हार, नीतिगत भ्रम, संगठनात्मक अराजकता, वैचारिक अस्पष्टता और इन सबसे कहीं अधिक, नेतृत्व के संकट को लेकर खींचतान से उबरने के लिए जूझ रही है। पार्टी के साथ अब अगस्त 2019 से ही बिना अध्यक्ष के होने का अपयश भी जुड़ गया है, जो अंतरिम

व्यवस्था के साथ लड़खड़ा रही है।⋯ घबराहट में डाल देनेवाली दो समस्याओं की पहचान वर्ष 2021 के 'अग्निपथ' पर अस्तित्व के संकट के साथ बढ़ती पार्टी की चुनौतियों के रूप में की गई। पहली यह कि कांग्रेस के लोग भी अब इसकी शिकायत कर रहे थे कि गांधियों में वोट दिलाने और पार्टी को एकजुट रखने की ताकत नहीं रही। दूसरी यह कि विपक्षी दलों में इस बात को लेकर बेचैनी है कि गठबंधन के सहयोगी के रूप में कांग्रेस बोझ बनती जा रही है।"

22 जनवरी, 2021 को सी.डब्ल्यू.सी. की एक वर्चुअल बैठक में एक बार फिर परिवर्तन की माँग करनेवालों और परिवार के वफादारों के बीच जबरदस्त जुबानी जंग हुई। जी 23 में चिदंबरम भी शामिल हो गए और उन्होंने दो-टूक निर्वाचित केंद्रीय चुनाव समिति के माध्यम से उस कांग्रेस संसदीय बोर्ड (सी. पी.बी.) को फिर से व्यवस्था का हिस्सा बनाने की माँग की, जो कभी काफी शक्तिशाली हुआ करता था। साथ ही, पार्टी संविधान के अनुसार, एक 'निर्वाचित' सी.डब्ल्यू.सी. और एक पार्टी अध्यक्ष की माँग की। वर्तमान सी.ई.सी. का नेतृत्व 'अंतरिम' अध्यक्ष सोनिया गांधी और उनके नामित सदस्य करते हैं, जो लोकसभा और विधानसभा चुनावों के उम्मीदवारों के चयन पर अंतिम मुहर लगाते हैं। निर्वाचित सी.ई.सी. का मतलब होगा सी.पी.बी. का चुनाव, क्योंकि पार्टी का संविधान यह प्रावधान करता है कि सी.ई.सी. में कांग्रेस अध्यक्ष और सी.डब्ल्यू.सी. के नौ चुने हुए सदस्य होंगे, जिनमें संसद् में पार्टी का नेता भी शामिल होगा और इन सभी से मिलकर सी.पी.बी. बनेगा, साथ ही किसी ए.आई.सी.सी. के सत्र में नौ सदस्य सी.ई.सी. सदस्यों के रूप में चुने जाएँगे। निर्वाचित सी.पी.बी.-सी.ई.सी. की व्यवस्था से सामूहिक रूप से निर्णय लिया जा सकेगा और कांग्रेस अध्यक्ष अपनी मरजी से चुने गए सदस्यों को बरखास्त कर सकेगा, न ही अपने नामितों से पार्टी के सर्वोच्च संगठनों को भर सकेगा।

सी.पी.बी. और निर्वाचित सी.ई.सी. की व्यवस्था सन् 1992 में समाप्त कर दी गई थी, जब पी.वी. नरसिम्हा राव पार्टी के अध्यक्ष थे। उनके उत्तराधिकारियों सीताराम केसरी, सोनिया और राहुल गांधी ने इस 'सुविधाजनक' व्यवस्था को जारी रखा।

गहलोत, अंबिका सोनी और हरीश रावत जैसे वफादारों ने इन माँगों का विरोध किया। एंटनी ने पार्टी अध्यक्ष पद और सी.डब्ल्यू.सी. के लिए चुनाव का समर्थन किया, लेकिन बड़ी होशियारी से सी.ई.सी. के चुनाव का विरोध किया। सोनी ने तो

यहाँ तक सवाल कर दिया कि अध्यक्ष चुना ही क्यों जाना चाहिए? गहलोत काफी आक्रामक थे। उन्होंने आजाद और चिदंबरम से यह तक पूछ लिया कि पार्टी के बाहर उनकी पहचान क्या है? बताया जाता है कि अभद्र भाषा का भी इस्तेमाल किया गया। शर्मा और वासनिक ने निर्वाचित सी.ई.सी. के मुद्दे पर पार्टी का संविधान पढ़कर वफादारों को जवाब दिया।

सी.डब्ल्यू.सी. ने तय किया था कि जून के आखिर तक वह पार्टी अध्यक्ष का चुनाव करा लेगी; लेकिन बदलाव की माँग करनेवालों की ओर से उठाए गए दूसरे मुद्दों पर उसने कोई आश्वासन नहीं दिया।

पिछली बार जब मैंने हेयरकट लिया था, तब मेरे नाई ने एक टीशर्ट पहन रखी थी, जिस पर लिखा था—#जिद्दी हूँ मैं। मुझे तुरंत राहुल गांधी की याद आ गई।

क्या हम सच में वर्ष 2024 तक कांग्रेस-मुक्त भारत की दिशा में बढ़ रहे हैं? क्या 2021 कांग्रेस के अंत की शुरुआत होगा या इसकी शुरुआत 2014 में ही हो चुकी थी?

□

परिशिष्ट

एजेंडा 2.024

2024 के लोकसभा चुनावों से पहले हमें कई सुधार करने की जरूरत है। यहाँ मैं उनमें से कुछ महत्त्वपूर्ण सुधारों को रख रहा हूँ।

विदेशी पर्यटकों को बढ़ावा—विश्व आर्थिक मंच की 2019 यात्रा एवं पर्यटन स्पर्धात्मक रिपोर्ट में भारत 34वें नंबर पर था। हमारा देश 25वाँ ऐसा देश है, जहाँ विदेशी पर्यटक सबसे अधिक आते हैं। हमारे पास शानदार तट, बैक वाटर, वन अभयारण्य, मंदिर, विश्व धरोहर स्थल, दूसरे प्राचीन स्मारक हैं; लेकिन प्रति 100 नागरिक हमारे यहाँ मात्र 1.26 विदेशी पर्यटक आते हैं। जबकि हांगकांग में 390, ऑस्ट्रिया में 341, ग्रीस में 289, सिंगापुर में 251, स्पेन में 177, फ्रांस में 133, इटली में 103, मलेशिया में 79, यू.के. में 53, थाईलैंड में 55, टर्की में 54, मेक्सिको में 32, जापान में 25, अमेरिका में 24; यहाँ तक कि रूस, विएतनाम और चीन में भी प्रति 100 नागरिक क्रमश: 17, 16 और 4.4 नागरिक आते हैं। प्रति 100 नागरिक यदि भारत में 3 विदेशी पर्यटक आते हैं तो उसे प्रति वर्ष 2.4 करोड़ से अधिक विदेशी पर्यटक मिलेंगे। चूँकि एक विदेशी यात्री 1,710 डॉलर से अधिक खर्च करता है, इसलिए हमारी आय जबरदस्त तरीके से प्रति वर्ष 41 अरब डॉलर या 3 लाख करोड़ रुपए एवं जी.डी.पी. 2% तक बढ़ जाएगी और इससे 67 लाख नौकरियाँ पैदा होंगी।

न्यायिक सुधार

जजों की नियुक्ति : भारत में जज अपनी नियुक्ति स्वयं एक हास्यास्पद 'कॉलेजियम' प्रणाली से करते हैं। भारत के मुख्य न्यायाधीश की अध्यक्षता में एक पैनल सुप्रीम कोर्ट और हाई कोर्ट के लिए जजों को चुनता है। भारत सरकार कॉलेजियम की ओर से चुने गए नामों को खारिज नहीं कर सकती है। इस प्रणाली

की काफी आलोचना हुई है। मोदी सरकार ने अगस्त 2014 में संसद् में *राष्ट्रीय न्यायिक नियुक्ति आयोग अधिनियम (NJAC)* पास किया। इस एन.जे.ए.सी. में भारत के मुख्य न्यायाधीश (अध्यक्ष के रूप में), उनके बाद सुप्रीम कोर्ट के दो वरिष्ठतम जज, कानून मंत्री और दो विशिष्ट व्यक्ति होंगे, जिन्हें सर्वोच्च न्यायालय के मुख्य न्यायाधीश, प्रधानमंत्री और लोकसभा में विपक्ष के नेता की एक कमेटी नियुक्त करेगी। अक्तूबर 2015 में सुप्रीम कोर्ट की संविधान बेंच ने 4:1 के बहुमत से कॉलेजियम प्रणाली को कायम रखा और एन.जे.ए.सी. को असंवैधानिक बताते हुए खारिज कर दिया।

अमेरिका में, राष्ट्रपति सुप्रीम कोर्ट के जजों को मनोनीत करता है, जिन्हें यू.एस. सीनेट की ओर से स्वीकृत किया जाता है। यू.के. में, जजों का चयन एक न्यायिक नियुक्ति आयोग (जे.ए.सी.) की ओर से किया जाता है और उन्हें प्रधानमंत्री तथा लॉर्ड चांसलर स्वीकृत करते हैं, जिनके पास जे.ए.सी. की सिफारिशों को स्वीकृत या अस्वीकृत करने का अधिकार होता है।

फरवरी 2020 तक 25 उच्च न्यायालयों में 1,079 जजों की स्वीकृत संख्या में से 396 पद खाली थे। निचली अदालतों में जजों के हजारों पद खाली हैं। अपनी पुस्तक *'ए न्यू आइडिया ऑफ इंडिया'* में लेखकों हर्ष गुप्ता 'मधुसूदन' और राजीव मंत्री ने लिखा—

"इलाहाबाद हाई कोर्ट कॉलेजियम ने 2018 में जो 33 नाम भेजे थे, उनमें से एक-तिहाई वर्तमान या रिटायर्ड जजों से संबंधित पाए गए। 2016 में, देश के सबसे बड़े हाई कोर्ट को ऐसी ही शर्मिंदगी उठानी पड़ी, जब भारत के तत्कालीन मुख्य न्यायाधीश टी.एस. ठाकुर को 30 में 11 नामों को खारिज कर देना पड़ा। अन्य मुख्य न्यायाधीशों पर भी गौर कीजिए। दीपक मिश्रा पूर्व चीफ जस्टिस के बेटे हैं। टी.एस. ठाकुर खुद भी जम्मू व कश्मीर हाई कोर्ट के पूर्व जज के बेटे हैं। आर.एम. लोढ़ा के पिता राजस्थान हाई कोर्ट के जज थे और उनके चाचा चीफ जस्टिस। एक और चाचा गुवाहाटी हाई कोर्ट के चीफ जस्टिस थे। भारत के पूर्व मुख्य न्यायाधीश अल्तमस कबीर की बहन को उस समय तरक्की देकर कलकत्ता हाई कोर्ट का जज बनाया गया, जब जस्टिस कबीर सुप्रीम कोर्ट में थे। (भारत के वर्तमान मुख्य न्यायाधीश) एस.ए. बोबडे महाराष्ट्र के पूर्व अटॉर्नी जनरल के बेटे हैं। डी.वाई. चंद्रचूड़, जिनका वर्ष 2022 से 2024 तक भारत का मुख्य न्यायाधीश बनना तय है, भारत के एक पूर्व मुख्य न्यायाधीश के बेटे हैं। यू.यू. ललित भी भारत के मुख्य

न्यायाधीश बनने की कतार में खड़े हैं। वह भी दिल्ली हाई कोर्ट के एक पूर्व जज के बेटे हैं और ऐसे अनेक उदाहरण हैं। *'आउटलुक'* पत्रिका ने बताया कि सुप्रीम कोर्ट के 28 मौजूदा जजों में से 11 के 'रिश्तेदार या तो जज थे या कानून के क्षेत्र की बड़ी हस्तियाँ थे।'

यह कॉलेजियम व्यवस्था का सीधा परिणाम है। एन.जे.ए.सी. को फिर से लाया जाना चाहिए! इसके अलावा, नियुक्ति से पहले सुप्रीम कोर्ट और हाई कोर्ट के जज बनने के उम्मीदवारों के नाम जनता के लिए प्रकाशित कर दिए जाने चाहिए, ताकि लोग आपत्तियाँ उठा सकें और ऐसी सारी आपत्तियों की जाँच की जानी चाहिए। इससे यह सुनिश्चित होगा कि ऊँची अदालतों में हमारे जज 'साफ-सुथरे' होंगे। न्यायपालिका से लोगों का भरोसा उठ गया है और भरोसा कायम करने का यह एक तरीका है।

जजों की छुट्टियाँ : क्या आप जानते थे कि सुप्रीम कोर्ट में साल में 130 दिन छुट्टियाँ होती हैं? कर्नाटक हाई कोर्ट में 138 और बॉम्बे हाई कोर्ट की 139 छुट्टियाँ रहती हैं। जज इतना कम काम क्यों करते हैं? क्या मीलॉर्ड के बच्चों को इतनी छुट्टियाँ मिलती हैं? भारत के सभी जजों को शनिवार को काम करना चाहिए और सोमवार से शुक्रवार तक ज्यादा देर तक काम करना चाहिए, जब तक कि वे 3.554 करोड़ से ज्यादा लंबित मामलों को सुलझा नहीं देते।

सुप्रीम कोर्ट की वेबसाइट के अनुसार, जुलाई 2019 में इस कोर्ट में 58,669 मामले लंबित थे। राष्ट्रीय न्यायिक डेटा ग्रिड के अनुसार, 43.63 लाख से अधिक मामले अलग-अलग हाई कोर्ट में लंबित थे, जिनमें से 16.77 लाख पाँच साल से पुराने हैं। जिला और अधीनस्थ अदालतों में 3.112 करोड़ से ज्यादा मामले लंबित हैं, जिनमें से 70.37 लाख पाँच साल से पुराने हैं।

इन लंबित मामलों का निपटारा करने के बजाय हमारे जज यह तय करने में समय बरबाद करते हैं कि जन्माष्टमी के दौरान *'दही हाँडी'* की ऊँचाई क्या होनी चाहिए। ये तय करने लगते हैं कि क्रिकेट बोर्ड जैसी निजी खेल संस्था को कैसे चलाया जाना चाहिए या कंडोम की पैकेजिंग अश्लीलता कानूनों के खिलाफ तो नहीं है।

ज्यूरी सिस्टम : हमें 'ज्यूरी सिस्टम' (1959 में समाप्त कर दिया गया) को फिर से वापस लाना चाहिए, जहाँ एक आपराधिक मामले का फैसला एक जज के बजाय ज्यूरी के 8 से 12 सदस्य करते हैं। बीस से अधिक विकसित देशों में यह

प्रणाली है। इसके पक्ष में दिए जानेवाले तर्कों में शामिल हैं—(1) ज्यूरी के 8 से 12 सदस्यों को रिश्वत देना असंभव है, (2) ज्यूरी के फैसले सभी वर्गों के लोगों के लिए उचित होंगे, क्योंकि किसी ज्यूरी में सामान्य रूप से आरोपी के 'साथी' शामिल रहते हैं, (3) जो लोग किसी ज्यूरी में काम करते हैं, वे कानूनों को थोड़ा अच्छी तरह समझेंगे और (4) ज्यूरी के सदस्यों को तय समय-सीमा में निर्णय लेना होगा, इस कारण न्याय में आज की तरह देरी नहीं होगी।

आसान पहुँच : सभी लिखित कानूनों को छोटा और सरल बनाया जाना चाहिए, ताकि एक आम आदमी भी उन्हें समझ सके, न कि सिर्फ वकील और जज। मान लीजिए, आपके साथ कुछ गलत हुआ और आपको न्याय चाहिए। आपको जरा सा भी अंदाजा है कि आपको अपने कानूनी अधिकारों की जानकारी कैसे होगी? बिल्कुल नहीं। आप क्या करेंगे? किसी वकील को मोटी फीस देंगे? या बस, हाथ पर हाथ धरे बैठे रहेंगे? आखिर क्यों सामान्य नागरिकों को इसकी जानकारी नहीं होनी चाहिए कि विभिन्न विषयों पर कौन-कौन से कानून हैं या उनके कानूनी अधिकार क्या हैं, विशेष रूप से जब सरकार या कोई कारोबार उनके साथ धोखा करता है? कानून और न्याय मंत्रालय को सभी कानूनों का एक आसान डाटाबेस तैयार करना चाहिए, जिसमें संबंधित शब्दों से सर्च किया जा सके। यह इस तरह तैयार किया जाना चाहिए कि कोई नागरिक अपनी समस्या या सवाल को डाले और वेबसाइट उसे संबंधित कानूनों की पूरी जानकारी दे तथा उसमें एलेक्सा या सीरी जैसी ए.आई. (आर्टिफिशियल इंटेलिजेंस—कृत्रिम बुद्धिमत्ता) संचालित रोबोट की आवाज भी हो।

वैकल्पिक विवाद निपटारा तंत्र : हमें इसकी शुरुआत करनी चाहिए, ताकि कोर्ट गए बिना ही मामलों को निपटाया जा सके। ऐसे लाखों-लाख केस भारत की अदालतों में लंबित हैं, जो पड़ोसियों के बीच संपत्ति के नुकसान, बेहिसाब शोर, चारदीवारी या बाड़े बनाने, पड़ोसी का पेड़ काटने, पालतू जानवर के पड़ोसी पर हमला करने, साइकिलों की चोरी, कूड़ा डालने या जलाने, किसी दूसरे के घर के बाहर गाड़ी खड़ी करने, शरारत करने, घर में घुसने आदि के झगड़ों के होते हैं। ऐसे मामले *मोहल्ला पंचायतों* द्वारा सुलझाए जा सकते हैं, जो काफी हद तक *ग्राम पंचायतों* की तरह होते हैं, जो हमारे गाँवों में कई दशकों से सफलतापूर्वक काम कर रहे हैं। ऑस्ट्रेलिया में ऐसी ही प्रणाली है।

क्लास एक्शन : यह एक सरकार का केस होता है, जिसमें 'याचिकाकर्ता' (आरोप लगानेवाला) लोगों का एक समूह होता है, जो किसी केस को सामूहिक

रूप से दायर करता है। क्लास एक्शन में कई लोग एक ही केस में व्यक्तिगत दावे करते हैं। इससे कानूनी काररवाई का खर्च कम हो जाता है। चूँकि कुछ मिलने की संभावना काफी कम रहती है और वह भी केस जीतने पर मिलेगी, इसलिए एक व्यक्ति अकेले किसी अच्छे वकील के पैसे नहीं जुटा पाता है। बचाव पक्ष के पास बेहतर वकील होते हैं, इसलिए उस व्यक्ति की हार निश्चित होती है। क्या आप अमेजन या रिलायंस के खिलाफ केस जीतने की कल्पना कर सकते हैं? क्लास एक्शन इस कठिनाई को दूर करता है।

एयरटेल के हजारों उपभोक्ता गलत बिल के शिकार होंगे, लेकिन व्यक्तिगत नुकसान इतना नहीं होगा कि वे महँगा केस लड़ें। लेकिन क्लास एक्शन से कोई समूल इसे लड़ सकता है। मान लीजिए, एयरटेल ने आपको 4,000 रुपए का बिल ज्यादा भेज दिया। आप अपना केस उन 7,359 लोगों के साथ मिलकर लड़ते हैं, जिन्हें 2,925 रुपए का औसत रूप से गलत बिल भेजा गया है, तो आप 7,360 लोगों का 2.15 करोड़ रुपए का केस बनता है और आप एक अच्छा वकील रख सकते हैं। इसके अलावा, क्लास एक्शन से एयरटेल की बदनामी होगी और वह केस को जल्दी निपटाना चाहेगा। हो सकता है कि वह सभी 7,360 याचिकाकर्ताओं को ज्यादा बिल से दो-तीन गुना अधिक भुगतान कर दे। अमेरिका में, पैसेवाले बचाव पक्ष ने अपनी प्रतिष्ठा को बचाने के लिए असल नुकसान से बीस गुना तक रकम चुकाकर मामलों को निपटाया है।

इतिहास में क्लास एक्शन से निपटाया गया सबसे बड़ा केस 206 अरब डॉलर (15.2 लाख करोड़ रुपए) का था, जिसमें सन् 1998 में अमेरिका के सरकारी वकीलों और सिगरेट या तंबाकू बनानेवाली कंपनियों के बीच समझौता हुआ था।

हाल ही का एक लोकप्रिय केस जर्मन कार निर्माता वॉल्क्सवैगन (वी.डब्ल्यू.) के खिलाफ मल्टीनेशनल क्लास केस है, जिसमें कुछ ऑडी, पोर्श और वी.डब्ल्यू. कारों या एस.यू.वी. के डीजल उत्सर्जन के टेस्ट में धाँधली की गई थी। वी.डब्ल्यू. अमेरिका, जर्मनी और कनाडा में 47 अरब डॉलर (3.48 लाख करोड़ रुपए) चुकाएगा। ग्यारह अन्य देशों केस या तो चल रहा है या उसका निपटारा हो चुका है।

चुनाव-सुधार

योग्यता : सांसद/विधायक सीट के लिए एक एंट्रेंस टेस्ट होना चाहिए। इसमें कुछ बेसिक आई.क्यू. से जुड़े सवाल और समसामयिक विषयों आदि के कुछ

सवाल होने चाहिए। सांसदों के मामले में 70% राष्ट्रीय और 30% अंतरराष्ट्रीय मुद्दे होने चाहिए। विधायकों के लिए 70% राज्य से जुड़े और 30% देश से जुड़े मुद्दे होने चाहिए। कैसे कोई सांसद बन सकता है, अगर उसे पता नहीं कि भारत में कितने राज्य हैं? या स्थगन प्रस्ताव क्या होता है? इसी सरकार, कोई पश्चिम बंगाल में विधायक नहीं हो सकता, अगर उसे मालूम न हो कि राज्य में कितने जिले हैं। जहाँ तक आई.क्यू. की बात है तो मुझे लगता है, आप भी सहमत होंगे कि किसी सांसद या विधायक को आपके चौदह साल के बच्चे से ज्यादा जानकारी होनी चाहिए।

चुनाव बाद की गठबंधन सरकारें : इस तरह की परंपरा बंद होनी चाहिए, क्योंकि लोगों ने वैसी सरकारों के लिए वोट नहीं दिया होता है।

उम्मीदवारों की छँटाई : दुनिया के सबसे बड़े लोकतंत्र (अमेरिका) में 'प्राइमरी' या 'कॉकस' के होने की एक अच्छी वजह है। इससे दलों को किसी उम्मीदवार के चुने जाने की क्षमता को परखने का मौका मिल जाता है और नागरिक उम्मीदवार की अच्छी तरह जाँच कर लेते हैं। इस विषय पर ज्यादा जानकारी के लिए मेरी पुस्तकें *'72@72' और 'मि. प्रेसिडेंट¨ यस, प्राइम मिनिस्टर'* पढ़ें।

डुप्लीकेट नाम : कई अच्छे उम्मीदवार इस कारण चुनाव हार जाते हैं, क्योंकि उनके 20% वोट उसी नाम के या मिलते-जुलते नाम वाले उम्मीदवार 'चुरा' लेते हैं। पटना से सुशील गुप्ता नाम के 17 उम्मीदवार खड़े हो सकते हैं, खास तौर पर जब किसी बड़ी पार्टी का आधिकारिक उम्मीदवार काँटे की टक्कर का चुनाव लड़ रहा होता है। 2014 के लोकसभा चुनाव में महासमुंद (छत्तीसगढ़) से बी.जे. पी. के उम्मीदवार चंदूलाल साहू के होश उड़ गए, क्योंकि उनके ही नाम के दस उम्मीदवारों ने परचा भर दिया। हो सकता है कि वर्ष 2024 में असली नरेंद्र दामोदार दास मोदी के खिलाफ नरेंद्र दामोदर मोदी, नरेंदर मोदी, नरींद्र मोदी और ऐसे ही कई उम्मीदवार खड़े हो जाएँ। 1960 के दशक से ही अर्ध-शिक्षित वोटरों को भ्रम में डालने के लिए ऐसी परंपरा चल रही है। यही कारण है कि बड़े दल बार-बार पार्टी के चुनाव चिह्न पर जोर देते हैं, जैसे मोदी कहते हैं, *"कमल पर बटन दबाओ।"*

एक देश, एक चुनाव : भारत एकमात्र ऐसा बड़ा देश है, जहाँ हर तीन या पाँच महीने पर कभी लोकसभा तो कभी विधानसभा के चुनाव होते हैं। इसके कई नुकसान हैं। लगभग 1.6 लाख करोड़ रुपए (काला धन समेत) हर पाँच साल पर लोकसभा, विधानसभा या नगर निगमों के चुनाव पर बहाए जाते हैं। हजारों सरकारी

अधिकारी अपना काम छोड़कर चुनावी ड्यूटी में जुट जाते हैं। सुरक्षा बलों के काम में बाधा पड़ती है। चुने गए नेता प्रचार पर समय बरबाद करते हैं। देश में 'एक देश, एक चुनाव' होना ही चाहिए। सन् 1967 तक भारत में लोकसभा और विधानसभा के चुनाव एक साथ हुआ करते थे; लेकिन यह चक्र 1968 और 1969 में कुछ विधानसभाओं को भंग किए जाने से गड़बड़ हो गया, जिसके बाद 'मध्यावधि चुनाव' चलन में आ गए।

अमेरिका में, कोई भी चुनाव सम संख्या वाले वर्ष के '1 नवंबर के बाद वाले पहले मंगलवार' को आयोजित कराए जाते हैं। राष्ट्रपति के चुनाव हर चार साल पर उसी वर्ष होते हैं, जब ओलंपिक (2016, 2020, 2024) होते हैं। अमेरिकी सीनेट के लिए चुनाव हर छह वर्षों पर और अमेरिकी प्रतिनिधि सदन के लिए दो वर्षों पर होते हैं। एक नागरिक एक ही दिन अनेक पदों के उम्मीदवारों के लिए या अनेक मुद्दों पर वोट देता है। उदाहरण के लिए, नवंबर 2020 में हर अमेरिकी वोटर को कई बैलट मिले थे। सभी के पास राष्ट्रपति चुनाव का बैलट था। राज्य/देश/शहर के अनुसार कोई व्यक्ति अमेरिकी सीनेटर, अमेरिकी रिप्रेजेंटेटिव, राज्य के गवर्नर (भारत के सी.एम. के बराबर), राज्य के सीनेटर, राज्य के रिप्रेजेंटेटिव, शहर के मेयर, शहर के काउंसिल के सदस्यों, पुलिस चीफ/शेरिफ, अमेरिका/राज्य/जिला अटॉर्नी या किसी दूसरे पद के लिए वोट कर सकता है। कुछ राज्यों में एक नागरिक 'मुद्दों' पर भी वोट कर सकता है। यह मुद्दा हो सकता है—"क्या उबर को आपके शहर में बैन कर देना चाहिए?" या "क्या किसी खास जगह पर एक शॉपिंग मॉल बनना चाहिए?" सरकारें कार्यकाल पूरा करती हैं, दल-बदल की इजाजत नहीं दी जाती है और अगर चुने गए व्यक्ति की मौत हो जाती है तो अगले चुनाव तक सीट खाली रहती है। कोई अगर-मगर नहीं!

सर्वाधिक मत पानेवाले की जीत नहीं : अगर ऐसा कानून होता कि लोकसभा सांसद बनने के लिए किसी उम्मीदवार को रजिस्टर्ड वोटरों का 33.33% या डाले गए वोट का 50% वोट हासिल करना है तो वर्ष 2014 में 544 में 314 सांसद चुनकर नहीं आ पाते। 15 लोकसभा सांसद ऐसे चुने गए थे, जिन्हें कुल रजिस्टर्ड वोट के 20% से भी कम वोट मिले थे। क्या यह प्रतिनिधित्व वाला लोकतंत्र है? भारत की 'फर्स्ट पास्ट द पोस्ट' (FPTP) व्यवस्था अंग्रेजी उपनिवेशवाद की विरासत है।

सिर्फ 56 देश ही एफ.पी.टी.पी. का इस्तेमाल करते हैं और 90 से ज्यादा

पी.आर. (आनुपातिक प्रतिनिधित्व) व्यवस्था (जिसमें पी.आर. और एम.एम.पी. शामिल है) का। लिस्ट पी.आर. के अंतर्गत आप किसी पार्टी के लिए वोट करते हैं, न कि उम्मीदवार के लिए। पार्टियों को उनके राष्ट्रीय वोट शेयर के अनुपात में सीटें मिलती हैं और उम्मीदवार पार्टी की 'लिस्ट' से चुने जाते हैं। एम.एम.पी. (मिक्स्ड मेंमर प्रोपोर्शनल) व्यवस्था में बहुसंख्यकवादी और पी.आर. की व्यवस्था मिली-जुली होती है। संसद् का एक हिस्सा बहुसंख्यकों द्वारा चुना जाता है, जबकि बाकी का पी.आर. लिस्ट के माध्यम से। अगर कोई पार्टी राष्ट्रीय वोट का 10% हासिल कर लेती है, लेकिन 10% सीट उसे नहीं मिलती है तो उन्हें पी.आर. लिस्ट से इतनी सीटें दी जाती हैं, जिससे कि संसद् में उनका प्रतिनिधित्व 10% तक हो जाए।

80 से 85 देश टी.आर.एस. (टू राउंड सिस्टम) का इस्तेमाल करते हैं। पहला राउंड सामान्य FPTP चुनाव का होता है। अगर किसी उम्मीदवार को पूर्ण बहुमत मिल जाता है तो वह चुन लिया जाता/जाती है। अगर किसी भी उम्मीदवार को बहुमत नहीं मिलता तो सेकंड राउंड का विजेता चुन लिया जाता है। दूसरा राउंड अलग-अलग तरीके से कराया जाता है। सबसे आम तरीका पहले राउंड में दो सबसे ज्यादा वोट पानेवाले के बीच आमना-सामना कराने का होता है। इस तरह, एक को पूर्ण बहुमत मिल जाता है। फ्रांस में, पहले राउंड में 12.5% से अधिक वोट पाने वाला कोई भी उम्मीदवार दूसरे राउंड में खड़ा हो सकता है। दूसरे राउंड का विजेता चुन लिया जाता है, चाहे उसे पूर्ण बहुमत मिला है या नहीं।

ऐसे अधिकांश देश, जहाँ सरकार का मुखिया राष्ट्रपति होता है, वहाँ राष्ट्रपति का चुनाव एफ.पी.टी.पी. या टी.आर.एस. से होता है और उनकी संसद् का चुनाव लिस्ट पी.आर. या एम.एम.एस. से होता है।

भारत को एफ.पी.टी.पी. समाप्त कर देना चाहिए, क्योंकि यह लोकतंत्र का सही मायने में सच्चा प्रतिनिधित्व नहीं करता और फ्रांस की तरह टी.आर.एस. व्यवस्था को अपना लेना चाहिए।

राइट टू रिकॉल : 'रिकॉल' इलेक्शन एक ऐसी प्रक्रिया है, जिससे वोटर एक चुने हुए व्यक्ति को उसका कार्यकाल समाप्त होने से पहले हटा सकते हैं। कई देशों और कई अमेरिकी राज्यों में रिकॉल की व्यवस्था है। भारत के लिए यह नई अवधारणा नहीं है। एम.एन. रॉय ने सन् 1944 में इसे प्रस्तावित किया, जयप्रकाश नारायण ने 1974 में और सोमनाथ चटर्जी ने 2009 में। 2011 में गुजरात चुनाव आयोग ने नगरपालिकाओं, जिलों, तालुका और ग्राम पंचायतों के लिए 'राइट टू

रिकॉल' को लागू करने की सलाह दी थी। बिहार, म.प्र. और छत्तीसगढ़ के स्थानीय निकायों में यह व्यवस्था है।

पी.एम./सी.एम. कौन होगा : सभी दलों/गठबंधनों को यह बताना होगा कि अगर वे चुनाव जीतते हैं तो पी.एम. या सी.एम. कौन होगा? हमें चरण सिंह (1979), चंद्रशेखर (1990), देवगौड़ा (1996), आई.के. गुजराल (1997) एवं मनमोहन सिंह (2004) की तरह और सरप्राइज नहीं चाहिए। सांसद/विधायक सीट के लिए किसी पार्टी के उम्मीदवार को वोट देने से पहले क्या आप नहीं जानना चाहेंगे कि अगर उस पार्टी (या चुनाव पूर्व का गठबंधन, वह जिसका वो हिस्सा है) की जीत होती है तो देश/राज्य का नेतृत्व कौन करेगा? अगर आप लोकसभा में कांग्रेस के लिए वोट करते हैं तो आप जानना नहीं चाहेंगे कि राहुल गांधी पी.एम. बनेंगे या नहीं?

उम्मीदवारों के बीच वाद-विवाद : पी.एम./सी.एम. उम्मीदवारों के बीच बहस टेलीविजन पर दिखाई जानी चाहिए, जैसा कि अमेरिका, यू.के., फ्रांस और कुछ अन्य देशों में होता है। इस पर *'72@72' में (मोदी और राहुल के बीच मॉक डिबेट के बोनस के साथ) और पढ़ें।*

चुनाव की फंडिंग : आंध्र प्रदेश में एक कारोबारी ने विधायक पद के तीन उम्मीदवारों को 50-50 लाख रुपए दिए, क्योंकि वह अवैध कारोबार कर रहा था। उसे यह मालूम नहीं था कि कौन जीतेगा; लेकिन वह नहीं चाहता था कि उसका विधायक उसके खिलाफ कुछ करे। चुनावों की फंडिंग को कुछ नियंत्रणों के साथ कानूनी रूप देना चाहिए। अमेरिका में, एक व्यक्ति कांग्रेस का चुनाव लड़ रहे किसी भी उम्मीदवार को 5,400 डॉलर (4 लाख रुपए) तक दे सकता है, जिसके लिए 2,700 डॉलर प्रतिवर्ष की सीमा होगी। किसी उम्मीदवार को 500 डॉलर (पी.पी.पी. के आधार पर 37,000 या 1.3 लाख रुपए) औसत रूप से प्राप्त होते हैं।

चुनावों में पैसे सिर्फ अमीर ही क्यों दें? अगर प्रति लोकसभा उम्मीदवार 50,000 रुपए प्रति वोटर की सीमा तय कर दी जाए और हर दानकर्ता का नाम चुनाव आयोग की वेबसाइट पर (जैसा कि अमेरिका में होता है) डाल दिया जाए और आधार संख्या से एक ही नाम का फर्क पता चल जाए तो शायद लाखों लोग चंदा देंगे। यदि सिर्फ 5% रजिस्टर्ड वोटर वर्ष 2019 के लोकसभा चुनावों में 2,500 रुपए का योगदान करते और मान लें कि प्रति सीट दो 'जीतने योग्य' उम्मीदवारों को वह पैसा मिलता तो प्रत्येक उम्मीदवार को 12.6 करोड़ रुपए मिले होते। क्या

किसी लोकसभा चुनाव को जीतने के लिए यह पर्याप्त नहीं है? चुनावों में 'सच्ची' सार्वजनिक फंडिंग का समय आ गया है।

संसदीय सुधार

लोकसभा में विस्तार : भारत में 91 करोड़ रजिस्टर्ड वोटर के लिए 543 लोकसभा सदस्य हैं, या प्रति सांसद 16.8 लाख वोटर से अधिक। इसकी तुलना में अमेरिका में प्रति सांसद 5.5 लाख वोटर और इंडोनेशिया (तीसरा सबसे बड़ा लोकतंत्र) में 3.35 लाख वोटर प्रति सांसद हैं। आखिर, एक व्यक्ति 16.8 लाख मतदाताओं का प्रतिनिधित्व कैसे कर सकता है? अगर कोई सांसद अपने क्षेत्र में 150 दिन बिताता है और प्रति दिन 150 मतदाताओं से मिलता है तो वह पाँच वर्षों में मात्र 6.7% योग्य मतदाताओं से ही मिल सकेगा। इसमें बदलाव करना ही होगा। हमारे पास प्रति सांसद 7 लाख योग्य वोटर से अधिक नहीं होना चाहिए। अगर इसका मतलब है 1,300 लोकसभा सांसद, तो ऐसा ही होना चाहिए।

राज्यसभा का पुनर्गठन : लोकसभा के सदस्य जहाँ लोगों की ओर से चुने जाते हैं, वहीं राज्यसभा में 233 सदस्य होते हैं, जिन्हें राज्य या केंद्र-शासित प्रदेशों की विधानसभाओं द्वारा चुना जाता है और 12 सदस्यों की नियुक्ति राष्ट्रपति करते हैं। राज्यसभा के 245 सदस्यों में से 30 सदस्यों की 2014 के लोकसभा चुनाव में हार हुई थी और 20 सदस्य वर्ष 2014 एवं 2009 में हारे थे तथा 20 अन्य की एक के बाद एक दो लोकसभा चुनावों में हार हुई थी।

राज्यसभा 'ऊपरी' सदन है और लोकसभा 'निचला' सदन। सोचिए कि अगर 11 टेस्ट क्रिकेटरों को भारतीय टीम से हटा दिया जाए, क्योंकि वे ज्यादा उम्र के हो चुके थे या फॉर्म में नहीं थे, लेकिन उन्हें एक ऊपरी टीम के लिए चुन लिया जाए और आधिकारिक भारतीय टीम निचली टीम है। अब कल्पना कीजिए कि हर मैच की दूसरी इनिंग ऊपरी टीम की ओर से खेली जाए। तो भारत के जीतने की संभावना क्या होगी? भारत की संसद् बिल्कुल इसी तरह काम करती है; क्योंकि राज्यसभा बिलों को पास करने में सेकंड इनिंग खेलती है और इस प्रकार उनका भाग्य तय करती है। समझ नहीं आया? ठीक है, मान लीजिए कि 300 उम्मीदवार पायलट के टेस्ट में शामिल होते हैं और सिर्फ 90 पास होते हैं। अब कल्पना कीजिए कि सस्ती टिकट वाली एयरलाइंस फेल होनेवाले पायलटों को बहाल कर लेती है, क्योंकि वे कम वेतन पर भी काम करने को तैयार हैं। क्या आप उनकी ओर से उड़ाए जानेवाले विमानों में सफर करेंगे? मैं

ऊँची आवाज में नहीं सुन रहा हूँ ना ? तो फिर विफल हुए नेता राज्यसभा में कैसे घुस जाते हैं और हमारे लोकतंत्र की ऐसी की तैसी करते हैं ? राज्यसभा को 'वरिष्ठों' का सदन बनाया गया था, जो लोकसभा पर निगरानी का काम करेगी, जैसा कि यू.के. में होता है, न कि हारे हुए नेताओं के कचरे का ढेर बन जाए, जिन्हें लोगों ने खारिज कर दिया है या जिनमें लोकसभा चुनाव लड़ने का साहस नहीं है।

पहले तीन वर्षों में दोनों सदनों को मिलाकर 778 सीटों (10 खाली) में से 400 सीटें (51.4%) होने के बावजूद मोदी 1.0 सरकार महत्त्वपूर्ण बिलों को पास नहीं करवा सकी। दोनों सदनों में मात्र 17.2% सीटें होने बाद भी यू.पी.ए. राज्य सभा के सदन के वेल में आकर नारेबाजी के साथ ही दूसरे 'असंसदीय तरीकों' से चलने नहीं देती थी, जिसमें राज्यसभा के सभापति (उपराष्ट्रपति हामिद अंसारी) और राज्यसभा के उपसभापति पी.जे. कुरियन की मौन सहमति रहती थी। दोनों ही सोनियाजी के जाने हुए वफादार थे।

राज्यसभा के कामकाज और उसके होने की जरूरत पर भी काफी बहस हुई है। 192 लोकतंत्रों में से सिर्फ 79 में दो सदन हैं। 16 में ऊपरी सदन थे, लेकिन उसे समाप्त कर दिया गया। 79 देशों में (अमेरिका सहित) से 31 देशों में ऊपरी सदन के सदस्यों को सीधे लोग चुनते हैं। 192 लोकतंत्रों में से सिर्फ 48 में भारत की तरह अप्रत्यक्ष चुनाव होता है। अधिकांश देशों में ऊपरी सदन की शक्तियाँ निचले सदन से कम होती हैं।

अगर हमें दोनों सदनों को रखना ही है तो हमें राज्यसभा के मौजूदा स्वरूप और तत्त्व में सुधार करना होगा। कल्पना कीजिए, अगर राज्यसभा में ये लोग हों—

- 1 भारत के पूर्ववर्ती मुख्य न्यायाधीश।
- 4 हाई कोर्ट के पूर्व मुख्य न्यायाधीश, 1 हर क्षेत्र से, जिन्हें वर्तमान और पूर्व चीफ जस्टिस मनोनीत करें।
- 4 पूर्ववर्ती सी.ई.ए., सी.ई.सी., सी.आई.सी. और सी.ए.जी.।
- 4 पूर्व राज्यपाल, 1 हर क्षेत्र से, जिन्हें राष्ट्रपति मनोनीत करें।
- 4 पूर्व सेना प्रमुख (सी.डी.एस. और सेना, नौसेना, वायु सेना से 1-1)।
- 2 आई.बी. और रॉ के पूर्व प्रमुख।
- 8 पूर्व प्रमुख सी.आर.पी.एफ., बी.एस.एफ., सी.आई.एस.एफ., आई.टी.बी.पी., एस.एस.बी., असम राइफल्स, आर.पी.एफ. और एन.एस.जी. के।

- 5 पूर्व चीफ सी.बी.आई., डी.आर.आई., ई.डी., एन.आई.ए., एस.एफ. आई.ओ.।
- 4 पूर्व प्रमुख सी.बी.डी.टी., सी.बी.आई.सी., आई.टी.डी., सेबी के।
- 4 पूर्व प्रमुख सी.एस.आई.आर., डी.ए.ई., डी.आर.डी.ओ., इसरो के।
- 4 पूर्व बैंक चेयरमैन (पी.एस.पी. और निजी बैंकों के), जिन्हें राष्ट्रपति मनोनीत करें।
- 2 पी.एस.ई./पी.एस.यू. के पूर्व चेयरमैन, जिन्हें राष्ट्रपति मनोनीत करें।
- 12 शिक्षाविद्, शोधकर्ता, डॉक्टर, वकील, आर्किटेक्ट, चार्टर्ड अकाउंटेंट, कंपनी सेक्रेटरी आदि, जिन्हें राष्ट्रपति मनोनीत करें।
- 6 कला, संगीत, साहित्य, फिल्म/टी.वी. और मीडिया आदि से, जिन्हें राष्ट्रपति मनोनीत करें।
- 8 पुरुष/महिला खिलाड़ी, प्रत्येक खेल से एक से अधिक नहीं, जिन्होंने भारत का प्रतिनिधित्व किया है और जिन्हें राष्ट्रपति मनोनीत करें।
- 4 पद्म विभूषण या पद्म भूषण पुरस्कार प्राप्तकर्ता, जिन्हें राष्ट्रपति मनोनीत करें।
- 4 रिटायर्ड आई.ए.एस. अधिकारी, प्रधानमंत्री द्वारा मनोनीत।
- 3 रिटायर्ड आई.एफ.एस. अधिकारी, प्रधानमंत्री द्वारा मनोनीत।
- 35 पूर्व मुख्य सचिव, राज्यों के (1 प्रत्येक राज्य/केंद्र-शासित प्रदेश से, लक्षद्वीप के सिवाय)।
- 35 रिटायर्ड डी.जी.पी. (1 प्रत्येक राज्य/केंद्र-शासित प्रदेश से, लक्षद्वीप के सिवाय)।
- 35 ग्राम पंच (1 प्रत्येक राज्य/केंद्र-शासित प्रदेश से, लक्षद्वीप के सिवाय), जिन्हें सी.एम. या एल.जी. (जैसा मामला हो) मनोनीत करें।
- 4 लोग लोकसभा में नेता प्रतिपक्ष की ओर से मनोनीत।
- 2 लोग लोकसभा में दूसरे सबसे बड़े विपक्षी दल की ओर से मनोनीत।
- 14 लोग, जिन्हें प्रधानमंत्री मनोनीत करें और जिन्हें पहले ही उनके मंत्री के रूप में नियुक्त कर लिया जाना चाहिए था।
- 36 वरिष्ठ सांसद, जिन्हें 'हम भारत के लोग' (2 प्रत्येक राज्य/केंद्र-शासित प्रदेश से और 1 लक्षद्वीप से) चुनें और जिनकी उम्र नामांकन दाखिल करने के दिन 60 वर्ष से कम हो।

- 35 जूनियर सांसद, जिन्हें 'हम भारत के लोग' (2 प्रत्येक राज्य/केंद्र-शासित प्रदेश से और लक्षद्वीप से कोई नहीं) चुनें और जिनकी उम्र नामांकन दाखिल करने के दिन 45 वर्ष से कम हो।

इससे राज्यसभा में ऐसी विविधता और दक्षता/अनुभव की गहराई मिलेगी, जो किसी भी देश के लिए बेहतर होगी।

राज्यसभा की शक्तियाँ : बचपन से ही हमें यह सिखाया गया है कि राज्य सभा ब्रिटिश हाउस ऑफ लॉर्ड्स (ऊपरी सदन) पर आधारित है। क्या यह सच है?

हाउस ऑफ लॉर्ड्स के पास विधेयकों के संशोधन/अस्वीकृत करने की शक्तियाँ होती हैं; लेकिन हाउस ऑफ कॉमन्स (निचले सदन) की ओर से पास किए गए बिल को खारिज करने की शक्तियाँ *संसद् के सन् 1911 और 1949 के अधिनियमों* (दोनों ही भारतीय संविधान से पहले प्रभाव में आए) से नियंत्रित होती हैं। कुछ विधेयकों को हाउस ऑफ लॉर्ड्स की मंजूरी के बिना भी राजकीय सहमति (वैसे ही, जैसे भारत में राष्ट्रपति की) के लिए पेश किया जा सकता है। हाउस ऑफ लॉर्ड्स किसी 'मनी बिल' (ऐसा बिल, जिसका संबंध पूरी तरह से कराधान या सार्वजनिक धन से होता है) को पास करने में एक महीने से अधिक की देरी नहीं कर सकता है। इसकी तुलना इससे करें कि लोकसभा से पास किए जाने के बाद राज्यसभा ने कितने दिनों तक जी.एस.टी. बिल को लटकाए रखा। अन्य बिलों को हाउस ऑफ लॉर्ड्स दो संसदीय सत्रों या एक कैलेंडर वर्ष से अधिक समय तक नहीं रोक सकता है। इसकी तुलना इससे करें कि अन्य विधेयकों के अलावा, नागरिकता संशोधन और तीन तलाक के विधेयकों को राज्यसभा ने कितने समय तक रोके रखा। सैलिसबरी समझौते में एक और पाबंदी है, जिसमें हाउस ऑफ लॉर्ड्स सरकार के चुनावी घोषणा-पत्र में जिस कानून का वादा हो, उसका विरोध नहीं कर सकता है। क्या मोदी के पास ऐसी शक्तियाँ हैं? अगर होतीं तो क्या वे पहले ही अनुच्छेद 370 नहीं हटा देते या अयोध्या में राम मंदिर बहुत पहले ही नहीं बनवा देते?

अमेरिका में, केवल अमेरिकी सीनेट ही दूसरे देशों के साथ राष्ट्रपति की ओर से किए गए समझौते, कैबिनेट के सदस्यों, राजदूतों और सुप्रीम कोर्ट के जजों की नियुक्ति को मंजूरी दे सकती है। केवल अमेरिकी हाउस ऑफ रिप्रेजेंटेटिव्स ही बजट के विधेयकों को तैयार कर सकता है। अगर किसी बिल को दोनों सदनों ने पास कर दिया है और राष्ट्रपति ने उसे मंजूर कर लिया है या राष्ट्रपति के वीटो (बिल पर

दस्तखत करने से इनकार) को खारिज कर दिया गया है तो वह कानून बन जाता है। अमेरिकी कांग्रेस दोनों सदनों में राष्ट्रपति के वीटो को दो-तिहाई बहुमत से खारिज कर सकती है। आम तौर पर, वीटो व्हाइट हाउस को भेजे गए सभी विधेयकों में से 40% से अधिक को खत्म कर देता है।

संसद् में शिष्टाचार : भारत की संसद् की कारवाई का जब से सीधा प्रसारण शुरू हुआ, तब से मैंने बस अराजकता ही देखी है, जहाँ सांसद हो-हल्ला मचाते, चिल्लाते, नारे लगाते 'वेल' में इकट्ठा हो जाते हैं और सड़क-छाप गुंडों के जैसा व्यवहार करते हैं। क्या हम ऐसे देश के रूप में दिखना चाहते हैं, जो गुंडों को चुनता है ? हमारे देश में शिष्टाचार के सख्त नियम होने चाहिए और जो भी इन नियमों को तोड़ेगा, उसे सदन से बाहर कर देना चाहिए। पहली बार के लिए एक हफ्ता, दूसरी बार के लिए पूरे सत्र से और तीसरी बार संसद् के रूप में बाकी बचे कार्यकाल के लिए, जो फुटबॉल के खेल में रेफरी की ओर से दिखाए जानेवाले 'पीले' और 'लाल' कार्ड के जैसा हो।

पुलिस सुधार

चूँकि यह विशिष्ट रूप से राज्यों के अधिकार-क्षेत्र में आता है, इसलिए सिर्फ राज्य ही (न कि भारत सरकार) पुलिस के मामले में कोई भी कानून बना सकते हैं। लेकिन अधिकांश राज्य अब भी 160 साल पुराने 1861 के पुलिस एक्ट का, कुछ एक संशोधनों के साथ, पालन कर रहे हैं।

पुलिस आयोग के चेयरमैन ए.एच.एल. फ्रेजर, जो वर्ष 1903 से 1908 तक बंगाल के लेफ्टिनेंट गवर्नर बने, उन्होंने कहा था—

"पुलिस बल कुशलता से कोसों दूर है। उसका प्रशिक्षण और संगठन दोषपूर्ण है। उसकी सही निगरानी नहीं होती। आम तौर पर उसे भ्रष्ट और अत्याचारी माना जाता है और लोगों का विश्वास एवं सौहार्दपूर्ण सहयोग पाने में वह पूरी तरह से विफल साबित हुआ है।"

119 वर्षों में कुछ भी नहीं बदला है। अंग्रेजों के भारत में पुलिस की जो औपनिवेशिक सोच और लोगों के प्रति अविश्वास था, वह आजादी के 74 साल बाद भी बरकरार है। भारत में पुलिस राज्यों में सत्ताधारी दलों के नियंत्रण में है, जो विभिन्न स्तरों पर भ्रष्टाचार को लेकर आँखें मूँदे रहती है और खुद अपराध में एक बड़ी साझीदार है।

सन् 2018 में जहाँ प्रति 1 लाख की आबादी पर पुलिस की स्वीकृत संख्या 181 पुलिस अधिकारियों की थी, वहीं वास्तव में यह संख्या 139 थी; जबकि तुलनात्मक रूप से स्पेन (535), रूस (519), फ्रांस (433), श्रीलंका (416), जर्मनी (385), अमेरिका (242) और जापान (235) में स्थिति बेहतर है। संयुक्त राष्ट्र के अनुसार, यह प्रति 1 लाख 222 होनी चाहिए।

'वर्ल्ड प्रिजन ब्रीफ' के अनुसार, भारत में बंदी बनाए जाने की दर प्रति लाख 35 से अधिक है। इसकी तुलना करें अमेरिका (639), थाईलैंड (516), ब्राजील (357), रूस (340), मेक्सिको (165), यू.के. (133), स्पेन (122), चीन (121), इंडोनेशिया एवं फ्रांस (87 प्रत्येक) और बँगलादेश (52) तक में इसकी दर अधिक है।

पुलिस कर्मियों को न सही प्रशिक्षण मिलता है, न ही वे सही साजो-सामान से लैस हैं। उनकी संख्या वैसे ही कम है और उनमें से भी अधिकांश को नेताओं एवं उनके परिवार के सदस्यों की सुरक्षा में तैनात कर दिया जाता है। नतीजा यह कि आम भारतीय सबसे अधिक असुरक्षित हैं। सुरक्षा के तंत्र या खुफिया जानकारी जुटाने की क्षमता को बढ़ाने, विभिन्न पुलिस/सुरक्षा एजेंसियों के बीच तालमेल बिठाने, पुलिस बल को आधुनिक बनाने और लोगों के साथ उनके संबंधों को बेहतर बनाने के सारे प्रयासों के प्रति सभी दलों के नेताओं का रुख लापरवाही भरा रहा है।

पुलिस मंत्रियों और विधायकों के 'अधीन' हो चुकी है। हर विधायक अपने क्षेत्र में अपनी पसंद का अधिकारी चाहता है। जाति, वफादारी, रिश्वत की रकम, विधायक की जाति के लोगों के प्रति नजरिया और 'लचीलापन' पोस्टिंग को तय करते हैं। अधिकारियों को सत्ताधारी दल की 'जरूरतों' को पूरा करने के लिए तरक्की दी जाती है। कुछ मामलों में 'सुस्ती', जाँच को रोकने, राजनीतिक विरोधियों से 'निपटने', अंडरवर्ल्ड के धंधों को 'चलाने' के लिए नेताओं को पुलिस की जरूरत पड़ती है।

सितंबर 2006 में सर्वोच्च न्यायालय ने राज्यों और केंद्र-शासित प्रदेशों को सात 'बाध्यकारी' निर्देश दिए थे। उसने आदेश दिया कि वे उसके निर्देशों को कानून बनाकर या कार्यकारी आदेशों के जरिए जल्द-से-जल्द लागू करें। लेकिन पुलिस-नेता का गठजोड़ इतना गहरा है कि राज्य किसी भी सुधार को लागू करना नहीं चाहते।

1. एक राज्य सुरक्षा आयोग का गठन, जिससे (क) यह सुनिश्चित हो कि

कोई राज्य सरकार पुलिस पर अवांछित प्रभाव या दबाव का इस्तेमाल न करे, (ख) व्यापक नीति-निर्देश जारी करे और (ग) राज्य पुलिस के प्रदर्शन का आकलन करे।

2. मेरिट पर आधारित पारदर्शी प्रक्रिया से डी.जी.पी. की नियुक्ति करे, जिसका कार्यकाल कम-से-कम दो साल का हो।
3. परिचालन से जुड़ी ड्यूटी करनेवाले (किसी जिले के एस.पी. और पुलिस थानों के एस.एच.ओ. समेत) अन्य पुलिस अधिकारियों का कार्यकाल कम-से-कम दो साल का होना चाहिए।
4. जाँच और कानून-व्यवस्था के काम को अलग किया जाए।
5. डी.एस.पी. और उससे नीचे के अधिकारियों के ट्रांसफर, पोस्टिंग, प्रमोशन और सेवा से जुड़े अन्य मामलों पर फैसला एक पुलिस स्थापना बोर्ड करे तथा डी.एस.पी. से ऊपर के रैंक की पोस्टिंग और ट्रांसफर पर अपनी सिफारिश दे।
6. हिरासत में मौत, गंभीर चोट या पुलिस हिरासत में रेप जैसे मामलों समेत अनुशासनहीनता के गंभीर मामलों में पुलिस अधिकारियों के खिलाफ सार्वजनिक शिकायत की जाँच के लिए राज्य में एक पुलिस शिकायत अधिकरण की स्थापना की जाए।
7. न्यूनतम दो साल के कार्यकाल तक केंद्रीय पुलिस संगठन के प्रमुखों के चयन और उनकी तैनाती के लिए भारत सरकार के स्तर पर राष्ट्रीय सुरक्षा आयोग का गठन।

चौदह राज्यों ने इन निर्देशों को निष्प्रभावी बनाने के लिए कानून बनाए। किसी भी राज्य सरकार ने सही मायने में सर्वोच्च न्यायालय के निर्देशों का पालन करने के प्रति संकल्प नहीं दिखाया है। अप्रैल 2013 में सर्वोच्च न्यायालय ने कड़े शब्दों में राज्यों और भारत सरकार से वर्ष 2006 के अपने आदेश के अनुसार सुरक्षा आयोगों के गठन पर उठाए गए कदमों पर जवाब माँगा। सर्वोच्च न्यायालय ने कहा, "... पुलिस की कार्य-प्रणाली और तरीके में सुधार के बजाय हमने यही देखा है कि इन सात वर्षों में हालात बद से बदतर हो गए हैं।"

पुलिस के पास हथियारों की भी कमी है। राजस्थान और पश्चिम बंगाल के पास 75% एवं 71% की कमी थी। वाहनों की 31% कमी थी। लेकिन 2016 में यह पाया गया कि बुनियादी ढाँचे के आधुनिकीकरण के लिए दिए गए धन में से राज्यों में महज 14% धन का इस्तेमाल किया।

राज्य पुलिस में 86% संख्या सिपाहियों की होती है। सिपाहियों को पूरी सर्विस के दौरान सिर्फ एक बार पदोन्नति दी जाती है और आम तौर पर वे 'हेड कॉन्स्टेबल' के रूप में रिटायर कर जाते हैं। इससे उनमें बेहतर प्रदर्शन का उत्साह कमजोर पड़ जाता है।

मार्च 2017 में मुख्य न्यायाधीश की अध्यक्षता वाली सुप्रीम कोर्ट की एक बेंच ने एक वकील की व्यापक पुलिस सुधार पर तुरंत काररवाई की अपील को दरकिनार करते हुए कहा, "कोई भी हमारे आदेशों को नहीं मानता।" क्या हमें और 119 वर्षों तक इंतजार करना होगा?

राष्ट्रीय पुलिस बल

एल.ई. = लॉ एनफोर्समेंट।

एफ.बी.आई. अमेरिका की मुख्य संघीय एल.ई. एजेंसी है, जो न्याय विभाग और राष्ट्रीय खुफिया निदेशक की देखरेख में काम करती है। 30,000 कर्मियों वाली एफ.बी.आई. का अधिकार-क्षेत्र 200 से अधिक प्रकार के संघीय अपराधों तक है और यह मुख्य रूप से घरेलू एजेंसी है, जिसके पास 56 फील्ड ऑफिसर और पूरे अमेरिका में 400 से अधिक रेजिडेंट एजेंट हैं; लेकिन इसके पास 60 कानून सहयोगी दफ्तर और दुनिया भर में अमेरिकी दूतावासों एवं वाणिज्य दूतावासों में 15 छोटे दफ्तर हैं।

रूस की एफ.एस.बी. की मुख्य जिम्मेदारियों में आंतरिक/सीमा/तटीय सुरक्षा, दुश्मनों की खुफिया जानकारी जुटाना, आतंक-निरोधी काररवाई, अन्य गंभीर अपराधों और संघीय कानूनों के उल्लंघन पर काररवाई, सरकारी प्रतिष्ठानों की सुरक्षा तथा ड्रग्स की तस्करी एवं वितरण को रोकना शामिल हैं। इसके निदेशक की नियुक्ति राष्ट्रपति करता है और वह राष्ट्रपति को ही रिपोर्ट करता है। वर्ष 2006 में एफ.एस.बी. को विदेश में संदिग्ध आतंकियों को मार डालने की शक्तियाँ मिलीं, बशर्ते इसके लिए राष्ट्रपति का आदेश हो। सारे रूसी एल.ई. और खुफिया एजेंसियाँ एफ.एस.बी. के मार्गदर्शन में काम करती हैं, जिनके पास 67,000 से अधिक स्टाफ हैं, जिनमें 4,000 से अधिक स्पेशल फोर्स के सैनिक शामिल हैं।

पोलीसिया फेडेरल (पी.एफ.) ब्राजील के तीन संघीय पुलिस बलों में से एक है, जबकि दो अन्य फेडरल हाईवे पुलिस और फेडरल रेलवे पुलिस हैं। पी.एफ. पर आतंकवाद, संघीय संस्थानों के खिलाफ अपराध, ड्रग्स की तस्करी, साइबर

क्राइम, संगठित अपराध, भ्रष्टाचार, अमीरों के अपराध, मनी लॉण्ड्रिंग, घुसपैठ, एयरपोर्ट सुरक्षा, सीमा सुरक्षा और समुद्री सुरक्षा की जिम्मेदारी है। इसके पास 27 क्षेत्रीय अधीक्षक, 95 अधिकारी, 12 सीमा पोस्ट, 12 समुद्री और 2 देश के भीतर के जलमार्ग के ठिकाने हैं।

भारत के पास अमेरिका की एफ.बी.आई., रूस के एफ.एस.बी. या ब्राजील की *पोलीसिया फेडेरल* के समान कौन सा बल है?

5,685 कर्मियों वाली सी.बी.आई. भ्रष्टाचार और अन्य आर्थिक अपराधों की जाँच करती है। कुछ खास मामलों में यह हत्या, अपहरण और आतंकवाद की भी जाँच करती है।

एन.आई.ए. केंद्रीय आतंकवाद-विरोधी जाँच एजेंसी है। इसे राज्यों से विशेष इजाजत माँगे बिना आतंक-विरोधी अपराधों से निपटने की शक्ति दी गई है। हालाँकि, महज 650 लोगों के साथ एन.आई.ए. के पास आतंकवाद से लड़ने के लिए पर्याप्त अधिकारी-कर्मी नहीं हैं।

नेशनल सिक्योरिटी गार्ड (एन.एस.जी.) की स्थापना आतंकवाद से निपटने के 'एलीट' फोर्स के रूप में की गई थी। पिछले कुछ वर्षों में इसकी भूमिका में नेताओं को सुरक्षा देना भी शामिल हो गया। 14,000 कर्मियों वाली एन.एस.जी. को जमीन, समंदर, हवा में अपहरण के खिलाफ काररवाई करने समेत आतंक-विरोधी चुनौतियों से निपटने की भी ट्रेनिंग दी जाती है। साथ ही बम डिस्पोजल, धमाके के बाद की जाँच और अगवा व्यक्ति को छुड़ाने की ट्रेनिंग दी जाती है।

3,13,600 कर्मियों वाले सी.आर.पी.एफ. की मुख्य भूमिका कानून-व्यवस्था बनाए रखने और उग्रवाद-विरोधी काररवाई में राज्य/केंद्र-शासित प्रदेशों की पुलिस का सहयोग करना है। यह लोकसभा चुनावों में, खास तौर पर जम्मू व कश्मीर, बिहार और पूर्वोत्तर में चुनावों के दौरान वहाँ आम तौर पर होनेवाली हिंसा के कारण एक अहम भूमिका निभाती है।

एन.आई.ए. और एन.एस.जी. में क्या अंतर है? क्या दोनों ही मुख्य रूप से आतंकवाद से निपटने के लिए नहीं बनाए गए हैं? तो फिर उन्हें एक क्यों न कर दिया जाए? सी.आर.पी.एफ. की भूमिका असल में क्या है और उसके पास कौन सी शक्तियाँ हैं? साल में कितने दिन वास्तविक अभियानों में सी.आर.पी.एफ. के कर्मियों को तैनात किया जाता है? देश के सबसे बड़े अर्धसैनिक बल के रूप में क्या हम उस पर पैसे बरबाद कर रहे हैं?

सी.बी.आई., एन.आई.ए., एन.एस.जी., सी.आर.पी.एफ. के अधिकांश काम अमेरिका में एफ.बी.आई., रूस में एफ.एस.बी. और ब्राजील में पी.एफ. कर लेते हैं। तो फिर भारत को चार (या अधिक) संगठनों की जरूरत क्या है? एक ही क्यों नहीं? क्या इससे बेहतर नतीजे सुनिश्चित नहीं होंगे?

प्रशासनिक सुधार

आई.ए.एस. भारत की सर्वश्रेष्ठ सिविल सेवा है; जबकि अन्य तीन हैं—आई.एफ.एस., आई.पी.एस. और आई.आर.एस.। 98% से अधिक गैर-राजनयिक नौकरशाह आई.ए.एस. से आते हैं। देश में 1,500 से अधिक (स्वीकृत संख्या के 22% से अधिक) आई.ए.एस. अधिकारियों की कमी है। राजनीतिक हस्तक्षेप, बीते जमाने के मानव संसाधन के कायदों और प्रदर्शन के औसत रिकॉर्ड ने इसे पंगु बना दिया है। बार-बार ट्रांसफर कर या सस्पेंड कर, शारीरिक रूप से नुकसान पहुँचाकर और कुछ मामलों में तो उनकी हत्या करवाकर नेता आई.ए.एस. अधिकारियों का दमन करते हैं। भारत सरकार को भरती और प्रमोशन की प्रक्रियाओं में फेर-बदल कर प्रदर्शन-आधारित आकलन करना चाहिए और ऐसे एहतियात अपनाने चाहिए, जिनसे आई.ए.एस. अधिकारियों को राजनीतिक दखल से सुरक्षित रखकर उनकी जवाबदेही को बढ़ाया जा सके।

निचले स्तरों पर वेतन निजी क्षेत्र की समान नौकरियों की तुलना में बेहिसाब ढंग से ज्यादा है। इसलिए, करोड़ों युवा किसी भी तरह सरकारी नौकरी पाना चाहते हैं, जहाँ नौकरी की सुरक्षा (क्योंकि शायद ही कभी किसी सरकारी अधिकारी को बरखास्त किया जाता है) है और कई सुविधाएँ भी। यहाँ तक कि ऊँची डिग्री वाले भी शुरुआती स्तर की सरकारी नौकरियों के लिए प्रयास करते हैं। भरती में भयंकर भ्रष्टाचार है। दूसरी तरफ, ऊँचे स्तरों पर वेतन निजी क्षेत्र की समान नौकरियों की तुलना में काफी कम है, जिसके कारण सबसे महत्त्वपूर्ण पदों पर सही प्रतिभा वाले लोग आकर्षित नहीं होते। निजी क्षेत्र में वेतन सरकार की तुलना में काफी तेजी से बढ़ जाता है, जो कर्मचारी की ओर से अतिरिक्त कौशल हासिल करने और उसके प्रदर्शन पर आधारित होता है। सरकारी अफसरों के लिए कौशल प्राप्त करने या कड़ी मेहनत करने का कोई प्रोत्साहन नहीं होता, क्योंकि उनका प्रमोशन और वेतन की वृद्धि निश्चित होती है। सिर्फ 7.9% आई.ए.एस. अधिकारी एक पद पर दो साल या उससे अधिक तक रह पाते हैं। इस कारण, 92% से ज्यादा लोग किसी एक क्षेत्र में दक्षता हासिल नहीं कर पाते हैं।

कुछ रिटायर्ड आई.ए.एस. अधिकारियों, शिक्षाविदों और पत्रकारों ने आई.ए.एस. में अन्य क्षेत्रों से लोगों को शामिल करने की दलील दी है, ताकि नई ऊर्जा भरी जा सके। उनका तर्क है कि इससे नौकरशाही में नए-नए विचार आएँगे, स्पर्धा बढ़ेगी और वैकल्पिक दृष्टिकोण सामने आएँगे।

जून 2018 में भारत सरकार ने कहा कि उसे वित्त, आर्थिक मामलों, वाणिज्य, सड़क परिवहन, हाईवे, जहाजरानी, नागरिक उड्डयन, कृषि, किसानों के कल्याण, पर्यावरण, जलवायु-परिवर्तन, नई एवं नवीकरणीय ऊर्जा के क्षेत्रों में दस 'असाधारण व्यक्तियों' की तलाश है। अगस्त 2019 में इसने विभिन्न मंत्रालयों में संयुक्त सचिव के रूप में निजी क्षेत्र से ऐसे नौ लोगों को काम पर रखा है। जून 2020 में लैटरल एंट्री के माध्यम से इसकी 400 निदेशकों और उप-सचिवों को भरती करने की योजना थी। ऐसे कार्यक्रम जारी रहने चाहिए और आई.ए.एस. में सुधार होना ही चाहिए।

जनसंख्या नियंत्रण कानून

जनगणना के आँकड़ों के अनुसार, वर्ष 1991 से 2001 के बीच मुसलमानों की आबादी हिंदुओं, सिखों एवं जैनों—तीनों को मिला दें तो भी इनकी तुलना में 45% अधिक बढ़ी। वर्ष 2001 से 2011 के बीच उनकी आबादी 47.82% से अधिक बढ़ी। 2021 की जनगणना में वृद्धि की यह रफ्तार अगर 50% से अधिक हो जाए तो क्या किसी को हैरानी होगी? क्या समय नहीं आ गया है कि जनसंख्या नियंत्रण का कानून बनाया जाए? बँटवारा इस आधार पर हुआ कि अविभाजित भारत के मुसलिम-बहुल इलाके पाकिस्तान में चले जाएँगे। कश्मीर घाटी के अलावा, आज लगभग आधे देश में मुसलमान बहुसंख्यक हैं। सन् 2041 तक पश्चिम बंगाल मुसलिम बहुल राज्य बन जाएगा। क्या भारत एक और बँटवारा चाहता है?

फेक इन इंडिया : जीवन रक्षक दवाओं से लेकर एफ.एम.सी.जी. उत्पादों तक बाजार नकली और असुरक्षित सामानों से भरा है, जो गुणवत्ता, कीमत या सुरक्षा के मानकों को पूरा नहीं करते। कई पर अनिवार्य जानकारी भी नहीं होती, जैसे कि निर्माताओं के नाम, निर्माण या एक्सपायरी की तारीख। दाम छपे नहीं होते, बल्कि अलग से चिपकाए जाते हैं। डेली मिल्क, लक, हेड एंड शोल्डर, लाइफबॉडी ग्रामीण भारत में लोकप्रिय ब्रांड हैं। क्या ये नाम सुने-सुने-से लगते हैं? असल में, वे लोकप्रिय ब्रांड डेरी मिल्क, लक्स, हेड एंड शोल्डर्स और लाइफब्वॉय के सस्ते

(नकली) रूप हैं। न केवल उनके नाम, बल्कि उनका रूप-रंग भी असली ब्रांड जैसा होता है।

दुनिया में जितनी भी नकली दवाइयाँ बनती हैं, उनमें से 30 से 35%, यानी लगभग 1.1 लाख करोड़ रुपए की दवाइयाँ भारत में बनती हैं, जिनमें से लगभग आधी घरेलू बाजार में बिकती हैं और आधी निर्यात की जाती हैं।

सन् 2015 के एक अध्ययन के अनुसार, 31.6% एफ.एम.सी.जी. के सामान 'नकली पैक में बिकते' हैं। पैक किए गए खाने के सामानों में इनका हिस्सा 21.7% है। वहीं, चोर बाजारों में कुल ऑटो पार्ट्स के 35% से भी ज्यादा नकली पार्ट्स बेचे जाते हैं।

सन् 2019 में खुदरा बाजार 76 लाख करोड़ रुपए का था। अगर हम मोटे तौर पर भी मान लें कि कुल सामानों में 20% सामान नकली थे, तो उनकी कीमत 15.2 लाख करोड़ रुपए होगी। मान लीजिए कि उन पर औसत 12% की जी.एस.टी. लगती है, तो हम खजाने को 1.824 लाख करोड़ रुपए के नुकसान की बात कर रहे हैं। 2019 कैलेंडर वर्ष में कुल जी.एस.टी. कलेक्शन 12.15 लाख करोड़ रुपए था। अगर नकली सामान न होते तो जी.एस.टी. कलेक्शन 15% अधिक और जी.डी.पी. 0.86% अधिक होती।

मुझे आशा है कि मोदी 2.0 सरकार यदि सभी नहीं तो इनमें से कुछ सुधारों को वर्ष 2024 तक अवश्य कर लेगी। अगर ऐसा हो जाए तो भारत का भविष्य काफी उज्ज्वल होगा।

□

राजनीतिक दल और गठबंधन

(कोष्ठक में पार्टी अध्यक्षों के नाम)

AAP—आम आदमी पार्टी (अरविंद केजरीवाल)

AIMIM—अखिल भारतीय मजलिस-ए-इत्तेहाद-उल-मुसलिमीन (असदुद्दीन ओवैसी)

AIADMK—ऑल इंडिया अन्ना द्रविड़ मुनेत्र कड़गम (नेता : एडापड्डी के. पलानिसामी और ओ. पनीरसेल्वम)

AIUDF—ऑल इंडिया यूनाइटेड डेमोक्रेटिक फ्रंट (बदरुद्दीन अजमल)

AJSU—ऑल झारखंड स्टूडेंट्स यूनियन पार्टी (सुदेश महतो)

BJD—बीजू जनता दल (नवीन पटनायक)

BJP—भारतीय जनता पार्टी (नरेंद्र मोदी और जे.पी. नड्डा)

BSP—बहुजन समाज पार्टी (मायावती)

कांग्रेस/INC—भारतीय राष्ट्रीय कांग्रेस (सोनिया और राहुल गांधी)

CPI—भारतीय कम्युनिस्ट पार्टी (डी. राजा)

CPM—भारतीय कम्युनिस्ट पार्टी (मार्क्सवादी) (सीताराम येचुरी)

DMK—द्रविड़ मुन्नेत्र कड़गम (एम.के. स्टालिन)

AIUML—ऑल इंडिया यूनियन मुसलिम लीग (के.एम.के. मोहिदीन और पी.के. कुन्हालीकुट्टी)

JD(S)—जनता दल (सेकुलर) (एच.डी. कुमारस्वामी)

JD(U)—जनता दल (यूनाइटेड) (नीतीश कुमार)

JKNC—जम्मू व कश्मीर नेशनल कॉन्फ्रेंस (उमर अब्दुल्ला)

JMM—झारखंड मुक्ति मोर्चा (हेमंत सोरेन)

KC (M)—केरल कांग्रेस (एम.) (के.एम. मणि)

LJP—लोक जनशक्ति पार्टी (चिराग पासवान)

MNF—मिजो नेशनल फ्रंट (जोरमथांगा)

NCP—राष्ट्रवादी कांग्रेस पार्टी (शरद और अजीत पवार; सुप्रिया सुले)

NDA—राष्ट्रीय जनतांत्रिक गठबंधन, केंद्र सरकार को चलानेवाला गठबंधन। वर्ष 1998 से 2004 तक अटल बिहारी वाजपेयी और 2014 से नरेंद्र मोदी

NDPP—राष्ट्रवादी डेमोक्रेटिक प्रोग्रेसिव पार्टी (नेता : नेफिउ रियो और चिंगवांग कोन्याक)

NPF—नागा पीपुल्स फ्रंट (डॉ. शूरोजेली लीजीसेट्सु)

NPP—नेशनल पीपुल्स फ्रंट (कॉनरोडमा)

PDP—J&K पीपुल्स डेमोक्रेटिक पार्टी (महबूबा मुफ्ती)

RJD—राष्ट्रीय जनता दल (लालू प्रसाद यादव और तेजस्वी यादव)

RSP—क्रांतिकारी सोशलिस्ट पार्टी (टी.जे. चंद्रचूड़)

SAD—शिरोमणि अकाली दल (प्रकाश सिंह बादल और सुखबीर सिंह बादल)

SKM—सिक्किम क्रांतिकारी मोर्चा (प्रेम सिंह तमांग)

SP—समाजवादी पार्टी (अखिलेश यादव)

SS—शिवसेना (उद्धव ठाकरे और आदित्य ठाकरे)

TDP—तेलुगु देशम पार्टी (एन. चंद्रबाबू नायडू)

TMC—तृणमूल कांग्रेस/अखिल भारतीय तृणमूल कांग्रेस (ममता बनर्जी)

TRS—तेलंगाना राष्ट्र समिति (के. चंद्रशेखर राव या 'के.सी.आर.')

UPA—संयुक्त प्रगतिशील गठबंधन, वर्ष 2004 से 2014 तक (सोनिया गांधी) पी.एम. डॉ. मनमोहन सिंह के नेतृत्व में केंद्र सरकार चलानेवाली पार्टियों का गठबंधन

YSRCP—युवजन श्रमिक रायथू कांग्रेस पार्टी (वाई.एस. जगन मोहन रेड्डी)

□

लघु रूप और परिभाषाएँ

~ संकेत का इस्तेमाल 'लगभग' के लिए किया गया है।

1 लाख = 1,00,000

1 मिलियन = 10 लाख

1 करोड़ = 100 लाख = 10 मिलियन

100 करोड़ = 1 बिलियन या 1 अरब

1 लाख करोड़ = 1 ट्रिलियन

123 समझौता—अक्तूबर 2008 का अमेरिका-भारत नागरिक परमाणु समझौता।

ABVP—अखिल भारतीय विद्यार्थी परिषद् आर.एस.एस. का छात्र संगठन है।

ADB—एशियन डेवलपमेंट बैंक, मनीला, फिलीपींस।

AICC—अखिल भारतीय कांग्रेस कमेटी कांग्रेस पार्टी की केंद्रीय सभा है। यह राज्य-स्तरीय कांग्रेस समितियों (पी.सी.सी.) से चुने गए सदस्यों से बनी है।

AIIMS—अखिल भारतीय आयुर्विज्ञान संस्थान सरकारी अस्पतालों और मेडिकल कॉलेजों का एक समूह है

APHC—ऑल पार्टीज हुर्रियत कॉन्फ्रेंस, एक कश्मीरी अलगाववादी समूह। हुर्रियत के अनुसार, जम्मू व कश्मीर एक विवादित क्षेत्र है और भारत का इस पर नियंत्रण उचित नहीं है। भारतीय सुरक्षा बलों के खिलाफ जनता की राय जुटाने में इसकी प्राथमिक भूमिका रही है। इस प्रकार, यह ऐतिहासिक रूप से पाकिस्तान द्वारा सकारात्मक रूप से देखा गया है।

आसियान—दक्षिण पूर्व एशियाई देशों का संघ, 10 देशों का समूह।

BARC—भाभा परमाणु अनुसंधान केंद्र (भारत)।

BJYM—भारतीय जनता युवा मोर्चा बी.जे.पी. की युवा शाखा है।

BVRAAM—बियॉण्ड-विजुअल-रेंज एयर-टू-एयर मिसाइल।

कैबिनेट—केंद्रीय मंत्रिमंडल या भारत की सरकार की 'मंत्रिपरिषद्'।

CAG—भारत के नियंत्रक एवं महालेखा परीक्षक, सरकार और सरकार द्वारा वित्त-पोषित संस्थाओं सहित भारत सरकार और राज्य सरकारों की सभी प्राप्तियों तथा व्यय का लेखा-जोखा करती है।

CAGR—मिश्रित वार्षिक विकास दर।

CBI—केंद्रीय जाँच ब्यूरो की स्थापना मूल रूप से रिश्वतखोरी और सरकारी भ्रष्टाचार की जाँच के लिए की गई थी। इसके क्षेत्राधिकार में अब केंद्रीय कानून, बहु-राज्य संगठित अपराध, बहु-एजेंसी या अंतरराष्ट्रीय मामले शामिल हैं।

CCEA—आर्थिक मामलों की राज्य सरकार की मंत्रिमंडलीय समिति।

CCPA—राजनीतिक मामलों की राज्य सरकार की मंत्रिमंडलीय समिति।

CEA—भारत सरकार के मुख्य आर्थिक सलाहकार।

CJI—भारत के मुख्य न्यायाधीश।

CM—भारतीय राज्य का मुख्यमंत्री।

CRPF—केंद्रीय रिजर्व पुलिस बल, भारत का सबसे बड़ा केंद्रीय सशस्त्र पुलिस बल (CAPF) है। सी.आर.पी.एफ. की प्राथमिक भूमिका राज्यों और केंद्र-शासित प्रदेशों में कानून व व्यवस्था को बनाए रखने और उग्रवाद के खिलाफ पुलिस अभियान में सहायता की रही है। अन्य सी.ए.पी.एफ. सीमा सुरक्षा बल (बी.एस.एफ.), केंद्रीय औद्योगिक सुरक्षा बल (सी.आई.एस.एफ.), आई.टी. बी.पी., राष्ट्रीय सुरक्षा गार्ड (एन.एस.जी.) और सशस्त्र सीमा बल (एस. एस.बी.) हैं।

CSIR—वैज्ञानिक एवं औद्योगिक अनुसंधान परिषद्, भारत सरकार।

CWC—कांग्रेस कार्य समिति, आधिकारिक तौर पर कांग्रेस पार्टी की प्रमुख निर्णय लेनेवाली समिति, परमाणु ऊर्जा विभाग (भारत)।

DBT—प्रत्यक्ष लाभ हस्तांतरण, जिसके तहत विभिन्न सरकारी योजनाओं और सब्सिडी का धन सीधे नागरिकों के बैंक खातों में स्थानांतरित किया जाता है।

विभाग—विभाग।

DGP—पुलिस महानिदेशक।

DRDO—रक्षा अनुसंधान एवं विकास संगठन (भारत)।

DRI—डायरेक्टरेट ऑफ रेवेन्यू इंटेलिजेंस, भारत की मुख्य एंटी-स्मगलिंग इंटेलिजेंस और जाँच एजेंसी।

ED—प्रवर्तन निदेशालय, भारत की केंद्रीय आर्थिक खुफिया और कानून प्रवर्तन एजेंसी, जो धन शोधन निवारण अधिनियम (PMLA) और विदेशी मुद्रा प्रबंधन अधिनियम (FEMA) को लागू करने के लिए जिम्मेदार है।

FBI—संघीय जाँच ब्यूरो, संयुक्त राज्य अमेरिका की प्रमुख घरेलू खुफिया एजेंसी।

FCRA—विदेशी योगदान विनियमन अधिनियम, 2010 एक भारतीय कानून है, जिसका दायरा भारतीय व्यक्तियों या संगठनों या कंपनियों द्वारा विदेशी योगदान/आतिथ्य की स्वीकृति एवं उपयोग को विनियमित करना है और किसी भी गतिविधि के लिए विदेशी योगदान/आतिथ्य की स्वीकृति और उपयोग को रोकना है, जो भारत के राष्ट्रीय हित के लिए हानिकारक है।

प्रत्यक्ष विदेशी निवेश—प्रत्यक्ष विदेशी निवेश, विदेशी संस्थाओं द्वारा सीधे एक व्यवसाय में किया गया निवेश, जो कि शेयर बाजारों या अन्य शेयर बाजारों में किए गए विदेशी पोर्टफोलियो निवेश से अलग है।

FERA—भारत का विदेशी मुद्रा विनियमन अधिनियम 1973, जिसे सन् 1999 में फेमा द्वारा प्रतिस्थापित किया गया था।

FIPB—भारत सरकार का विदेशी निवेश संवर्धन बोर्ड।

FIR—प्रथम सूचना रिपोर्ट पुलिस बलों और जाँच एजेंसियों द्वारा संज्ञेय अपराध के बारे में जानकारी प्राप्त होने पर तैयार किया जानेवाला दस्तावेज है।

FM—वित्त मंत्री।

विदेशी मुद्रा—विदेशी मुद्रा।

FSB—Federal'naya Sluzhba Bezopasnosti Rossiyskoy Federatsii या संघीय सुरक्षा सेवा।

रूस संयुक्त राज्य अमेरिका के CIA, ब्रिटेन के MI6 और भारत के RAW के समतुल्य है।

G2G—सरकार-से-सरकार के लिए।

G 7—सात के समूह में कनाडा, फ्रांस, जर्मनी, इटली, जापान, यू.के. और यू.एस.ए. शामिल हैं, जो दुनिया की सबसे बड़ी अर्थव्यवस्थाओं में शामिल हैं।

GDP—सकल घरेलू उत्पाद।

FFD या सकल राजकोषीय घाटा राजस्व प्राप्तियों (बाहरी अनुदान सहित) और गैर-ऋण पूँजी प्राप्तियों पर कुल व्यय की अधिकता है।

GST—गुड्स एंड सर्विसेज टैक्स।

HAL—हिंदुस्तान एयरोनॉटिक्स लिमिटेड, भारत की एकमात्र सार्वजनिक क्षेत्र की विमान निर्माण कंपनी है।

HC—उच्च न्यायालय।

HP—हिमाचल प्रदेश, भारत का एक राज्य।

I&B—सरकार का सूचना एवं प्रसारण मंत्रालय।

IAF—भारतीय वायु सेना।

IAS—भारतीय प्रशासनिक सेवा, जिसमें से भारत के अधिकांश वरिष्ठ नौकरशाहों की भरती की जाती है।

IB—इंटेलिजेंस ब्यूरो भारत की घरेलू खुफिया, आंतरिक सुरक्षा एजेंसी।

ICS—भारतीय सिविल सेवा, IAS की ब्रिटिश पूर्ववर्ती।

IFS—भारतीय विदेश सेवा, जिसमें से भारत के अधिकांश राजनयिकों को भरती किया जाता है।

IMF—अंतरराष्ट्रीय मुद्रा कोष।

IPC—भारतीय दंड संहिता।

IPS—भारतीय पुलिस सेवा।

IRS—भारतीय राजस्व सेवा, मुख्य रूप से भारत सरकार को प्रत्यक्ष और अप्रत्यक्ष करों के लिए जिम्मेदार है।

ISI—इंटर-सर्विसेज इंटेलिजेंस डायरेक्टोरेट पाकिस्तान की मुख्य खुफिया एजेंसी है। यह पाकिस्तान में सर्वोच्च रूप से शक्तिशाली है, जहाँ इसे 'राज्य के भीतर एक राज्य' माना जाता है, किसी के प्रति जवाबदेह नहीं।

ITBP—भारत-तिब्बत सीमा पुलिस।

ITD—आय कर विभाग।

ISRO—भारतीय अंतरिक्ष अनुसंधान संगठन।

J&K—जम्मू व कश्मीर, भारत का एक केंद्र-शासित प्रदेश।

JeM—जैश-ए-मोहम्मद, मौलाना मसूद अजहर द्वारा स्थापित पाकिस्तान स्थित देवबंदी जिहादी आतंकवादी संगठन। इसका मुख्य मकसद जम्मू व कश्मीर का पाकिस्तान में विलय करना है। JeM भारत में कई आतंकी हमलों के लिए जिम्मेदार रहा है।

JKLF—जम्मू कश्मीर लिबरेशन फ्रंट, एक अलगाववादी संगठन, जो कश्मीर

के भारतीय और पाकिस्तानी क्षेत्रों को एक स्वतंत्र राष्ट्र बनाना चाहता है।

JNNURM—जवाहरलाल नेहरू राष्ट्रीय शहरी नवीकरण मिशन, यू.पी.ए.-1 सरकार द्वारा दिसंबर 2005 में शुरू की गई एक विशाल शहर आधुनिकीकरण योजना।

JNU—जवाहरलाल नेहरू विश्वविद्यालय, नई दिल्ली।

JV—संयुक्त उद्यम।

KGB—कोमितेट गोसुदरस्त्वेन्नॉय बेजोपासनोस्ती, या राज्य सुरक्षा के लिए समिति, सन् 1954 में सोवियत संघ के लिए मुख्य सुरक्षा एजेंसी थी, जो 1991 में अपने विघटन तक थी।

LAC—वास्तविक नियंत्रण रेखा, वास्तविक भारत-चीन सीमा।

LBS—लाल बहादुर शास्त्री, भारत के दूसरे प्रधानमंत्री।

लेफ्ट या लेफ्ट फ्रंट—भारत में कम्युनिस्ट पार्टी/पार्टियों के लिए एक शब्द।

लश्कर—लश्कर-ए-तैयबा। दक्षिण एशिया के सभी देशों में इसलामिक राज्य बनाने के एक स्पष्ट उद्देश्य के साथ लश्कर मुख्य रूप से पाकिस्तान से संचालित होता है। इसकी स्थापना सन् 1987 में ओसामा बिन लादेन की ओर से की गई फंडिंग के साथ हाफिज सईद और अफगानिस्तान में अब्दुल्ला यूसुफ अज्जाम ने की थी। लश्कर आई.एस.आई. द्वारा समर्थित है और भारत में कई आतंकी हमलों का आरोपी है।

नियंत्रण रेखा—नियंत्रण रेखा, वास्तविक भारत-पाकिस्तान सीमा।

लोकसभा—भारत की संसद् का निचला सदन, इसके सदस्य सीधे लोगों द्वारा चुने जाते हैं।

LOP—विपक्ष के नेता।

लॉर्ड चांसलर—यू.के. के न्यायालयों के कुशल कामकाज और स्वतंत्रता के लिए जिम्मेदार कैबिनेट मंत्री।

LS—लोकसभा।

MI6—अमेरिका के CIA, भारत के RAW, चीन के MSS और रूस के SVR के समान यू.के. की विदेशी खुफिया एजेंसी।

MMS—डॉ. मनमोहन सिंह।

MOD—रक्षा मंत्रालय (भारत)।

MoS—राज्य मंत्री।

MP—मध्य प्रदेश, भारत में एक राज्य।

MP—संसद् सदस्य।

MSP—न्यूनतम समर्थन मूल्य भारत सरकार द्वारा किसान से सीधे खरीदने के लिए निर्धारित एक कृषि उत्पाद मूल्य है।

MSS—राज्य सुरक्षा मंत्रालय चीन की गैर-सैन्य विदेशी खुफिया, सुरक्षा और गुप्त पुलिस एजेंसी है, जो भारत के RAW, अमेरिका के CIA, यू.के. के MI6, रूस के SVR और पाकिस्तान के ISI के समान है।

NGO—गैर-सरकारी संगठन या गैर-लाभकारी संगठन, जो आमतौर पर किसी सामाजिक या सामाजिक समस्या को दूर करने के उद्देश्य से किसी भी कार्यक्रम को स्वतंत्र रूप से संचालित करता है।

NH—राष्ट्रीय राजमार्ग।

NHRC—भारत का राष्ट्रीय मानवाधिकार आयोग।

NIA—राष्ट्रीय जाँच एजेंसी, भारत की प्राथमिक केंद्रीय आतंकवाद कानून प्रवर्तन एजेंसी।

NPA—गैर निष्पादित संपत्तियाँ (बैंकों की)।

MNREGA—महात्मा गांधी राष्ट्रीय ग्रामीण रोजगार गारंटी अधिनियम जो प्रत्येक ग्रामीण गरीब घर को वित्तीय वर्ष में कम-से-कम 100 दिन का रोजगार प्रदान करता है, जिसके वयस्क सदस्य स्वैच्छिक कार्य करने के लिए स्वेच्छा से काम करते हैं।

NSE—भारत का राष्ट्रीय स्टॉक एक्सचेंज।

NSG—राष्ट्रीय सुरक्षा गार्ड, भारत का आतंकवाद निरोधक पुलिस बल है। इसके 'ब्लैक कैट' एलीट कमांडो विशेष रूप से भारतीय सेना से भरती किए जाते हैं।

NYT—न्यूयॉर्क टाइम्स, अमेरिका के प्रमुख समाचार पत्रों में से एक।

OBC—अन्य पिछड़ा वर्ग।

PAC—लोक लेखा समिति, सांसदों की एक समिति, जिसका चयन राजस्व और सरकार के व्यय का लेखा-जोखा करने के लिए किया जाता है।

PCC—प्रदेश कांग्रेस समिति, राज्य स्तर पर कांग्रेस पार्टी के सी.डब्ल्यू.सी. के बराबर।

PCGDP—प्रति व्यक्ति जी.डी.पी.।

PLA—चीन की पीपुल्स लिबरेशन आर्मी।

PM—प्रधानमंत्री।

PMGSY—प्रधानमंत्री ग्राम सड़क योजना, प्रधानमंत्री अटल बिहारी वाजपेयी द्वारा शुरू की गई एक गाँव सड़क संपर्क योजना।

PMLA—धन शोधन निवारण अधिनियम, 2002 (भारत)।

PMO—प्रधानमंत्री कार्यालय।

POCA—भ्रष्टाचार निरोधक अधिनियम, 1988 (भारत)।

PoK—पाकिस्तान के कब्जेवाला कश्मीर।

PPP—क्रय शक्ति समानता, जो संबंधित देश और अमेरिका में कुछ वस्तुओं की कीमतों के आधार पर अमेरिकी डॉलर के खिलाफ किसी देश की मुद्रा की पूर्ण क्रय शक्ति को मापती है।

PSB—RBI या भारत सरकार द्वारा 50% से अधिक स्वामित्ववाले सार्वजनिक क्षेत्र के बैंक।

PSE/PSU—सार्वजनिक क्षेत्र का उपक्रम (या इकाई), एक कंपनी है, जिसमें भारत सरकार या राज्य सरकार या दोनों का 50% से अधिक स्वामित्व है।

राज्य सभा—भारत की संसद् का ऊपरी सदन। इसकी अधिकतम सदस्यता 245 है, जिनमें से 233 राज्यों और केंद्र-शासित प्रदेशों की विधायिकाओं द्वारा चुने जाते हैं; जबकि भारत के राष्ट्रपति कला, साहित्य, विज्ञान एवं सामाजिक सेवाओं में अपने योगदान के लिए 12 सदस्यों को नियुक्त कर सकते हैं।

RAW—रिसर्च एंड एनालिसिस विंग, भारत की बाहरी खुफिया और आतंकवाद निरोधक एजेंसी, अमेरिका की CIA, चीन की MSS, रूस की SVR, यू.के. की MI6 और पाकिस्तान की ISI के समान है।

RBI—भारतीय रिजर्व बैंक।

RS—राज्य सभा।

RSS—राष्ट्रीय स्वयंसेवक संघ, भा.ज.पा. का मातृ संगठन है।

SC—भारत का सर्वोच्च न्यायालय।

SEBI—भारतीय प्रतिभूति और विनिमय बोर्ड प्रतिभूतियों एवं कमोडिटी बाजारों का सरकारी नियामक है।

Secy.—सचिव।

SFIO—सीरियस फ्रॉड इन्वेस्टिगेशन ऑफिस भारत की कॉरपोरेट धोखाधड़ी

मामलों की जाँच करनेवाली एजेंसी है।

UAE—संयुक्त अरब अमीरात।

UK—यूनाइटेड किंगडम।

UN—संयुक्त राष्ट्र।

UNSC—संयुक्त राष्ट्र सुरक्षा परिषद।

UP—उत्तर प्रदेश, भारत का एक राज्य।

अमेरिकी कांग्रेस—अमेरिका की संसद्।

अमेरिकी हाउस ऑफ रिप्रेजेंटेटिव्स—अमेरिकी कांग्रेस का निचला सदन।

अमेरिकी सीनेट—अमेरिकी कांग्रेस का ऊपरी सदन।

सोवियत संघ—सोवियत सोशलिस्ट रिपब्लिक का संघ, 1950 के दशक के मध्य से 1980 के दशक के मध्य तक दो विश्व महाशक्तियों में से एक, जो 1991 में रूसी संघ (उर्फ रूस) और 14 छोटे देशों में टूट गया, सोवियत संघ के रूप में भी जाना जाता है।

UT—केंद्र-शासित प्रदेश। राज्यों के विपरीत जिनकी सरकारें हैं, आठ केंद्र-शासित प्रदेश (इसको लिखने के समय) संघीय क्षेत्र हैं, जो सीधे तौर पर भारत सरकार द्वारा शासित हैं।

घाटी—कश्मीर घाटी 15,948 वर्ग कि.मी. की है।

WWII—विश्व युद्ध 2 (सितंबर 1939—सितंबर 1945)

□

कांग्रेस बनाम कांग्रेस : प्रमुख किरदार

मैंने पूरी पुस्तक में कई कांग्रेस नेताओं का उल्लेख किया है या उनसे जुड़े उद्धरण हैं, जिनकी भूमिका पर यह निर्भर करेगा कि कांग्रेस पार्टी जीवित रहेगी या नहीं। चूँकि पाठक इन सभी से परिचित नहीं हो सकते हैं, इसलिए मैंने यहाँ इन नेताओं के नामों के साथ-साथ उनके वर्तमान/पिछले पदों को भी लिखा है। केंद्र सरकार के सभी कैबिनेट मंत्री/एम.ओ.एस. पद, जिनका यहाँ जिक्र है, वे केंद्र सरकार में हैं या थे।

नेताओं को तीन श्रेणियों में बाँटा गया है—(1) परिवार के वफादार, (2) मुखर विरोधी और (3) तटस्थ और पार्टी के भीतर वर्तमान महत्त्व के अनुसार सूचीबद्ध। पुस्तक पढ़ने के बाद आप इन तीन समूहों को बेहतर तरीके से समझ पाएँगे।

परिवार के वफादार

- अशोक गहलोत—सन् 2018 से राजस्थान के मुख्यमंत्री (1998 से 2003 और 2008 से 2013 तक भी मुख्यमंत्री), MoS (1984-85, 1991-93), पाँच बार लोकसभा के सदस्य।
- अधीर रंजन चौधरी—सी.डब्ल्यू.सी. में स्थायी रूप से आमंत्रित, वर्तमान में लोकसभा में विपक्ष के नेता (लोकसभा सांसद के रूप में उनका पाँचवाँ कार्यकाल), राज्य मंत्री (यू.पी.ए.-2)।
- के.सी. वेणुगोपाल—ए.आई.सी.सी. महासचिव, सी.डब्ल्यू.सी. सदस्य, केंद्रीय चुनाव समिति के सदस्य, राज्य मंत्री (यू.पी.ए.-2), वर्तमान राज्यसभा सांसद; दो बार लोकसभा के सदस्य।
- मल्लिकार्जुन खड़गे—सी.डब्ल्यू.सी. सदस्य, कैबिनेट मंत्री (यू.पी.ए.-2), फिलहाल राज्यसभा सांसद, लोकसभा में पूर्व विपक्ष के नेता, दो बार लोकसभा सांसद।

- सलमान खुर्शीद—सी.डब्ल्यू.सी. में स्थायी रूप से आमंत्रित, कैबिनेट मंत्री (यू.पी.ए.-2), राज्य मंत्री (1991-96), सुप्रीम कोर्ट के वरिष्ठ वकील।
- रणदीप सिंह सुरजेवाला—कांग्रेस महासचिव, सी.डब्ल्यू.सी. सदस्य।

मुखर विरोधी

- गुलाम नबी आजाद—सी.डब्ल्यू.सी. सदस्य, चार बार राज्यसभा सांसद, कैबिनेट मंत्री (यू.पी.ए.-1 और यू.पी.ए.-2), राज्य मंत्री (1991-93, 1996), जम्मू व कश्मीर (2005-08) के मुख्यमंत्री, दो बार लोकसभा सांसद।
- आनंद शर्मा—सी.डब्ल्यू.सी. सदस्य, वर्तमान राज्यसभा में विपक्ष के उप-नेता (राज्यसभा में तीसरा कार्यकाल), कैबिनेट मंत्री (यू.पी.ए.-2), राज्य मंत्री (यू.पी.ए.-1)।
- वीरप्पा मोइली—केंद्रीय चुनाव समिति के सदस्य, कर्नाटक के मुख्यमंत्री 1992-94), कैबिनेट मंत्री (यू.पी.ए.-2)।
- कपिल सिब्बल—कैबिनेट मंत्री (यू.पी.ए.-1 और यू.पी.ए.-2), वर्तमान राज्यसभा सांसद (दूसरा कार्यकाल), दो बार लोकसभा सांसद, सुप्रीम कोर्ट के वरिष्ठ वकील।
- पी.जे. कुरियन—राज्यसभा (2012-18) के उपाध्यक्ष, राज्य मंत्री (1991-93 और 1995-96), दो बार राज्यसभा सांसद, छह बार लोकसभा सांसद।
- पृथ्वीराज चव्हाण—राज्य मंत्री (यू.पी.ए.-1 और यू.पी.ए.-2), महाराष्ट्र के मुख्यमंत्री (नवंबर 2010 से सितंबर 2014), दो बार राज्यसभा सांसद, तीन बार लोकसभा सांसद।
- भूपिंदर सिंह हुड्डा—हरियाणा के पूर्व मुख्यमंत्री (दो बार), चार बार लोकसभा सांसद।
- जितिन प्रसाद—AICC प्रभारी (पश्चिम बंगाल), सी.डब्ल्यू.सी. में स्थायी आमंत्रित, राज्य मंत्री (यू.पी.ए.-1 और यू.पी.ए.-2), दो बार लोकसभा सांसद।
- जनार्दन द्विवेदी—केंद्रीय चुनाव समिति के सदस्य, पूर्व ए.आई.सी.सी.

महासचिव, तीन बार राज्यसभा सांसद।

- दीपेंद्र सिंह हुड्डा—सी.डब्ल्यू.सी. में विशेष आमंत्रित, वर्तमान राज्य सभा सांसद, तीन बार लोकसभा सांसद।
- जयराम रमेश—कैबिनेट मंत्री (यू.पी.ए.-2), राज्य मंत्री (यू.पी.ए.-1), सोनिया गांधी की एन.ए.सी. (यू.पी.ए.-1) के सदस्य, वर्तमान राज्यसभा सांसद (तीसरा कार्यकाल)।
- मुकुल वासनिक—कैबिनेट मंत्री (यू.पी.ए.-2), चार बार लोकसभा सांसद।
- डॉ. अभिषेक मनु सिंघवी—राज्यसभा सांसद (तीसरा कार्यकाल), सुप्रीम कोर्ट के वरिष्ठ वकील।
- सचिन पायलट—राजस्थान के डिप्टी सी.एम. (दिसंबर 2018 से जुलाई 2020), राज्य मंत्री (यू.पी.ए.-2), दो बार लोकसभा सांसद
- डॉ. शशि थरूर—राज्य मंत्री (यू.पी.ए.-2), वर्तमान लोकसभा सांसद (तीसरा कार्यकाल)।
- मनीष तिवारी—राज्य मंत्री (यू.पी.ए.-2), वर्तमान लोकसभा सांसद (दूसरा कार्यकाल), सुप्रीम कोर्ट के वकील।
- रेणुका चौधरी—राज्य मंत्री (यू.पी.ए.-1), राज्य मंत्री (1997-98, टी.डी.पी. के साथ), तीन बार राज्यसभा सांसद (एक बार कांग्रेस और दो बार टी.डी.पी.); दो बार लोकसभा सांसद।
- मिलिंद देवड़ा—राज्य मंत्री (यू.पी.ए.-2,) दो बार लोकसभा सांसद।

तटस्थ

- पी. चिदंबरम—CWC सदस्य, कैबिनेट मंत्री (यू.पी.ए.-1 और यू.पी.ए.-2, 1996-98), राज्य मंत्री (1995-96; 1991-92, 1985-89), वर्तमान राज्यसभा सांसद, सात बार लोकसभा सांसद, सुप्रीम कोर्ट के वरिष्ठ वकील।
- आर.पी.एन. सिंह—कांग्रेस प्रभारी (झारखंड), CWC के स्थायी आमंत्रित, राज्य मंत्री (यू.पी.ए.-2), एक बार लोकसभा सांसद।

□

ग्रंथसूची

1. एंड्रयू, क्रिस्टोफर और मित्रोखिन, वासिली। *The Mitrokhin Archive II.*
2. हर्ष गुप्ता मधुसूदन, हर्ष गुप्ता व राजीव मंत्री। *A New Idea of India.*
3. जैमिनी भगवती. *The Promise of India.*
4. संजय बारू। *The Accidental Prime Minister.*
5. *prsindia.org*
6. *localcircles.com*
7. *theindianwire.com*
8. *groundreport.in*
9. *worldometers.info*
10. *The World Bank*
11. *DefenseNews,* USA
12. *Britannica.com*
13. *HISTORY.com*
14. *BIOGRAPHY.com*
15. *prisonstudies.org*
16. *Indian Defence News*
17. armyrecognition.com
18. navyrecognition.com
19. globalreligiousfutures.org
20. Boeing.com
21. IAI.co.il

22. LNT-defence.com
23. SIPRI.org
24. inc.in
25. results.eci.gov.in
26. transformingindia.mygov.in
27. अनेक भारतीय पत्रिकाएँ, वित्तीय अखबार, न्यूज वेबसाइट, न्यूज मैगजीन, टी.वी. चैनलों की वेबसाइट तथा अन्य प्रकाशन।
28. अनेक अंतरराष्ट्रीय समाचार–पत्र और समाचार/व्यावसायिक पत्रिकाएँ।
29. भारत सरकार के मंत्रालयों की वेबसाइट।

□

लेखक की अन्य पुस्तक

'Spies, Lies & Red Tape' का हिंदी अनुवाद

पाकिस्तान-अधिकृत-कश्मीर

भारत

अक्साई-चीन

जम्मू और कश्मीर

लद्दाख

देशभक्ति और रोमांच से भरपूर उपन्यास

POK

भारत में वापस

अमित बगड़िया

बैस्टसेलिंग लेखक

नई दिल्ली के पी.एम.ओ. में 21 सीटोंवाली टीक से बनी अंडाकार मेज के नीचे छह लोगों ने एक साथ अपनी मुट्ठियाँ भींच रखी थीं। आखिर कैसे उनकी प्रधानमंत्री उनसे इस लहजे में बात कर सकती हैं? आखिर कैसे संविधान ऐसे लोगों को प्रधानमंत्री बनने की इजाजत देता है जिनके पास लोकसभा की 543 में से महज 35 सीट हैं?

भारत के प्रधानमंत्री का विमान इस्लामाबाद एयरपोर्ट से भारतीय समय के अनुसार सुबह 7:45 बजे उड़ान भरता है। उसे नई दिल्ली के इंदिरा गांधी अंतरराष्ट्रीय हवाई अड्डा (आई.जी.आई.ए.) पर भारतीय समय के अनुसार सुबह 9:10 बजे उतरना था। विमान जैसे अपने निर्धारित रूट से भटकने लगता है, आई.जी.आई.ए. एयर ट्रैफिक कंट्रोल टावर में हड़कंप मच जाता है।

इस्लामाबाद के दौरे पर पी.एम. के साथ रक्षा मंत्री, विदेश मंत्री और एन.एस.ए. भी गए थे। उनकी गैरमौजूदगी में भारतीय वायु सेना के प्रमुख से बात करने के लिए सबसे उपयुक्त व्यक्ति कैबिनेट सचिव या रक्षा सचिव ही हो सकते थे। दोनों ने ही उनसे बात करने की कोशिश की लेकिन कोई बात नहीं हो पाई।

भारतीय समय के अनुसार सुबह 9:45 बजे, युद्ध के लिए तैयार वेशभूषा में भारतीय सेना के जवान सेना के ट्रकों से नॉर्थ और साउथ ब्लॉक पहुँचने लगे। लुटियन की दिल्ली में फैले अन्य मंत्रालयों की इमारतों के बाहर भी जवान एकत्र हो रहे थे।

पाकिस्तान के समय अनुसार सुबह 9:45 बजे, यानी नई दिल्ली में भारतीय जनरलों की प्रेस कॉन्फ्रेंस समाप्त होने के करीब पाँच घंटे बाद और भारत के पचास से ज्यादा शहरों की सड़कों पर लाखों लोगों के सड़कों पर प्रदर्शन शुरू होने के लगभग दो घंटे बाद, प्रधानमंत्री इरफान खान ने पाकिस्तान की राष्ट्रीय सुरक्षा परिषद् की एक बैठक की अध्यक्षता की और बैठक में आगे की कारवाई की योजना तैयार की।